일본은
# 왜
이상한 나라가
되었는가

# 일본은 왜 이상한 나라가 되었는가

양의모 지음

좋은땅

# | 목 차 |

## 제2장 / 일본은 왜 사무라이의 나라가 되었는가?

## 제3장 / 일본은 왜 제국주의 국가가 되었는가?

## 제4장 / 일본은 왜 경제대국이 되었는가?

## 제5장 / 왜 일본은 기독교를 믿지 않는 나라가 되었는가?

## 제6장 / 일본은 왜 평화로운 나라가 되었나?

## 제7장 / 일본은 왜 기업이 지배하는 나라가 되었는가?

## 나가는 이야기 – 일본은 왜 '이상한' 나라가 되었는가?

앞 잔소리

# 용서하라고?
# 맨 입으로는 안 되지!

# 용의자와의 사법거래를 추진하기로 한 변호인!

세계를 떠들썩하게 한 세기적 사건의 용의자가 체포되었습니다. 하지만 범인은 많은 증거와 증인의 증언에도 불구하고 여전히 범행을 부인하고 있습니다. 설령 일부 범행은 시인하더라도 축소시켜 보려고 발버둥치고 있습니다. 어떤 것은 피해자의 묵시적 동의가 있었으니 죄가 없다고 잡아떼고 있습니다. 물론 피해자들은 동의라는 것이 위압에 의한 것이었을 뿐이며 본인들은 절대 마음으로 동조한 적이 없다고 호소하고 있습니다.

그는 크게 두 가지 죄를 지었다고 검찰 측은 발표했습니다. 하나는 남의 집에 쳐들어가 그 집과 가족을 장악하고 갖가지 횡포를 부린 것입니다. 돈도 빼앗고 재산을 훼손시키거나 약탈하고 여성을 성폭행하고 남성들을 부려 먹고 무차별 구타하는 등의 행동을 서슴지 않았습니다. 참다못해 저항을 한 가족은 묶어서 온갖 고문을 자행하여 결국 사망에 이르게 만들었습니다. 또한 가장 어린 여자아이를 감금하고 자신들의 성적 노리개로 만들었으며 그 대가로 사탕 몇 개를 쥐어 주고 "넌 대가를 받은 거야"라고 기만하는 악행도 저질렀습니다. 체포된 지금도 그는 강압은 없었다고 뻔뻔하게 버티고 있는 것입니다.

또 하나의 죄는 한 가족과 집을 장악하는 것에 만족하지 않고 인근 주택을 돌아다니며 약탈과 방화 그리고 살육을 저지른 죄입니다. 그에 저항하는 사람들과의 싸움으로 많은 주민들이 목숨을 잃었고 주택은 파괴되어 남은 주민들은 추위에 떨며 복구를 기다려야 했습니다. 그들에게 남은 몸과 재산 그리고 마음의 상처는 쉽게 회복되기 어려울 정도로 피해는 컸습니다.

나 역시 범인에 대한 분노로 몸을 떨어야 했습니다. "갈기갈기 찢어 죽여야 한다"고 외치며 다녔을 정도입니다. 주변 사람들도 모두 그렇게 생각했습니다. 그 누구도 범인에 대한 일말의 동정도 이해도 가질 생각이 없었습니다. 어떤 일이 생기기까지는 말입니다.

변호사인 나는 우연히 범인에 대한 조사기록을 접하게 되었습니다. 그의 살아온 과거와 최근의 삶 그리고 범행동기에 대한 진술 등을 통해 그의 민낯을 보았습니다. 그리고 충격에 빠졌습니다. 그의 삶 속에 드리워진 어두운 그림자를 알게 되었기 때문입니다. 아울러 그가 한때는 모범적으로 살았던 사람이었음을 알았고 왜 그토록 선한 그가 이렇게 무서운 흉악범이 되었는지 생각하기 시작했습니다. 그리고 그것에 대한 답을 얻고자 여기저기 돌아다니며 그와 그의 주위를 둘러싼 사람들의 이야기를 들어 보았습니다.

어느 날 나는 그를 변호하기로 결심하였습니다. 그가 한 범행이 용서받을 수 있는 것이라거나 실은 그가 무고하다고 생각해서는 아니었습니다. 그는 범행을 한 것이 분명하고 그것은 명백한 죄악이며 이에 대한 증거는 확실합니다. 심지어 그의 측근들 중에도 그의 범행을 증언하는 사람들이 나올 정도입니다.

하지만 수사과정에서 석연치 않은 점들이 있음을 나는 발견했습니다. 그를 제압하고 경찰에 넘긴 사람들이 실은 그의 공범인데 모든 죄를 그에게 다 씌우고 자신들의 범행을 감추려고 한다는 의심이 들었습니다. 더구나 그들은 한때 그의 집안에 피해를 끼친 가해자였고 그로 인해 그는 그들의 무리에 가담하게 되었던 것도 알아냈습니다. 그는 자신과 가족을 지킬 가장 좋은 방법으로 무리에 가담하였고 그들의 지시에 따라 주민들에 대한 범행을 시작한 것이었습니다. 한때 그는 그 무리에서 제법 높은 지위를 차지하기도 하였습니다.

하지만 어느 날부터 그는 욕심을 부리기 시작했습니다. 이 마을은 내 고향이니 내가 혼자 지배하고 싶다는 그런 욕심입니다. 그래서 무리의 지배구역까지 넘보았고 한때는 그의 뜻대로 마을의 지배자가 되었습니다. 하지만 무리는 하나가 되어 그에게 반격을 시도했고 결국 그는 그들의 손에 사로잡혀 경찰에 넘겨졌습니다. 주민들은 무리가 자신들에게 한 행위보다 그의 범행에 대한 기억이 선명했던지 경찰에게 그것을 증언하느라 바빴습니다.

결국 그는 지난 여러 해 동안 그 마을에 일어난 무리들의 범죄를 혼자서 짊어지게 되었습니다. 자신이 하지 않았던 범죄, 했더라도 지시에 의해 한 것, 그 모든 죄를 혼자 뒤집어쓰고 중형에 처해질 위기에 놓였습니다. 그는 자신의 억울함을 호소했지만 증거와 증언은 그에게 불리함을 더할 뿐입니다. 더구나 무리들은 자신들의 곳간을 열어 물품을 주민들에게 나누어 줌으로써 그들이 자신들의 악행을 잊도록 설득하는 데 성공했습니다. 그들은 어느 순간부터 마을의 해방자로 행세할 수 있게 되었습니다.

물론 그도 문제는 있습니다. 순순히 범행을 자백하고 선처를 기대하지 않고 자신의 범행일체를 부정하거나 은폐, 축소하려고 하는 움직임을 계속 보여 검찰과 피해자들의 분노를 사고 말았습니다. 이젠 그가 진실을 말하려고 해도 아무도 믿어 주지 않는 지경에 이르렀습니다.

사실 그는 그곳에 거주하며 주민들과 사이좋게 지낸 긴 시간을 가지고 있습니다. 그 마을 사람들은 외부와의 접촉을 꺼리는 다소 폐쇄적인 성격의 소유자들인데 그렇지만 자기들끼리는 사이좋게 지냈고 그역시 마찬가지입니다. 그런 그가 어쩌다 이 지경에 이르렀던 것인지 나는 변호인으로서 매우 안타까웠습니다.

그래서 나는 피해자들을 만나서 대신 사과하고 무엇을 원하는 가를 물었습니다. 그들은 "돈이나 물질은 필요 없고 범행을 자백하고 사죄하길 바란다"고 하였습니다. 특히 성노예로 전락했던 소녀는 자신의 명예를 회복하기 위해서라도 그의 솔직한 자백과 사죄를 원한다고 애절하게 말했습니다. "돈을 원하는 게 아닙니다. 제발 저의 더러워진 명예를 찾아 주세요"라고. 마을 주민들 중에는 소녀가 자발적으로 성매매를 했다고 쑥덕대는 사람들도 있었기 때문에 소녀는 살아갈 용기마저 잃고 자살을 시도하기도 했답니다.

검찰 측에게도 찾아가 물었습니다. 얼마나 중형을 구형할 것이냐고. 그들은 말했습니다. 전혀 개전의 기색이 보이지 않고 있다. 자신의 범행을 다른 사람에게 전가시키려고 한다. 책임회피가 역력하다. 따라서 법정최고형이 불가피하다고.

"만일 그가 자백을 순순히 한다면? 그리고 그의 죄가 실은 지나치게 부풀려 있으며 그를 잡아 넘긴 사람들이 보다 큰 책임이 있다고 한다면 어떻게 하실 겁니까?"라고 물었습니다.

"그게 가능할까요?" 그들이 되물었습니다.

나는 사법거래를 제안했습니다.

"만일 그가 자신의 범행을 순순히 자백하고 사죄를 한다면 재수사를 하여 그의 범행의 내용과 범위를 명확히 밝혀 주고 아울러 공범들의 범죄도 밝혀 내 주시겠습니까?"

'수인의 딜레마'에 해당되는 것일까요? 검찰 측은 오케이를 했습니다. 그리고 공범으로 여겨지는 사람들을 체포하여 수사를 시작했습니다. 그들은 물론 범행 일체를 부인했고 그들에게 매수된 피해자들도 그들을 옹호했습니다.

이제 나는 그에게 찾아가 그에게 사법거래에 협조를 하도록 설득해야 할 처지가 되었습니다.

"모든 것을 솔직하게 자백하면 최대한 선처할 것을 검찰이 약속했습니다. 피해자들도 마찬가지입니다. 그러니 더 이상 발뺌할 생각은 마시고 다 말해 주세요."

나는 그에게 두 가지에 초점을 두어 자백을 받고자 합니다.

하나는 범행의 정확한 내용입니다. 공범들에 의해 확대된 그의 범죄를 확실하게 한정 짓는 것입니다. 그의 범죄는 확실히 과장되어 있습니다. 공범들의 죄도 모두 그의 범죄가 되어 버린 것입니다. 그의 누명을 벗겨 줄 필요가 있습니다.

또 한 가지는 그가 범행에 가담하게 된 동기에 대한 파악입니다. 그는 공범자들에게 피해를 입자 자신이 그들의 무리가 되어야 보다 안전해질 것이라는 오판을 한 모양입니다. 그리고 그들의 사주에 따라 움직이기 시작했던 것이죠. 이러한 정황이 파악되면 정상이 참작될 수 있습니다. 그가 체포된 이후 피해자들과 공범들은 그가 원래부터 악한 기질의 사람이라고 증언하여 그를 불리하게 만들었습니다. 이것을 바로 잡아야 공정한 판결이 나올 것입니다.

　나는 법정에서 밝힐 그의 삶에 대한 이야기를 들었습니다. 검찰 측은 그가 원래부터 범행을 저지를 기질을 가지고 있음을 주장하지만 나는 그것을 믿지 않았기에 그렇게 했습니다. 아니 누구도 그런 기질을 가지고 태어나지는 않습니다. 다만 상황에 따라 누구라도 범죄자가 될 가능성은 있는 것이라고 나는 믿습니다. 그의 삶의 스토리는 나에게 그러한 믿음을 더욱 확고히 갖도록 해 주었습니다. 이제부터 저의 변론을 잘 들어 주시기 바랍니다.

　범인의 이름이 궁금하시다고요? 중요한 것을 잊고 있었네요. 죄송합니다. 그에 대한 변론 준비에 바빠 그만 실수를 저질렀습니다. 그의 이름은 '일본'입니다.

# 사죄와 용서를 통한 새로운 미래를 위한 조건

　　1999년 3월의 어느 일요일 나는 일본에 있는 어느 교회의 강단에 서서 설교를 하게 되었습니다. 제목은 '당신의 이웃은 누구입니까? 새로운 인류공동체에의 길'이었습니다. 45분 정도의 설교는 청중들의 공감을 얻으며 무사히 끝났습니다. 그것이 그 교회에서 한 저의 마지막 설교였습니다. 얼마 후 귀국한 저는 그 후로도 몇 번 그 교회를 방문했지만 설교를 하지는 않았습니다. 물론 그곳은 나의 정신적 친정이 되었지만.

　　나는 인생에서 가장 소중한 시간을 일본에서 보냈습니다. 20대 중반에서 30대 중반까지입니다. 이제 막 어른이 되어 자신의 생각을 가지고 살아갈 나이라 할 수 있습니다. 게다가 실질적인 결혼생활도 그곳에서 시작하였고 두 명의 딸을 낳은 곳도 그곳입니다. 타향살이 결혼 그리고 자녀의 출산과 양육 등 본격적인 어른의 삶을 살았던 시간이었습니다. 한국에 있을 때 모든 것을 부모님께 의존하던 나로서는 결코 쉽지 않았던 순간들이었습니다.

　　하지만 내가 다니던 그 교회—노조미 교회 우리말로 소망교회—는 우리 가족의 든든한 버팀목이었습니다. 유학생 동료들도 큰 힘이 되어 준 것은 사실이지만 그들 역시 타향살이를 하는 처지라 실질적인 도움을 주기는 어려웠습니다. 십 년을 하루 같이 내 곁을 지켜준 것은 바로 노조미 교회의 일본사람들이었습니다.

물론 십 년 동안 그저 순조롭게 관계가 이어진 것은 아닙니다. 그들은 어쩌면 한국사람인 저희의 행동에 당혹감을 느꼈을지 모릅니다. '저 사람들 왜 이러지?' 한 번은 저희가 교회 분에게 3만 엔을 빌린 적이 있습니다. 나중에 들은 이야기지만 그들은 개인적으로 돈을 빌리지 않는다고 했고 저는 그 말에 무척이나 당혹스러워했습니다. 지금은 우리나라에서도 개인적으로 돈을 빌리거나 주는 일이 거의 사라졌습니다만 그때만 해도 그런 일은 일상적으로 일어났기 때문입니다. "너무 인정이 없네, 일본사람들은." 저는 그렇게 그들을 비난했습니다. 그런 식의 눈에 보이지 않는 충돌이 계속되자 차라리 한인교회로 옮길까 고민도 해 보았습니다.

하지만 시간이 감에 따라 나는 그들의 문화와 가치관을 이해하게 되었습니다. 처음에 그들을 이해하지 못한 것은 내가 살아온 한국사회의 가치관을 가지고 그들을 판단했기 때문입니다. 그들의 삶을 중심으로 그들의 행동을 바라보자 그 안에서 나름대로의 합리성이 있음을 알 수 있게 되었습니다. 더 나아가 그러한 것에 익숙해지면 도리어 우리나라의 문화가 불합리하게 느껴질 때도 있습니다. 이런 것을 타국문화에 대한 '적응'이라고 할까요?

1999년 저는 박사학위를 받고 귀국해야 할 시간을 맞이했습니다. '발이 떨어지지 않는다'라는 말이 생각났습니다. 십 년간 지낸 일본 그리고 거주했던 쿠니타치(國立)시와 정신적인 친정 노조미 교회, 그곳을 떠날 생각을 하니 눈앞이 캄캄했습니다. 십 년의 세월은 그곳을 나의 정신적 고향으로 만들기에 충분한 시간이었나 봅니다. 할 수 있으면 그곳에 남고자 일자리도 알아보았습니다. 하지만 '잃어버린 10년'의 시대이기에 외국인인 내가 있을 곳은 쉽게 찾기 어려웠습니다. 결국 눈물을 머금고 귀국길에 올랐습니다. 그리고 한동안 향수병에 시달려야 했습니다.

그리고 십팔 년의 세월이 흘렀지만 지금도 우리는 교류를 지속하고 있습니다. 한 달에 한 번씩 주보를 보내주는 덕에 그곳의 소식을 어느 정도 알게 되었고 나도 가끔은 편지와 메일로 이곳의 소식을 전합니다. 때로는 그쪽에서 이쪽으로 찾아오기도 하고 반대로 내가 그쪽으로 찾아가기도 합니다. 찾아가면 너무나 뜨거운 환영을 받죠. 스킨십을 잘 하지 않는 것이 일본사람들의 특징이지만 저를 안아 주는 여성들도 꽤 있습니다. 놀라운 일이죠. 게다가 맛있는 진수성찬을 차려 주고 진심어린 마음으로 환영사를 해 주기도 합니다. 잠자리도 제공받기 때문에 여행비의 부담도 그다지 크지 않습니다.

지금 생각해도 잘했다고 느껴지는 것은 도중에 한인교회로 옮기지 않았다는 것입니다. 한인교회로 옮기면 당장은 편할지 모르지만 지금 같은 환영은 기대하기 어려웠을 것입니다. 한인교회에서 한국인이 그렇게 환영을 받을 리가 없고 또 한국사람들은 오랜 기간 꾸준히 인간관계를 유지하는 것이 그렇게 능숙하지 않기 때문입니다. 일본사람들은 화끈하지는 않지만 꾸준한 면이 있는 것 같습니다. 십팔 년이 지난 지금도 주보를 보내주는 것이 그 증거일 것입니다. 한국에서 교회를 여러 곳 다녔지만 전에 다니던 교회에서 연락이라도 해 주는 경우는 거의 못 봤습니다. 그렇게 친하게 지낸 사이였어도 일단 떠나면 외면하더군요. 마치 전혀 몰랐던 사이처럼. 제가 연락을 해도 시큰둥하고요.

그들이 그렇게까지 저에게 따뜻하게 해 주는 것에는 또 다른 이유가 있을 것 같습니다. 그 교회를 찾아온 외국인은 저 말고도 꽤 있었습니다. 하지만 저처럼 십 년을 하루같이 다닌 사람들은 없었습니다. 제가 남달리 신앙이 좋아서는 아니었습니다. 그냥 그곳이 좋았기 때문에, 또 출산과 육아에 있어서 친정엄마처럼 돌보아 주었기 때문입니다.

첫 아이가 태어났지만 외가도 친가도 도움을 주지 못하는 가운데 미역국을 직접 끓여야 했던 저를 도와준 것은 지금도 잊지 못합니다. 아기 목욕도 대신 시켜주고 기저귀 가는 법도 가르쳐주는 등 여러 가지로 힘이 되어 준 것을 감사하는 마음은 지금이나 그때나 마찬가지입니다. 어쨌든 그들에게 나는 조금은 인정을 받은 모양입니다. 그래서 결국 안수집사에 장로까지 하게 되었습니다. 서로가 서로에게 믿음과 사랑을 주고받았던 것 같습니다.

마지막 설교에서 저는 '선한 사마리아인'이라는 성경구절을 본문으로 삼아 설교를 했습니다. 사마리아인과 유대인은 견원지간이었습니다. 사마리아라는 지역은 이스라엘이 남과 북으로 갈라졌을 때 북이스라엘의 지역인데 앗시라아라는 강대국에 의해 북이스라엘이 망하자 침략자들과 혼혈이 이루어진 지역입니다. 그래서 유대인들은 사마리아인들을 더러운 피가 섞인 혼혈이라고 여겨 경멸했고 그런 유대인들에게 사마리아인들은 분노를 느끼고 있었습니다. 그래서 서로는 대화도 하지 않을 정도로 나쁜 관계가 되었습니다. 따지고 보면 같은 민족인데.

예수는 그런 사마리아인이 유대인을 구하는 이야기를 통해 진정한 이웃사랑이 무엇인지를 가르칩니다. "네 이웃을 내 몸같이 사랑하라"는 가르침에 대하여 "우리의 이웃은 누구인지요?"라는 태클성 질문이

날아왔습니다. 그러자 예수는 강도를 만나 거의 죽게 된 유대인을 정성껏 돌본 사마리아인의 이야기를 통해 이웃이란 특별한 사람이 아니라 인류 전체가 이웃이라고 답하였습니다. 이 이야기는 어려운 사람을 도우라는 내용이 아닙니다. 그렇게 착각하기 쉬운데 또 그런 메시지가 부가적으로 있기는 하지만 사실은 차별 없는 인류애를 가르친 것입니다. 사랑에는 국적도 민족도 없다고. 종족주의가 강한 고대사회에서 이런 가르침은 그야말로 획기적인 것이 아닐 수 없습니다.

나는 그것을 통해 일본사람과 한국사람이 과거의 불행한 역사를 극복하고 진정한 이웃이 되기를 원한다고 말하였습니다. 일본의 전쟁 책임과 식민지지배의 죄악? 그것은 물론 지나간 과거이니 잊어도 된다고 할 수는 없습니다. 그러나 내가 일본의 교회에서 사랑을 받은 것은 그러한 과거를 잊어서가 아니라 인간 대 인간으로서의 만남을 가졌기 때문입니다. 국가 대 국가의 만남이라면 그런 일은 불가능하겠지요? 사마리아인과 유대인의 만남이 인간 대 인간의 만남이었듯이 우리도 인간 대 인간으로 만난다면 전쟁이나 식민지지배 같은 불행은 없지 않았을까요? 그것을 먼저 실현한다면 두 나라가 평화로운 미래를 열 수 있음을 역설했습니다.

우리 큰딸이 저에게 어느 날 이런 질문을 했습니다.

"아빠, 나는 한국사람이야, 일본사람이야? 난 내가 일본에서 태어났으니까 일본사람이라고 생각했는데 학교선생님은 내 부모가 한국사람이라 한국사람이라고 하잖아."

저는 한동안 침묵을 해야 했습니다. 어떻게 답을 해야 할지 난감했기 때문이죠. 그리고 이렇게 답했습니다. "넌 한국사람도 되고 일본사람도 된다. 그러니 일본도 한국도 모두 사랑하기 바란다"라고. 저에게 일본이 제2의 고향이요 조국인 것처럼 그 아이에게도 일본이 또 하나의 고향이고 조국이었으면 했습니다. 태어나서 자란 곳이니 사실 그 아이에게는 고향이고 조국이 아닐까요? 만일 그 아이가 속지주의를 택하는 나라에서 태어났다면 이중국적이 되었겠죠? 그러니까 또 하나의 조국이라는 말은 그에게는 전혀 틀린 말이 아닐 것입니다.

지금도 국민들을 선동해서 미움을 심어 주는 무리들이 있습니다. 일본이 미국과 전쟁을 할 때 '귀신이나 짐승 같은 미국(鬼畜英美, 귀축영미)'라는 구호로 국민에게 미국에 대한 적개심을 불러 일으켰습니다. 반대로 미국의 정부도 일본을 괴물로 묘사하여 미움을 부추겼던 것이죠. 하지만 국민이 서로를 미워할 어떠한 근거도 없습니다. 하지만 전쟁의 희생은 권력자들이 아니라 힘없는 국민의 몫이 아닌가요? 왜 우리가 근거도 없이 다른 나라 국민을 미워하고 그들과 전쟁을 해야 합니까? 바로 인간 대 인간의 만남이 아니라 국가 대 국가의 만남을 하기 때문은 아닐까 생각됩니다.

일본과 한국의 관계가 악화된 지금도 마찬가지입니다. 우리는 일본을 미워하지만 인간 대 인간의 만남은 이루어지지 않기에 해결이 어려워집니다. 일본사람들도 마찬가지이고요. 권력은 그것을 통해 일종의 '안보팔이'를 하여 자신들의 권력기반을 강화하려고 합니다. 군사비를 늘리고 무기를 더 구입하거나 또는 만들어 갑니다. 국민들은 그들의 선동에 의해 이유도 없이 서로를 미워하죠. 전쟁에 가까워지는 길이 바로 이런 거 아닐까요?

이러한 안타까운 현실을 극복하고자 나는 일본의 변호인이 되고자 결심하였습니다. 일본의 과거와 현재를 설명하며 그들을 이해하도록 강단에서 많은 이야기를 하였습니다. 인간이 인간을 이해하기 위해서 상대의 과거를 이해하는 것이 중요하다는 것을 잘 알고 있는 저이기에 그들의 역사를 우리의 입장에서 소개하려고 노력했습니다. 그러면 학생들은 마지막 강의평가에서 자신이 다른 시각으로 일본을 보게 되었음을 고맙게 생각한다고 말해 주곤 하였습니다. 참으로 흐뭇한 일이지요.

그렇게 이야기해 온 것들을 모두에게 소개하고자 합니다. 그들이 살아온 이야기들을 오늘의 모습과 연결시켜 들려드리고 이해를 도울 것입니다. 변명이 아니라 변호입니다. 죄를 없애거나 부정하는 것이 아니라 정상참작을 구하고자 하는 것이죠. 가난하게 자란 어린 시절 학대받았던 아이가 범죄인이 되었다면 우리는 그의 과거를 통해 그를 이해하고자 하지 않습니까? 그것과 마찬가지입니다.

아울러 그들의 잘못을 명확하게 하려고 합니다. 미운 사람은 모든 것이 미워 보입니다. 하지만 그들의 잘못과 그렇지 않은 것은 구분되어야 합니다. 그것을 밝히고 설명하는 것이 변호인의 임무이겠지요. 저는 그것을 하고자 합니다.

무조건 용서하라고 하는 것이 아닙니다. 용서는 우리의 의무가 아니라 권리입니다. 영화 「밀양」에서 주인공은 하늘을 향해 이렇게 외칩니다. "내가 용서하지 않았는데 당신이 무슨 권리로 용서합니까?"라고. 피해자를 두고 신이 가해자를 용서한다는 것에 분노를 느낀 것이지요. 피해자에게 용서를 강요할 수 있는 존재는 없습니다.

용서에는 근거가 필요합니다. 상대의 적절한 사과와 보상은 좋은 근거가 될 것입니다. 하지만 그것도 피해자의 마음이 움직여야 될 것입니다. 피해자가 가해자의 입장을 이해하고 그것에 화답하는 가해자의 사과와 보상이 따른다면 용서가 제대로 이루어질 것입니다.

저는 용서의 근거를 마련하고자 합니다. 피해자인 우리민족이 가해자인 일본을 용서할 근거 말입니다. "우리가 피해자인 것은 사실이지만 가해자에도 이런 사정이 있었으니"라고 변호하여 그것이 납득할 만한 것이라면 용서가 좀 더 쉬워지겠지요?

그리고 사법거래를 하는 것입니다. 그들에게 죄를 자백하고 사죄를 하게 하는 대신 우리는 그들에게 용서를 선물하는 것이죠. 그들이 사죄를 거부하는 것은 아마 용서받지 못할 거라는 두려움이 있을 것입니다. 그 두려움을 없애 준다면 사죄가 쉬워질 것입니다. "그냥 용서할 테니 사죄를 하라"는 식의 사법거래가 이루어진다면 이 문제가 쉽게 풀릴 것입니다.

제2차 세계대전 후 독일은 전쟁에 대한 배상을 하지 않았습니다. 제1차 세계대전 후 그들에게 부과된 막대한 배상금이 제2차 세계대전의 원인이 되었다고 판단한 연합국의 결정이었습니다. 우리도 일본을 그렇게 배상이나 보상 등에 얽매이지 말고 용서하면 어떨까요? 그 대신에 그들에게 성의 있는 사죄를 받을 수 있으면 우리로서는 납득할 수 있지 않겠습니까? 위안부 할머니들도 백 억보다 사죄를 원하셨으니 어렵지만은 아닐 것입니다.

그리고 나서 약속을 하는 겁니다. 다시는 과거의 불행이 되풀이 되지 않도록 양국이 노력하겠다고 말입니다. 문제는 전쟁과 침략이니 영원히 그런 일이 일어나지 않도록 말입니다. 이 약속이 대대손손 영원히 지키도록 확고하게 다져 두기 위한 조치를 취하는 것입니다. 하루 이틀에 가능한 일은 아니겠지만 사죄와 용서가 제대로 이루어지면 불가능한 것은 아닐 것입니다.

# 히스토리가 아니라 팩토리로 넓어지는 이해의 길

역사는 좋은데 역사수업은 지루하다고 하는 말 들어 보셨지요? 예전에 학원에서 아이들에게 역사를 가르친 적이 있는데 "선생님, 역사수업이 이렇게 재미있는 줄 몰랐어요."라는 이야기를 들었습니다. 왜 그럴까 생각해 보았는데 역사를 이야기식으로 풀어 주었기 때문이라는 생각이 들었습니다. 저는 그때 대학에서 일본역사를 가르치고 있었는데 그 수업도 같은 이유로 평판이 좋았습니다.

서점이나 도서관에 가서 역사책을 살펴보면 잘 팔릴 책과 그렇지 않을 책이 쉽게 판단이 됩니다. 그리고 나서 맨 마지막이나 앞에 있는 인쇄 횟수를 보면 대충은 맞습니다. 몇십 번 증쇄를 한 책과 달랑 한 번 인쇄하고 그만인 책들의 차이는 스토리성인 것 같습니다. 이야기식으로 잘 풀어진 책은 잘 팔리기 마련인 거죠.

하지만 생각처럼 역사를 이야기식으로 풀기가 쉬운 것은 아닙니다. 자꾸 학습을 시키고 싶은 생각이 앞서서 "이건 꼭 이야기해야 하는데"라는 식으로 이것저것을 넣다보면 결국 해설식 수업이 되어 버리는 거죠. 저 역시 이야기식 수업에 늘 성공한 것은 아닙니다.

역사수업을 재미있게 하는 또 하나의 방법은 테마를 가지고 하는 것입니다. 역사를 그냥 무미건조하게 시간 순으로 풀어가는 것이 아니라 테마를 중심으로 설명하는 것이지요. 하나의 테마를 가지고 줄곧 달리는 것도 좋고 여러 가지 테마를 하나씩 풀어가도 좋습니다. 전쟁의 세계사, 의복의 세계사, 이런 것은 전자이고 세계사를 움직인 100가지 사건, 이런 것은 후자이겠지요.

예전에 어느 대학에서 세계문화사를 강의할 때 여러 개의 테마를 가지고 수업을 진행해서 호평을 받은 적이 있습니다. 마지막 테마는 사랑이었습니다. 천생연분의 사랑이 실재로 존재할까요, 그것을 믿습니까? 라는 식으로 문제를 제기하고 역사에 남은 명품 사랑을 소개하였습니다. 학생들은 사랑이라면 무조건 좋아하는 경향이 있으니 모두가 눈을 반짝이며 강의에 임하더군요. 마지막에는 가장 아름다운 사랑은 보편적인 사랑이라고 하며 인류애를 강조하는 것으로 수업을 마무리했습니다. 저에겐 인생강의 같았습니다. 하고 싶은 말을 실컷 하고도 학생들의 관심도 잘 끌었으니 말입니다.

사실 테마로 역사를 푸는 것은 상당히 어려운 일입니다. 어떤 테마를 정하는 가도 문제이지만 대부분의 책이 시간 순으로 역사를 나열하니 참고할 책도 상대적으로 적습니다. 상당한 준비가 필요하지요. 하지만 잘만 되면 역사가 오늘의 우리의 앞에 다가온 것 같은 착각을 일으키기 때문에 듣는 사람의 흥미를 끌기에는 그만입니다. 사랑의 세계사도 그런 이유로 좋은 반응을 받은 겁니다. 옛날이야기가 아니라 우리의 삶 가운데에 늘 함께 있는 사랑을 역사로 펼쳐가니까요. 역사를 '과거와 현재의 대화'라고 한 E.H.카의 주장을 그대로 실현했다고 할 수 있죠.

역사를 대중적으로 보급하는 데 공헌을 한 것이 역사 드라마입니다.

역사라는 인류 최대의 문화콘텐츠를 활용한 것이니 흥미를 끌기에는 그만입니다. 과거에 삼국지 같은 역사 소설이 인기였다면 오늘날에는 역사 드라마가 그 역할을 하고 있다 할 것입니다. 역사 드라마도 역사를 오늘을 사는 우리의 옆으로 끌어와 공감하게 하는 점에서 과거와 현재의 대화라 할 수 있을 것 같습니다. 아무튼 대중은 자신들이 공감할 수 있는 이야기를 원합니다.

그런데 역사 드라마가 점점 역사적 사실을 외면해 가는 경향이 있습니다. 역사적 사실에 상상력을 조금 더하여 만들어지는 것이 아니라 엄청나게 왜곡을 하거나 아예 없는 것을 만들어내기도 합니다. 차라리 100% 픽션이면(예를 들어 해가 품은 달처럼 모든 것이 가공인 경우)낫 겠는데 역사적 인물들을 등장시키면서 거짓을 보여주니 문제가 됩니다. 자칫 역사와 허구를 혼동할 우려가 생기는 거죠. 이런 것을 팩션이라고 합니다. 팩트(사실)과 픽션(허구)을 합친 용어입니다.

팩션 드라마에 대한 평가는 엇갈립니다. 아무리 그래도 그렇지 역사를 저렇게 왜곡시키다니 하는 비판도 있습니다. 2015년에 엠비씨에서 방송된 「화정」의 경우 정명공주라는 실제 인물이 주인공이지만 그녀의 삶은 실제와는 상당히 다릅니다. 어려서 궁에서 나와 온갖 고난을 겪다가 다시 화려하게 컴백하여 불의와 싸우는 그녀의 모습은 작가의 메시지를 전하기 위하여 만들어진 것입니다. 실제의 화정공주는 궁중에서 살다가 뒤늦게 출가하여 팔십 세가 넘도록 장수하며 많은 자녀를 낳은 후덕한 여인입니다. 글씨를 잘 쓴다든지 훌륭한 인성을 가진 인물이라든지 이런 점은 비교적 닮았지만 그래도 왜곡이 너무 심합니다. 정말 이래도 될까요?

하지만 이에 대한 지지를 보내는 사람들도 많습니다. 역사를 하나의 문화콘텐츠로 보는 입장에서는 그렇게 해서 재미있게 즐기면 그만이라고 생각하는 모양입니다. 역사연구자의 입장에서는 머리가 아픈 일이지만 어차피 드라마란 시청자에게 교훈이나 가르침을 주기 위한 것이 아니니 "재밌으면 되지"라고 하는 주장을 비난만 할 수는 없을 지도 모릅니다.

'흥미'와 '사실'을 함께 잡을 방법은 없을까요? '팩트'와 '스토리'를 하나로 묶어 보면 가능할지 모르겠습니다. 팩트(사실)을 이야기(스토리)식으로 풀어 가면 되지 않을까 싶습니다. 아울러 시간 순이 아니라 테마를 중심으로 역사를 풀어 간다면 더욱 흥미로워질 것 같습니다. 그야말로 '흥미'와 '사실'이라는 두 마리의 토끼를 잡는 것이 되지 않을까 합니다.

그래서 제가 만든 말이 '팩토리'입니다. '팩트+스토리'입니다. 사실에 충실하면서 스토리를 따라 테마를 중심으로 전개하는 역사를 말합니다. 전혀 새로운 장르는 아닐 것입니다. 저에게는 새로운 도전인 셈인데 어떨지 모르겠습니다.

'팩토리'는 일본을 위한 변론의 방법이 될 것입니다. 사무라이, 경제대국, 기업국가, 전쟁 등 우리가 관심을 가질 만한 제목을 선정하여 이를 역사적으로 관찰하여 보았습니다. 때론 시대를 건너뛰기도 하고 동양과 서양을 넘나들며 제가 생각하는 스토리를 전개한 것입니다. 스토리를 만드는 과정에서 팩트에 다소 오류가 발생했을 수도 있는데 부디 그것이 큰 흐름을 손상시키는 것이 아니기를 바랍니다. 아마 제가 원하는 메시지를 무가치하게 만들 정도의 오류는 없었을 것이라고 믿습니다.

# 제1장

# 일본은 정말
# 악한 나라일까?

# '일본군국주의 부활설'의 허무맹랑함

## (1) 평화헌법과 미일 안보조약

제2차 세계대전이 끝나고 일본은 미국을 중심으로 한 연합군에 의해 점령되어 전후개혁을 강요당하였다. 전후개혁의 핵심적 과제는 일본이 다시는 전쟁을 일으키지 못하도록 하는 것이었다. 그러기 위해 군대를 해산시키고 군사시설 및 군수산업의 파괴와 해체를 실시하였다. 일본은 군대 없는 나라가 되었고 군사시설은 폐쇄되고 군수산업은 가동을 중단하거나 평화산업으로 전환되어야 했다. 아울러 재벌해체, 농지개혁, 평화헌법의 제정 등으로 전쟁의 여지를 근본적으로 없애는 개혁도 이루어졌다. 알콜중독환자의 치료를 단지 술을 마시지 않게 하는 것으로 그치지 않고 술에 빠지게 된 생활습관까지 뜯어 고치게 한 것과 같다 하겠다.

하지만 냉전의 격화와 중국과 북한의 공산화 그리고 한국전쟁 등 국제정세의 변화는 일본의 '비무장화'정책에도 변화를 가져왔다. 군대 대신 '자위대'라는 군사력이 만들어졌고 '미일안보조약'이 체결되어 미군의 일본주둔과 일본의 군사기지화가 진행되었다. 평화헌법9조는 비무장과 전쟁 포기를 규정했지만 자위대의 창설과 미일안보조약은 이를 반쯤 무력화하고 말았다.

하지만 일본은 군사대국의 길 대신 경제대국의 길을 택하였다. 그들은 스스로 일본 땅을 지키는 노력을 최소화하고 미국의 핵우산 아래에 들어가 미군의 힘에 의지하여 경제발전에 전념하는 길을 택한 것이다. 전후체제라고 불리는 이 시스템하에서 일본은 적국이었던 미국과의 협조를 통해 '기적' 같은 경제발전에 성공하였다. 이에 대하여 미국은 '무임승차론'까지 주장하며 일본의 재무장과 군사대국화를 독촉하였지만 현실적으로는 군사력의 강화를 이룬 것도 사실이지만 과거와 같은 군사대국의 길은 가지 않았다.

물론 일본이 일관되게 이러한 자세를 견지한 것은 아니다. 보수 세력 그중에서 강경파는 끊임없이 군사대국의 길을 갈 것을 주장했고 그것을 위해 개헌을 외쳤다. 평화헌법이 연합국의 점령 시에 강요된 것이기에 '자주헌법'을 제정하여야 한다는 것이다. 법적으로 말하면 억류된 상태에서 체결된 계약은 무효인 것처럼 점령하에 제정된 헌법 역시 무효라는 주장이다. 미일안보조약하에서 미국의 보호를 받는 것은 독립국의 참된 모습과 거리가 멀기 때문에 이 역시 '정상'적인 상태로 돌려야 한다고 주장했다.

하지만 전후 칠십 년이 지났지만 평화헌법도 미일안보조약도 여전히 건재하다. 근대 일본은 청일전쟁, 러일전쟁, 두 번의 세계대전 같은 굵직한 전쟁은 물론 수없이 많은 군사적 행위를 경험하였지만 현대 일본에게 전쟁은 멀고도 먼 존재였다. 단 한 번도 정식 참전을 하지 않았고 전쟁을 일으킨 일 역시 전무하다. 이 모든 것은 평화헌법과 미일안보조약의 공로라 할 것이다. 미일안보조약은 일본을 전쟁에 휘말리게 할 위험요소를 갖고는 있지만 미국의 보호를 이유로 일본의 군사력 강화를 억제한 점에서 평화헌법과 비슷한 효과를 가졌다고도 볼 수 있다. 일본의 급진적 진보주의자들은 미일안보조약조차 폐기해야 한다고 하지만 그럴 경우 극우세력은 자주국방을 내세워 군사력강화와 개헌을 주장할 수 있었을 것이니 말이다.

일본의 평화헌법9조는 저절로 지켜진 것이 아니다. 1990년의 걸프 전쟁에서 일본은 130억 달러의 군사비를 지원했지만 결국 전투에는 참가하지 못했다. 미국을 비롯한 서방세력들은 일본의 참전을 촉진했지만 평화헌법9조와 이를 지지하는 국민의 여론은 그러한 야망(?)을 무산시킨 것이다. 아베정권이 그토록 개헌을 원하고 또 국회에서의 정족수를 채웠음에도 불구하고 감히 개헌을 시도하지 못하는 이유는 국민의 평화헌법9조에 대한 강력한 지지가 있기 때문이다. 심지어 보수를 자처하는 국민들조차 평화헌법9조만큼은 지켜야 한다고 신념을 갖고 있을 정도로 평화헌법9조에 대한 지지는 폭넓은 것이다.

일본은 미국과의 협조를 우리보다 더 중시하는 나라이다. 그런 나라가 미국의 동아시아에서의 패권을 무시하고 과거처럼 미국과의 대립을 각오하며 중국과 불협화음을 일으키며 군국주의를 부활시킨다는 것은 상상하기 어려운 일이다. 일본은 제2차 세계대전 패망을 통해 미일협력의 중요성을 뼈저리게 느꼈다. 설령 미국과의 관계가 변한다고 해도 신흥강국 중국을 위협하면서까지 '군국주의'를 부활시킬 만큼 어리석은 나라는 아닐 것이다. 일본국민은 패전의 아픔을 통해 평화의 필요성을 절실히 느꼈고(사실상 우리보다 더 강렬하게) 그러기에 칠십 년간 평화헌법9조를 수호했던 것이다.

이에 비하여 우리는 분단 칠십 년을 거치면서 '군국주의' 국가가 되어 버린 느낌이다. '양심적 병역거부'를 범죄시하고 병역미필을 살인죄

보다 더한 악으로 여기는 나라가 아닌가? 합법적으로 병역문제를 해결한 유승준의 입국을 거부하는 것을 너무나 당연시하고 연예인, 스포츠선수의 병역비리를 중범죄인 양 비난하는 정신구조를 갖고 있다. 군대 갔다 온 것이 무슨 영웅적 행위인 것처럼 여기고 자랑하는 나라이기도 하다. 하지만 대한민국의 군대는 방산비리를 저지르고 사병들의 목숨을 초개처럼 여기면서 군 간부들의 배를 불리는 데 여념이 없는 문제투성이의 집단이 아니던가? 그곳에 가서 정권의 주구노릇을 하는 것이 그토록 영광스러운 것인지 묻고 싶다.

'군대'를 신성시하는 나라, 그것이 '군국주의' 국가가 아니고 무엇인가? 일본에 가서 자위대에 대하여 물어 보라. 그들이 과연 자위대를 신성시하는지. 절대 아니다. 오히려 경멸한다. 그런데 우리는 어떤가? 군대를 신성시하고 군대 간 것이 자랑이며 가지 않은 자를 기생충보다 더 못한 존재로 여기지 않는가? 독도문제가 불거지면 전쟁하고 싶다는 정신병자들이 인터넷을 도배한다. '군국주의'가 부활한다면 그것은 일본이 아니라 바로 우리나라에서 일어날 일이 아닌가 싶다. 자신이 그렇게 생각하니 당연히 남도 그럴 것이라고 믿기에 일본 '군국주의'의 부활을 주장하는 것은 아닐까?

나는 이 점에 대하여 '한겨레신문'에 글을 투고한 적이 있다. 분단국가 칠십 년에 우리가 얼마나 호전적이 되었는지를 우리 자신은 잘 모르는 것 같아 그 점에 대하여 지적하고 진정 평화를 원한다면 우리가 어떻게 해야 할지를 이야기한 글이다.

## 진정 평화를 원한다면…

(한겨레 2015년 9월 1일)

일본의 '평화헌법' 9조가 노벨평화상 후보로 떠올랐다. 한 일본 시민의 제보가 계기가 되었다. 정확하게는 "평화헌법 9조를 지키는 일본 국민"이 후보가 된 것이다. 비무장과 전쟁포기를 선언한 헌법조항을 갖고 있는 나라는 일본과 코스타리카 두 나라다. 일본은 자위대라는 군대를 소유하고 있으나 코스타리카에는 군대가 없으며 국방예산을 절약하여 국민 복지에 사용하고 있다고 한다. 일본의 평화헌법은 군대를 갖지 않는다는 목적을 이루지는 못했으나 전쟁에 대한 억제력으로 큰 힘을 발휘하였다. 80년간의 일본근대사는 러일전쟁, 청일전쟁, 제2차대전 등 전쟁으로 점철된 역사였다. 그런데 패전 후 70년을 맞이하기까지 제대로 된 전쟁 참가는 한번도 없었다. 헌법 9조의 힘이 아니면 설명이 되지 않는다.

이런 헌법조항이 저절로 지켜진 것은 아니다. 헌법 개정을 제지하고자 하는 국민들의 의지로 가능했던 것이다. 보수 정당을 지지하는 국민조차 헌법 9조에는 전폭적인 지지를 보냈다. 일본의 양심 있는 이들은 평화헌법을 통해 전쟁은 전쟁 준비로 억제하는 것이 아니라는 것을 생생히 배웠다. 일본은 거대한 군사력을 가진 과거에 수많은 전쟁에 휘말렸지만 평화헌법 9조를 소유한 지난 70년간 전쟁에 휘말리지 않았다. 전쟁을 하지 않겠다는 의지가 전쟁 억제에서 가장, 아니 유일하게 중요하다는 것을 배웠을 것이다.

그런데 우리는 어떤가? 남북간 긴장이 고조되면 평화적인 대화를 하고자 하는 노력보다는 응징을 하자고 하는 목소리가 훨씬 크다. 이번 휴전선 사태에 대한 우리의 태도도 마찬가지이다. 전역을 연기하는 병사들이 영웅시된다. 그렇다면 휴전선에서 다시 한번 충돌이 있어야 한다는 말인가? 병사들이야 잘못된 논리에 말려들어 한 행동이니 비난하기는 어려우나 그러한 저급논리를 만들어내고 이를 가지고 선동하는 것에 대한 비판과 반성이 필요하다고 생각한다.

당장 군비를 대폭 축소하자는 소리를 하는 것은 아니다. 문제는 우리 안에 있는 호전적 성향을 약화하는 것이다. 북한만이 아니라 우리 자신도 분단 70년 간 너무나 호전적인 국민이 되었다. 일본의 평화헌법을 칭찬하면서도 자신들은 그러한 헌법을 받아들일 수 없을 정도로 호전적인 국민이 되었음을 왜 깨닫지 못하는지 모르겠다.

역사를 보면 전쟁은 무기가 아니라 전쟁을 하고자 하는 의지가 일으키는 것임을 알 수 있다. 그러니 전쟁을 부추기는 호전성이야말로 우리가 배격해야 할 절대적인 전쟁의 원인이라 하겠다. '초전박살'이니 하는 식으로 싸움을 당연시하고 이것을 가지고 전쟁 분위기를 만드는 선동을 우리는 경계해야 한다. 그리고 전쟁을 하지 않겠다는 강한 의지를 가지고 모든 문제에 대처해야 한다. 군국주의 일본이 패전 후 70년간 전쟁에 한번도 휘말리지 않았던 것이 평화헌법을 수호하고자 하는 의지에서 비롯되었듯 우리도 그러한 의지를 바탕으로 다시는 이 나라에 전쟁의 불꽃이 튀지 않도록 하자.

평화헌법9조를 없애려는 움직임에 대하여 '군국주의의 부활'이라는 주장을 하는 사람들에게 대한민국에는 애초부터 그것이 없었다는 점을 상기시켜 주고 싶다. 분단국가이니까 부득이하다고 할 셈인가? 그럼 미국은? 중국은? 세계에서 평화헌법을 갖고 있는 나라는 일본과 중미의 코스타리카뿐이다. 코스타리카는 실제로 군대를 가지고 있지 않다. 일본은 자위대를 가지고 있지만 평화헌법으로 인해 전쟁에 휘말리지 않았다. 하지만 두 나라를 제외하면 평화헌법을 가지고 있는 나라는 없다.

그러니 일본이 평화헌법을 없앤다고 해서 그들이 군국주의를 부활시킬 것이라는 주장은 그야말로 억지이다. 독립된 나라가 군대를 가지고 외국과의 전쟁을 할 권리를 회복하겠다는 것은 너무나도 정상적인 생각이다. 그렇지 않은가? 그런데도 우리는 왜 그들에게 '군국주의부활'을 운운한단 말인가? 그것을 말할 생각이라면 우리나라에도 평화헌법9조에 해당되는 조항을 추가하고 나서 해야 할 것이다. 물론 절대 불가능한 일이지만.

이상적으로 말하면 전 세계가 평화헌법9조를 가져야 할 것이다. 우리도 평화헌법을 가질 수 있다. 말이 되냐고? 아니다. 일본은 평화헌법9조에도 불구하고 자위대라는 거대한 군사력을 가지고 있다. 하지만 그 군사력이 실제로 사용된 적은 없다. 우리라고 일본처럼 할 수 없는 것은 아니다. 평화헌법9조는 전쟁에 대한 무문별한 생각을 억제해 주는 장치로서의 역할을 해 주면 되는 것이기에 우리가 평화헌법을 갖는다고 해서 분단이라는 현실에 제대로 대처하지 못하는 것은 아니기 때문이다.

우리는 베트남에서 희생된 젊은이들을 잊어서는 안 된다. 만일 우리에게 평화헌법이 있었다면 그런 일은 일어나지 않았을 것이다. "자유세계를 수호한다"는 미명하에 미국의 용병이 되어 개죽음에 가까운 최후를 마친 베트남전쟁 희생자들 그리고 고엽제로 인해 지금도 고통받는 사람들 그들을 생각하면 우리에게 평화헌법은 절대로 필요한 것이라 하겠다.

일본의 개헌 움직임은 이상주의에서 현실주의에로의 타락(?)임에 분명하지만 '군국주의의 부활'이라고 여기는 것은 '호들갑'이다. 우리야말로 '호들갑'을 그만두어야 할 것이다. 평화헌법은 세계역사가 만들어낸 기적이다. 하지만 기적이 없다고 해서 극악이라고 규정하는 것은 '호들갑'이 아닐 수 없다. 선인이 아니면 전부 악인이라는 주장과 다를 바가 없다.

## (2) 일본의 전후 민주주의

민주주의 국가와 독재국가 중 어느 나라가 전쟁을 일으키기가 쉬울까? 그걸 답하기 어렵다면 대한민국과 북한, 어느 쪽이 전쟁을 하기 쉬울까를 생각해 보면 된다. 답은 명확하다. 북한이다. 왜냐고? 북한에서는 몇 명, 아니 한 명만 결심을 하면 전쟁이 가능하지만 대한민국에서는 국민적 합의가 없으면 전쟁이 불가능하다. 한 명과 오천만 명 중 누가 더 결심하기 쉬울까는 생각할 가치도 없는 문제이다.

과거 일본이 군국주의 국가가 된 것은 민주주의가 완전하게 자리 잡지 못했기 때문임을 부인하기 어려울 것이다. 일본은 1889년 아시아에서 최초로 근대식 헌법을 제정하였고 1890년 역시 아시아에서 최초로 근대식 의회를 만든 아시아의 민주주의선진국이었다. 비록 많은 문제점을 안고 있기는 했지만 국민의 대표가 정부를 견제할 수 있는 체제를 갖추었다는 점에서 민주국가로서의 특징을 가지고 있었던 것이다.

하지만 근대 일본의 민주주의에는 결정적인 장애요소가 있었는데 그것이 바로 천황대권이다. 입헌군주제의 면모를 갖추고 있었지만 천황은 삼권의 위에 군림하고 통치하는 절대군주였다. 행정부의 내각은 의회가 아니라 천황에게 책임을 지게 되어 있었고 각 장관들은 수상이 아니라 천황을 개별적으로 보필하도록 되어 있었다. 천황을 중심으로 내각, 의회, 사법부 등이 움직이고 있었고 오직 천황만이 이들을 지휘할 수 있는 권력을 가지고 있었다.

가장 결정적인 문제점은 통수권의 독립이었다. 육해군에 대한 통수권이 천황에게 직속되어 내각은 이를 개입할 권한이 없었다. 내각의 육군대신과 해군대신은 군의 인사나 행정을 관할할 수 있을 뿐 군령권자인 참모총장(육군)이나 군령부장(해군)은 천황의 통수권에 직속되어 있었던 것이다. 일본이 제1차 세계대전에서 승전국이 되어 평화를 위한 군축에 적극 협조하는 정책을 전개하자 군부는 이를 '통수권'에 대한 도전이라고 여겼다. 1932년 5월 15일에 해군장교들에 의한 이누카이(犬養)수상암살 사건(5.15 사건)은 '통수권'의 도전에 대한 군부의 반발에서 비롯되었다. 군을 '국민의 군대'로 생각하는 것이 아니라 '천황의 군대'로 여긴 것이다.

이는 봉건제의 잔재라고 할 수 있다. 봉건군주의 군대는 군주의 사적인 무력이다. 그것이 근대국가의 성립과 더불어 국가의 군대가 되고 나아가 국민 민중의 군대로 바뀌어 가는 것이다. 메이지유신에 의해 성립된 일본의 국가는 근대국가의 면모를 갖추었지만 실은 이렇게 봉건제적인 잔재를 내부에 포함시키고 있는 '반봉건적' 성격을 갖고 있었다. 그러기에 '통수권의 독립'이라는 형태로 군대의 '사병화'를 제도적으로 보장하고 있었다고 하겠다. 공적인 존재로서의 천황의 '사병', 그것이 일본제국 군대의 정확한 성격이 아닐까 싶다.

'통수권'의 독립은 일본이 군국주의로 치닫는 데 결정적인 역할을 하였다. 1920년대까지의 일본은 '군국주의'라고 할 수 있는 상태는 아니었다. 정확히 말하면 '제국주의'국가였다고 하겠다. 청일전쟁과 러일전쟁 그리고 제1차 세계대전까지 일본의 모든 전쟁은 거국일체의 상태에서 치러졌다. 메이지유신을 수행한 이른바 '원로'가 중심이 되어 군과 정부를 일관되게 이끌며 의회의 협조를 얻어 제국주의의 길을 걸었다. 이 시절 군은 일본제국의 무력으로서 사용되었을 뿐 국가정책을 좌우하는 집단은 아니었다. 군의 최정상에는 '원로'가 자리하여 국가의 전략을 실현시키도록 지휘하고 있었기에 군의 독자적 행동은 있을 수 없었다.

하지만 1930년대 들어 일본의 군부는 독주를 시작했다. 1931년의 만주사변은 일본정부는 물론 참모본부나 군령부와 같은 군령기관의 지시나 명령 없이 관동군이라는 일개 군부대에 의해 일어난 위법적 행위였다. 원칙적으로 말하면 만주사변을 일으킨 관동군의 지휘관과 참모들은 군법회의에 회부되어 처벌되어야 한다. 하지만 그들의 행위는 통수권이라는 이름으로 천황에 의해 용인되었고 결국 정부도 이를 추인하고 말았다. 1937년의 중일전쟁도 마찬가지이다. 5.15 사건으로 수상을 암살한 해군장교들은 결국 처벌을 면하였다.

이러한 군의 독주는 일본을 군국주의 국가로 변화시키는 데 결정적인 역할을 하였다. 물론 군부만이 모든 책임을 져야 하는 것은 아니다. 만주와 중국대륙에서의 승리에 도취한 정부와 내각 그리고 의회 나아가 국민들도 일정 부분 책임을 져야 할 것이다. 그렇다고 해도 군부의 책임은 가장 막중하다고 할 수 있고 그 책임은 '통수권의 독립'에서 비롯되었다 하겠다.

궁극적으로 말하면 이 모든 사태가 천황의 용인으로 이루어졌으니 천황의 책임이라 할 수 있으나 천황 개인에게 모든 책임을 돌리는 것에 대하여는 논란의 여지가 많다. 일본천황이 갖는 역사적 특징은 다른 국가의 군주와는 달리 "군림하되 통치하지 않는다"는 점이고 그것이 전후 상징천황제로의 길을 열었다는 점 때문이다. 이런 점은 비단 천황만이 아니라 일본의 모든 조직에서 최고수장의 역할에 있어서도 비슷한 특징이 나타나고 있다. 조직의 전체적인 의견을 모아 결정하고 최고수장은 이를 자신의 권위로 선포하는 것이 일본사회의 관행임을 고려해 볼때 천황 개인의 책임이 어디까지이냐는 쉽게 말하기 어렵다.

군대란 평화가 지속되면 쓸모없어지는 집단이다. 적어도 영향력이 약화되고 심지어 존립조차 위험해질 수 있다. 그러기에 그들은 위기감을 조성하고 전쟁을 부추긴다. 1930년대 등장한 일본 군부 내의 과격파인 '황도파'는 1920년대 평화와 군축시대로 인해 실추된 군의 위상을 '쇼와유신'이라는 이름의 군사혁명을 통해 군부독재를 실현하여 회복하려고 했다. 그들의 시도는 실패하고 황도파는 군부 내에서 숙청되었지만 결과적으로 군부는 권력을 강화시키고 그 위상을 높여 일본을 군국주의 국가로 만드는 데 성공하였다.

그런 의미에서 천황의 통수권, 나아가 절대군주로서의 천황의 존재는 근대 일본 민주주의의 거대한 장애물이었다고 하겠다. 천황의 이름으로 각종 반민주주의적인 행위가 용인되었다. 1925년 언론과 집회 결사를 크게 규제하기 위해 제정된 '치안유지법'도 천황의 절대권을 기반으로 하고 있다. 정부의 정책에 반하는 세력을 '천황에 대한 도전'이라는 이름으로 탄압할 무한대의 권한을 국가에 부여하였기 때문이다. '천황'의 이름은 근대 일본의 민주주의를 감금시킬 가장 좋은 명분이 되었던 것이다.

이는 마치 1970년대 한국의 '유신헌법' 체제와도 유사하다 하겠다. 대통령이 '통일주최국민회의'라는 정체불명의 기관에서 선출이 되고 통일주최국민회의 대의원에서 대통령이 국회의원을 1/3이나 임명하는 것을 통해 국회가 무력화되어 버렸던 유신체제는 박정희 독재시대를 열었다. 아무리 외형적으로는 민주국가이어도 이러한 결정적인 문제점을 안고서야 제대로 된 민주주의가 실현될 수 없는 것이다. 이와 마찬가지로 근대 일본의 민주주의는 "손과 발이 묶인" 절름발이 민주주의였고 일본군국주의는 그러한 가운데에서 탄생하였다.

하지만 패전으로 인한 연합국의 일본점령과 전후개혁은 일본의 민주주의를 완성하였다. 천황절대권을 폐지하고 천황을 국민적 상징으로 삼게됨과 아울러 국민주권의 원칙을 확립한 새로운 헌법이 제정되었다. 치안유지법과 같은 악법은 폐지되고 군대는 해산되었으며 특별고등경찰 같은 인권탄압기관은 철폐되었다. 내각은 의회에 책임을 지게 되었고 수상은 각료를 총괄하는 행정부의 명실상부한 수장이 되었다. 전쟁을 포기하고 군대를 가지지 않도록 명시한 헌법9조가 군국주의에로의 길을 막는 든든한 버팀목으로 자리 잡게 되었다.

민주주의를 방해하던 사회적인 요소도 제거되었다. 교육칙어, 군인칙유 같은 초법적인 선언은 폐기되었고 천황 역시 '인간선언'을 통해 국민과 대등한 지위를 갖게 되었다. 노동조합은 합법화되었고 귀족제도, 재벌 같이 민주주의를 저해하는 특권세력도 제거되었다. 일본은 세계에서도 유례가 없는 평등국가로 탈바꿈하게 되었다.

이것이 바로 일본의 '전후민주주의'이다. 독일에서 나치정권이 다시 들어설 여지가 없어진 것처럼 법적, 제도적, 사회적으로 일본에서 군국주의가 부활할 여지는 거의 완벽하게 제거되었다. '군국주의'는 역사적 산물이며 그것을 만들어 내는 기반이 있어 가능한 것이었다. 일본의 전후민주주의는 '군국주의의 부활'을 어렵게 만드는 결정적 기반이라는 점을 명심하기 바란다.

우리는 미국을 '패권 국가'로 규정할 수 있지만 '군국주의 국가'라고 하지 않는다. 19세기의 영국은 '제국주의 국가'였으나 '군국주의 국가'는 아니었다. 왜냐하면 영국이나 미국이나 민주주의가 확실하게 자리 잡았기 때문이다. 일본이 설령 군사대국이 된다고 해도 '패권 국가가 될지언정 '군국주의 국가'가 되지는 않을 것이라는 근거도 일본이 완전한 민주주의 국가가 되었다는 점이다. 민주주의 국가는 군국주의 국가가 될 수 없기 때문이다.

## (3) 군국주의적 환경 소멸

어느 지역에 조폭들이 몰려와 약탈을 하기 시작했다. 주민들은 그들에게 저항해 보려고 했으나 역부족이어서 속수무책으로 당해야 했다. 그런 가운데 약삭빠른 주민 하나가 조폭의 우두머리를 찾아가 충성을 맹세하고 그들의 똘마니 노릇을 하게 된다. 그는 용맹하게(?) 동료였던 주민들을 향해 약탈을 하기 시작하여 공분을 샀으나 개의치 않았다. 마침내 그는 조폭들의 일원이 되어 지역에서 군림하게 된다.

그러던 중 그는 욕심이 나기 시작했다. 자신이 이 지역의 출신이라는 점을 이용해 지역을 독점하고 싶은 생각이 난 것이다. 그는 지역주민들에게 자신을 섬길 것을 강요하기 시작했다. 조폭들은 그의 배신에 분노하였고 마침내 지역을 둘러싼 큰 싸움이 벌어졌다. 그들의 싸움에 지역주민들도 다수 피해를 봐야 했다. 마침내 배신자는 조폭들에 의해 제압되고 그는 다시 조폭들에게 충성을 하겠다는 약속을 하고서야 풀려날 수 있었다. 하지만 그가 지배하는 영역은 모두 박탈당하고 난 뒤였다.

19세기에서 20세기에 걸쳐 일어난 제국주의 국가들의 침략과 일본의 제국주의화 그리고 제2차 세계대전을 조폭들의 전쟁에 비유하여 보았다. 일본은 동아시아에 몰려온 제국주의 국가들의 하수인이 되어 충성을 다하였기에 마침내 그들의 일원이 되었다. 하지만 만주사변과 중일전쟁 그리고 태평양전쟁을 통해 자신을 제국주의 국가로 만들어 준

열강에 대한 배신(?)을 거듭하다 결국 패망하고 말았다.

18세기 말에서 19세기 중반에 걸쳐 세계는 산업혁명의 물결에 휩싸였다. 지리상의 발견으로 시작된 유럽열강들의 세력쟁탈전은 산업혁명을 통한 생산력의 폭발적 발전으로 인해 더욱 거세게 진행되었다. 주체할 수 없이 쏟아지는 생산품의 판로를 확대하고 그 생산을 위한 원료를 획득하고자 시작된 이 싸움은 마침내 전 지구를 덮어버린 제국주의적 지배시대를 열었다. 아프리카의 오지부터 태평양의 한복판에 이르기까지 그들의 손길은 구석구석 뻗쳤고 착취와 약탈의 일상화를 낳는 비극의 시대가 시작된 것이다.

1854년 미국 페리 제독이 이끄는 함대의 포격에 개항을 강요당했던 일본은 제국주의 국가로 거듭나기 위해 몸부림쳤다. 메이지 유신을 통해 일본은 제국주의 국가들의 모든 것을 흡수하여 이를 자신들의 것으로 만드는 데 힘썼다. 물질적인 것은 물론이고 헌법과 각종 제도 심지어 댄스파티까지 모방하여 '원숭이'라는 비아냥을 들었지만 개의치 않았다. 심지어 서양종교인 기독교조차 수입하여 모방하기에 이를 정도로 일본은 열강의 일원이 되고자 하였다.

그런 일본을 서양열강은 자신들의 하수인으로 활용하고자 하였다. '극동의 헌병'이라는 칭호는 그것을 상징한다. 동학혁명이나 의화단의 저항 같은 현지 세력의 저항 국제질서를 어지럽히는 러시아의 폭주 등을 견제할 사명을 일본에 부여하여 자신들의 수고를 절약하고자 한 것이다. 이에 대하여 일본은 기대에 어긋나지 않은 활약을 보였고 마침내 1905년 강적 러시아를 물리치며 서양열강의 신임을 한 몸에 받게 되었다.

그런 가운데에 일어난 제1차 세계대전은 일본에게 하늘이 준 기회였다. 제국주의 열강끼리 벌인 이 전쟁을 틈타 일본은 자신의 지위를 획기적으로 높이는 데 성공하였다. 군수물자와 차관의 제공, 공백이 된 동아시아 지역에서의 우월적 지위 획득, 적 식민지지역의 점령 등을 통해 일본은 세계적인 강대국의 지위를 차지할 수 있었다.

하지만 세계대전의 종료로 그러한 성과는 자칫 물거품이 될 위기에 처하였다. '그들이 다시 돌아온 것'이다. 거기에 불어닥친 세계대공황의 위기, 자신들의 번영이 무너질지 모른다는 초조감에 빠진 일본은 열강과의 협조관계를 무너뜨리고 독주를 시작하였다. '공동 지배구역'인 중국, 나아가 이미 열강에 의해 영역싸움이 끝난 동남아에까지 손길을 뻗치는 순간 일본은 돌아올 수 없는 길을 가게 되었다. 그리고 결과는 모두가 알다시피 완전한 패망이었고 그로 인해 모든 것을 잃어버리게 된다.

19세기 제국주의 시대는 '광기의 시대'였다. 제국주의 열강은 상품시장과 원료의 공급지를 원했지만 그것이 어느 단계를 넘어가면 거의 맹목적인 정복욕에 휩싸인 채 영역을 확대시켜 나가기에 이르렀다. 아프리카의 분열은 그러한 '광기'를 잘 보여주었다. '왜 또는 무엇을 위해'라는 의문을 접어둔 채 비어 있는 곳을 향해 돌진하여 차지해 버리고 마는 그들의 모습은 '광인'의 그것이었다고 한다.

'페리원정소사' 미국에 의해 일본에게 주어진 조선개항 매뉴얼이었다. 일본의 조선지배는 그렇게 시작되었다. 그 끝은 테프트가쓰라 조약을 비롯한 열강과의 조약을 통해 조선에 대한 우월한 지위의 인정 그리고 1907년 헤이그 밀사 사건에서 보여준 열강의 일본지지였다. 제국주의 열강은 그렇게 조선에 대한 일본의 지배를 이끌었던 것이다. 역으로 말하면 그들의 지지 없이 일본의 조선지배는 불가능했다고 하겠다. 모두가 공범이 되어 서로가 서로의 침략을 방조하고 인정하던 시대이기에 가능했던 풍경이었다.

오늘날에도 제국주의적인 침략을 사라지지 않았다. 중남미국가에 대한 미국의 행태는 가히 제국주의시대를 방불케 한다. 대표적인 예가 칠레의 민주정부를 무너뜨리고 피노체트가 이끄는 군부정권을 수립한 것이다. 중남미뿐 아니라 전 세계를 향한 미국의 '패권주의적' 행태는 오늘도 변함없이 전개되고 있다.

하지만 그렇다고 해도 19세기 제국주의시대와 같은 무분별한 침략과 약탈은 다시 재현되기 어려울 것이다. 19세기는 민족주의가 극도로 발전했던 시기이기도 하며 민족주의의 가장 극악한 형태가 바로 제국주의라고 할 때 제국주의의 전성기이기도 하다. 두 번의 세계대전은 민족주의의 변형된 형태인 제국주의가 가져올 최악의 결과를 잘 보여주었다. 이제 제국주의는 새로운 형태로 진화되어 조용히 자신들의 이익을 추구하는 형태로 전개되고는 있지만 과거와 같은 폭주는 보이기 어려울 것이다.

더 중요한 사실은 동아시아의 국가들은 일본의 군국주의 부활을 허용할 정도로 허약하지 않다. 과거 일본의 침략에 무기력하게 당해야 했던 한국과 중국은 이제 당당한 선진국의 일원이 되었다. 특히 중국은 아시아를 넘어 세계 최강의 자리마저 넘보고 있다. 일본이 아무리 군사대국으로 거듭난다고 한들 과거와 같은 침략을 꿈꾸는 것은 불가능할 것이다. 다시 한 번 패망을 각오하지 않는 이상은 말이다.

## (4) 역사문제에 대한 새로운 시각

일본과 독일, 서로 닮은 꼴처럼 여겨지는 나라들이다. 일단 제2차 세계대전을 일으킨 주역이며 전범국가라는 점에서 비교가 되는 경우가 많다. 질서를 중시하는 점에서도 비슷하다는 평가를 듣고 있다. 독일에서는 어떨지 몰라도 일본에서 독일의 영향은 지금도 곳곳에 짙게 남아 있다. 독일어는 한때 영어에 버금가는 외국어였고 학문적인 면에서 마찬가지이다. 일본은 우리와 달리 외국어 시험에서 영어가 필수가 아닌 경우가 많다. 내가 대학원에서 학위취득을 위해 두 개의 외국어 시험을 볼 때 영어는 독일어, 불어 등과 함께 하나의 선택과목에 불과했다. 따라서 영어 대신 독일어를 선택하는 학생은 의외로 많았다.

일본에서 공부하는 유학생들 중에 중국인과 한국인을 제외하면 독일인의 수가 제법 상위권을 차지하는 걸로 보아 독일에서의 일본의 영향도 제법 클 것 같다는 생각이 든다. 유학 첫 해에 가장 친하게 지낸 외국유학생은 독일인이었다. 한스라는 이름의 그 독일 유학생과는 일본에 대한 생각을 나누며 뜨겁게 논쟁을 벌이기도 하였다. 한스의 일본어 실력이 나보다 못해 아쉽기는 하지만 그를 통해 독일이라는 나라에 대한 관심을 키웠고 나중에 독일어 수업을 듣기까지 하였다. '언젠가 독일에 가서 공부하고 싶다"는 생각도 했지만 지금까지 이루지 못했다.

우리뿐 아니라 많은 나라들이 독일과 일본의 전쟁 책임에 대한 자세를 비교하며 일본을 비난한다. 전쟁에 대한 사죄와 보상을 제대로 하고 아울러 지금까지도 전쟁 책임자를 찾아내어 처벌하는 것을 멈추지 않고 있는 독일 전쟁에 대한 또는 나치스에 대한 합리화를 용납하지 않는 독일에 대하여 칭송을 보내면서 그렇지 못한 일본의 무책임을 비난하는 것이다. 내가 보기에도 전혀 근거 없는 평가는 아닌 것 같다.

1985년 동서로 분단된 가운데 서독의 바이스체커 대통령은 '광야에서의 40년'이라는 명연설을 통해 독일의 전쟁 책임을 명확히 선포하였다. 독일이 전쟁으로 겪은 고통은 이해하나 그것은 자신들이 전쟁을 시작한 것에서 비롯되었다고 하여 피해자 의식에 젖어 가해자로서의 책임을 망각하지 말도록 촉구하였다. 아울러 "과거에 눈을 감는 자는 미래에 대하여도 눈을 감게 될 것이다"라고 하여 역사를 망각하는 자에게 미래는 없다는 강한 경고메시지를 보내고 있다. 마지막으로 전쟁의 책임을 후세에게 확실하게 가르쳐 주어 이를 잊지 않도록 하는 것이 자신들의 책임임을 명백히 하여 역사교육의 중요성을 독일인들에게 각인시키려고 하였다.

전후 사십 년 독일이 걸어온 길은 이스라엘민족이 출애굽 이후 사십 년간의 광야 생활과 같음을 강조하고 사십 년간의 여정이 남긴 기억을 영원히 간직할 것을 강조하며 연설을 마친다. 시종일관 독일의 전쟁 책임에 대한 '기억과 실천'이라는 점을 역설하는 바이스체커의 모습에서 독일의 희망찬 미래를 볼 수 있었다.

이에 비하면 일본은 어떠한가? 위안부 문제 하나만 놓고 보아도 제대로 된 사과나 사죄도 하지 않고 사실조차 인정하지 않는다. 여러 가지 증거자료가 나와도 지금까지 관여했던 사실을 부인하고 있는 것이다. 살아 있는 증거라 할 위안부할머니들의 증언조차 모두 거짓이라고 발뺌하는 그들의 모습에서 분노를 느끼지 않을 수 없다. 전쟁의 가해자이면서도 일본국민들에게는 가해자로서의 죄의식보다는 원자폭탄의 피해자로서의 기억이 더 강렬하게 남아 있는 것 같다. 역사교과서를 유리하게 제작하여 전쟁과 침략 식민지지배의 역사를 축소, 왜곡, 부정하는 모습을 지금도 보이고 있다. 참으로 어처구니가 없고 또한 서글픈 일이 아닐 수 없다.

일본 군국주의의 부활을 외치는 사람들에게 이러한 사실은 매우 명백한 근거로 활용되고 있다. "그들은 과거를 반성하지 않는다. 그러니 또다시 같은 잘못을 되풀이할 가능성이 매우 높다." 죄를 뉘우치지 않는다면 그럴 수 있을 것이라는 생각이 든다고 해도 이상한 것은 아니다. 뉘우쳐도 그럴 수 있는데 하물며 죄라는 사실조차 부인한다면 재범의 우려가 커지는 것은 자연스러운 일이다. 물론 앞에서 언급한 것처럼 여러 가지 정황상 일본군국주의가 부활할 가능성이 그다지 없기는 하더라도 경계하고자 하는 마음이 생길 수밖에 없다.

하지만 독일과의 비교가 일본의 역사를 평가하는 데 또는 지금의 태도를 비판하는 데 100% 합당한 기준이 되는지 우리가 고민해 볼 필요가 있다. 두 나라가 전쟁을 일으킨 배경이나 각각의 역사 등에서 많은 차이가 나기 때문이다. 단지 제2차 세계대전 하나를 두고 기계적으로 동일시하는 것은 문제가 있다. 더구나 독일은 육백만 명의 유대인을 학살하였다. 일본이 식민지 통치나 전쟁을 통해 많은 사람들을 죽음에 몰아넣었다고는 해도 의도적으로 한 민족을 말살시키려고 한 것은 아니다. 따라서 우리는 일본과 독일의 차이점을 주의 깊게 살핌으로써 일본에 대한 보다 정확한 판단을 할 수 있어야 하며 '군국주의의 부활'에 대한 결론을 내려야 할 것이다.

### 1) 독일은 전쟁 책임, 일본은 전쟁 책임과 식민지 책임

독일과 일본을 비교할 때 우리가 망각하기 쉬운 것은 책임의 내용이

다르다는 점이다. 독일은 제1차 세계대전의 패배로 인해 해외식민지를 모두 잃었다. 독일은 1871년 보불전쟁의 승리로 통일을 이룬 신생국가이다. 신생독일의 실질적 최고 권력자라 할 수 있는 비스마르크 수상은 신생독일이 불필요한 식민지 경쟁에 뛰어들어 국력을 낭비하여 통일의 기반을 흔들 것을 원하지 않았다.

게다가 비스마르크의 퇴임 후 친정을 하게 된 빌헬름 2세가 야심을 가지고 식민지쟁탈전에 가세했지만 이미 세계의 대부분이 영국과 프랑스 등 선발국들에 의해 분할되어 있어 독일이 들어갈 여지는 별로 없었다. 그래서 원래 식민지 자체가 많지 않았는데 그나마도 베르사이유조약으로 모두 빼앗긴 것이다. 군비축소, 막대한 배상금 지불 등과 함께 이것이 독일국민들의 마음에 한을 심었고 결과적으로 히틀러의 나치스가 집권하는 배경이 된 것은 사실이지만 독일의 식민지에 대한 책임이 없어지는 원인이 되었다.

이에 비해 일본은 영국이나 프랑스 같은 식민지 대국과는 비교가 안되지만 그래도 그 나름대로 식민지를 지배하던 나라이다. 조선과 대만 그리고 만주 등 동아시아 지역에 본토의 여러 배에 달하는 식민지를 소유했던 일본으로서는 식민지지배에 대한 책임 또한 안게 되었다. 대만의 경우 1895년 청일전쟁 직후부터 무려 오십 년간의 식민지지배를 실시하였고 우리나라는 삼십육 년에 걸쳐 식민지지배를 하였다.

식민지지배를 하는 동안 여러 차례의 크고 작은 전쟁을 하였기 때문에 일본에겐 전쟁 책임과 식민지지배 책임이 함께 부과되고 말았다. 그것이 일본의 책임 문제를 독일보다 더 크게 만드는 원인이 되었다. 엄밀히 말하면 우리에게는 전쟁 책임은 없다 할 수 있다. 반면 동남아시아 국가들에게는 전쟁 책임은 있어도 식민지 책임은 없다. 중국의 경우 만주점령은 식민지 책임 중일전쟁은 전쟁 책임으로 나누어 생각할 수 있다.

하지만 이 두 가지 책임이 분리되지 않고 하나로 여겨지는 것은 분명 문제가 아닐 수 없다. 전쟁이란 일시적인 성격이 강하지만 식민지지배는 지속적인 것이다. 게다가 전쟁에 의한 피해는 한정적이지만 식민지지배의 피해는 광범위할 뿐 아니라 애매하기조차 하다. 넓게 보면 식민지지배 시절의 모든 것이 피해일 수 있고 좁게 보면 특별한 것만 피해로 볼 수도 있기 때문이다. 전자로 보면 그 책임은 상상할 수 없을 정도로 커지게 마련이다.

이러한 사실을 놓고 볼 때 독일과 일본을 기계적으로 비교하여 책임에 대한 평가를 하는 것에는 큰 문제가 있다 하겠다. 만일 일본과 독일을 비교한다면 식민지 책임과 전쟁 책임을 분리하여 하며 전쟁에 국한하여 비교하는 것이 정당할 것이다. 지금처럼 일본의 책임을 식민지 책임에까지 확대하려고 한다면 독일이 아니라 식민지지배를 제대로 했던 영국이나 프랑스와 비교를 해야 마땅하다고 생각한다.

## 2) 식민지지배에 대한 책임을 진 나라가 있던가?

'철의 여인'이라는 불리는 마가렛 대처 전 영국수상처럼 평가가 엇갈리는 인물도 드물 것이다. 영국을 1970년대의 위기에서 구한 영웅이라는 칭송에서 신자유주의정책으로 영국을 양극화사회로 만든 원흉이라는 악평까지 실로 다양한 평가를 받았기 때문이다. 그녀가 죽었을 때 대처를 미워하는 사람들은 대처의 민영화정책을 비꼬기 위해 "장례식도 민영화하시지"라고 비아냥대기도 하였다. 십여 년간 집권하면서 영국사회에 큰 족적을 남긴 인물이기에 지금도 그 평가는 크게 엇갈리고 있는 것 같다.

그런데 대처가 생전에 "인도가 영국의 식민지가 된 것을 영광으로 알라"고 발언한 일을 아는 사람은 많지 않을 것이다. 이 발언의 진의가 무엇인지—전체문맥을 모르기 때문에 오해의 여지가 있을 것 같다—알 수가 없지만 실로 충격적인 내용이 아닐 수 없다. 식민지지배를 반성하기는커녕 도리어 그것을 자랑스럽게 생각하는 대처의 역사관에 심히 불쾌감을 느껴야 하지 않을까 싶다. 만일 일본의 수상이 "한국이 일본에 식민지가 된 것을 영광으로 알라"고 했다면 어떻게 되었을까? 아마 전 국민적인 시위가 촛불집회 못지 않게 일어나지 않았을까?

삼 년 전에 아프리카의 어느 나라가 영국을 대상으로 식민지통치 시절에 일어난 학살 사건에 대한 배상을 청구했으나 거부당해서 소송을 제기한 일이 있다. 영국정부는 그 당시에는 이미 영국은 그 나라를 독립시킨 상태이기 때문에 자신들과 학살은 무관하다고 변명하였지만 그들은 그 학살의 배후에 영국이 관여하였다는 주장을 하였다. 나로서는 진위를 알 수가 없다. 하지만 만일 그것이 아프리카 나라의 주장대로라면 영국정부는 식민지지배로 인한 피해에 대한 책임을 부인하고 있는 것이 된다. 대처 전 수상의 발언과 맞물려 생각하면 영국이 책임회피하고 있다는 의구심이 들 수밖에 없다.

그러한 의심은 영국의 역사의식에 의해서도 느낄 수 있다. '대영제국의 영광', '해가 지지 않는 나라' 이런 말을 누가 언제 시작했는지 모르나 지구상에 큰 부분을 식민지로 지배한 영국의 역사를 미화하는 말임에는 틀림없다 하겠다. 일본에서도 '대일본제국의 영광'이니 하는 말을 극우파들이 하지만 공공연하게 주장하지는 못한다. 그런데 영국은 이에 대하여 "그만 하자"고 주장한 일이 있는지 의문이다(조선일보

2018년 11월 9일에 실린 〈김태훈의 뉴스 저격 - 식민지 수탈했던 서구 열강, 국익에 도움될 때만 사과·배상〉은 영국을 비롯한 서구열강의 식민지지배에 대한 무책임함을 소개하고 있다. 참고 바람).

대학시절 '영국사' 강의를 들은 적이 있다. 강의의 교재로 사용된 책은 담당교수였던 최문형 선생의 『영국사』였는데 책의 서문에는 "근대 영국사는 일견 승리의 역사 같다"고 하는 말이 있었다. 물론 이것은 최문형 교수의 생각이겠지만 그의 평가가 개인적인 의견이라기보다는 영국사에 대한 영국인들의 견해가 반영된 것이라는 의구심이 들었다. 아무래도 한 나라의 역사를 연구할 때는 그 나라 연구자들의 의견 나아가 그 나라의 역사관이 영향을 미칠 것이기 때문이다.

영국에게 '승리의 역사'란 무엇일까? 그 의미는 무엇일까? 영국은 백년전쟁에서 프랑스에게 패배한 이래 중요한 전쟁에서 승리자였다. 대표적인 것이 나폴레옹 전쟁과 제1, 2차 세계대전이다. '영광의 고립'이라는 원칙하에 대륙의 분쟁에서 한 발 떨어져 고립을 통해 안정을 유지하면서 세계 식민지쟁탈전에서의 우위를 차지하고자 했던 영국은 대륙에서 자신들을 위협할 세력이 등장할 때마다 그 세력과 대립하는 다른 세력의 편을 들어 대륙의 세력균형을 이루는 일종의 '유럽의 균형자' 역할을 함으로써 승리자의 지위를 지킬 수 있었다. 게다가 바다로 둘러싸인 지리적 이점을 최대한 이용하여 최강의 해군력을 보유함으로써 해외 식민지 쟁탈전에서도 미국 독립전쟁을 제외하고는 늘 승리를 거두었던 것이다.

그런 식의 전쟁에서 승리를 거두어 그 결과 '해가 지지 않는 나라'가 된 것인데 그로 인해 아프리카 아시아 등의 약소민족들이 영국의 지배에 의해 신음하였다는 어두운 역사가 탄생한 것이다. '승리의 역사' 뒤에 있는 '지배의 역사'를 그들은 과연 어떻게 평가하고 있는 것일까? '내로남불'이라고 자신들의 역사는 '영광의 역사'이고 다른 국가의 그것은 '침략'이라고 규정하여 비난하는 것은 아닐지 의심스럽다.

일본에서 유학하던 시절 일본 교사들과 역사문제를 이야기하는 자리를 가진 적이 있다. 어느 교사가 "도요토미 히데요시를 영웅으로 생각하는 아이를 설득하여 졸업할 때 그의 생각이 바뀐 것을 확인하고 보람을 느꼈다"고 하였다. 그래서 나는 이렇게 말했다. "나폴레옹은 영웅일까요? 도요토미가 영웅이 아니라면 나폴레옹도 영웅이 아니겠죠?"라고. 도요토미 히데요시나 나폴레옹이나 다른 나라를 침략한 것에는 변함이 없다. 나폴레옹의 침략에 울분을 품은 독일의 피히테는 '독일국민에게 고함'을 써 독일의 통일을 외쳤고 헤겔은 "마상위의 절대정신을 보았다"고 평가하여 나폴레옹을 영웅시하였다. 과연 어느 견해가 올바른 것일까?

문제는 기준에 일관성이 있어야 한다. 나폴레옹의 결과적으로 프랑스혁명정신을 수출하여 세계사에 긍정적인 영향을 미쳤다고 해도 그가 침략을 하였다는 사실 자체가 바뀔 수는 없다. 또 나폴레옹 자신이 그런 사명감을 가지고 침략을 했다고 생각되지 않는다. 따라서 나폴레옹의 평가가 도요토미와 다를 이유는 없다. 그런데 우리는 나폴레옹은 영웅으로 여기고 도요토미는 악인으로 본다. 만일 도요토미를 악인이라고 본다면 나폴레옹 역시 그렇게 봐야 옳지 않을까?

대처 전 영국수상이 한 말에 우리는 얼마나 분노를 느끼는가? 관심이나 있는지 묻고 싶다. 아마 그런 사실조차 모를 것이다. 아니 영국만이 아니라 프랑스, 미국, 스페인 등 과거의 식민지국가들의 식민지지배에 대한 인식을 알고 싶어 하는 사람이 얼마나 있을지 궁금하다. 그런 관심이 왜 필요하냐고? 당연히 필요하다. 우리가 일본의 식민지지배를 비난할 때 그것이 중요한 근거가 될 수 있기 때문이다. 만일 다른 나라들이 식민지지배를 죄악시하고 그에 대한 책임을 졌다면 우리는 보다 강하게 일본을 비난할 수 있다. 하지만 그렇지 않다면 일본에 대한 우리의 생각도 조금은 달라져야 하지 않을까?

과문해서 그런지 몰라도 내가 알기로는 식민지지배에 대하여 사죄하고 제대로 된 보상을 한 나라는 지구상에 없는 것 같다. 나는 유럽의 통합역사교과서를 구하여 읽어 본 적이 있다. 하지만 그곳에서도 유럽의 팽창으로 인한 식민지지배에 대하여 사죄나 책임을 논하지는 않았다. 그냥 과거 유럽이 세계에 진출한 일이 있지만 지금은 모두 잃고 말았다는 식의 서술만이 보일 뿐이다. '반성'이니 '죄악'이니 하는 문구는 전혀 없었다.

일본이 식민지지배를 사죄하고 보상하지 않았다는 것이 이러한 이유로 합리화될 수는 없다. 하지만 우리가 일본을 독일과 비교하여 무책임하다고 몰아붙이는 것이 과연 정당한 평가인지 의문을 가질 근거는 될 것이다. 적어도 일본은 비록 형식적이지만 사과를 한 적도 있고 한일국교정상화과정에서 적지 않은 보상금을 지불하였다. 동남아시아에 대하여도 마찬가지이다. 그것이 턱없이 부족하고 불충분하다 하여도 '식민지지배를 영광'으로 여기라는 뻔뻔스러운 나라에 비하면 체면치레라고 한 것이 아닐까? 그렇다면 일본의 무책임에 대한 면죄는 아니지만 적어도 독일과의 비교를 통해 일본을 무책임하다고 여기는 비난은 다시 생각해 볼 문제라 할 수 있다. 전쟁 책임과 식민지 책임문제도 그렇지만 식민지지배 책임 자체도 문제인 것이다.

## 3) 독일은 왜 책임을 지는 데 열심이었을까?

오해하지 말아야 할 것은 일본은 전쟁 책임을 회피한 적이 없다는 사실을 우리는 자주 망각하는 것 같다. "우리는 전쟁을 일으킨 적이 없다"고 하거나 '미국이 먼저', '중국이 먼저' 우리에게 전쟁을 걸었다는 식의 억지 주장은 하지 않는다. 아울러 육 년간의 점령을 통해 일본은 연합국의 점령을 받으며 국가개조에 가까운 개혁을 강요당하였고 그것으로 인해 새로운 국가로 거듭날 수 있었다. 동남아시아 국가들에 대하여는 국교수립과정에서 배상금을 지급하였고 중국은 배상금 지불을 사양하는 바람에 지불하지 않았을 뿐이다.

도리어 가장 오랫동안 일본에게 피해를 본 우리가 가장 보상을 제대로 받지 못한 결과가 되었다. 이것은 박정희와 그의 세력이 저지른 역사의 과오라고도 할 수 있다. 서둘러 한일국교정상화를 통해 푼돈이라도 받아 내야 한다는 판단이 그런 결과를 낳는 중대한 원인이 되었다. 물론 일본 측이 그런 우리의 입장을 이용한 것도 문제이지만 사실 일본으로서는 '알아서 기어 준다'는데 마다할 이유가 있겠는가?

심지어 위안부에게 돌아갈 보상마저 가로채 사용하고 경제발전이 먼저니 참으라는 식의 터무니없는 짓을 한 것은 언젠가 역사의 심판을 받아야 할 것이다. 백보를 양보해 설사 그렇다고 해도 최소한의 보상이라도 해 줘야 하지 않았는가 싶다. 위안부들은 결국 일본에게도 버림받고 우리나라 정부에게도 버림받은 꼴이다. 일본에게 책임을 묻는 것도 좋지만 자신들이 과연 역사 바로 세우기에 얼마나 성의를 보였는지도 반성해야 할 것이다. 친일파를 친일파라고 부르지 못하는 '신판 홍길동전'이라도 써야 할 상황을 만들고 말았으니 참으로 부끄러운 일이 아닐 수 없다. 더구나 그런 친일파가 대대손손 우리나라를 손아귀에 쥐고 흔들고 있으니 남의 나라 이야기를 할 수 있을지 의심스럽다.

그렇다면 독일이 일본에 비하여 책임을 제대로 졌다는 평가는 반은 허구임을 알 수 있다. 적어도 전쟁 책임에 대하여는. 하지만 그럼에도 불구하고 의문으로 남는 것은 독일의 신속한 전쟁 책임 문제 처리의 평가이다. 독일은 연합군에 의한 점령, 동서독의 분열, 게다가 동부지역의 영토 상실 등 막대한 손해를 입어야 했다. 아울러 전쟁에 대한 끊임 없는 사죄, 전범에 대한 시효 없는 처벌 등을 통해 전쟁 책임에 대하여 철두철미한 모습을 보여 칭송이 대상이 되고 있는 것만은 사실이다.

이것은 독일인이 일본이나 다른 나라 사람들에 비하여 양심적이고 훌륭하기 때문일까? 물론 그럴 수도 있다. 칸트와 헤겔의 철학, 베토벤과 바하의 음악, 괴테, 하이네의 문학 등등 독일은 가히 문화대국이라 하겠다. 그러니 당연히 그 나라 국민들은 양심이 바르고 선한 사람들 이라고 생각하고 싶을지 모른다. 하지만 그런 사람들이 육백만의 유대인을 학살했으니 엄청난 모순이 아닌가? 선한 민족이라는 것이 애당초 있기는 하는 걸까 의심이 들 정도이다. 영화 「쉰들러의 리스트」에서 유대인을 학살하던 독일 병사가 피아노를 연주하던 장면이 나왔다. 인간이란 저런 모습을 갖고 있는 것일까 하는 슬픔을 느끼게 하였다.

그렇다면 독일은 왜 그토록 철저히 전쟁 책임을 다하고자 하였을까? 그들로서는 그렇게 할 수밖에 없었던 사연이 있는 것은 아닐까? 그 사연은 과연 무엇일까? 나는 그것이 알고 싶다.

그래서 몇 가지 이유를 생각해 보았다.


### ① 독일과 싸운 적은 강대국들이다

독일은 영국, 소련, 미국, 프랑스와 전쟁을 하였다. 이들 나라는 지금도 그때도 세계 최강의 나라들이다. 소련은 사라졌지만 이를 계승한 러시아도 군사력에 관한 한 세계 최강의 나라이다. 미국보다 더 많은 핵탄두를 갖고 있는 유일한 나라이니. 미국이야 더 말할 나위 없는 세계 최강대국이고 영국과 프랑스도 최고 수준의 나라이다. 이런 나라들을 상대로 전쟁을 혼자 치뤘다니 독일이 새삼 우러러보인다. 만일 독일이 이들 나라 중 하나하고만 싸웠다면 승패가 달라졌을지도 모른다는 생각이 든다.

독일로서는 '알아서 기는 것'이 아마 최선의 선택이었을 것이다. 이런 나라들을 상대로 다시 싸울 생각이 아니라면 감히 그렇게 안 하고 배길 수 있겠는가? 그러니 전쟁 책임에 대하여 적극적일 수밖에 없었을 것이다. 그렇기 때문에 독일은 오늘날 유럽연합의 보스의 지위를 차지하여 유럽을 사실상 지배하는 국가로 부활하였으며 세계경제의 거인으로 자리 잡을 수 있었다. 남유럽의 위기에서 독일은 많은 비난을 받았는데 그것은 역으로 말하면 유럽에서의 독일의 위상이 얼마나 높은지를 말해 주는 것이었다 하겠다.

하지만 일본이 식민지지배를 한 한국과 대만, 중국은 그리 강한 나라들은 아니었다. 물론 지금은 이야기가 다르다. 중국은 미국과 함께 양강구조를 이룰 정도가 되었고 대한민국이나 대만 역시 그리 만만한 나라가 아니다. 북한은 핵무기를 들이대며 위협하는 존재니 말할 것도 없다. 지금 와서 후회해도 소용이 없지만 만일 일본이 식민지지배를 하지 않았다면 이들 나라와의 관계에서 훨씬 유리한 위치를 가질 수 있었을 것이다. 안중근의사가 '동양평화론'에서 그토록 경고한 것이었는데 안의사의 경고를 무시한 일본으로서는 땅을 칠 노릇이다.

그렇지만 패전 직후 그리고 적어도 1980년대까지 아니 1990년대에도 한국과 대만, 중국은 일본에게는 그저 쉽게만 보인 상대였다. '너희 쯤은 단숨에 밟아 버릴 수 있어'라는 생각 또는 '우린 너희보다 유럽이나 미국이 더 중요해'라고 무시하는 태도를 보인 것이 일본인데 그것은 결코 근자감은 아니었다. 만일 독일의 전쟁 상대가 이렇게 만만한 상대였다면 그들이 그렇게 전쟁 책임을 철저히 지려고 했을까? 한 가지 잊은 것이 있다. 독일의 책임 대상에는 무시무시한 유대인들도 포함해야 한다. 세계를 좌우한다는 유대인들에게 머리를 조아리지 않고 감히 어떻게 멀쩡히 나라를 유지할 생각을 할 수 있겠는가? 독일은 다른 선택의 여지가 없었다.

## ② 서양과 일본의 전통의 차이

유럽사와 서양사를 공부하면 누구나 알 수 있을 것이다. 그들이 얼마나 치열하게 전쟁을 하여 왔는지. 로마제국의 멸망 이래 유럽은 춘추전국시대와 같은 상태였다. 이를 통일하려는 시도는 여러 번 있었다. 프랑크왕국, 신성로마제국 등등 로마교황은 엉뚱한 곳으로 칼날을 돌리게 하여 자신의 권력을 키우기도 했다. 십자군전쟁, 지리상의 발견은 유럽 각국을 해외전쟁터로 내몰았다. 그리고 백년전쟁을 필두고 30년전쟁, 해외패권전쟁, 오스트리아 왕위계승전쟁, 미국독립전쟁과 영미전쟁, 나폴레옹 전쟁, 보오전쟁, 보불전쟁, 양차 대전 등 그야말로 전쟁으로 날이 새고 지는 역사가 서양사였다.

그런데 재미있는 것은 그들은 전쟁을 하고 나서 말끔히 그것을 처리하는 것에도 매우 익숙하다는 것이다. 1871년 보불전쟁에서 패한 프랑스는 독일에게 막대한 배상금과 알자스로렌 지역 양도라는 치욕적인 강화조건을 수용했다. 하지만 사십오 년이 지나 1919년 파리강화조약에서 이번엔 비슷한 조건을 독일이 받아들여야 했다. 일설에 의하면 프랑스측은 그들이 과거에 항복문서에 서명할 때 사용한 펜과 잉크를 그대로 가져와 독일 측에게 사인하게 했다고 한다. 물론 현실적으로 말이 안 되는 소리지만 얼마나 한이 맺혔으면 그런 루머가 나왔을까?

이것은 하나의 전통인 것 같다. 영토 양도, 배상금 지불, 항복문서조인 패배한 쪽은 철저히 보복을 당했고 그래서 전쟁이 끊이지 않았을지 모르겠다. 하지만 그럼에도 불구하고 그들은 전쟁이 끝나면 국교를 회복하고 아무렇지 않게 교류를 하였다. 마치 아무 일도 없었던 것처럼. 1890년대에 일어난 프랑스의 드레퓌스 사건의 이야기를 읽어 보면 독일대사관의 직원이 프랑스 장교를 매수한 이야기가 나오는데 그것을 자세히 들여다 보면 두 나라가 과연 이십 년 전에 그토록 피터지게(?) 싸운 관계인가 의심이 들 정도로 두 나라의 관계는 정상적이었다.

유럽에서 전쟁은 일상적인 일이고 따라서 전후처리 역시 정해진 관행에 따라 이루어져 왔던 것이다. 진 쪽은 '까불어서 죄송합니다'고 머리를 넙죽 엎드려야 나중에 후환이 없게 되는 것이다. '내가 뭐 잘못했다고 그래'라는 식의 항변은 그 나라의 미래에 결코 바람직하지 않다. 승자는 패자에게 배상금과 영토 사죄를 받으며 그 영광을 누린다. 이 것이 유럽, 나아가 서양세계의 전후처리의 전통이다.

독일의 신속하고 철저한 전쟁 책임 수행의 배경에는 이런 역사가 깔려 있다. 유럽 나아가 서양은 전쟁이 빈번하였고 그 처리 역시 명확하게 정착되어 있는 관행에 따라 이루어졌다. 그것은 '승자독식'은 아닐지 모르나 패자의 철저한 사죄와 배상금 영토할양 등으로 이루어져 있다. 패자는 '와신상담'을 노릴지라도 일단은 그렇게 해야 훗날을 기약할 수 있게 된다. 독일의 전쟁 책임에 대한 자세는 그런 관행의 실천에 불과한 것이다.

하지만 일본은 다르다. 일본은 일단 역사를 통틀어 대외전쟁의 경험이 그리 많지 않다. 아니, 663년 우리나라 금강에서 일어난 '백촌강 전투' 이후 역사적으로 볼 때 대외전쟁이란 몽고의 침입 도요토미의 히데요시의 침략이 고작이었고 근대에 들어와서 청일, 러일전쟁 등 커다란 대외전쟁을 겪게 되었다.

대외전쟁의 경험이 부족한 것은 일본만이 아니다. 우리나라도 조선시대에 들어오면 임진왜란과 병자호란 이외에는 거의 전쟁다운 전쟁을 겪어 본 적이 없다. 중국도 그 점에서는 비슷하다. 중국의 경우 명나라와 청나라의 교체기에 큰 전쟁이 있었을 뿐 대체로 평화로운 시기를 지냈다. 그러니 일단 동아시아에는 전후처리에 대한 관행이 형성되어 있지 않았다고 봐야 할 것이다.

더구나 일본이 근대 들어 전쟁을 여러 번 경험하긴 했는데 문제는 마지막 전쟁을 제외하면 모두 승리하였다는 것이다. 승리로 일관된 영국사 못지않게 일본은 근대의 전쟁에서 대부분 승리하였다. 그러니 근대 최초의 패배를 경험한 그들이 제대로 된 전후처리를 할 수 있었을지 의문이다.

게다가 고려해야 할 사실이 더 있다. 일본은 중국이나 우리와 달리 내전이 빈발했던 나라이다. 그러기에 내전의 처리 관행은 어느 정도 형성되어 있었다. 문제는 그들의 관행이 국제적인 것과 거리가 멀다는 점이다. 그것이 일본의 전후처리 문제에 잘못을 가져왔을 가능성이 크다. '일본의 상식은 세계에서는 몰상식'이라는 표현처럼 내외의 격차를 제대로 이해하지 못한 채 대처한 것이 패착이 되었을 수 있다는 것이다.

'와(和)'를 중시하는 일본의 전통은 패자에 대한 철두철미한 보복을

급하고 있다. 그렇다고 그런 법이 있다는 것은 아니다. 하지만 일본의 크고 작은 내전의 결과를 보면 패자에게 놀랄 만큼 관대했음을 알 수 있다. 마지막 내전이라 할 보신전쟁(戊辰戰爭)의 경우 적군의 장수를 다시 기용하는 정도였다. 우리 같으면 상상할 수 있을까? 삼족을 멸해도 시원치 않을 적장을 유능하다는 이유로 요직에 발탁하는 정신은 세계사에서도 보기 드문 관대함이 아닐 수 없다.

이러한 일본의 내전경험은 일본이 전쟁 책임 또는 식민지 책임에 대한 자세를 결정하였을 가능성이 매우 크다. "꽃과 열매를 함께 쥐어 주지 않는다"는 일본의 전통은 패자에게 모든 것을 빼앗지 않는다는 관대함을 낳았다. 작은 섬나라에서 적에 대한 철두철미한 보복은 훗날 자신에게도 재앙이 되어 돌아올 것이라는 두려움으로 이어지기 때문에 '좋은 게 좋은 거 아니냐'는 식의 관대함을 낳았을 것이다.

하지만 그것이 국제사회에서도 통하리라고 기대했다면 큰 오산이 아닐 수 없다. 성주가 대표로 나와 할복을 하면 모든 구성원들이 용서받는다는 식의 일본식 강화는 글자 그대로 일본식일 뿐인 것이다. 그렇지만 일본인들은 "아니 그 정도 사과했으면 됐지 뭘 더 바래?"라는 표정으로 자신들에게 철저한 사죄와 보상을 요구하는 국제사회에 당혹감을 나타냈을지 모른다.

물론 일본적 강화방식, 나아가 '와'의 전통을 이유로 일본의 무책임함을 합리화시킬 생각은 없다. 국제사회에는 국내룰이 아닌 국제적인 룰이 있고 각국은 그것을 지켜야 할 것이다. 가족끼리의 방식이 사회에서도 그대로 통한다고 생각하면 큰 오산인 것처럼 말이다. 일본은 좀 더 국제사회에 대한 학습에 매진해야 할지 모르겠다.

하지만 독일과 일본의 단순 비교가 문제가 있다는 근거로 이러한 예를 드는 것은 그리 부당하지 않을 것 같다. 즉 일본이 뼛속까지 악하기 때문이 아니라 그들에게는 그들 나름대로의 문화와 전통이 있는데 그것이 외부세계와 거리가 있기 때문에 문제가 발생한 것이라는 생각을 하게 된다면 조금은 관대한 마음으로 일본을 평가해 줄 수도 있지 않을까 싶다. 여기서 관대함이란 용서가 아니라 이해이다. '이해는 하지만'이라고 하는 말은 그냥 겉치레는 아닐 것이다. 그것은 상대에 대한 배려를 낳을 수 있는 말이기 때문이다.

### ③ 전쟁의 주체 문제

제2차 세계대전과 독일이라고 할 때 우리는 코 밑에 달린 수염을 자랑하는 히틀러를 떠올린다. 히틀러는 나치스당의 지도자이자 상징이다. 독일의 전쟁 개시에 있어서 히틀러와 나치스당의 역할은 결정적이라고 하겠다. 물론 그런 사람과 당을 지도자로 뽑은 독일국민에게도 책임은 있고 또 전쟁을 열광적으로 지지한 것 역시 책임을 물어야 한다. 바이스체커는 "나치스의 만행을 묵과한 사람들은 모두 책임을 져야 한다"고 외쳤다. 너무나 명쾌한 선언이 아닐 수 없다. 하지만 그렇다고 해서 나치스당의 책임이 가벼워지는 것은 아니다. 어떤 범죄이든 그것을 주도한 사람과 단순히 따라온 사람은 처벌의 수위가 달라진다.

우리가 제2차 세계대전을 독일과 일본만의 전쟁으로 착각하기 쉽지만 전범 국가는 또 하나 더 있다. 바로 이탈리아이다. 이탈리아 하면 누구일까? 바로 무솔리니와 파시스트당이다. 우리가 즐겨 쓰는 파시즘의 어원이 된 당이다. 이탈리아의 전쟁 책임 역시 파시스트당을 빼놓고는 이야기할 수가 없다. 이탈리아가 제2차 세계대전에서 별 볼 일 없는(?) 존재—얼마나 심하면 우리는 이탈리아가 참전국이었다는 사실조차 잊곤 한다—였다고 해서 이야기가 달라지는 것은 아니다. 독일과 이탈리아는 전쟁 책임에 대한 나치스당과 파시스트당의 존재를 철저히 부각시켰다.

무솔리니는 체포되어 그의 여자와 함께 교수형에 처해졌다. 히틀러는 연합국에 처벌받는 것을 피하기 위하여 역시 그의 연인 에바 브라운과 결혼식을 올리고 함께 자살하였고 시체가 유린될까봐 불태우도록 명하였다. 하지만 무솔리니와 히틀러를 추종하던 무리들은 연합국에 의한 처벌을 면할 수 없었다. 전범으로 체포되어 핵심적 인물들은 모두 사형을 당하거나 그에 준하는 처벌을 받아야 했다.

물론 나치스당이나 파시스트당의 무리만 처벌받은 것은 아니다. 그들의 일에 깊이 관여된 무리들은 처벌을 피할 수 없었고 그것은 연합국의 점령이 끝난 후에도 지속되었다. 오늘날까지도 도망간 전범들의 삶은 결코 평안하지 못하다. 구십 세가 넘은 전범이 체포되어 처벌받게 된 이야기는 놀랍기만 하다. 우리는 국정을 농단한 전 대통령을 재판이 끝나자마자 '용서하자'고 설치는 무리들을 눈앞에서 봐야 하는데. 그들이 잔인한 것일까, 우리가 너무 관대한 것일까? 나로서는 판단하기는 어렵지만 굳이 말하자면 그들의 그러한 자세가 최소한 역사의 오류를 되풀이하지 않을 것 같아 마음에 든다.

그들은 왜 그렇게 잔인(?)해질 수 있는 걸까? 이미 언급한 사실도 작용하리라. 하지만 또 한 가지 중요한 것은 전쟁을 이끈 주체가 명확하고 그들은 모두 권력을 잃었다는 것이다. 새로 들어선 정부와 권력자들은 그들과 아무런 관련이 없는 정도가 아니라 도리어 그들에게 핍박받던 사람들일 가능성이 매우 높다. 그러니 '피의 숙청'에 대한 부담이 없었을 것이다.

일본의 경우도 비슷한 사례가 있다. 일본과 우리 간에 벌어진 가장 큰 전쟁인 임진왜란이 끝난 후 사명대사를 동반한 사절단이 일본을 방문하여 전후처리문제를 일본 측과 논의하였다. 그 과정에서 일본 측은 사과와 더불어 책임자의 처벌 포로 송환 등에 비교적 적극적이었다. 내가 보기에도 너무나 놀라울 정도로 일본은 전후처리를 말끔하게 한 것이다.

왜 이것이 가능했을까? 오늘의 일본과 비교하면 너무나 차이가 나는 이 모습은 과연 어디서 왔을까? 바로 상대가 달라졌기 때문이다. 이 무렵 일본의 지배자는 도쿠가와 이에야스였다. 그는 임진왜란에 발을 담그지 않았다. 그리고 도요토미를 따르던 세력은 거의 제거되었다. 그러니 임진왜란은 그들의 책임이 아닌 도요토미와 그 측근들의 책임이다. 당연히 그 책임을 그들에게 전가시키고 처벌하기가 용이했을 것이다. "난 아냐… 그러니 마음대로 해라"는 식으로.

하지만 오늘의 일본은 다르다. 그들은 나치스당이나 파시스트당과 같은 전쟁주체세력을 따로 가지고 있지 않았다. '1억 총 참회론'은 그래서 나온 것이다. 군부의 주도를 인정하긴 하지만 모든 것은 정부와 군부 그리고 의회가 하나가 되어 일어났다. 미일개전 당시의 수상 도죠 히데키는 분명 책임이 크고 그래서 전범으로 체포되어 교수형에 처해졌지만 일본의 누구도 도죠 히데키를 일본의 히틀러나 무솔리니로 여기지는 않았을 것이다.

어찌 보면 '재수 없게' 총대를 맨 꼴이 아닐까 싶다. 도죠 히데키 자신도 그렇게 생각한 것 같고 그 전 내각을 이끌던 고노에 후미마로 역시 그랬을 것 같다. 그래서 그는 처벌을 피해 음독자살하고 말았다. '내가 왜 처벌을 받아야 하는가'라는 일종의 반항의 표현 아니었을까? 고

노에는 일본의 개전에 책임을 져야 할 인물이기는 하다. 그의 이름으로 취해진 조치를 보면 책임을 면할 길이 없다. 하지만 그로서는 억울하다는 생각이 들 것이다. '내가 뭐 좋아서 사인했나? 모두가 하자니까 그런 거지'라는 변명을 하고 싶기 때문이다. 만약 그런 식으로 책임을 묻는다면 그 시기에 권력의 자리에 앉은 모두가 처벌되어야 할 것이라고 주장하고 싶었을지 모른다. 일본식의 집단책임주의가 낳은 '회피'라고 할 것이다.

연합국의 점령이 끝나자마자 전범으로 체포되어 교도소에 수감되어 콩밥을 먹던 사람들은 자신의 행운을 기뻐했다. '사형'당한 사람들은 돌아올 수 없었지만 무기징역이라도 일단 살아남은 사람들은 자유의 몸이 되어 삶으로 복귀하였다. 그중에는 일본의 수상이 되어 권력을 쥐게 된 자도 있었다. 교도소 신세는 안 졌어도 공직에서 추방되었던 자들도 모두 돌아왔다. '그들이 돌아온' 덕에 마음껏 자기 세상을 누리던 요시다 시게루는 권좌에서 밀려나와 노년을 쓸쓸히 보내야 했다. '권불십년(權不十年)'이라던가? 십 년을 채우지 못해 그는 얼마나 슬펐을까?

우리도 친일파를 청산하지 못했듯이 일본도 전쟁에 관여한 세력의 청산에 실패했다. 아니 도리어 그들은 보수 세력의 중심이 되어 일본을 지배하는 위치에 오르고 말았다. '역사청산'에 실패한 것이다. 우리가 1948년 대한민국정부수립을 '건국절'이라고 우기면서 일제강점기 친일파의 죄상을 덮으려고 하는 것처럼 그들도 전쟁 식민지 문제에 대하여 책임을 지고자 하지 않는 태도를 숨기지 않았다. 그것은 명백한 자기부정이기 때문에 불가능했다.

전범으로 체포되었던 자가 수상이 되고 그의 손자들이 수상이 되는 세상에 전쟁과 식민지 문제를 감히 어떻게 명확히 할 수 있을까? "우리 할아버지는 전범이었습니다"라고 할 수 있을까? 일국의 수상이 말이다. "전범재판은 그 자체가 불법이다. 소급재판이니까"라고 선언하는 것이 마음 편한 일이 아닐까 싶다. 그들에게는. 그들에게도 「홍길동전」은 공감이 많이 가는 소설일지 모르겠다. "전범을 전범이라고 부르지 못하고" 하는 마음으로 읽겠지?

### 4) 독일 · 일본 모두에게 억울한 누명을 벗겨 보자

이번에는 독일과 일본 모두에게 공통되는 사실을 언급하고자 한다. 일본은 '군국주의의 부활'이라는 의구심을 가지고 바라보는 주변 국가들의 따가운 시선을 의식하여야 한다. 생각해 보면 전혀 근거 없는 이야기는 아닐 수도 있다. 이유야 어찌되었든 전쟁과 식민지 책임에 대하여 그다지 적극적이지 않은 것은 사실 아닌가? 하지만 독일은 이야기가 다르다. '그토록 성의를 보였는데 설마 그들에게 의혹의 눈길을 보일 리가' 하겠지만 현실은 조금 다르다.

1989년 베를린 장벽 붕괴로 독일의 통일이 눈앞에 다가오자 유럽의 각국들은 우려를 표명했다. '중부유럽에 강력한 통일국가가 성립된다면 또 다시 위기가 찾아올 수도 있다'라는 식의 이야기가 흘러나온 것이다. 언뜻 생각하면 그럴 듯한 말이다. '세계대전을 두 번이나 일으킨 나라니 그런 의심을 받아도 당연하지.'라고 동감하는 사람들은 의외로 많을 것이다. 하지만 그것이 과연 근거 있는 의심일까?

유럽의 역사를 되돌아보자. 이미 언급한 대로 유럽은 중세 이래 전쟁으로 날이 새고 졌다. 특히 십자군전쟁 이후 전쟁은 끊이지 않았다. 그런데 그중에서도 독일이 관여한 전쟁이 얼마나 될까? 십자군전쟁? 잘 모르겠다. 백년전쟁? 영국과 프랑스의 전쟁이니 당연히 아니다. 30년 전쟁? 프랑스, 스웨덴, 덴마크 등이 중심이 되어 독일 영토 내에서 일어난 전쟁이다. 독일의 영주들이 관여하긴 했지만 그들이 주도권을 쥔 전쟁이 아니니 독일의 책임을 묻기는 어렵다. 식민지 쟁탈전? 전혀 관계없다. 이미 말했지만 독일의 해외식민지는 20세기나 되어서 생겼다.

나폴레옹전쟁? 가장 큰 피해자다. 스페인왕위계승전쟁? 프랑스가 일으켰다. 나폴레옹전쟁? 나폴레옹전쟁이니까 당연히 프랑스가 주적(?)이지? 보불, 보오전쟁? 독일이 관여한 것은 맞다. 그러나 독불, 독오전쟁이 아니라는 것에서 알 수 있듯이 프로이센이라는 지역에 국한된 전쟁이고 독일의 통일을 방해하는 세력을 응징해야 했기 때문에 독일로서는 전범이라 불리는 것이 너무 억울할 것이다. 남의 나라의 통일을 방해하고 나선 프랑스와 오스트리아가 전범이어야 하지 않나?

이상의 전쟁들에서 가장 중심이 된 나라는? 프랑스이다. 프랑스야말로 유럽의 전쟁을 주도한 전범 중의 전범인 것이다. 그런데 뻔뻔하게 베를린 장벽이 무너지자마자 가장 신속하게 '심히 우려된다'고 성명을 낸 나라가 프랑스이다. "너나 잘 하세요"라는 말은 이럴 때 쓰는 말이 아닐까 할 정도이다. 생각해 보면 식민지쟁탈전을 비롯하여 한때는 국가공인 해적까지 양성하며 바다 위를 누비던 영국 역시 전쟁에 대한 열의는 프랑스에게 뒤지지 않을 것 같다. 그럼 영국도 추가하지. 오대양 육대주에 '유니온 잭'을 꽂고 '해가 지지 않는 나라'를 과시했으니 이보다 더한 전쟁광이 있을까?

그런데 전범의 타이틀을 독일이 혼자 차지하고 말았으니 억울하기 짝이 없을 것 같다. 우리는 독일의 그러한 누명을 벗겨줘야 할 것 같다. 적어도 역사를 제대로 이해하려고 한다면 말이다. 그렇다면 일본의 누명도 벗겨 줘야 공평하지 않을까?

　동아시아에서 역사상 남의 나라를 가장 많이 침략한 나라는? 역사시간에 졸지 않았다면 누구라도 쉽게 맞출 수 있는 쉬운 문제이다. 바로 중국이다. 우리 역사를 돌아보면 1초도 안 되어 답이 나온다. 고조선을 멸망시킨 한나라, 고구려를 수없이 괴롭힌 중국의 나라들 위나라, 연나라, 전연과 후연(돌아가며 덤비네), 수나라, 당나라… 드디어 그들의 파상공세에 고구려는 숨을 거두고 말았다. 백제도 그 덤터기를 써야 했다. 고려를 괴롭힌 나라들, 거란의 요나라, 여진족의 금나라, 몽고족의 원나라, 주원장의 홍건적과 명나라 만주족의 청나라 등… 셀 수 없는 침략에 시달린 우리나라는 사대교린외교로 간신히 평화의 시대를 유지할 수 있었다. 최근엔 한국전쟁에 우리를 괴롭힌 중공군도 있었다. 최초와 최후를 결국 중국이 장식하였다. 이만하면 완벽하지 않을까?

　역사 왜곡은 어떤가? 최근 시진핑 중국 국가주석은 트럼프 미국대통령과의 만남에서 한국이 중국의 일부였다고 말했다고 한다. 아직은 진실 여부가 밝혀지지 않았지만 그게 사실이라면 정말 대단한 역사 왜곡이 아닐 수 없다. 섬 하나 가지고 찝쩍대는 어느 나라와는 달리 아예 한 나라를 통째로 집어 삼키는 스케일이 아닌가? 예전에 "독도는 일본 땅, 울릉도도 일본 땅, 대마도도 일본 땅, 하지만 일본은 우리 땅"이라는 비아냥이 있었는데 시진핑은 한국을 단 한마디로 집어삼킨 것이니 대륙다운 호기가 아니겠는가? '무엇을 하든 기대 이상의 것을 보여주는 나라'라고 중국을 평한 네티즌이 있는데 역사 왜곡도 이 정도면 세계1위 수준이니 정말 기대 이상이 아닐 수 없다.

　그런데 이해가 안 가는 것은 우리의 태도이다. 섬 하나 집어삼키겠다는 섬나라 사람들에게는 눈에 불을 켜고 달려들면서 우리나라를 통째로 잡수시겠다는 대륙의 호기 앞에는 왜 침묵을 지키는 걸까? 아직도 우리는 조선시대에 살고 있는가? 감히 천자의 나라에 제후국 따위가 대들 수 없는 것이라는 사대주의에 지배되고 있는 것일까? 나는 그것이 알고 싶다!

일본? 왜구들의 침략? 그건 그냥 도적들이니까 빼자. 삼국시대에 임나일본부를 인정하지 않는다면 일본의 침략은 없었다고 봐야 한다. 백촌강 전투? 그건 그냥 전투이고. 결국 도요토미 히데요시의 임진왜란과 근대 식민지시대 정도일까? 거의 없지 않은가? 중국에 비하면. 일본이 쇄국정책을 강화한 에도막부시대에도 네덜란드 중국과 함께 일본이 꾸준히 교류해 온 나라가 우리나라이다. 고대일본의 국가형성에 지대한 공헌을 한 것도 우리나라 사람들이다. 얼마나 아름다운 관계를 유지해 온 양국인가? 이러한 우리와 일본의 역사적 관계는 한 마디로 '짧은 전쟁 긴 평화'의 관계였다.

이만하면 일본의 누명을 벗겨 줘도 좋지 않을까 싶은데 어떨지 모르겠다. 그런데도 '일본군국주의의 부활'에 목을 맨다면 그렇게 하시든지… 그 정도면 그냥 일본이 싫은 거라고 할 수밖에 없다. 미운 게 무슨 합리적 이유가 있어 밉겠는가?

독일과 일본은 어째서 이렇게 누명을 써야 했을까? 그들은 하나의 희생양이라 할 수 있다. 제국주의 국가들의 세계지배, 그것을 누군가가 책임져야 하는데 마침 전쟁에서 진 그들은 최고의 희생양이었다. 그들에게 모든 죄를 뒤집어쓰게 하면 대영제국의 영광도 미국의 세계지배도 모두 가려지지 않겠는가?

"나쁜 것은 너희 둘이다. 그러니 다 안고 가라… 뒤는 내가 봐주겠다."

그렇게 해서 독일과 일본은 죄를 안고 수형생활을 했고 그 덕분에 경제발전이라는 선물을 받았다. 이제 세계열강은 면죄부를 받고 당당히 약소국가를 갖가지 방법으로 착취할 수 있게 되었다. 과거처럼 정치적인 지배는 피하고 대신 자신들이 원하는 세력을 권좌에 앉혀 그들을 통해 온갖 이익을 다 챙기는 신제국주의의 시대가 온 것이다. 독일과 일본은 지금도 가끔씩 과거의 역사에 대한 비난을 받음으로써 과거 열강의 죄악과 현재의 착취구조에 대한 약소국의 자각을 철저히 봉쇄하고 있는 셈이다. "욕은 쟤들에게 하세요. 그것도 과거의 일만. 우리는 저들의 침략으로부터 너희를 지켜 주고 해방시켜 준 구세주로 영원히 기억할지어다."

# 일본은 정말 악한 나라일까?

　이십 년도 더 지난 예전에 나는 구한 말 미국인 선교사 알렌의 일기를 분석하면서 너무나 충격적인 사실을 발견했다. 알렌은 알다시피 조선 말기 미국외교관이자 선교사였던 인물로 갑신정변 때 민영익을 치료해 주었던 의사로도 유명하다. 그는 한국에 머무는 기간 꾸준히 일기를 썼는데 그곳에는 조선 말기의 정세가 제법 자세히 기술되어 있어 당시의 상황을 이해하는 데 무척이나 도움이 되었다.

　알렌의 일기를 접하기 전까지 나는 우리나라의 근대화를 가장 방해한 세력은 일본이라고 여겼으나 일기는 그것이 청나라임을 말해 주었다. 알렌은 친일파는 아니었을 것이기에 일기의 내용이 청나라를 최고의 방해꾼으로 지목하는—물론 알렌이 그렇게 한 것이 아니라 내가 받은 인상이다—것은 어느 정도 신뢰를 해도 될 것 같다. 알렌의 일기에 의하면 이른바 '수구파' 세력들은 청나라를 이용하여 자신들의 권력을 지키기에 혈안이 되어 있었고 그 중심에 고종의 비 명성황후와 민씨 일족이 있고 청나라는 그들을 이용하여 우리나라에 엄청난 영향력을 행사하고 있었다는 것이다.

　청나라의 목적은 우리나라의 부강이 아니라 자신들의 종주국으로서의 지위를 유지하는 것이라고 여겨졌다. 이런 청나라를 견제하기 위해 일본은 조선내의 '개화파'를 이용하려고 했고 그래서 일어난 것이 갑신정변이었다. 알렌의 일기는 그러한 내용을 너무나도 생생히 전해 주는 것이었고 나는 큰 충격에 빠져야 했다. 어느 정도 짐작은 했지만 당시 우리나라의 형편이 이토록 비참한 것이었다니 하는 생각이 들었기 때문이다.

당시 청나라의 만행은 이루 말할 수 없는 수준이었다. 한 나라의 국부 대원군을 강제로 납치해 가는 것은 명성황후의 살해에 버금가는 폭거라 할 수 있을 것이다. 갑신정변과 갑오농민전쟁시에 개입하여 우리나라의 역사발전을 방해한 죄는 더할 나위 없이 크다. 하지만 그보다 나를 더 분노하게 한 것은 우리나라의 근대화를 사사건건 방해하였다는 것이다. 청일전쟁에서 패하여 물러나기 전까지 우리나라는 사실상 청나라의 속국이었음을 알렌의 일기는 증언하고 있다.

역사에는 가정이 없지만 만약 이때 청나라가 우리의 내정에 대한 간섭이 없거나 약했다면 우리나라 근대사는 완전히 달라졌을지 모른다. 일기를 통해 엿본 우리나라의 권력자들은 생각보다 무능하지도 무기력하지도 않았다. 그들은 나름대로 근대화를 위해 동분서주했고 외국과의 관계를 통해 조선의 안위를 지키려고 하는 노력도 하였던 것으로 보인다. 또 당시 서양열강 중에 조선을 식민지로 하거나 내정간섭을 해서 큰 이익을 빼앗아 가려고 하였던 나라는 보이지 않았다. 그렇다면 청나라가 우리나라 근대화와 독립수호의 골든타임을 빼앗아 갔다고 해도 무방할 것이다. 즉 조선의 식민지화의 일등공신은 일본과 함께 바로 청나라였다는 것임을 나는 알 수가 있었다.

그러한 청나라와 결탁하여 우리나라의 운명을 망쳐 놓은 것이 바로 외척 민씨 일족이고 명성황후이다. 명성황후를 미화하는 것에 나는 조금도 찬성할 수 없다. 명성황후가 지혜롭고 강인한 여성임은 부정하지 않는다. 또 그녀가 외세를 이용해 결과적으로 조선의 안위를 지키려고 했다는 사실 역시 부정하지 않는다. 하지만 그녀가 지키려는 조선은 민씨 일족의 영화를 보장해 주고 그녀를 권력의 중심에 두는 그런 조선이었다. 결코 민중의 조선도 공정성을 가진 주체로서의 조선도 아니었다. 그러기 위해 그들은 청나라를 이용하였고 수구세력을 자신들의 주변에 결집시켜 자신들의 이익에 반하는 어떠한 개혁도 용납하지 않았다. 그러한 반역(?)세력의 기반이 되어 준 것이 청나라였다. 이것이야말로 부패한 권력과 외세의 전형적인 결합이 아닌가?

하지만 청나라와 일본 이외의 나라들은 무죄인가? 결코 아니다. '한국인보다 한국을 사랑한' 헐버트의 활약을 아는가? 명성황후 살해 후 불안에 떠는 고종을 위해 권총을 들고 그의 침소를 지켰던 헐버트! 헤이그 파견된 제4의 밀사로도 활약한 그이지만 그의 조국 미국은 끝내 헐버트와 고종을 외면했다. 일제의 만행에 저항하며 이를 세계에 알리고자 한 영국인 베델, 그는 조국에 의해 처벌을 받고 그것이 원인이 되어 요절하고 말았다. 베델과 헐버트가 우리나라를 위해 싸워 줬다고 해서 미국과 영국이 우리의 벗이 될 수는 없다. 그것은 어디까지나 개인의 양심에 따른 행동이었을 뿐 그 나라의 정책은 아닌 것이다. 결국 그들은 일제의 조선 지배를 지원한 세력이 되고 말았던 것이다.

그런 그들이 어느 순간 해방자의 얼굴을 하고 우리에게 돌아왔다. 얼마 전 끝난 탄핵심판을 둘러싼 촛불집회와 태극기 집회에서 성조기가 등장하는 진풍경이 연출되었다. 성조기는 왜 나타났을까? 해방자 미국 북한의 마수에서 우리를 건져준 구원자 미국을 사모하는 마음에서 그런 것일까? 그들은 해방자인가? 구원자인가? 백여 년 전 일본이 한국 지배를 지원하고 지지해 준 그들이 해방자라니, 남북분단과 한국 전쟁의 근본적 원인을 만든 그들이 구원자라니, 그야말로 소가 웃을 말이 아닌가?

극동전범재판에서 미국 출신의 검사가 이렇게 선언했다. "피고인들은 문명에 선전포고한 것이다." 글쎄. 내가 보기에는 미국을 비롯한 열강의 세계지배에 선전포고한 것으로 보인다. 그들이 말하는 문명이란 무엇인지 궁금하다. 세계를 갈기갈기 찢어서 지배하던 사람들이 그러한 선언을 할 자격이 있는지 의심스럽다. 오늘도 전 세계를 돌아다니며 온갖 만행을 저지르는 그 더러운 입으로 말이다.

그런데도 우리는 왜 아직도 제2차 세계대전에 의해 만들어진 조작된 역사관에 집착하는지 의문이다. 제2차 세계대전은 민주주의와 파시즘의 대결의 외피를 쓴 패권세력간의 대결이었다. 영미를 중심으로 한 기득권자에 대한 일본과 독일의 도전, 바로 그것이며 그 이상도 그 이하도 아닌 것이다. 결과적으로 이른바 민주세력의 승리로 끝났다고 해서 그 결과 민주주의가 확산되었다고 해서 전쟁의 본질을 오해해서는 안 될 것이다. 우린 그냥 그들의 잔칫상에 차려진 음식물에 불과할 뿐이다. 그런데 왜 누구는 해방자이고 누구는 철천지 원수라고 여겨야 하는가?

당신은 전쟁을 원하는가? 당신의 형제자매가, 자식이 전쟁으로 죽어가는 것을 원하는가? 당신의 행복이 산산조각 나는 것을 원하는가? 제정신이 아니지 않는 다음에야 그렇다고 답할 사람은 아무도 없을 것이다. 피할 수만 있다면 피하고 싶은 것이 전쟁이다.

하지만 불행하게도 당신의 불행보다는 자신들의 권력이 더 중요하다고 여겨 전쟁을 부추기는 세력들이 세상에는 존재한다는 사실을 당신은 알아야 한다. 세계사에서 '필요한' 전쟁도 '불가피한' 전쟁도 없었다. 모든 전쟁은 권력자들의 욕심을 위해 계획되고 민중은 그들의 선동에 놀아나 자신의 생각이나 이익과 관계없이 일어났다.

1990년대 유고슬라비아 내전이 대표적인 예이다. 전쟁에 참가한 사람들은 한결같이 말했다. "우리가 왜 싸워야 하는지 모르겠다"고. 그들은 자신과 싸우는 사람들과 얼마 전까지 얼마나 사이가 좋았는지를 회상하며 눈물을 흘렸다. 하지만 그로 인해 그 누군가는 웃고 있는 것이다. 전쟁의 잔혹함은 바로 여기에 있다.

일본이 저지른 식민지지배와 전쟁에 의한 죄악은 결코 합리화될 수 없다. 그로 인해 얼마나 많은 사람들의 삶이 지옥에 떨어졌는지 새삼 말할 가치조차 없다. 그것을 아무 조건 없이 용서하는 것은 도리어 역사에 죄를 짓는 것이 된다. 아울러 희생된 사람을 두 번 죽이는 것이다. 우리에겐 멋대로 그들을 용서할 권리가 없으며 오로지 진실을 밝히고 죄를 심판하여 다시는 역사에서 그런 일이 되풀이되지 않도록 하여야 할 의무만이 있을 뿐이다. 바이스체커 당시 서독 대통령의 '광야에서의 40년'은 그러한 점을 천명한 것이었다.

우리나라는 역사에 대한 이러한 사명을 제대로 하지 않아 오늘날까지 큰 어려움을 겪고 있다. 친일파를 제대로 심판하지 않았고 독재세력을 아무 원칙 없이 '대통합'이니 뭐니 하는 터무니없는 명분으로 용서해 주어 미래에 대한 올바른 기준을 세우는데 실패하였다. 지금도 대통령 탄핵과 세월호 사건 등에 대한 심판을 대선과 안보정국으로 감추고 있는 실정이다. 전 대통령에 대한 재판이 시작도 되지 않았는데 사면을 입에 담고 세월호가 인양되었지만 그에 대한 조사를 말하는 대선 후보는 한 사람도 없다. 오로지 '대통합'만 부르짖고 있다. 과거의 잘못을 되풀이하는 것에 분노를 느끼지 않을 수 없다. 이대로 가면 우리의 후손들은 역사적 사명을 망각한 우리를 어떻게 심판할지 두렵기만 하다.

하지만 우리가 미워해야 할 것은 일본이 아니라 식민지지배와 전쟁이다. 그것은 일본이 했기 때문이 죄악이 아니라 누가 하더라도 죄악이다. 많은 나라들이 그런 죄악을 저질렀고 그중에 일본이라는 나라도 포함되어 있을 뿐이다. 일본이 나쁜 것이 아니라 제국주의와 식민지지배 그리고 전쟁이 나쁜 것이고 그런 행동을 하였기에 일본의 과거의 역사는 심판을 받아야 한다는 것이지 일본이 나쁘거나 일본만 나쁜 것은 아닌 것이다.

'일본의 양심'들이 일본의 식민지지배와 전쟁에 대한 진실을 밝히려고 애쓴다면 나는 '한국의 양심'으로서 일본의 입장을 이해하려는 노력을 하고 싶다. 우리나라에 불리하다고? 그럼 '일본의 양심'들은 일본을 불리하게 하는 악당들이라도 된다는 것일까? 그들은 일본의 이익보다 인류의 이익을 먼저 생각하는 사람들이다.

'한국의 양심'으로서 나 역시 그렇게 하고 싶다. 일본을 과거의 역사를 도구로 제압하려는 '대한민국의 이익'보다 세계평화와 공존이라는 인류의 이익에 봉사하고 싶다. 그러기에 일본의 죄악 뒤에 숨겨져 드러나지 않는 강대국의 죄악을 폭로하기 위해서라도 일본에 집중되어 있는 우리의 시선을 보다 보편적 죄악으로 향하게 만들어야 한다는 사명감을 느끼는 것이다. '일본의 양심'이 일본만을 생각하는 무리들에게는 매국노이듯이 만일 내가 매국노라는—제2의 이완용—오명을 써야한다면 기쁘게 그렇게 할 것이다.

현재의 일본이 과거의 일본과 엄연히 다른 존재이며 독일과의 비교가 불공정함을 밝힌 것도 이러한 이유 때문이다. 일본은 칠십 년 이상 전쟁과 거리를 두는 길을 걸어 왔고 현재도 전쟁하기 좋은 나라는 결코 아니다. 민주주의는 세계 어느 나라보다 수준 높게 실현되었기 때문에 과거와 같은 군국주의의 부활은 100% 불가능에 가깝다. 독일의 전쟁 책임과 일본의 식민지 책임을 뒤섞는 것은 공정한 판단이 아니다. 또한 독일과 일본은 역사적으로 볼 때 프랑스나 중국에 비해 평화를 지켜 온 나라들이었음을 우리는 알 수 있다. 그런데도 일본 '군국주의의 부활'이니 하며 '호들갑'을 떠는 것은 역사를 이용해 상대를 제압하겠다는 얄팍한 술수이다.

또한 일본의 위협을 강조하여 북한과 마찬가지로 '안보팔이'를 하려는 마음도 작용할 것이다. 북한만큼의 효과는 없겠지만 위기를 조장하는 데 일본도 제법 쓸모가 있을 것 같다. 만일 평화통일이 된다 해도 중국과 일본을 내세워 한국의 군부는 군대의 현상유지 또는 확대를 주장할 것이기 때문에 일본 위협론은 사라지기 어려울지 모른다. 그 덕분에 힘들어지는 것은 국민이다. 코스타리카는 군대를 없앰으로써 중남미에서 가장 윤택한 생활을 하는 국가가 되었다. 우리도 그렇게 될 수 있을까? 정답은 우리 하기 나름이다. 계속 안보팔이하는 무리에게 휘둘릴 것인가 아닌가에 달려 있다.

그렇지 않기 위해서라도 우리는 일본에 대한 우익언론의 '호들갑'에 휘말리지 말아야 한다. 한일 그리고 중국의 민중이 서로 대화하고 교류하여 '위기는 없다'는 신뢰를 쌓아 간다면 안보장사꾼들의 술수에 놀아나지 않을 수 있을 것이다. 서로의 담을 높이 쌓아 가며 군대와 무기를 늘려 가는 안보가 아니라 대화와 교류로 전쟁의 위협을 없애기 위해서는 신뢰가 제일 중요하다. 일본에 대한 잘못된 인식을 버릴 수 있다면 우리는 더 이상 일본을 위협의 대상으로 여기며 안보팔이의 술수에 휘둘리지 않을 것이다.

동북아 시대가 열리고 있는 지금 우리는 일본과의 관계를 과거 어느 때보다 중시해야 한다. 미국과 소련을 중심으로 한 냉전시대가 끝나고 미국이 유일한 초강대국으로서 세계를 좌우하던 시대가 있었지만 그것이 영속하리라고 믿는 사람은 그리 많지 않다. 지금도 미국과 그의 세력들은 미국의 영원한 지배를 외치지만 그것은 조금이라도 미국의 시대를 연장시키기 위한 공허한 메아리일 뿐이다. 유럽이 통합하여 세력을 형성하였듯이 동북아가 하나의 세력으로 거듭나는 것은 시간의 문제일 것이다. 새로운 패자 중국을 중심으로.

그렇다면 우리는 일본과의 유대를 통해 패자 중국을 견제하지 않으면 안 될 것이다. 북한에 대한 견제의 필요성에서도 역시 마찬가지이다. 우리에게 카드가 많은 것은 좋은 일이다. 미국이나 중국에 매달려 나라를 지키려고 한다면 그들에게 필연적으로 종속되어야 하지만 카드가 많다면 어느 정도 피할 수도 있을 것이다. 이래저래 우리에게 일본은 필요한 존재이다. 성조기 들고 설치고만 있으면 우리의 이익은 누가 지켜 줄 것인가?

이렇듯 일본에 대한 잘못된 시각은 이상적으로 보나 현실적으로 보나 지양되어야 할 것임을 분명히 자각해야 한다. 잘못된 역사관에 의한 과장된 일본 위협론은 이제 청산되어야 할 것이다. 트럼프가 국내적 지지기반의 위기를 중국과 북한문제로 타개하려는 것처럼 아베가 자신의 부정의혹을 한반도 위기의 과장으로 극복하려고 한다 해도 그것이 뭐 어쨌다는 것인가? 그냥 일반적으로 있을 수 있는 정치적 행태로 보면 그만인데 그것을 '군국주의의 부활'이니 어쩌니 하는 것에 연관시켜 '호들갑'을 떠는 것이 바람직한지 묻고 싶다. 실은 그런 언론일수록 트럼프에 말 한마디에 전쟁이 금방 일어날 것처럼 떠들고 이번 대선은 안보대선이라는 '호들갑'을 떨고 있지만.

부탁하고 싶다. 트럼프가 뭐라든 아베가 뭐라든 이제 제발 '호들갑' 그만 떨고 냉정하게 기사나 논설을 적어 달라고. 어차피 '호들갑'을 떨거라면 "트럼프의 위협은 한반도를 지배하려는 미국이 북한에 의한 핵실험이나 미사일 발사에 대한 '호들갑'이다" 이렇게 써 준다면 어떨까? 반응이 궁금하다.

# 제2장

# 일본은 왜
# 사무라이의 나라가 되었는가?

# 다시 사무라이를 생각하다

　'카우보이'란 이름을 들어 보았는가? 카우보이 영화가 사라진 오늘 날 카우보이라는 말은 나이 먹은 세대의 추억에나 존재하지 않을까 싶 다. 허리에 권총과 총탄이 들어 있는 탄띠를 두르고 거들먹거리며 걷 다가 적을 만나면 번개 같이 총을 뽑아 불을 뿜어 대는 카우보이는 우 리시대의 영웅이었다. 중국무술영화에 나오는 무사들의 현란한 무예, 소림사 시리즈에서 보이는 투사들의 화려한 권법 등과 함께 카우보이 의 빛처럼 빠르고 컴퓨터처럼 정확한 총 솜씨를 함께 흉내 내며 웃었던 기억이 지금도 생생하다.

　하지만 우리는 한번도 '카우보이'가 무슨 말이며 그들이 무엇을 하 는 사람들인지 생각해 본 적이 없다. 중학교에 들어갈 때 미리 영어를 공부하였는데(당시엔 초등학교에서 영어를 가르치지 않았다) 선생님 이 "카우보이 별거 아냐. 목동이야."라고 하셔서 무척이나 놀랐다. '아 니 겨우 목동이라니' 꿈이 깨지는 것 같은 느낌이 들었다. 목동과 카우 보이 같은 말이라고 하나 그 차이는 하늘과 땅처럼 보였다. 목동? 얼마 나 초라한 단어인가? 카우보이? 얼마나 멋진 단어인가? 소년의 영웅 은 그렇게 무너지고 말았다.

　'카우보이'가 그저 총이나 쏘며 지내는 건달이 아니었다는 사실은 그리 나쁘지 않은 이야기이다. 기껏 총질이나 하며 허송세월을 보내는 자들이 도대체 무슨 가치가 있겠는가? 자신의 목장과 가축들을 지키기 위해 총을 드는 사나이들이니 예전의 향토예비군 노래처럼 '싸우면서 건설하는 보람에 산다. 우리는 서부의 카우보이'라고 해야 할까? 그야 말로 '주경야독'이 아니라 '주목야전(낮에는 목동 밤에는 전사)'의 삶을 사는 그들이야말로 미국 서부개척시대의 진정한 영웅이 아닐까 싶다.

'사무라이' 역시 알고 보면 '별 볼일 없는' 이름이었음을 알았을 때 실망을 느낀 말이다. 초등학교 때 사무라이라는 말을 처음 들었을 때 '멋지네'라는 생각이 들었다. 그래서 여러 번 사무라이를 외쳤다. 사무라이 정신이 어쩌고 하는 말에 뭔가 대단한 것이라는 기대감에 부풀었다. '카우보이'에 대한 환상처럼 '사무라이' 역시 소년의 가슴을 부풀게 했다. '카우보이'라는 말과 달리 실체를 모르고 이름을 먼저 들었기 때문에 그저 상상 속에만 존재했던 사무라이 그러기에 더욱 부풀리기가 심했을 것 같다. 기억은 잘 안 나지만.

그런데 '사무라이'가 '시중들다'의 뜻을 가진 '사부라후'에서 나온 말이고 뜻은 시위대원 정도의 뜻이라니. 일종의 '호위무사'라는 말이다. 중국 검객영화에 나오는 멋진 무사의 모습을 그리던 나에게는 충격이었다. 심하게 말하면 '시다바리' 정도가 아닌가? '라스트 사무라이'는 '마지막 시다바리'인가?

하지만 '카우보이'가 그렇듯 원래의 뜻과는 상관없이 뭔가 멋진 모습으로 포장되어 '사무라이'도 일본을 대표하는 단어가 되었다. '카우보이'가 한때 미국을 상징하였던 것처럼. 세계적인 명감독 구로사와 아키라 감독의 영화 「7인의 사무라이」(1954년)나 인기 배우 톰 크루즈가 주연한 「라스트 사무라이」(2004년)등에서 등장하는 사무라이의 멋진 모습은 전 세계에 사무라이에 대한 환상을 심어 주었을 것이다.

'사무라이'의 이미지는 곧 일본과 일본사람들에 대한 착각으로 이어졌다. '사무라이의 후예'로서의 일본과 일본사람들. 그들은 사무라이들처럼 용감무쌍하고 잔인할 것이라는 식의 이미지는 일본이 일으킨 전쟁에서의 모습과 겹쳐 사실로 둔갑하게 되었다. '텐노헤이카 반자(천황폐하 만세)'를 외치며 적의 함대로 돌진한 '카미카제특공대' 모습에서 세계는 사무라이의 이미지가 현실에서 나타났고 여기지 않았을까? '역시 일본사람들은 사무라이의 후예다'라고 새삼 놀라지 않을 수 없었을 것이다.

하지만 과연 왜 일본에는 '사무라이'라는 무리가 나타났을까 궁금하게 생각한 사람들이 얼마나 될까? 아울러 이미지로서의 '사무라이'와 실제 사무라이 사이에 차이는 얼마나 될까? 사무라이들은 할복을 정말 아무렇지 않게 했을까? 그들은 전쟁을 하지 않을 때 무엇을 하며 지냈을까? 이런 모든 것들에 대하여 흥미를 느낀 적은 없는가? 사무라이는 정말 세상에서 유일무이한 별종 같은 존재인가? 아니면 전 세계에 존재하는 유사한 무리들을 가지고 있는 '그다지 특별할 것 없는 존재'인가? 예를 들면 '카우보이'나 서양의 '기사'와 비슷한 존재는 아닌가 하는 생각을 해 볼 만하지 않을까?

일본에서의 사무라이는 단순히 싸우는 전사는 아니었다. 그들은 '사무라이 시대'를 열어 일본을 실질적으로 지배했던 지배계급이기도 하였다. 세 번에 걸쳐 세워진 이른바 '바쿠후(막부)'는 사무라이들의 지배기구였으며 오랫동안 평화가 지속된 마지막 막부 에도막부시대에 사무라이는 '무사'라기 보다는 붓을 들고 나라를 다스리는 관리 또는 행정관의 모습으로 나타났다. '칼을 찬 선비'같다고나 할까?

그런 의미에서 사무라이는 '지배계급'의 이름이라고 할 수 있다. 그 어느 나라에서도 무인들이 이토록 장기간에 걸쳐 지배계급으로 군림한 예는 일본을 제외하면 찾아보기 어려울 것이다. 1180년대 가마쿠라 막부가 세워진 이래 1868년 에도막부가 완전히 소멸될 때까지 칠백 년간에 걸쳐 '사무라이'들이 일본을 지배하였다는 사실 자체가 놀랍기 이를 데 없다.

어떻게 이것이 가능했는가? 나라를 세우거나 정권을 장악하는 과정에서 무사들의 활약이 있는 것은 어디나 마찬가지이고 그래서 '권력은 총구에서 나온다'고 하는 말도 있다. 하지만 "마상에서 천하를 정복할 수 있지만 다스릴 수는 없다"고 한 말처럼 일단 권력을 잡으면 무사들의 역할은 서서히 미약해지고 마는 것이 역사적 상식이라면 상식이다. 그런데 왜 일본은 그토록 오랫동안 무사에게 정권을 맡겨야 했던 것일까?

"일본은 왜 사무라이의 나라가 되었는가?" 이 모든 의문을 한 마디로 요약하면 이 질문이 될 것이다. 사무라이가 일본을 대표하고 상징하는 존재라는 점을 감안하면 이는 곧 일본의 역사와 현재를 이해하는 데 꼭 필요한 문제제기가 될 것이다. 단순히 전쟁하는 집단으로서의 사무라이가 아니라 한 나라를, 그것도 칠백 년에 걸쳐 지배한 지배계급으로서의 사무라이의 탄생과 성장, 그것의 과정을 통해 일본의 역사를 바르게 이해한다면 오늘의 일본을 이해하는 데 큰 힘이 될 것이다. 한 인간이 어떤 직업에 오랫동안 종사했다면 그 직업을 통해 그를 이해할 수 있는 것처럼 사무라이의 역사적 성격은 곧 일본을 이해하는 좋은 수단이 될 것이다.

'사무라이=폭력'이라는 선입견으로 인해 일본의 제국주의화를 역사적 필연성으로 규정하려는 생각도 존재할 수 있다. 선비라는 문인들이

지배한 조선이 절대로 제국주의 국가가 될 수 없다고 보는 것과 마찬가지로. 사무라이의 나라이기에 필연적으로 제국주의로 치달았다고 한다면 다른 제국주의 국가들도 그런 식으로 바라볼 수 있을까? 그다지 긍정적인 답이 나오지는 않을 것 같다. 사무라이의 나라로서의 일본과 제국주의 국가로서의 일본, 그 사이의 연관성을 풀기 위해서라도 사무라이 국가 일본의 출현 과정을 분석해 볼 가치는 매우 크다고 생각한다.

최근에 『사무라이 정신은 없다』(장성훈)와 같이 사무라이 정신의 맨얼굴을 밝히려는 책들이 몇 권 나왔다. 일본의 근대 사상가 니토베 이나조(新渡戸稲造)의 '부시도(무사도)'에 의해 서양세계에 알려진 사무라이 정신이란 실제로 사무라이들이 오랜 세월에 걸쳐 만들고 지켜 온 것이 아니라 니토베 이나조가 서양의 기독교사상에 대한 대항의식으로 급조된 허구라는 내용들이 인상적이다. 설령 사무라이정신이 실제로 존재했다고 해도 그것은 평화로운 에도막부시대에 만들어진 것에 불과하며 이는 전쟁과 무관한 시대에 일종의 모델로서 만들어진 것에 불과하다는 것이다.

보편적 존재로서의 사무라이에 대한 이해를 촉구하는 이러한 주장들은 사무라이에 대한 올바른 이해와 아울러 일본역사에 대한 우리의 이해를 도울 것이다. 일본이 왜 사무라이의 나라가 되었는가도 그러한 이해를 바탕으로 이루어질 때 우리는 일본을 보다 객관적으로 볼 수 있지 않을까? 일본은 결코 일본을 제외한 지역과 사람들에게서 동떨어진 존재가 아니다. 그러기에 누구나 이해할 수 있는 보편성을 찾아낸다면 자연스럽게 그들의 역사와 현재가 이해될 것이다. 그러한 기대를 가지고 사무라이의 나라 일본을 역사적으로 분석해 보자.

# 브렉시트와 냉전 – 유럽연합의 미래를 생각하다

영국이 유럽연합을 나가려고 하고 있다. 영국은 유럽이 아니라고 선언하며 오만을 떨어 왔던 영국은 1967년 결성된 EC(European Community, 유럽공동체)에의 합류를 거부하다 1973년 어쩔 수 없이 '기어들어간' 전과가 있을 만큼 유럽통합에 대하여 알게 모르게 저항감을 느꼈던 것이 사실이다. 통합화폐인 유로의 채용도 거부한 채 여전히 자국 화폐 파운드를 사용할 정도로 저항적 자세를 견지해 온 영국이기에 어쩌면 탈퇴가 그리 놀랍지만은 않을지 모른다.

영국의 역사 역시 유럽연합 탈퇴를 예견할 수 있는 것인지도 모른다. 영국은 전통적으로 '영광의 고립'이라는 외교원칙을 지켜 왔다. 대륙의 분쟁에 휩싸이는 것에 의한 국력낭비를 최소화하고 그것을 바탕으로 오대양 육대주에 걸쳐 '해가 지지 않는 제국'을 건설한 것이다. 바다로 둘러싸인 섬나라라는 지리적 특징은 자국방위를 용이하게 하는 한편 해군력을 집중 육성하기에 좋은 조건이었다. 자국방위와 이웃과의 분쟁으로 해가 지고 새야 하는 유럽대륙의 국가들보다 영국이 세계 식민지 쟁탈전에서 앞서갈 수 있었던 것은 바로 이러한 점 때문이다.

그러기에 영국에게 유럽대륙은 일체감을 느끼기 어려운 대상이었을 것이다. 그들에게 유럽대륙이란 골치 아픈 관리의 대상에 불과했다.

영국은 프랑스나 스페인 같이 나라들이 유럽의 패권을 노리게 될 때 힘의 균형을 맞추는 '균형자' 역할을 자처하여 대륙이 어느 한 세력의 지배하에 들어가는 것을 막아 왔다. 그것이 영국에 대한 대륙으로부터의 위협을 원천봉쇄하는 길이 되기 때문이다. 나폴레옹의 '대륙봉쇄'에 대하여 '역봉쇄'를 펼친 것도 나폴레옹의 프랑스가 대륙의 완전한 지배자가 되어 영국의 안전을 위협하지 못하기 위한 조처였다.

'잊고 싶지만 어쩔 수 없이 상대해야 하는' 존재, 그것이 영국이 가진 유럽에 대한 생각이었던 것이다. 그러니 일체감 따위가 형성될 리가 만무하다. 자신의 세계에서 행복하게 사는 사람에게 외부로부터의 개입은 피하고 싶은 것이 아닐 수 없다. 영국에겐 오대양 육대주가 있으니 마음껏 그곳에서 꿈을 펼치고 싶다. 좁은 섬나라를 벗어나서. 하지만 '유럽대륙'은 그를 평안하게 놔 두지 않는다. 차라리 곁에 늘 있으면 포기하겠는데 그건 아니니 이러지도 저러지도 못하는 형국이다. "에이… 우린 너네하고 달라. 그러니 좀 내 인생에서 빠져 줘!"라고 외치고 싶었던 것은 아닐까?

하지만 유럽대륙은 영국에게 매우 필요한 존재이기도 하였다. 변방국가 영국은 유럽대륙으로부터 많은 것을 받아들임으로써 발전하였기 때문이다. 변두리에 살면서 가끔 시내에 들어가면 문화의 향기에 행복을 느끼듯이 영국은 유럽대륙의 발전된 문화의 혜택을 누렸다. 찬란한 그리스 로마문화의 전통을 이어받은 유럽대륙은 아시아의 일본이 대륙국가 중국과 한반도 국가에게 문화적 신세를 진 것처럼 영국에게 많은 문화를 전수하여 주었던 것이다. 경제적으로도 중개무역을 통해 영국은 유럽의 부를 흡수하여 이를 바탕으로 한때 세계최강의 국가를 이룰 수 있었다. 그것은 일본이 오랫동안 아시아대륙과 경제적인 교류에 소극적이었기에 누리지 못했던 섬나라 영국의 행운이었다.

유럽의 일부이면서도 유럽과 하나 되기를 거부하며 '영광의 고립'을 지켜 온 영국이 실은 현재의 유럽통합의 선구자였다면 믿어지겠는가? 유럽통합의 역사는 실로 유구하다. 멀리는 로마제국에서 가깝게는 유럽연합에 이르는 수천 년의 역사를 자랑한다. 그러기에 유럽연합의 탄생은 하루아침에 이루어진 이변이 아니라 역사가 쌓아 올린 '금자탑'이라 할 것이다.

현대 유럽의 통합을 제일 먼저 주장한 것이 영국의 위대한 정치가 윈스턴 처칠이었다는 사실을 우리는 기억해야 한다.

"내 생각의 근본은 유럽, 즉 근대 국가와 문명의 어버이 대륙인 유럽의 영광에 의지하고 있음을 고백하지 않을 수 없음. 만약 러시아의 야만성이 유구한 유럽 국가들의 문화와 독립을 짓밟는 일이 발생한다면, 그것은 재난이 될 것임. 지금 말하기는 어려우나, 나는 유럽 가족들이 하나의 유럽 회의 공동체 아래 공동 행동을 할 수 있으리라고 믿음. 나는 국가들 사이의 장벽이 최소한으로 낮아지고 무제한의 여행이 가능한 하나의 유럽 합중국(United States of Europe)을 기대하고 있음. 유럽의 경제가 하나의 전체로 연구되기를 희망함."

윈스턴 처칠이 제2차 세계대전이 한창이던 1942년에 자국의 외무장관 앞으로 보낸 문서의 일부이다. 유럽통합에 대한 강력한 의지가 엿보인다. 그는 1946년 독일과 프랑스를 중심으로 한 유럽통합을 제창하여 세계를 놀라게 하였다. 패전국 독일을 유럽통합의 중심에 두었기 때문이다. 처칠의 꿈은 실로 원대하고 이상적이었다 할 수 있다. 그는 과연 위대한 정치가였다.

주목할 것은 처칠이 유럽통합을 주장하는 이유로 러시아의 위협을 들고 있다는 점이다. 영국의 러시아에 대한(당시는 소련)적대감은 '루소포비아(Russophobia, 공로병)이란 말을 만들어 낼 정도였다. 1942년이라면 아직 전쟁이 한창일 때이지만 그는 벌써 전후 러시아 당시의 소련이 유럽대륙을 위협할 것을 예견하고 이에 대한 대비책으로 유럽통합을 주장하는 혜안을 발휘했다. 공산화 이전의 러시아도 팽창주의를 전개하였지만 세계 공산화를 주장하는 소련이 유럽의 위협이 될 것을 그는 확신했던 것 같다.

제2차 세계대전이 끝나자 처칠은 '철의 장막론'을 외치며 소련과 공산권의 위협을 경고하였다. 1946년 3월 5일 미국 미주리주 풀턴의 웨스트민스터 대학에서 "지금 발틱해의 스테틴으로부터 아드리아해의 트리에스테에 이르기까지 하나의 '철의 장막'이 유럽 대륙을 가로지르며 내려지고 있다. 바르샤바, 프라하, 비엔나, 부다페스트, 부크레슈티, 소피아 등 유명 도시들에 모스크바로부터의 경찰 지배가 확산되고 있다"고 연설하여 유명한 '철의 장막론'을 탄생시켰다.

'철의 장막'에 대한 처칠의 대안은 유럽통합이었다. 물론 여기서 말하는 '유럽통합'은 사실은 반쪽짜리이다. 소련과 폴란드, 유고슬라비아, 체코슬로바키아, 헝가리, 루마니아, 불가리아, 알바니아 등의 동유럽 국가를 제외한 유럽의 통합이기 때문이다. 하지만 분명한 것은 그것은 냉전이 가져온 결과이며 뜻하지 않은 선물이기도 하였다는 것이다. 러시아의 위협에서 시작된 처칠의 유럽통합론은 '철의 장막'과 냉전의 격화로 보다 구체화되었던 것이다. 1949년 유럽의회 결성을 시작으로 군사동맹인 NATO(북대서양조약기구), 경제공동체인 EEC(유럽경제공동체), EC(유럽공동체) 등을 거쳐 오늘의 총괄적인 유럽연합에 이르는 여정은 그렇게 시작되었다.

소련과 동유럽이라고 해서 수수방관한 것은 아니었다. 코메콘 (COMECON: Council for Mutual Economic Assistance)이라는 경제연합체를 1949년 1월 소련 등 동유럽 여섯 개국 경제 회의에서 설립을 결정하여 1952년 12월 14일 규약에 조인, 1960년 4월 13일에 발족하였다. 아울러 1955년에는 '바르샤바조약기구'라는 군사공동체를 결성하여 NATO에 대항하고 사회주의 국가 간의 결속을 다졌다.

이렇게 해서 냉전시대는 유럽을 동서 양 진영으로 분열시켰지만 각각의 공동체를 결성하는 방식으로 통합을 이루기도 한 것이다. 서로에 대한 대항의식이 만든 뜻하지 않은 결과였다. 이 두 진영이 1989년 베를린 장벽붕괴와 동유럽의 사회주의 정권의 붕괴와 더불어 소련의 해체로 인해 유럽연합으로 통합되어 간 것이다. 결과론이지만 양진영의 결속은 유럽통합을 보다 용이하게 했다고 하겠다.

이러한 과정에서 영국은 윈스턴 처칠의 생각과는 달리 그리 적극적인 역할을 하지 않았다. 유럽공동체도 결성 후 육 년이 지나 가입하였고 유럽연합에서도 독불장군처럼 굴었던 것이다. 유럽대륙과 미국 사이에서 줄타기를 해 온 것도 사실이다. 토니블레어 전 영국수상은 한때 '부시의 푸들'이라고 불릴 정도로 친미정책을 펼쳐 빈축을 사기도 하였다. 브렉시트란 그러한 영국의 줄타기의 결과였을지 모른다.

하지만 영국의 이탈은 냉전의 종결과도 무관하지 않을 것이다. 냉전의 종결은 일시적으로 유럽을 하나로 만들어 주었다. 뭉쳐진 두 세력이 하나가 되는 것은 처음부터 많은 나라가 하나가 되는 것보다는 용이할 것이다. 하지만 두 개의 통합이 서로에 대한 적대감 때문이었다면 적대할 상대가 없는 지금 통합은 강력한 동기를 잃었다고 볼 수도 있는 것이다.

소비에트연방, 즉 소련의 해체를 생각해 봐도 이러한 주장은 설득력을 얻는다. 1991년 12월 거대제국 소련이 해체되었다. 소련이 왜 해체되었는가에 대하여는 여러 가지 분석이 있을 것이다. 1985년 소련의 최고권력자로 취임한 고르바초프가 실시한 페레스트로이카(perestroika)와 글라스노스트(glasnost, 개혁과 개방)정책이 소련의 체제를 약화시켜 해체되었다는 것이 일반적인 생각일 것이다.

고르바초프의 개혁과 개방은 미국 레이건의 대소강경책과 무한대의 군비경쟁선언에 따른 것이라는 분석이 있다. 과거에는 동서 간에 군비경쟁이 치열하여도 서로 간에 어느 정도 선을 지켜 왔는데 레이건은 '강한 미국'을 외치며 집권하여 소련과의 군비경쟁을 미국의 국력의 한도 내에서 펼칠 것을 선언하고 이를 실현하였다고 한다. 하지만 소련은 기본적 국력에서 미국의 상대가 되지 않기 때문에 고르바초프는 이를 해결하기 위해 개혁개방을 할 수밖에 없었다는 것이다. 그것이 도리어 소련의 운명을 재촉한 것이라는 결론이다. 제법 그럴 듯한 이야기이다. 이는 주로 강경우파들의 주장이기에 신뢰하고 싶지 않지만.

하지만 그와 반대의 생각도 가능하다. 레이건 집권2기, 소련과 미국은 핵무기에 대한 감축협정을 거듭할 정도로 화해무드를 보였다. 젊은 지도자 고르바초프의 등장이 이를 가능하게 했을 것이다. 그런 가운데에 동유럽의 사회주의정권이 붕괴되었다. 이 당시 미국 대통령은 아버지 조지 부시였는데 베를린 장벽의 붕괴를 맞이하여 그는 고르바초프와 말타에서 긴급회담을 열어 대책을 논의할 정도로 미소양국의 관계는 긴밀했다. 따라서 미국의 강경책이 소련 해체의 원인이라는 것이 완벽한 답이 아닐 수도 있다.

오히려 동서 냉전의 종결이 소련의 해체를 앞당긴 것은 아닐까 싶다. 소련은 러시아를 중심으로 많은 주변민족을 연방이라는 이름으로 지배하고 있었다. 그런데 연방을 지탱하는 힘은 냉전이었을 것이다. 미국과의 숨 막히는 대립은 소련의 생명을 이어가게 하는 기반은 아니었을까? 그런데 냉전이 끝나자 소련은 더 이상 유지하기 어려워진 것이다. 실제로 소련이 건재하던 시절에도 소련 내 민족문제는 시한폭탄같이 존재하였고 그것이 고르바초프의 개혁개방으로 점차 수면 위로 올라오고 있었다. 냉전의 종결은 더 이상 소련을 지탱할 힘을 빼앗은 것은 아닐까하는 생각을 조심스럽게 제기하고 싶다.

소련과는 비교가 되지 않을 정도로 작은 규모인 유고슬라비아도 냉전의 종결과 함께 내전의 아수라장을 거쳐 몇 개의 나라로 분열되었다는 사실은 이러한 주장을 뒷받침한다. 제1차 세계대전 당시 '유럽의 화약고'라고 불린 발칸반도에서도 민족문제가 가장 심각했던 유고슬라비아에서 벌어진 내전은 "도대체 그 지역에 몇 개의 독립국이 생길까?"라는 농담조의 이야기가 흘러다닐 정도로 극심한 분열을 가져왔다. 강력한 독재자 티토의 영도력으로 유지된 유고연방은 티토의 사후에도 십 년 이상 존속했지만 냉전의 종결로 해체되어 버렸으니 냉전이 연방존속의 힘이었음을 어느 정도 믿어도 되지 않을까 싶다.

만일 이러한 주장이 어느 정도 설득력을 갖는다면 영국의 브렉시트는 냉전의 종결과 깊은 관련이 있을지 모른다는 주장이 타당한 것이 될 수 있다. 그리스경제 위기 등에서 보여준 유럽 국가들의 분열은 유럽연합의 미래를 어둡게 만들었다. "과연 유럽연합이라는 위대한 시도는 성공할 수 있을까"라는 의문도 제기되었다. 유럽연합을 절대로 기뻐할 리 없는 미국에게는 축복의 뉴스가 아니었을까 싶다. 미국의 세계지배에 유럽연합이 걸림돌이 될 것이기 때문이다. 유럽연합의 위기가 냉전의 종결과 관계 깊다면 영국의 브렉시트 역시 그 결과의 하나라고 볼 수 있다. 냉전이 단결의 원천이라면 냉전의 종결은 분열의 시작일 수 있다.

우리는 여기서 외부적 위협 내지 위기가 주는 통합의 효과를 확인할 수 있을 것이다. 즉 유럽연합의 결성은 제1, 2차 세계대전이라는 혼란을 극복한 유럽이 내부적으로 일어난 분열에 대한 대안의 최종판이었다 할 것이다. 동서유럽이 각각 뭉쳐 통합을 이루고 그것이 냉전의 종결과 함께 다시 하나로 뭉쳐진 것이다. 하지만 영국의 이탈은 냉전의 결과라고 할 유럽연합의 약화로서 나타난 것이라고도 볼 수 있다.

외부의 위협이나 위기의 존재가 내부의 단결과 통합을 좌우한다는 결론을 우리는 얻을 수 있지 않을까? 유럽연합과 소련 유고 등의 사례를 통해 우리는 그럴 가능성을 발견한 셈이다. SF영화를 보면 외계인의 출현이 지구의 단결을 촉진하는 모습이 나타나는 것처럼 말이다. 그렇다면 유럽연합의 미래를 밝게 하는 길은 외부와의 경쟁내지 대립을 강화시키는 것이 될까?

예를 들면 미국과의 경쟁을 들 수 있다. 실제로 유럽연합은 자주 미국과 비교되고 있기도 하다. 아직까지는 미국의 우세로 나타나지만 미래는 알 수 없다. 보다 더 강력한 통합이 이루어진다면 이야기는 달라질 수도 있다. 그러나 영국의 탈퇴는 어두운 그림자를 유럽연합에 드리우고 있다. 제2, 3의 영국이 나오지 말라는 법도 없지 않겠는가? 유럽연합이 인류의 통합을 통한 평화와 번영의 실현이라는 희망을 갖고 있는 나로서는 유럽연합의 어두움이 하루속히 사라지기만을 바랄 뿐이다.

## 일본의 '대동아 공영권론'과 안중근의 동양평화론
## - 동아시아 통합의 두 길

1909년 10월 26일 중국 하얼빈 역에서 울린 몇 발의 총성에 일본사람 여러 명이 쓰러졌다. 그중에는 일흔 살의 노인도 한 명 있었는데 그는 결국 얼마 후 죽고 말았다. 그 노인이 죽어가며 암살자가 한국인임을 알자 이렇게 말했다. "바보 녀석! 왜 날 죽이는 거야." 이 말의 진위 여부는 확실하지 않지만 개연성은 있는 것 같다. 이 노인을 죽인 것이 암살자의 의도에 맞지 않았다는 주장이 제기되고 있기 때문이다.

그를 죽이지 못해 역사가 뒤바뀌었다는 것을 전제로 만든 영화도 있을 정도이니 전혀 근거 없는 이야기는 아닐 것 같다. 영화의 제목은 「로스트메모리얼 2004」이다. 주인공은 다시 과거로 돌아가 그 노인의 암살이 성공하도록 도움으로써 역사를 원래대로 돌려놓는 데 성공하였고 그 자신은 독립의 영웅으로 이름을 올리는 영광을 누리게 되며 영화는 끝난다.

노인의 암살이 결정된 이유를 따지려면 우리는 1904년에 일어난 러일전쟁까지 거슬러 올라가야 한다. 사실은 그 이전부터 살펴봐야 하지만 직접적인 이유는 러일전쟁이기 때문이다. 러일전쟁에서 동아시아의 소국 일본이 유럽의 강대국 러시아를 이겼다는 것에서 암살의 씨앗은

뿌려진 것이다. 일본은 이 승리로 세계열강의 반열에 한 자리를 차지할 수 있었다. 하지만 그것이 그들에게 비극이 될 줄은 일본 자신은 물론 세계 어느 나라의 누구도 알지 못했을 것이다. 주일미국대사를 지낸 일본전문가 에드윈 라이샤워는 그의 저서에서 이를 '일본제국의 승리와 비극'이라고 표현한 적이 있다.

암살자인 삼십대 초반의 청년은 러일전쟁에서 일본이 승리한 것에 기쁨을 느꼈다고 한다. 암살된 일흔 살의 노인은 어쩌면 그 청년보다 더 큰 기쁨을 느꼈을 것이다. 남의 나라의 승리가 아무리 기쁘다고 해도 자기 나라의 승리만큼이야 하겠는가? 일본과 한국, 머지않아 불구대천의 원수가 될 이 두 나라의 노인과 청년은 왜 함께 일본의 러시아에 대한 승리를 기뻐한 것일까? 노인이야 일본이이니 당연하겠지만 청년은 일본에게 피해를 입은 한국인인데 말이다.

청년처럼 일본의 승리를 기뻐한 외국인은 더 있었다. 중국에서 민족과 국가의 부흥을 위해 애쓰던 중년의 남자도 일본의 승리를 기뻐했다. 이 남자는 1911년 신해혁명을 통해 수천 년 간 중국을 지배하던 황제를 몰아내고 공화국을 세우는 데 공을 세워 나중에 중국의 국부로 불린 사람이다. 이념이 달라 대립하는 타이완과 중화인민공화국 양쪽에서 유일하게 숭배받는 지도자가 된 그는 일본의 승리에 왜 기뻐했을까? 중국 역시 일본의 피해를 많이 받았는데. 러일전쟁보다 십 년 전에 일어난 청일전쟁에서 일본은 중국을 쓰러뜨리고 대만을 빼앗으며 3억 6천만 엔이나 되는 배상금까지 받았다는 사실은 이 남자는 모르는 것일까?

청년과 중년의 남자는 공통점이 별로 없다. 그들이 남자이고 조국을 위해 싸우고 있다는 것 외에 닮은 점을 찾기는 어렵다. 국적도 청나라와 대한제국이니 다르다. 나이도 학력도 다르다. 청년의 공식학력은 거의 없으나 가정에서 한학을 배워 훌륭한 지식인으로 거듭났다. 중년 남자는 서양의학을 배워 의사자격증이 있으니 요즘으로 말하자면 가방 끈이 청년보다 훨씬 길다. 의사라는 안정된 직업이 주는 행복을 포기하고 조국의 발전을 위해 누릴 수 있는 특권을 버리고 조국의 발전을 위해 싸우는 청년 그것이 그들에게 일본의 승리에 대한 기쁨을 안겨 준 것이다.

그들에겐 또 하나의 공통점이 있으니 바로 동아시아인이며 황인종이라는 사실이다. 암살당한 노인도 그 점에서는 그들과 같다. 노인도 동아시아인이며 황인종이었다. 그것이 세 사람에게 러일전쟁에서 일본의 승리를 함께 기뻐하게 한 이유가 된 것이다. 청년과 중년남은 러일전쟁을 황인종인 동아시아국가와 백인인 유럽국가의 싸움으로 여겼고 일본의 승리는 황인종의 승리 동아시아의 승리로 여겼던 것이다.

이야기는 다시 칠십 년 전으로 거슬러 올라간다. 1840년 세계최강의 나라 영국이 중국의 청나라에게 전쟁을 선포하였다. 그들의 명분은 대단히 불의한 것이었다. 무역의 자유를 떠들어대지만 마약인 아편을 팔아 큰 돈을 벌 속셈이었기 때문이다. 그래서 그들의 전쟁을 '아편전쟁'이라 부른다. 이 전쟁에서 아시아의 거인 중국은 자신들이 우습게만 보던 서양오랑캐에게 무참하게 패하고 말았다. 총과 대포의 성능 군함의 크기와 성능 모든 점에서 산업혁명을 마친 영국의 군사력은 중국이 감히 상대하기 어려울 수준이었다. 결국 중국은 문호를 개방하고 말았고 그로부터 서양열강의 조리돌림을 당하기 시작했다.

이 사건은 중국은 물론 한국과 일본에게 큰 충격을 안겨주었다. 중국은 그들에게 하늘같은 존재였다. 오랫동안 동아시아의 종주국을 자부한 중국에 대하여 일본과 한국은 적어도 겉으로는 그것을 인정해야 했다. 한국은 국경을 접하고 있었으니 물론이지만 일본도 몽골의 침략을 경험하고 나서 중국에게 머리를 숙이는 것이 유리하다는 판단을 내린 듯 하다.

동아시아의 이른바 조공체계 중화적 질서는 그렇게 해서 유지되었다. 중국은 주변국을 어버이처럼 보살피고 주변국들은 중국을 부모처럼 섬기는 관계는 서로에게 그리 나쁜 것이 아니었기에 잘 유지되었다. 조공이라는 상대적으로 값어치가 떨어지는 물자를 바치고 받는 중국의 하사품은 훨씬 값어치가 나갔고 또 중국에 방문하여 사들이는 물품들은 본국에서 꽤나 비싼 값을 받을 수 있었기 때문이다. 중국은 손해를 감수하면서도 '지대박물'한 자신들의 힘을 보여주고 그들의 존경을 받는 것으로 만족하게 여겼다.

이러한 중화적 세계질서는 동아시아에 평화와 안정을 가져왔다. 서양의 오랑캐들(?)이 유럽에서 패권싸움을 신나게 벌이던 시절에도 동아시아는 몇 번의 전쟁은 있었지만 중화적 세계질서를 통해 자연스럽게 안정을 되찾았다. 17세기 만주족에 의한 중원의 정복과 청나라의 안착이 이루어지자 동아시아에는 이렇다 할 전쟁이 없었다. 조선, 일본, 청나라는 이백 년이 넘게 평화를 누리게 되었는데 중화적 세계질서가 가장 큰 공로자였다 할 수 있다.

로마제국에 의해 통합을 이루었던 유럽과는 달리 동아시아는 하나의 국가로 통합된 일이 거의 없었다. 중화적 세계질서는 정치적 통합을 말하는 것이 아니기 때문이다. 징기스칸의 몽골제국이 동아시아의 통합을 잠시 이루었지만 예외적이었다 할 수 있다. 당나라 역시 그러한 야심을 부려 보았지만 완성하지 못하고 말았다. 이는 로마제국 이후에도 신성로마제국의 망령이 떠돌며 여러 번 통합을 시도했던 유럽과는 확연히 다르다. 유럽의 패권 국가들 또는 군사적 영웅들이—나폴레옹, 히틀러 등등—끊임없이 유럽의 정치적 통합을 시도했지만 동아시아의 지도자들은 서로의 존재를 인정하고 분열된 상태에서의 번영을 원했다.

생각해 보니 동아시아를 통합하려는 시도는 도리어 일본에 의해 이루어졌다. 일본의 도요토미 히데요시도 동아시아를 통합하려고 시도한 첫 번째 인물이었다. 그가 실패로 끝나자 그의 후손들이 다시 시도하였다. 일본제국의 동아시아 침략이 그것이다. 왜 중국이 아니라 일본일까? 두 번의 시도를 살펴보면 일본의 통합이 이루어진 직후에 일어났다. 통합의 여세를 몰아 대륙을 넘본 것일까?

지도를 보면 일본은 동아시아를 바라보고 있지만 동아시아는 일본을 외면하는 모습이다. 한국은 일본에 등을 들이대고 있으니 일본은 왕따 당하는 기분일까? 그래서 대시해 오게 된 것일까? 그렇다고 우리나라 땅을 뒤집어 놓을 수도 없으니 이를 어쩔까? 마음이라도 잘 주어서 일본이 외롭지 않게 해 주면 다시는 안 그럴까? 물론 농담이다.

그런데 그들에게 1840년의 충격은 엄청난 위기감을 가져다주었다. 과거와는 그 질과 규모가 다른 것이었다. 파란 눈에 새하얀 피부를 한 양이들이 몰려 온 것이다. 그들에게 영국이이나 러시아인은 초록이 동색인 것 같이 백인이라는 점에서 차이를 느낄 수가 없었다. 동아시아의 국가들과 사람들은 '황인종'의 동아시아가 '백인종'의 서양인들에게 위협을 받고 있다는 위기감을 극도로 느낀 것이다.

이러한 위기 대한 대책은 두 가지가 있었다. 무서운 적에게 당하지 않기 위해서는 적과 싸워 승리하거나 적에게 항복하고 그들의 일부가 되는 것이 좋다. 일본은 그들의 일부가 되고자 하였고 중국은 그들과 싸우려고 하였다. 한국은? 이도 저도 아니었다. 싸운 것은 절대 아니지만 그렇다고 그들의 일부가 되지도 못했으니 마냥 당할 수밖에 없었다. 거기에 그들의 일부가 된 일본마저 한국을 괴롭혔고 그들에게 당한다는 점에서는 그리 다를 바가 없는 중국마저 종주국의 지위를 이용해 한국을 괴롭혔다. 결국 둘은 한국을 차지하기 위하여 결투를 벌였고 승리는 일본의 것이 되었다.

하지만 일본은 곧바로 한국을 차지할 수 없었다. 특히 러시아는 이를 엄청나게 반대하여 일본과의 대립각을 세웠다. 그것이 격해지면서 둘은 다시 한국을 두고 싸웠다. 그것이 러일전쟁이다. 승자는 일본이었지만 그것은 '상처뿐인 영광'에 불과했다.

중국의 중년남과 한국의 청년은 일본의 승리를 칠십 년간 당해오기만 했던 황인종의 동아시아의 승리로 여겨 기뻐한 것이다. 동아시아에겐 이런 의식이 과거에는 없었다. 그들에게 서양은 고려의 대상이 아니었고 다만 서방의 '오랑캐'들에 불과했다. 이는 서양인들도 마찬가지여서 동아시아를 역시 이교도의 나라들이라고 폄하한 것이다. 서로를 무시하던 두 지역의 사람들이 만나자 인종과 지역으로서의 동일감이 형성된 것이다.

러일전쟁은 인종간의 대립이 폭발한 것이라고 보는 견해를 유럽과 동아시아는 모두 갖고 있었다. 동아시아인들은 당하기만 했던 자신들이 복수할 기회, 나아가 이제부터 반격에 나설 것이라는 경고를 서양에게 주는 기회로 여겼다. 반면 유럽인들은 '황화론'을 주장하기 시작하였다. 건너편에 있는 부처의 불상을 바라보며 날개를 단 백인의 천사들이 결의를 다지는 모습이 그려진 만화는 이를 잘 보여 준 것이었다. 그들 역시 일본의 승리를 일본 한 나라의 승리가 아니라 동아시아 황인종의 승리로 여겨 위협감을 느낀 것이다.

중년남과 청년은 일본에게 동아시아의 맹주가 되어 백인에게서 동아시아를 해방시켜 줄 것을 바랐다. 청년은 대한제국이 그것을 위해 일본을 도왔다고 주장하는데 사실 여부는 확실하지 않으나 적어도 도와야 한다고 생각한 것은 확실한 것 같다. 중년남 역시 러일전쟁에서의 승리를 통해 일본에게 큰 기대를 걸었다.

하지만 일본은 애초부터 그런 생각을 하지 않았다. 그들은 적의 일부가 되어 자신들도 적들처럼 동아시아 국가들을 상대로 약탈을 하기로 결심한 것이다. 후쿠자와라는 일본의 사상가는 이를 '탈아 입구(아시아를 벗어나 서양으로 들어간다)'라고 표현하였다. 입신출세한 사람이 자신들의 옛 이웃을 도와주기는커녕 경멸하고 괴롭히는 것과 같은 것이었다. 일본사람들 중에는 동아시아를 자신들이 이끌어야 한다는 생각을 가진 사람들도 꽤 많았지만 그것은 서양인들이 세계를 이끌기 위해 침략도 불사하겠다고 생각한 오리엔탈리즘의 일본판에 불과했기에 일본의 배신을 거부하기는커녕 오히려 환영하였다. 일본기독교의 조선침략지지는 서양기독교의 그것과 유사하다 하겠다.

이에 대하여 청년과 중년남은 큰 배신감에 빠졌다. 좀 더 과격한 성향의 청년은 마침내 자신의 조국을 핍박한 장본인인 노인을 살해하기로 결심한다. 그를 죽이려고 한 것은 복수가 아니라 자신의 신념을 알릴 기회를 얻고자 함이었다. 노인의 이름은 이토 히로부미, 청년의 이름은 안중근이었다. 안중근은 이토히로부미가 한국이 일본의 실질적 종속국이 되도록 하는 데 직접적인 기여를 했음을 이유로 그를 표적으로 삼았다. 그것이 일본에게 경고메시지를 주기에 가장 좋을 것이라고 여겼기 때문이다.

안중근은 그의 행동이 단순한 복수가 아님을 알리기 위해 그가 사형 선고를 받고 집행을 기다리는 동안『동양평화론』을 집필하였다. 동아시아 삼국이 하나가 되어 서양열강의 침략에 맞서도록 할 것을 권하고 그를 위한 구체적인 방안도 제시했다. 공동은행의 설립, 공동화폐의 제조 등은 오늘날 유럽연합의 그것을 연상케 한다. 삼국의 황제가 로마교황 앞에서 평화의 맹세를 하도록 한 것은 실로 드라마틱하게 보이기조차 한다.

아울러 그는 경고메시지를 보냈다. 만일 일본이 지금처럼 계속 침략을 할 경우 그들이 맞이할 운명에 대한 그의 생각을 전하였다. 그것은 파멸이었다. 안중근의 예언은 그대로 적중한 셈이다. 일본은 결국 패망의 길을 갔고 모든 것을 잃고 말았다. 안중근이 강조한 것 중에 인상적인 것은 '신뢰의 상실'이다. 오늘날까지 일본은 동아시아는 물론 세계로부터 신뢰를 얻지 못하고 있는데 그것은 그들의 이웃에 대한 침략 때문이다. 멀고 먼 나라의 침략보다 그들이 받은 상처는 더욱 컸던 것이다.

하지만 일본은 경고를 무시하고 침략을 내달리면서 그 침략을 합리화시키기 위하여 안중근의 구상의 일부를 이용하였다. 그것이 '대동아공영권'이라는 대의명분이었다. 이는 오리엔탈리즘의 일본판에 인종주의적인 성격을 가미한 것이다. 일본은 이를 통해 침략자에서 해방자로의 변신을 꾀하였던 것이다. 백인에 의해 짓밟힌 아픔을 가진 동아시아 국가들, 나아가 아시아 국가들에게 그것을 상기시키고 일본의 주도로 황인종만의 세계를 구축하자는 이 주장은 안중근의 생각과 방법은 다르지만 비슷한 면을 가지고 있다. 안중근의 생각이 그들에게 영향을 미쳤다는 증거는 없지만.

안중근의 동양 평화론이든 일본의 '대동아공영권'이든 이 지역에서 제대로 된 통합의 주장이 제기된 것은 서양열강의 출현이라는 '외부로부터의 위협'내지 '위기'임에는 틀림없다. 그것이 없던 시절 동아시아는 함께 하자는 생각 자체가 없었다. 그저 약간의 교역과 교류를 통해 서로의 존재를 확인했고 그 중심에 중화적질서가 존재하였다. 중화제국은 결코 이 지역의 통합을 만들어내지 않았다. 외부로부터의 위기는 '동아시아', '황인종'이라는 공통의 의식을 만들어 내고 마침내 통합을 위한 길이 제시되기 시작한 것이었다.

하지만 일본에 의한 배신은 동아시아의 통합을 어렵게 만들었다. 일본의 침략은 동아시아를 서로에 대한 적대감으로 채웠다. 일본의 패망 후 동아시아는 냉전의 기지가 되어 분열되었다. 중국과 몽골, 북한 대 일본, 한국, 대만이 대립의 축이었고 베트남이 남북의 분단을 맞이했고 내전의 소용돌이에 시달렸다. 다만 동아시아의 남쪽에 위치한 나라들은 자기들만의 통합을 느슨하게나마 이루었다. 이름하여 ASEAN(아세안)!

이렇게 세 개의 블록으로 나누어진 동아시아는 냉전의 종결로 하나가 된 유럽과는 달리 오늘날에도 비슷한 구조로 분열되어 있다. 게다가 한국과 일본은 미국의 강압에 의해 하나가 되었지만 아직도 서로에 대한 불신이 가득 차 있는 상태이다. 말썽쟁이 북한은 사방팔방으로 충돌을 일으켜 분열을 조장한다. 세계 최강대국 미국은 이들의 통합을 결코 환영하지 않을 것이다. 중국은 과거처럼 종주국이 되고자 하여 동아시아 국가들을 긴장시킨다.

이들을 하나로 만들 외부로부터의 위기는 다시 찾아올 것인가? 안중근의 시절과 달리 현재 동아시아를 이끌 나라는 중국이다. 미국과 중국이 대립을 하게 된다면 그래서 중국이 동아시아를 과거처럼 대국의 자세로 받아준다면 가능성이 있을지 모른다. 그것은 안중근이 제시한 동양 평화론적인 길이어야 할 것이다. 히틀러와 일본이 경험한 실패를 중국이 걷지 않기를 바랄 뿐이다.

(참, 중년남을 모르는 사람이 있는가? 삼민주의로 유명한 중국의 국부 손문이다.)

# 도요토미 히데요시와 나폴레옹,
# 그들은 왜 그렇게 전쟁에 매달렸을까?
# - '인위적 위기'로서의 전쟁과 권력

악성으로 알려진 베토벤은 나폴레옹을 숭배하던 사람이다. 나폴레옹이 알프스산맥을 넘어 군사적 성공을 거두며 "나의 사전에는 불가능은 없다"고 선포했을 때 베토벤은 열광하였다. 그 열광을 표현하고자 만든 작품이 교향곡 제3번 「영웅」이었다. 원래는 제목이 영웅이 아니라 나폴레옹에게 바친다는 것이었는데 나폴레옹이 황제가 되자 실망하여 바꾸었다고 한다. '어느 영웅에게 바친다' 뭐 이런 것이었다고 알고 있다. 황제가 된 나폴레옹을 베토벤의 한낱 권력욕의 화신으로 여기고 경멸했던 것이다.

하지만 권력이란 경멸을 당해도 모욕을 당해도 좋으니 손에 넣고 싶을 정도로 매력적인 것이 아니겠는가? 나폴레옹은 아마 베토벤의 그런 행동을 전해 들었다면 이런 답을 했을 것이다. "그러든지…"라고. 음악을 백 곡 헌정받기보다 권력을 손에 넣고 싶었을 나폴레옹이라면 충분히 그럴 수 있을 것이라고 생각한다.

나폴레옹의 권력욕은 프랑스의 황제가 되는 것만으로는 성이 차지 않았나 보다. 유럽 전체를 발아래 두고자 했던 지칠 줄 모르는 그의 권력욕은 나폴레옹을 오늘날까지 알렉산더, 시이저, 징기스칸 등과 함께 그를 최고의 영웅 중 하나로 만들었다. '권력욕이 영웅을 만들었다'고 해야 할까? 그러니 베토벤의 희망과는 달리 그는 두 마리의 토끼를 모두 잡은 셈이다. '영웅도 되고 권력도 손에 넣었다'고 할 수 있으니 말이다. 결론적으로 베토벤은 체면을 구기고 만 셈이라 해야 하나? 참고로 말하면 나는 지금 베토벤의 「황제」를 들으며 이 글을 쓰고 있다. 혹시 「황제」는 뒤늦게 나폴레옹의 영광에 동참하고자 한 작품은 아닐지.

도요토미 히데요시는 일본에서 종종 나폴레옹과 비교되는 인물이다. 그 역시 아시아를 지배할 야심가였다. 조선은 그의 야심을 채울 통로에 불과했는데 그것이 자신의 발목을 잡을 줄은 몰랐던 것이 그의 비극이라면 비극이었다. 조선쯤이야 식은 죽 먹기 아니면 오픈게임 정도였다고 여겼는데 그곳에서 생을 마치게 된 것이다. 그토록 원하던 중국과 인도에는 발도 들어 놓지 못했다. 그러나 그의 후손들이 그 꿈을 이루려고 대륙을 누볐으니 지하에서나마 도요토미는 웃을 수 있었을까? 아니면 결과는 패망이니 "이놈들아, 내가 실패한 걸 보고도 정신을 못 차렸니?"라고 노발대발이라도 하고 계실까?

어느 일본사람은 도요토미가 조선과 중국정벌에 성공했다면 보다 멋진 아시아가 되었을 것이라고 아쉬워했다. '아시아통합'이나 뭐 그런 걸 염두에 두신 모양인데 그게 그렇게 쉽게 이루어졌을지는 모르지만 확실히 아시아의 역사는 달라졌을 것이다. 하지만 그 결과는 아무도 모른다. 몽고가 아시아유럽에 걸친 대제국을 세웠지만 한 세기도 못 가 무너졌듯이 그런 식의 통합은 유지하기가 더 어려울 테니까. 중원을 정복한 이민족은 여럿 있지만 그것을 그나마 제대로 유지한 경우는 청나라 하나뿐이었다는 역사가 그런 우려를 뒷받침해 준다.

나폴레옹과 도요토미 자신이 거주하던 국가를 넘어 거대한 제국을 꿈꾸던 인물들이었다. 유럽이라는 비록 면적은 좁지만 제법 매력적인 세계를 지배하려던 나폴레옹 중국과 인도라는 광활한 세계를 정복하려던 도요토미—그는 혹시 징기스칸의 제국의 부활을 꿈꾼 것은 아닐까?—그들의 엄청난 야망은 선악을 떠나 놀랍기 이를 데 없다. 범부가 가질 수 없던 야망을 품었기에 오늘까지 인구에 회자되는 두 인물을 비교하고 싶은 것은 자연스러운 일이 아닐까 싶다.

그들의 공통점은 내적인 혼란을 평정하고 세계정복에 나섰다는 것이다. 물론 나폴레옹은 다른 나라를 직접 지배하려고 했던 것은 아니었다. 하지만 유럽을 발아래 두려고 했다는 점에서 도요토미의 정복욕과 그리 다를 것 같지는 않다. 프랑스혁명으로 혼란에 빠진 국가 내부를 안정으로 이끌고 프랑스혁명의 급진성에 놀라 결성된 반혁명연합군을 격파하며 유럽의 맹주로 등장하게 된 나폴레옹, 전국시대의 혼란을 수습하고 일본 땅에 평화의 멜로디를 흐르게 한 도요토미. 힘을 바탕으로 질서를 바로잡고 안정을 가져왔다는 점에서 두 사나이는 닮았다고 할 수도 있을 것이다. 하지만 그저 얌전히 권력을 누리는 것에 만족하지 못하고 욕심을 부린 점 역시 공통점이다. 그것이 결국 자신들의 파멸 내지 후손의 파멸을 가져온 것이라는 점까지.

하지만 가장 중요한 공통점을 빼놓아서는 안 될 것이다. 그들의 출신이다. 프랑스의 속지인 코르시카의 촌뜨기 나폴레옹. '원숭이'라는 별명으로 불리며 오다 노부나가의 짚신을 데우던 도요토미. 내세울 것 없는 출신의 굴레를 깨고 천하를 손에 넣었다는 점에서 가히 그들은 '입신출세', '자수성가'의 모범이라 하겠다. 그러기에 그들은 미움과 사랑을 동시에 받고 오늘까지 인구에 회자될 수밖에 없는 것이다.

하지만 아무리 큰 성공을 거두어도 출신의 미천함은 큰 콤플렉스가 될 수 있다. 도요토미는 그토록 원하던 쇼군이 될 수 없었고 그래서 도요토미 막부를 세울 수도 없었다. 그의 후계자라 할 도쿠가와 이에야스가 에도막부를 세우고 쇼군이 된 것과는 대조적이다. 나폴레옹은 그의 신분을 세탁하기 위해 사랑하는 아내 조세핀과 이혼하고 오스트리아의 합스브르크가의 황녀를 아내로 맞이하는 결단을 내려야 했다(그건 핑계고 나이 먹은 아내에게 그냥 싫증나서는 아니었을까?).

실력에 의한 성공을 더 높이 평가하는 오늘과는 달리 그들의 시대에는 혈통이 무엇보다 중요하였기에 그들의 출신은 족쇄였다. 혈통으로 차지한 지위는 웬만해서는 빼앗기지 않는다. 재벌 2세의 지위는 능력이나 실적 등에 영향을 받지 않고 지위를 지킬 수 있다. 이재용 삼성 부회장은 독자적으로 일으켜 본 사업에서 모두 실패했지만 혈통의 덕으로 삼성을 총괄하는 지위에 올라 그 자리를 지키고 있지 않은가? 하지만 월급사장은 출중한 능력을 계속 보이지 않으면 언제 자리에서 일어나야 할지 모르게 될 것이다. 오늘날에도 이런데 하물며 혈통을 중시하는 과거에 그들의 혈통의 미천함이 주는 압박감은 상상하기조차 어렵지 않았을까?

중국의 명나라를 세운 태조 주원장은 그의 혈통으로 인해 수 없이 많은 사람들을 살해하였다. 천하디 천한 신분에서 한 나라의 황제에 오른 그는 누군가 자신을 비웃고 있다는 일종의 망상에 젖어 있었다고 한다. 그로 인해 조그마한 의심이 들면 혐의의 진실 여부를 불문하고 살해하고 그 사람과 관련이 있는 인물들까지 모조리 살해하는 만행을 서슴지 않았다. 그의 옥사는 한 번에 수만 명의 목이 날아가는 일이 대부분이었다. 혈통의 문제가 얼마나 컸는지를 잘 말해 주는 예라 할 것이다. 황제라는 절대 권력자가 되어도 혈통에서 자유로울 수가 없었다.

중국에서는 황제가 귀족에게 '가문의 격이 낮아서'라는 이유로 결혼을 거부당한 예조차 있다. 황제가 되어도 가문의 격이 문제가 되다니 참으로 놀라운 일이지만 귀족의 세력이 강했던 시절에는 그런 이해하기 어려운 일이 일어나기도 하였다. 주원장의 만행은 아마 그런 전통을 가진 중국이기에 일어난 것은 아닐까 싶다.

혈통에 대한 콤플렉스는 그들의 정복전쟁의 중요한 배경이었을 것이다. 독일의 전쟁 영웅 힌덴부르크의 뒤를 이어 권력을 잡은 히틀러는 그의 능력을 독일 국민에게 보여야 할 처지였다. 현란한 연설로 일단 대중의 마음을 사로잡았지만 그것이 거짓이 아님을 보여주지 못한다면 그의 권력은 대중에 의해 회수될 것이기 때문이다. 나폴레옹 역시 코르시카의 촌뜨기가 아니라 전쟁의 영웅으로 살아가는 길만이 혈통의 뒷받침이 없는 황제의 지위를 유지해 나갈 수 있을 길이었다. '모 아니면 도'라고 할까? 승리는 영광이지만 패배는 곧 파멸이었던 것이다.

성경에 나오는 다윗이라는 인물을 기억하는가? '다윗과 골리앗'이라는 유명한 이야기의 주인공 다윗은 양치기 목동 출신이었다. 양치기 목동은 아주 천한 직업은 아니지만 그렇다고 존경받을 직업도 아니다. 그런 그가 골리앗이라는 적의 장수와 벌인 일 대 일 대결에서 승리하여 이스라엘의 국민적 영웅으로 떠오르고 당시 왕이었던 사울의 사위까지 되었지만 머지않아 도망자의 신분으로 전락한다. 사울왕 역시 혈통 덕에 왕이 된 사람이 아니었기에 영웅이 된 다윗에게 위협을 느꼈고 그래서 다윗을 제거하고자 하였기 때문이다. 하지만 다윗은 갖가지 위기를 넘기고 마침내 이스라엘의 왕이 되었다.

그가 벌인 정복사업은 그의 왕위를 굳건하게 해 주었다. 이스라엘은 다윗의 시대에 중동의 최강국이 되었고 이스라엘은 역사상 가장 큰 영토와 함께 주변세력으로부터 조공을 받는 나라가 되었다. 그런 이스라엘은 물려받아 번영시킨 것이 그의 아들 솔로몬이다. 마치 조선시대의 태종과 세종처럼 둘은 나란히 이스라엘의 이름을 대대손손이 빛낸 것이다. 오늘날 이스라엘의 국기에 새겨진 다윗의 별은 다윗이 얼마나 이스라엘의 역사에 큰 업적을 남겼는지를 말해 주는 증거라 하겠다.

"너는 손에 피를 너무 묻혔기 때문에 성전을 지을 수 없다"고 그의 신 야훼의 꾸지람을 들어야 할 정도로 다윗은 전쟁으로 삶을 채워야 했는데 그것이 다윗의 왕좌를 당대는 물론이고 대대로 이어갈 수 있게 한 것이다. 권력과 전쟁의 관계가 이처럼 드라마틱하게 나타나는 예가 그리 흔하지는 않을 것 같다.

'인위적 위기'로서의 전쟁은 이렇게 권력을 강화시킨다. 그러기에 그들은 그토록 무모하리만치 전쟁에 매달린 것은 아닐까? 유럽연합과 냉전처럼 외적인 위기나 위협은 통합을 가져오는 중요한 원인이다. 그런데 그것만이 유일한 이유는 아니다. 없으면 만들어서라도 위기와 위협을 느끼게 하면 통합은 이루어질 수 있다. 통합은 강력한 권력을 필요로 하기 때문에 자신의 권력기반에 의문을 가진 권력자들은 전쟁이나 전쟁위기를 좋아하는 것이다. 트럼프의 지지율이 바닥인 것과 최근 북한에 대한 그의 강경노선이 무관하지 않을 것이라고 보는 것도 그런 이유에서이다. 아니면 말고. 하지만 너무나 기가 막힌 타이밍이 아닌가?

'의존적 적대관계'라는 말이 있다. 적대관계지만 서로에게 서로가 의존적인 경우를 말하는 것 같다. 트럼프와 북한은 어쩌면 입으로는 서로를 비난하지만 서로를 필요로 하는 것은 아닐지 모르겠다. 지지율을 올리기 위해 북한을 위협하여 영웅적 퍼포먼스를 보이고자 하는 트럼프와 그런 미국의 위협으로 인해 초래된 위기를 권력기반강화에 이용하는 김정은은 서로에게 감사해야 할지 모르겠다. 하긴 우리나라의 대선 후보들 중 몇은 그들 모두에게 감사해야 할지 모르겠다. 대선에서 중요한 이슈가 사라지고—세월호와 탄핵문제—안보팔이가 대세가 되어 버려 기뻐할 사람들이니 말이다. 우리 정부와 트럼프 사이에 모종의 밀약이라도 있었던 것은 아닐까 싶을 정도로 시기적절한 북풍이 불어오니 말이다.

생각해 보면 북한과 남한은 서로의 존재에게 큰 도움을 주며 공존했던 것은 아닐까 싶다. 박정희의 독재는 북한의 존재 없이는 불가능했을 것이다. 북한이 때때로 남한에 대한 위협—김신조 일당의 침투, 육영수여사 저격 살해 등등—을 통해 위기와 위협을 가한 것이 유신헌법체제를 만들고 유지시킨 것이라고 말해도 지나치지지는 않을 것 같다. 박정희가 정적들을 탄압할 때 늘 하던 수법은 '간첩단'의 출현이었지 않는가? 북한의 위대한(?) 수령동지 역시 늘 남한과 미국제국주의의 위협을 들먹이며 충성을 강요했으니 둘은 '안보팔이'의 고수가 되어 권력을 반석 위에 올린 것이라 하겠다. '인위적 위기'로서의 전쟁은 꼭 실제 전쟁을 하지 않아도 위협만으로 충분히 효과를 나타내는 것이다.

# 고대의 제국들을 좌우한 외적 위기

중국의 명나라를 멸망시킨 것은? 이 문제에 대하여 대부분의 사람들은 '청나라'라고 답할 것 같다. 중국사를 공부한 사람이라면 누구나 안다. 명나라의 뒤를 이은 것이 청나라임을. 그러니 '청나라'라고 답하는 것도 무리는 아니다. 하지만 이미 예상했겠지만 그것은 오답이다. 그럼 답은 뭐냐고? 바로 이자성이라는 반란군의 우두머리이다. 그는 다윗처럼 목동출신이었으며 농민반란을 일으켜 1644년 명을 쓰러뜨리고 대순이라는 나라를 세웠다. 하지만 그의 나라는 곧 청나라에 의해 쓰러져서 역사에 제대로 된 발자취를 남기는 데 실패하였고 그래서 그 존재조차 거의 모든 사람들에게는 남아 있지 않다.

이 이야기는 명나라를 망하게 한 것은 신흥 청나라의 무력이 아니라 한낱 농민군에게 이기지 못해 쓰러질 정도로 약해진 국력이라는 것이다. 아놀드 토인비는 문명이 망할 때 만적의 군단이 침입한다고 하였는데 그것은 이미 쇠퇴해진 문명의 마지막 숨을 끊어 놓는 역할을 할 뿐이라고 하였다. 명나라 역시 마찬가지일 것이다. 태조 주원장 시절 명나라는 세계를 누빈 대국 원나라를 몰아냈다. 만주족의 청나라가 아무리 강하다 해도 징기스칸의 대원제국에 비할 수는 없다.

그런 나라를 쓰러뜨린 명이 이토록 허무하게 무너진 것은 내부적인 약화 때문임은 재론의 여지가 없을 것이다. 명나라의 잠재력은 오랫동안 청나라로 하여금 저항운동에 시달려야 할 정도로 강했다. 하지만 외부의 적보다 무서운 것이 내부적 약화였기에 일개 농민군의 손에 무너진 것이다. 동아시아의 강국 고구려가 무너질 때 수도 평양성문은 안에서 열렸음을 생각하면 이해가 좀 더 쉬울지 모르겠다. 강력한 결속력을 가진 제국이 하루아침에 망하는 예는 찾아보기 어려울 것이다. 조선은 청나라의 발아래 쉽게 무너졌지만 고려는 세계최강 원에게 수십 년간 저항했음도 마찬가지 이유 때문이라 할 수 있다.

그렇다면 명나라는 왜 허약해져 있었을까? 우리는 한국사 시간 또는 세계사 시간에 이렇게 배웠다. '임진왜란 때 우리나라에 원병을 보낸 것이 국력을 약화시켜서'라고. 물론 그것만은 아니지만 모두의 기억에 선명히 남아 있을 것이다. 그리고 이것은 상당히 설득력 있는 이유이다. 명나라군사들이 우리나라에서 칙사 대접을 받으며 점령군처럼 행세하며 횡포를 부린 것은 사실이지만 그래도 남의 나라에 군대를 파견하려면 적잖은 부담이 되었을 것이다.

수나라가 고구려정벌에 힘을 쏟아 망했다고 하는 사실을 생각하면 더욱 신뢰가 간다. 중국을 통일한 지 얼마 안 되는 쌩쌩한 수나라도 망하는 판국에 삼백 년을 이어 온 명나라가 외국에 군대를 파견하는 일이 큰 부담이 되었을 것은 불을 보듯 뻔하지 않겠는가? 물론 수나라가 파견한 정벌군은 명나라의 파견군과는 비교가 되지 않을 정도로 대규모였지만. 그렇게 해서 허약해진 명나라를 농민군이 한번 쓰러뜨리고 청나라가 확인 사살한 격이라 할 수 있다.

하지만 명나라는 조선에의 파병이 없었더라도 이미 허약해진 상태였음을 역사는 말해 주고 있다 1626년 청태조 누르하치의 30만 병력을 물리친 명장—명나라장수가 아니라 뛰어난 장수로서의 명장—원숭환은 적군이 아니라 자신의 황제 숭정제의 명으로 온 몸이 갈기갈기 찢겨 죽었다. 청나라의 매수로 그는 역모죄로 처형당한 것이다. 명나라는 환관의 횡포가 극에 달한 나라로 알려져 있는데 이 역시 환관이 그 배후에 있었던 사건이다. 후한의 말기에도 '십상시'라는 환관이 활약(?)한 것처럼 중국의 왕조의 멸망에는 환관들의 공(?)이 매우 컸다. 역으로 말하면 환관이 권력을 잡으면 그 나라는 거의 망한 것이라 봐야 할 수 있다. 환관의 횡포는 곧 내부적 부패와 허약함을 보여 주는 일종의 징조라고 해야 할 것이다.

조선이 그토록 숭배해 마지않는 명나라 황제 신종만력제는 명나라를 말아 먹은(?) 장본인이었다. 아홉 살의 어린 나이에 즉위하여 무려 사십팔 년이나 황제의 자리를 지킨 신종은 환관들에게 정치를 맡기고 허랑방탕한 세월을 보낸 무능하고 무책임한 황제의 표상(?)이었다. 임진왜란 때 조선의 구원요청이 오자 "알아서 하라"고 하는 것으로 자신의 책무를 끝내고 말았던 신종을 우리는 '재조지은(나라를 다시 일으킨 은혜)'의 군주로 받들어 '만동묘'를 만들어 대대로 이어가며 받들었으니 참으로 어처구니가 없는 일이 아닐 수 없다.

'화무십일홍 권불십년(꽃의 붉음은 열흘을 못 가고 권력은 십 년을 유지할 수 없다)'이란 말처럼 나라가 어느 정도 시간이 지나면 약해지는 것은 자연스러운 것이라고 할 수 있다. 하지만 우리나라의 경우를 보면 고구려와 백제는 칠백 년, 신라는 천 년, 고려와 조선은 각각 오백여 년을 버틴 것에 비해—일본의 경우 만세일계라고 하니 이천 년 이상일 수 있다—중국의 왕조의 경우 제일 오래 버틴 사백 년을 넘긴 경우가 전무하다. 주나라가 사백 년을 넘겼다고 할 수는 있지만 주나라를 통일제국으로 보기에는 문제점이 많으니 일단 무시해도 좋다고 생각한다. 이 차이는 왜 생겼을까?

중국의 왕조가 단명한 것의 근본적인 원인은 아마 광대한 영토와 많은 인구 때문일 것이다. '가지 많은 나무에 바람 잘 날 없다'고 하지 않던가? 조선처럼 고려처럼 좁은 영토 안에서 들키지 않고 역모를 성공시키기는 쉽지 않지만 광활한 중국(중원만 해도 족히 2, 30배는 될 듯하고 현재 중국은 우리나라 전체의 50배 정도 남한의 100배이다) 땅에서 10배가 넘는 인구가 뭔가를 꾸민다는 것은 비교적 용이할 듯 하다. 『삼국지연의』를 읽어 보면 중국의 중앙정부의 통치가 지방에서 그다지 큰 힘을 발휘하지 못하는 것에 놀란다. 토호들이 지방에서 대대로 권력을 이어받는 모습이 너무나 많이 그려지기 때문이다.

반면 일본의 경우는 다른 이유로 생각해 볼 수 있다. "트럼프의 왕과 영국의 왕은 없어지지 않을 것이다"고 한 말이 있다. 영국의 왕은 오늘도 건재하다. "왕은 군림하나 통치하지 않는다"는 원칙을 지켜 왔기 때문이다. 길고 긴 영국역사에서 왕이 없었던 시기는 크롬웰의 청교도 혁명시대의 수십 년에 불과하다. 영국의 경우는 '만세일계(유사 이래 한 집안에서 왕을 세우는 것)'는 아니지만 비교적 왕위가 안정적으로 계승되어 왔으니 비슷한 경우가 아닌가 싶다. 일본의 '만세일계' 주장은 물론 허구지만 그래도 왕조의 교체라는 눈에 보이는 변화는 거의 없으니 천황의 계승은 세계 어느 나라보다 안정적으로 이루어졌다고 할 수 있다.

일본의 '만세일계'의 경우도 영국과 비슷하다. "군림하나 통치하지 않는" 존재로서의 왕, 그것이 천황의 본질인 것이다. 천황이 허수아비였던 막부시대(사무라이정권시대)는 물론 실권자였던 시대조차 천황이 친정을 하며 실권을 휘두른 시기는 그리 길지 않다. 귀족들이 또는 쇼군이 실질적인 통치를 하고 천황은 이를 승인하는 역할을 담당해 왔다. 천황의 절대권력이 가장 강력했던 근대에도 역할 자체가 근본적으로 바뀐 것은 아니다. 이는 일본이라는 나라의 의사결정체제가 그렇게 만들었다 하겠다. 집단결정체제라고 할까? 모두가 함께 정하고 최고결정권자가 이를 승인하여 권위를 부여하는 일본적 의사결정시스템이 천황의 친정을 견제한 것이다.

실권이 없거나 발휘하지 않는 천황을 제거하면서 자신이 천황이 되려고 하는 것은 그리 현명한 것이 아니었다. 권력에는 권위가 필요한데 이미 말한 것처럼 '듣보잡(듣지도 보지도 못한 잡것)' 인물이 갑자기 "내가 천황이니 받들어라"고 한들 쉽게 권위가 설 리가 없다. 천황이 어차피 꼭두각시라면 그런 천황의 권위를 이용하는 것이 훨씬 편하고 쉬운 방법일 것이다. 그래서 일본의 천황지배는 '만세일계'의 신화를 창조(?)할 수 있었던 것이다.

그렇다면 한국은 어떨까? 고구려, 고려, 조선 등 중국보다 훨씬 오랜 시간 존속한 우리 왕조들은 "군림하나 통치하지 않는" 방법으로 연명한 것일까? 그럴 가능성은 거의 없다. 우리나라 역사에서 그런 식으로 왕이 '허수아비' 역할을 자처한 시대가 있기는 했을까? 물론 일시적으로 그런 왕이 존재하기는 했다. 그러나 그것은 왕의 무능함이 빚은 것일 뿐 그 시기가 영속적이지는 않았다.

'강화도령'이라 불린 조선의 25대왕 철종은 처음부터 허수아비 왕으로 세워졌을 뿐이다. 그에게는 권력을 휘두를 기반이 전혀 없었다. 하지만 그의 후계자 고종의 즉위와 더불어 '안동김씨 세도 육십 년'은 막을 내렸다. 고려시대 최씨 정권 역시 하루아침에 붕괴되었다. 무능한 왕이 죽거나 물러나면 왕의 역할은 언제든지 순식간에 바뀔 수 있었던 것이다. 그러니 일본의 천황과 우리의 왕은 전혀 다른 성격의 존재였다 하겠다. 아니 일본의 천황이 세계적으로 볼 때 특별한 존재였다고 보는 편이 정확하다 할 것이다.

고대제국의 대표적인 나라 로마의 역사를 돌아보면 이런 점에 대한 힌트가 얻어질 것 같다. 로마는 도시국가에서 출발하여 거대한 제국이 되었다. 로마가 출발한 시기가 기원전 8세기라고 하니 도시국가란 거대국가의 형성에 이르는 첫 단계로 볼 수 있는 이른바 부족국가나 씨족국가 같은 것이었을 것이다. 농경이 시작되고 계급사회가 출현하면서 국가가 탄생하던 시기가 이 단계인데 로마도 그렇게 출발한 것이리라. 그것이 주위로 영역을 넓혀 가며 영역국가로 발전하였고 마침내 대제국을 만들었다.

로마가 제국으로 발전하는 데 중요한 계기가 된 사건이 두 가지 있다. 하나는 카르타고와의 포에니전쟁이고 하나는 시이저의 갈리아 원정이다. 물론 로마는 이외에도 많은 전쟁을 치루며 대제국으로 발전하였다. 로마가 제국으로서의 모습을 완성한 것은 아우구스투스 시대였다. 그 시기까지 로마의 역사는 끊임없는 대외전쟁의 역사였다. 즉 정복전쟁은 로마제국 성립의 원동력인 것이다. 그 결과 지중해를 중심으로 한 로마제국이 세워지고 전쟁은 사라져 이른바 '팍스 로마나'의 시대가 도래했다. '로마의 평화'시대인 것이다.

그로부터 사백여 년 동안 로마는 외부와의 전쟁보다는 내부의 전쟁에 시달려야 했다. 물론 게르만족과의 전쟁은 늘 있어 왔지만 어디까지나 수비적인 것이었기에 로마제국 형성기처럼 로마의 확대나 성장을 가져오지 않았다. 그러니까 '팍스 로마나' 아니겠나? 마지막에는 로마는 영토를 네 명의 황제와 부제로 나누어 통치되기도 하였다. 한 명의 황제가 다스릴 수 없을 정도로 약해지고 분열되었기 때문이 아니겠는가?

아울러 자신들의 국방을 게르만의 용병에게 맡길 정도로 군사력 또한 쇠약해졌다. 그것이 결국 서로마제국이 게르만의 용병대장 오도아케르에 의해 멸망하는 원인이 되었다. 이는 이자성의 농민군이 명나라를 멸망시킨 것과 비슷하다. 대로마제국이 겨우 용병대장의 반란에 무너진 것이다.

로마의 멸망의 원인에는 여러 가지 의견이 있지만 분명한 것은 정복을 그만둔 로마의 내적 허약함이 매우 중요한 원인이라는 것이다. 물론 시간이 지나니 허약해지는 것은 당연하겠지만 팔백 년간 성장해 온 제국이 삼, 사백 년 만에 이토록 급속히 허약해져서 망했다면 그냥 자연사라고 할 수는 없을 것이다. 밖으로의 팽창이 로마제국의 '인위적 위기'였고 그 위기가 사라진 순간 로마는 멸망의 길을 걷게 되었다고 설명하는 것이 타당한 해답이 아닐까 싶다.

중국의 실질적 첫 제국 한나라의 경우를 살펴보자. 진나라를 붕괴와 이어진 혼란 속에 일어난 한나라는 흉노족과의 전쟁으로 강성해졌다. 사기를 집필한 사마천이 궁형에 처해진 것도 흉노족과의 치열한 전쟁에서 비롯된 사건이다. 한무제가 얼마나 흉노족과의 전쟁에 공을 들였으면 사마천에게 그토록 혹독한 형벌을 가했을까? 하지만 흉노족의 분열 등으로 북방이 평안해지자 한나라는 더 이상 외부로부터의 위협에 시달리지 않게 되었고 그것이 내분을 가져와 마침내 삼국의 분열로 이어지며 멸망하고 말았다.

이어서 삼국을 통일한 진나라는 다시 북방족의 침입으로 남하하여 동진으로 재건되었고 북에는 이른바 5호16국의 혼란이 발생하였다. 그러다가 남북조시대로 안정되었고 이들이 하나가 된 것이 수나라이다. 남북조시대는 남과 북의 대치가 이어지면서 혼란이 오히려 수습된 것이며 그 연장선상에서 통합이 이루어졌다 할 수 있다. 수나라는 무리한 토목사업과 대외정벌로 신생제국임에도 불구하고 진나라의 전철을 밟아 단기간에 망하고 말았지만 수나라의 대외정벌은 수나라의 결속력을 일시적이나마 강화시킨 효과가 있었고 그 열매는 당나라의 몫이 되었다. 당나라가 중국의 여러 제국 중에서 가장 강성한 나라가 된 것은 우연이 아닐 것이다.

당나라 역시 고구려 등과의 대외정벌로 국가의 기반을 다졌다. 고구려와의 전쟁이 소기의 성과를 거두지 못하자 결국 신라와 동맹하여 고구려의 동맹국인 백제를 먼저 멸망시키고 그것에 힘입어 고구려를 신라와 함께 협공하여 마침내 고구려를 멸망시키고 한반도와 만주에 대한 지배를 세우게 되었다. 하지만 신라의 반격과 고구려유민의 나라 발해의 건국 등으로 결국 이 지역에 대한 지배를 상실한다. 이러한 한반도와 만주지역의 국가들과의 계속된 전쟁이 당나라의 기반을 다졌다고할 수 있다. 당나라의 수도 장안은 국제적인 도시가 되었고 당나라의 영역은 중국역사상 원나라를 제외한 나라들 중 최대 규모에 이르렀다.

하지만 8세기 들어서 당나라는 이미 쇠퇴의 길에 들어섰다. 개원의 치를 보인 현종이 양귀비에 빠져 정치를 소홀히 함으로써 일어난 안사의 난을 계기로 당나라는 혼란에 빠지게 되었다. 9세기 중반의 황소의 난으로 크게 약해진 당나라는 거듭되는 반란으로 군부가 힘을 얻게 되고 결국 군지도자인 절도사의 손에 멸망하였다. 로마제국이 용병대장에게 멸망한 것처럼 내분으로 허약해진 나라가 무력의 소유자에 의해 최후를 거둔 것이다.

이것은 8세기 들어 동아시아의 안정이 크게 영향을 미쳤을 것이다. 698년 세워진 발해가 만주 지역와 대동강 이북의 한반도를 지배하고 신라가 그 이남을 통치하는 가운데 형성된 동아시아의 신질서는 평화를 가져왔다. 당나라가 8세기 중반부터 내분에 빠진 것은 결코 우연이 아님을 알 수 있다.

8세기에 나타난 동아시아의 평화는 중국에만 영향을 미친 것은 아니었다. 한반도와 일본열도의 정세에도 적지 않은 영향을 미친 것이다. 그 결과는 중국과 비슷한 것, 즉 내분이었다. 치열한 대립 속에서 강력한 국가를 만들어 간 이들 지역이 분열로 나아가는 계기가 된 것.

한반도의 역사를 먼저 살펴보자. 고구려와 백제, 신라 등의 지역 국가들이 출현하여 서로간의 대립과 전쟁으로 이른바 고대국가들이 만들어졌다. 6세기 중반에는 고대국가 전 단계까지 간 가야마저 멸망시키면서 삼국간의 대립은 더욱 격렬해졌다. 삼국 중에서 가장 약세였던 신라는 국가의 존망을 걸고 당나라와 동맹하여 고구려와 백제를 멸망시키게 된다. 더 나아가 당나라마저 축출하고 대동강 이남에 안정적인 지배영역을 구축하였다.

하지만 그런 안정적인 지배가 신라의 쇠퇴를 가져온다. 신라는 통일을 이룬 기세를 상실하고 내분으로 치달았다. 이른바 신라하대가 찾아오면서 지방 세력들이 약해진 신라의 중앙권력과 대항하며 난립하게 된다. 이른바 호족의 시대이다. 군웅할거의 시대는 점차 세 개의 세력으로 통합되었으니 신라와 함께 후고구려, 후백제라는 후삼국시대가 도래했다. 그리고 마침내 935년 신라는 후고구려의 후신인 고려에 투항함으로써 천 년의 역사의 막을 내렸다. 결국 고구려 백제의 멸망과 당나라의 축출 발해의 건국 등으로 찾아온 평화와 안정이 신라의 분열과 멸망을 가져온 셈이다.

일본의 경우는 어떠했을까? 기원전 3, 4세기에 대륙과 한반도를 통해 농경이 전수되고 이주민들이 대량 유입되어 시작된 야요이 시대 이래 일본은 강력한 국가형성의 길을 걸었다. 특히 3, 4세기 이후 대륙과의 긴밀한 교류와 이주민의 유입 등으로 중앙집권국가의 형성은 촉진되었다. 그러한 상황은 7세기 들어 한반도와 대륙에서 일어나는 각종 전쟁으로 인한 긴장감으로 급속하게 진전되게 되었다.

645년의 다이카 개신은 급박한 대륙정세를 반영하여 강력한 중앙집권국가를 이루려는 시도였다. 660년 백제의 멸망과 663년 백제부흥세력을 도우려고 파견된 일본군과 나당연합군 사이의 전투에서의 일본의 대패는 일본열도에 대륙으로부터의 침공에 대한 공포가 휘몰아치게 하였다. 이로 인해 텐치, 텐무 두 천황의 율령제국가 건설을 통한 강력한 중앙집권국가건설작업은 박차를 가하게 되었다. 일본의 강력한 고대국가는 이렇게 해서 세워졌다.

하지만 8세기와 9세기에 걸친 동아시아의 평화는 일본의 율령제국가의 해체를 조장하였다. 한때 대륙으로부터의 침략에 경계를 늦추지 않던 일본의 중앙정부는 평화가 지속됨에 따라 긴장을 고삐를 늦추었기 때문에 중앙의 군사력은 약화일로에 들어섰다. 율령제 자체도 느슨해져 중앙귀족과 지방세력의 결탁으로 치외법권적인 장원이 늘어나면서 중앙정부의 지배는 점차 약화되었던 것이다. 신라의 하대나 한나라 말기처럼 일본도 분열의 국면으로 접어들게 되었다. 외부로부터의 위기가 없어진 것에 따른 분열이라는 점에서 한중일은 모두 비슷한 상태를 보이게 되었다고 하겠다.

고대제국의 통합과 분열의 역사에서도 앞에서 본 외부로부터의 '위기'의 중요성을 느꼈을 것이다. 전쟁이든 위협이든 '위기'는 통합을 낳고 평화와 안정은 분열을 낳는다. 그래서 권력기반이 약한 권력자들은 전쟁이나 위기의식 조장으로—인위적 위기—통합을 만들어내어 권력기반을 다진 것이다. 로마제국, 중국의 제국들 그리고 한반도와 일본열도의 역사에서도 위기의 역할은 매우 컸음을 확인할 수 있었다.

# 일본은 왜 사무라이의 나라가 되었는가?

　너무 먼 길을 돌아온 것 같다. 사무라이 이야기를 한다고 해 놓고 왜 전혀 상관없는 듯한 역사 이야기를 늘어놓는지 매우 궁금했을 것이다. 하지만 이 모든 것이 사무라이 이야기를 위한 준비 과정이었음을 양해 바란다. 이제부터 사무라이 이야기를 본격적으로 시작하려고 하니 집중해서 읽어 주었으면 한다.

　사무라이는 뭐라 해도 본질적으로 무사이다. 오늘로 치면 군인인 것이다. 그러나 군인이라고 해서 전투만 하는 것이 아닌 것처럼 사무라이역시 무사이지만 싸움만 하는 것은 아니다. 군부독재시절에는 군인이정치가를 겸했다. 북한 또는 태국, 중국 같은 나라에서는 군인들에게국회의원자리를 준다. 그럼 군인국회의원인 것이다. 이상하다고? 우리나라에서는 국회의원이 장관을 겸할 수 있다. 그러면 그의 신분은 국회의원장관이다. 그러니 두 가지를 겸한다고 이상한 것은 아니다. 물론군인을 국회의원 시켜 주는 나라가 정상적인 민주국가는 아니지만.

　군인이나 무사가 나라를 지배하는 상태라면 어떤 경우일까?

**가. 군부독재국가　나. 혼란이 극에 달한 나라　다. 국가 권력이약한 나라**

이 세 가지 경우가 있을 것이다. 물론 세 가지는 서로 보완관계일 수 있다. 국가권력이 약해서 혼란이 극에 달하자 군부가 나서서 나라를 지배하게 되니 군부독재국가가 되었다는 식으로 말이다. 이는 역사가 증명하는 하나의 현상이다.

그렇다면 일본은 이러한 현상을 겪어 사무라이의 나라가 되었을까? 그게 사실이라면 왜 그런 현상은 전 세계적으로 일어나지 않았을까? 이것을 역사적으로 살펴볼 필요가 있다.

고대제국들(또는 고대국가들)이 성립되어 발전하다가 붕괴된 과정을 간단하게 소개하였다. 그들은 외부의 위기를 통해 통합을 이루었고 위기의 소멸과 함께 붕괴의 길을 걸었음을 확인했다. 중국도 로마제국도 한국과 일본도 모두 비슷한 과정을 거쳤다. 그런데 모두가 사무라이의 나라가 된 것은 아니다. 우리나라의 경우 무사나 군인이 아니라 선비의 나라가 되었다. 선비들이 국가의 지도자가 되기도 하고 정신적 지주가 되기도 하였다. 중국도 신사라는 문인계급이 지배자를 이루었다. 그럼 왜 일본은 사무라이인가?

군인들이나 무사들이 지배하기 위한 우선조건 두 가지는 국가권력이 약해 혼란이 극에 달해야 한다는 것이다. 그렇게 되면 질서를 잡기 위해서라도 또는 안전을 지키기 위해서라도 사람들은 무장을 하게 된다. 또는 이를 틈타 권력을 잡겠다는 사람들이 나타나기 마련이다. 그들도 무장을 한다. 이래저래 무장을 하는 무리가 대량으로 출현하게 되는 것이다. 그럼 무사 군인들의 세상이 오기 쉬워지지 않겠는가? "하늘을 봐야 별을 딴다"는 말처럼 무사와 군인이 넘치면 그들의 세상이 오기 쉽고 그렇지 않으면 어려울 것이다.

중국의 예를 보자. 중국은 한나라가 망했을 때 그리고 당나라가 망했을 때 국가권력의 약화와 극도의 혼란이 일어났다. 삼국지에 나오는 군웅들, 절도사라는 무인세력들이 그러한 가운데에 힘을 얻게 되었다. 그들이 지배세력으로 등장한 것이다. 그대로 가면 중국은 사무라이의 나라가 되었을 것이다(물론 이름은 사무라이가 아니겠지만. 무사의 나라라고 할까?). 하지만 그렇게 되지 않았다.

그것은 끊임없는 외부로부터의 위기 때문이었다. 삼국이 일단 진나라로 통일되고 나서 북방의 세력들이 침입하여 5호16국의 혼란이 야기되었고 그와 함께 진의 지배세력은 남하하여 동진을 세웠다. 그리고 남북의 대치가 형성되었다. 그것은 서로에게 통합을 유지할 힘을 주었다고 할 수 있다. 수나라와 당나라도 우리나라의 삼국을 비롯한 외부와의 긴장과 대립 그리고 전쟁이 통합을 강화시켜 주었고 당나라는 7세기에는 엄청난 국가로 성장하였다.

당나라 쇠망 후 5대10국의 혼란이 송나라에 의해 수습된 후 중국은 북방으로부터의 침략에 다시 시달리게 되었다. 거란족의 '대요국' 탕구르족의 '서하' 그리고 여진의 '금나라' 등이 연이어 등장하며 송나라를 괴롭혔다. 문약하기로 유명한 송은 이들에게 조공을 바치는 등의 굴욕을 감수하며 국가의 안전을 지키고자 하였으나 때론 고려와의 동맹을 통해 이들과의 일전을 계획하기도 하였다. 하지만 이런 노력에도 불구하고 송은 금나라의 침략에 의해 강남으로 쫓겨 가게 되어 남송을 세워야 했다. 남북조시대처럼 남과 북의 두 나라 금과 남송이 대치하는 시대가 시작된 것이다.

중국역사는 북방민족과의 싸움이라고 해도 과언이 아니었을 정도로 한족과 북방민족의 싸움은 역사 이래 계속되었다. 다만 그것이 시대에 따라 극심하기도 하고 잠잠해지는 변화가 있었을 뿐이다. 한족의 강력한 나라가 세워지면 북방족은 위축되어 잠잠해지지만 그렇지 않으면 위협적인 존재가 되고 때론 중원을 차지하기도 하였다. 금나라 이후에는 몽골족의 원나라 그리고 만주족의 청나라 등이 계속 한족을 지배하게 되었다. 하지만 북방민족의 지배는 결국 한족에 의해 극복되고 말았고 오늘날 중국은 한족 중심의 나라가 되었다.

북방민족과의 계속된 전쟁은 중국왕조들의 중앙권력을 강화시켰고 중국의 통합을 확고히 하였다. 수나라가 고구려를 침입할 때 백만 대군을 동원했고 당나라도 수십만 대군을 동원할 수 있었던 것은 중앙권력의 막강함을 의미한다.

유사 이래로 지속된 북방민족과의 싸움은 중앙정부로 군사력의 집중을 가져왔다. 당나라 때 정비된 율령제에 따른 군역의 의무는 북방민족과의 싸움이 벌어질 때마다 많은 민중을 군대로 불러들이게 하였다. 이것이 오랜 세월 동안 계속되자 중앙의 군사동원능력은 매우 충실해졌고 그래서 그토록 많은 군사가 황제의 명령 하나로 움직이게 된 것이다.

이것은 상대적으로 지방 세력의 발호와 강화를 봉쇄할 수 있게 하는 결과를 낳았다. 군역체제에 의해 동원되는 막강한 중앙군, 즉 관군의 존재는 지방세력을 억제할 수단이 되었다. 그것은 더욱 중앙정부의 권력을 강화시켰다. 그런 기반 위에 중국은 고도의 관료국가로서 발전하였고 잘 짜여진 관료제도는 중앙정부의 공권력을 더욱 전국에 미치도록 하였다. 촘촘히 짜여진 지배체제가 성립되어 지방세력은 중앙정부의 허약함을 기다리지 않으면 감히 고개를 들 엄두도 낼 수 없었다.

중앙정부의 약화와 혼란의 발생이라는 사무라이 지배의 조건이 이렇게 해서 중국에서는 사라졌다. 사무라이 무사 군인들은 중앙권력과 그것의 통제를 받는 지방공권력에 집중되었고 국가의 질서는 그렇게 해서 유지되었으니 혼란이 쉽게 일어나지 않게 되었기 때문이다. 혼란을 빌미로 무력의 소유자들이 지배하는 세상은 왕조의 멸망기 아니면 좀처럼 나타나지 않게 되었다.

우리나라는 어떻게 되었을까? 통일신라의 분열과 군웅의 할거는 마치 다가오는 사무라이의 시대를 예견하는 것 같다. 하지만 한 가지 잊어서는 안 되는 것이 있다. 통일신라가 탄생하기까지 신라는 고구려 백제와 끊임없이 전쟁을 벌여 왔다. 그것은 신라의 중앙권력을 강력하게 만들었던 것이다. 화랑도제도를 통한 군지도자의 양성시스템은 중앙정부의 강력한 군사력을 위한 제도이다. 그것은 고구려나 백제 등의 외부세력과의 전쟁이라는 외부적 위기 때문에 만들어진 것이다. 이는 고구려와 백제도 마찬가지이다.

오늘날 우리는 고구려, 백제를 신라와 함께 한국이라는 나라의 일부로 여기지만 당시의 사람들에게는 서로의 존재가 그저 하나의 외국이었다. 신라가 당나라 군대를 끌어들여 고구려와 백제를 공격하게 한 것을 우리 입장에서 생각하면 '반역' 내지 '매국'일지 모르나 당시의 신라인들에게는 단지 외국군대를 끌어들여 외국을 친 것에 불과한 것이다. 즉 삼국의 항쟁은 내분이 아니라 엄연한 외부로부터의 위기이다.

고구려는 왜 삼국통일을 하지 않았을까? 고구려의 국력은 삼국통일을 하고도 남을 정도로 막강했다. 수와 당의 엄청난 대군을 수십 번에 걸쳐 물리친 나라이니 백제와 신라를 무너뜨리는 것은 그리 어려운 일이 아닐 수도 있다. 하지만 그렇게 하지 않았다. 왜? 삼국통일이라는 개념자체가 없었던 것이다. 그건 고구려가 중원으로 쳐들어가지 않은 것과 같은 이유이다. 오늘날의 관점에서 중국, 한국 이렇게 나누어 생각하면 이해하기 어렵지만 그냥 있는 그대로 당시의 국제사회를 인정하면 쉽게 이해된다. 삼국통일은 오늘의 관점에서나 생각할 이야기지 당시에 그런 생각은 존재하지 않았다. 신라도 삼국통일을 하기 위해 당나라 군대를 부른 것이 아니고 단지 국가안정을 위한 전략이었을 뿐이다.

그런데도 우리는 신라가 삼국통일을 하려고 하였고 이루었다는 식의 터무니없는 생각을 하고 있다. 신라는 당나라와 동맹을 맺으며 대동강 이남의 땅을 약속받았다. 생각해 보라. 삼국통일이 목적이라면 이건 말이 안 되는 약속이다. 고구려 땅을 거의 배제한 것이 어떻게 삼국통일이란 말인가? 애당초 삼국통일은 안중에도 없었다. 당나라는 고구려를 쳐부수기 위해 신라와 동맹을 맺은 것이니 신라로서는 백제의 땅을 받을 수 있을 거라는 생각을 하였고 그래서 이 약속을 맺은 것이다. 한반도를 영토로 하는 대한민국이라는 선입견을 완전히 버리면 자연스럽게 이해되는 사실이다. 즉 삼국은 오늘날로 말하면 완전히 독립적인 국가였다는 것임을 우리는 잊지 말아야 한다.

역사에는 가정이 없다지만 만일 신라가 당과 손을 잡고 고구려와 백제의 공격에 가담하지 않았다면? 아마 동아시아의 지도는 지금과는 다른 모습이 될 것이다. 중국이라는 나라는 중원에 위치한 지금보다는 훨씬 작은 나라로 남았을 것이다. 왜냐하면 고구려나 그의 후속국가가 만주와 한반도 북부를 차지할 것이니까. 백제와 신라는 시간이 걸렸어도 통합되었을 가능성이 크다. 그럼 한반도 남부에는 그 나라가 위치하겠지. 몽골은 지금 내몽골을 빼앗긴 상태이지만 아마 그것을 갖고 있어 지금보다 훨씬 큰 나라가 되었을 것이다. 중국 서부는 티베트 등의 나라로 나뉘어 있을 것이고.

결국 신라가 나당연합으로 고구려를 멸망시킨 것이 중국으로 하여금 한반도와 만주에 대한 침략의 방파제를 제거하여 버린 결과를 낳았다. 아울러 중국이 만리장성 이남의 중원에만 머물지 않고 밖으로의 욕심을 갖게 한 것이기도 하다. 만약 이 가설이 맞는다면 신라는 동아시아의 역사를 바꾼 엄청난 역할을 한 것이 된다. "우리에 갇힌 사자를 밖으로 꼬여내어 버린 것"이라고 비유해야 할까? 당나라가 팽창적인 나라였으니까 어차피 신라의 도움 없이도 한반도로 밀려들어 왔을 것이라는 생각도 가능하지만 고구려에게 늘 밀리던 당에게 한반도 내부에서의 협력은 생각보다 큰 힘이 되지 않았을까?

신라의 입장에서는 억울하겠지만 결과적으로 신라는 오늘날 우리의 입장에서 보면 민족의 반역자가 되었다고 할 수 있다. 고구려가 존속하였다면 설령 고구려가 한반도를 통합하여 만주와 한반도에 걸친 대제국을 건설하였을 가능성이 있다. 나아가 그것을 바탕으로 어디까지 팽창했을지는 예측하기 어렵다. 아마 중국이 쉽사리 우리를 업신여길 수 없을 정도의 힘을 가졌을 것이고 일본이 우리를 식민지로 만드는 일은 없었을 것이다. 오늘날의 우리 입장에서는 신라의 배신(?)이 너무나 분통 터지는 일이 아닐 수 없다.

우리는 역사교과서를 고쳐 써야 한다. '신라의 삼국통일'이 아니라 '신라의 반격'이나 '신라의 배신'이라고. 신라가 삼국통일에 대한 의지가 전혀 없었는데 결과적으로 삼국통일이 된 것도 아닌데 이를 삼국통일이라고 한다면 명백한 역사 왜곡이다. 만약 삼국통일론이 삼국사기에 근거한 주장이라면 우리는 김부식의 책략에 놀아난 꼴이 된다.

김부식이 누구인가? 경주김씨, 즉 신라왕실의 후손 아닌가? 그는 신라를 높이기 위해 서경천도를 주장하는 묘청일파와 일전을 겨룬 인물이다. 고려가 고구려와 비슷한 국호를 정하고 고구려의 후예를 자부했음에도 결국 한반도에서 한 발도 벗어나지 못한 것은 김부식을 대표로 하는 신라 계승파—사대파가 묘청을 대표로 하는 고구려 계승파—자주파를 물리쳤기 때문이 아닌가? 김부식으로서는 신라의 '배신'을 '신라의 삼국통일'로 왜곡시킬 충분한 동기가 있겠지만 우리가 그의 주장에 휘둘릴 이유는 없다. 게다가 조선과 대한민국의 정권을 쥔 경상도파가 신라를 더욱 미화시켜 김유신과 김춘추를 영웅으로 만들었던 것은 아닐까 싶다. 따지고 보면 그들은 이완용 뺨칠 매국노인데.

사설은 이 정도로 하고 이야기를 다시 본론으로 돌리겠다. 통일신라의 분열이 지속적으로 유지되지 않고 고려로 재통일 된 것의 배경은 이러한 역사적 사실이다. 자그마한 국제사회였던 삼국시대가 있었고 그로 인한 중앙권력의 강화의 역사가 있었기에 후삼국은 고려로 재통합되었다. 후삼국은 강력한 중앙군을 편성하여 치열하게 싸웠고 그 과정에서 약소 지방세력은 거의 흡수되고 말았다. 고려 태조왕건의 통합정책도 재통일의 어려움을 해소하는 데 큰 힘이 되기는 했지만.

게다가 고려시대에 북방으로부터 지속적인 침략이 이루어진 것은 고려의 통합을 더욱 공고히 했을 것이다. 송나라와 마찬가지로 '대요국' 금나라, 원나라 등의 침략이 고려에도 미쳤고 그것은 고려를 상시적 군대동원의 체제로 만들었다. 하지만 동원된 병력은 나라의 군대, 즉 국군이었고 그들을 지휘한 것은 중앙정부의 관료들이었으며 최고의 지휘자는 무사가 아닌 문관이었다. 고려의 유명한 군지휘관—김부식, 윤관, 강감찬 등—은 모두 문관이었다. 이른바 '씨빌리언 컨트롤(문민통치)'의 정신이 오늘날보다 더 철저히 구현된 셈이다.

박정희 대통령 시절 우리나라에는 해괴한 이야기가 하나 있었다.

"우리나라는 분단국가이기 때문에 군인 출신이 대통령을 해야 한다"는 말이다. 오랜 문민통치의 전통을 가진 나라에서 참으로 황당한 이야기가 아닐 수 없다. 고려가 그토록 많은 북방민족의 침략을 받았지만 몽골침입 때를 제외하면 무인이 국가의 지배세력이 된 적이 없고 심지어 군의 최고지휘관조차 문관이 담당했다는 사실을 망각한 것이 아닐 수 없다. 몽골침입 때의 최씨 정권도 사실상 군복을 벗은 문민이었기에 엄밀히 말하면 그들 역시 문관이라 할 수 있다. 세계최대의 군사대국이었던 소련이나 미국, 심지어 북한조차 국가원수는 군인이 아니며 심지어 정통 군 출신도 아니다. 북한의 최고지도자의 군 경력이란 고작해야 상징적인 의미만 가질 뿐이다.

고려시대에 정착된 이러한 전통은 비교적 평화가 지속된 조선에 이르러서도 유지, 발전되었다. 조선 초기 혼란을 틈타 사병을 가진 세력들이 있었으나 모두 제거되었고 군대는 중앙의 통제하에 놓이게 되었으며 이는 문관에 의해 최종적으로 지휘되었다. 임진왜란의 영웅 김시민, 권율, 이순신 중 순수 무인 출신은 오로지 이순신뿐이며 의병을 지휘한 사람들도 선비들이었다는 것은 이러한 전통의 굳건함을 말해 준다.

평화가 지속된 조선에서의 내분은 있었지만 그것은 정쟁이라는 형태를 가진 것이 되었다. 사색당파의 등장으로 몸살을 앓은 조선의 피비린내 나는 정쟁의 역사는 외형적 분열 대신에 나타난 분열의 모습이었다. 이미 군사적 기반을 둔 분열은 불가능할 정도로 조선은 통합의 기반을 가지고 있었다. 게다가 조선시대에도 일본과 청나라의 침입은 느슨했던 통합을 좀 강화시켰을 것이다. 물론 그리 오래 가지 않았지만.

우리나라의 경우도 중앙권력의 약화와 혼란이 극에 달한다는 상황은 적어도 지속적으로 나타나지는 않았다. 따라서 군부독재의 실현은 조선시대까지 일시적인 경우를 제외하고는 없었다. 대한민국정부가 수립된 후에도 군부독재란 이름뿐이었다. 박정희 시대, 전두환 시대 군부가 전면에서 국가를 통치한 기간은 매우 짧았다. 그들은 모두 군복을 벗고 문민이 되어 통치를 하였으니 사실상 문민통치였다 하겠다. 그럼에도 불구하고 김영삼정부가 '문민정부'를 내세운 것은 군부독재의 유산을 청산한 것과 함께 순수한 문민대통령임을 강조하여 자신들의 가치를 높이려고 한 것이 아닐까 싶다.

한편 유럽은 어떻게 되었을까? 로마는 오랜 정복전쟁으로 견고한 통치시스템을 구축하였다. 로마의 법은 대단히 치밀하게 이루어져서 오늘날까지 그 영향을 미친 것으로 알고 있다. 로마 역시 오랜 전쟁을 통해 군사력을 중앙에서 통제하는 시스템을 갖게 되었다. 따라서 로마는 사분오열되는 사태는 급격히 일어나지는 않았다.

하지만 로마가 팍스로마나의 결과로 붕괴되고 유럽은 산산조각이 나고 말았다. 로마의 영역 밖에서만 머물던 게르만족이 로마의 영역내로 야금야금 들어오기 시작한 것은 로마가 건재하던 시대지만 이제는 대량으로 유입되었고 그들의 나라를 세우기에 이른다. 유럽은 게르만과 라틴민족들이 섞여서 각각의 영역을 차지하고 나라를 세우는 혼란의 시대가 되었다.

이러한 상황은 사무라이의 지배가 가능한 조건이라 하겠다. 중앙권력의 약화와 극도의 혼란이 발생했기 때문이다. 자연스럽게 칼이 힘을 발휘하게 되었고 무사 군인이 활약하는 난세가 펼쳐지는 군웅할거의 시대인 것이다. 유럽의 사무라이라 할 수 있는 기사들의 출현은 이러한 배경에서 일어난 현상이다.

이러한 분열의 시대를 통합으로 이끌 수 있는 요소가 둘 있었다. 하나는 기독교신앙이었고 하나는 새롭게 등장한 이슬람교였다. 기독교신앙은 유럽의 정신적 통합을 이룰 수단이었고 이는 로마교황청과 교황에 의해 실현되고 있었다. 아울러 이슬람교의 발생과 확대는 유럽세계에 대한 외부로부터의 실제적 위협이 되었다.

기독교신앙에 기초한 이슬람과의 대항이 유럽의 통합을 만들어갔다. 그를 위한 가장 드라마틱한 사건은 뭐니 뭐니 해도 십자군전쟁이었다. 하지만 실제적인 통합을 보인 것은 신성로마제국의 성립이었다. 이슬람교의 침투를 막고 유럽을 다시 하나로 만들고자 하는 움직임은 신성로마제국을 통해 보다 구체적으로 실현되었다.

하지만 고대 로마제국의 멸망 이후 나타난 유럽의 분열은 장기간 지속되었다. 유럽판 사무라이의 시대라 하겠다. 국가나 국왕의 존재는 미미하고 상징적인 것에 불과하였고 각지에 흩어져 있는 영주와 기사들이 실질적인 지배자로 민중의 앞에 군림하였다.

반면에 유럽통합의 길은 요원하였다. 신성로마제국은 실질적인 통합의 모습을 갖추기는 했지만 로마제국처럼 일원적 지배체제를 구축하지는 못했고 얼마 지나지 않아 신성로마제국의 황제는 그저 상징적인 지배자에 불과하게 되었다. 십자군전쟁으로 유럽이 종교적 열망으로 하나가 되었다고는 하나 이 역시 정신적 영역에 머물렀다. 물론 이 두 가지 요소는 훗날 유럽의 통합이라는 보다 큰 목표를 세우는 데 적지 않은 공헌을 하기는 하였다. 아울러 국가별로 십자군전쟁을 싸워가면서 민족국가형성에 대한 기틀이 마련된 것도 사실이다. 그런 점에서 그 역사적 의미는 매우 크다 하겠다.

'진짜' 사무라이의 나라 일본으로 넘어가 보자. 일본의 이야기를 해야 하는데 왜 다른 나라의 이야기를 더 하느냐는 항의를 하고 싶은가?

"자기 나라 역사만 공부하면 자기 나라 역사도 모르게 될 것이다"라는 말을 상기해 볼 것을 권하고 싶다. 문호 괴테는 이렇게 말했다. "외국어를 모르는 사람은 자기 나라 말도 모르는 사람이다"라고.

언어나 역사만이 아니다. 한 나라의 판단은 개인의 판단처럼 상대적이다. 그러니 남이나 다른 나라를 모른다면 무슨 기준으로 판단을 할 것인가? 키가 크다고 한다면 무슨 기준으로 크다고 할까? 다른 사람보다 크기 때문이다. 170센티의 키는 큰 키일까? 여자라면 큰 키이지만 남자라면 작은 키이다. 국토면적이 크다고 할 때도 다른 나라보다 크기 때문인 것이다.

그러기에 자국의 역사만 아는 사람은 사실은 자국의 역사도 제대로 모르는 사람이 될 가능성이 매우 크다. 비교사라는 영역이 있는데 사실 모든 역사는 비교사의 방법을 어느 정도 도입하거나 염두에 둬야 제대로 된 역사를 찾아낼 수 있다고 생각한다. 국수주의사관이나 사대주의 사관 등은 자국사만 알거나 자국사를 모른 채 외국사만 알 때 나타나는 현상이다. 자국사만 알고 있으니 과대포장하고 자국사를 제대로 모르니 비하하는 것이다. 이제까지의 이야기를 종합해 보면 일본의 사무라이에 대한 관점이 달라짐을 느낄 것이다. 그것이 비교사의 목적이다.

서기 700년 무렵에 일본은 고대국가를 완성했다. 중국식 조용조제도를 기반으로 하는 중앙집권적 통치체제를 구축하여 호족 등의 중간세력을 최대한 배제하고 국가의 권력이 일본 전체에 미치는 시스템을 완성한 것이다. '공지공민'이란 용어는 국토와 민중이 모두 국가권력의 지배를 받게 되었음을 의미한다. 물론 이는 원칙론일 뿐이다. 지방의 말단 지배세력은 여전히 호족출신들에 의해 채워졌다. 광역지방자치단체장에 해당되는 고쿠시(國司, 국사)는 중앙에서 파견되지만 군지(郡

司, 군사)는 호족들의 몫이었다.

지방에 대한 불완전한 지배는 결국 지방 세력의 성장을 가져왔다. 이미 언급한 대로 지방세력들은 중앙의 통제가 이완되기 시작하자마자 조용히 반기를 들기 시작했다. 외부압박의 부재로 중앙정부는 정쟁의 소용돌이에 휘말려 지방에 대한 강력한 통제를 잊기 시작했다. 대륙의 평화무드는 상비군의 약화도 초래하였다. 그 가운데에 지방 세력들은 갖가지 방법으로 지배영역을 구축하고 이를 중앙의 권력자들의 비호를 받음으로써 그 지배를 확고히 하게 되었다.

'장원'을 중심으로 한 이른바 지방의 분열은 이렇게 해서 전개되었다. 중앙귀족들은 천황을 필두로 앞을 다투어 호족들의 '장원'의 영주가 되어 불수불입권의 특권을 부여하여 호족들의 지배를 지탱하여 주었다. 공지공민의 원칙은 붕괴되어 가고 고대국가의 지배영역은 점차 축소되고 '사지사민'의 확대가 이루어졌다. 마치 중앙집권국가의 성립 이전으로 역주행하는 꼴이 되었다. 일본은 공지공민과 사지사민 그리고 율령국가와 귀족세력의 권력 사이에서 줄다리기를 하는 상태가 되었다.

이러한 것이 전개되던 시기가 바로 대륙의 평화무드가 지속된 8세기에서 10세기 사이의 일이다. 평화는 고대율령국가를 완성시킨 역동성을 소멸시켜 갔다. 894년의 견당사 폐지는 대륙과의 사실상 단절이라고도 할 수 있고 이로서 일본은 '고립'의 상태로 들어갔다. 영국이 '영광의 고립'을 견지하면서도 대륙의 문물이나 문화를 끊임없이 받아들이고 아울러 정치경제군사적인 관계를 어느 정도 유지한 것과 달리 일본은 대륙과의 거리를 더욱 넓혀 가게 되었다. 이제 대륙으로부터의 '위기'는 적어도 일본의 정치사회의 변화를 가져올 정도의 영향력을 가지기는 어려워졌다.

이로서 일본의 분열은 가속화되고 사무라이 지배의 가능성은 커져 갔다. 장원을 기반으로 한 지방호족세력들은 고대국가의 지배에서 완전히 벗어나고자 노력하였다. 일단은 중앙세력과의 연대를 통해 그것을 이루었지만 그 역시 불완전한 자립인 것은 사실이기 때문이다. 그들은 무장을 통해 군사력을 키웠는데 이것이 사무라의의 시작이었다.

지방 세력들의 무장과 군사세력화는 장차 다가올 피비린내 나는 내전을 준비하는 과정이 되었다. 그들의 무장은 중앙세력의 시선을 끌었다. 중앙의 정쟁으로 인해 무력이 필요해진 중앙세력은 지방 세력의 무력을 이용하고자 하였고 그것이 지방 세력이 중앙의 정쟁에 개입하게 되는 계기가 되었다. 처음에는 시위대로서의 역할을 하던 지방 군사세력은—그래서 '시위하다'라는 사부라후에서 사무라이라는 말이 생김—점차 자신들의 군사력에 대한 자신감을 갖고 귀족들의 지배에 도전장을 내밀기 시작한 것이다.

결국 지방 세력들, 즉 사무라이 세력들은 중앙귀족들의 지배에 반기를 들게 되었고 그래서 탄생한 것이 사무라이지배의 거점인 막부였다. 막부는 중앙귀족의 일본지배에 대항하려는 사무라이 세력들의 든든한 보호자가 되었다. 이로서 일본은 지방세력인 사무라이들과 중앙세력인 귀족들의 지배로 양분화되었다. 고대국가의 지배는 이로서 사실상 막을 내리고 일본은 분열상태로 들어간 것이다.

중앙권력의 약화와 극도의 혼란 그리고 군부독재 사무라이 지배의 모든 조건이 이렇게 해서 갖추어졌다. 귀족과 그를 지지하는 지방 세력들이 벌인 내전은 극도의 혼란을 가져왔고 그것은 중앙권력의 약화로 인해 일어났고 동시에 더욱 중앙권력을 약화시키기도 하였다. 그로 인해 일본은 갈가리 찢어진 분열상태가 되었으니 질서를 바로잡기 위한 군사력의 중요성이 대두되었고 그래서 막부라는 사무라이지배기구가 탄생한 것이다.

하지만 사무라이지배기구가 일본을 완전히 손아귀에 넣기까지는 시간이 걸렸다. 일본은 분열 상태이고 귀족세력과 사무라이세력이 서로의 지배영역을 나누어 갖고 있는 상태이다. 어느 쪽도 일본을 손아귀에 넣지 못했다. 하지만 귀족세력은 약화되어 갔다. 이유는 간단하다. 무력을 소유한 쪽은 사무라이들이기 때문이다. 극도의 혼란으로 인한 분열시대에는 칼자루를 쥔 자가 승리하게 마련이다. 일본은 그렇게 해서 '사무라이의 나라'가 되어 갔다.

그것을 결정 지은 것이 '전국시대'였다. 고대국가의 붕괴는 확실시되었다. 율령제라는 낡은 체제는 이제 껍데기만 남긴 채 명맥을 유지할 뿐이다. 사무라이의 보호자 막부조차 이제는 지방에서 힘을 키워 가는 지방 세력들을 통제하지 못하게 되었다. 때는 바야흐로 15세기에서 16세기이다. 일본을 십일 년간 내란의 상태로 빠뜨린 오닌의 난(1467-1477년)을 기점으로 일본은 전국시대로 접어든다. 지방 세력은 완전히 자주독립한 존재가 되었다. 그들은 무력을 가지고 서로를 공격하고 정복하는 날들을 보내게 되었다. 혼란과 분열은 극에 달한다. 어떠한 법도 어떠한 권위도 그들을 막을 수 없게 되었다. 오직 군사적 실력만이 통하는 시대, 그것이 완벽한 사무라이의 시대인 것이다.

우리는 이상의 내용을 통해 두 가지 부류의 역사발전을 볼 수 있었다. 유럽과 일본의 발전방식이 그 하나이고 중국과 한국이라는 또 하나의 발전방식이 그것이다. 일본과 유럽은 고대제국 내지 고대국가가 해체되고 발생한 분열상태가 오랫동안 유지되었다. 그래서 기사와 사무라이라는 무인들의 시대가 도래한 것이다. 하지만 한국과 중국은 그리 오래지 않아 다시 통합되어 버려 분열 상태는 그리 오래 가지 않았다.

이 차이는 외부로부터의 위기의 차이에서 비롯되었다고 할 수 있다. '위기'가 강한 쪽은 통합으로 돌아갔고 그렇지 않은 쪽은 분열을 유지하였다. 통합을 회복한 중국과 한국의 경우 무력은 국가의 관리하에 들어가고 사무라이나 기사 같은 무인들의 시대는 전혀 없거나 매우 짧았다. 유럽과 일본은 분열상태가 지속되었기 때문에 국가의 통제는 유명무실하였고 무력을 갖춘 세력이 지배하는 상태가 지속되었기 때문에 기사나 사무라이들의 시대가 오랫동안 이어져 갔던 것이다. 중앙권력의 약화가 극도의 혼란을 가져오고 그래서 무력을 가진 자들의 지배가 찾아오는 역사발전의 패턴이 실현되느냐가 문제인데 그 문제를 결정하는 것이 외부로부터의 위기 여부였던 것이다.

## 외부적 위기 + 중앙권력의 강도 + 극도의 혼란과 분열
## → 역사발전의 패턴

이렇게 정리해도 될 듯 싶다. 세 가지 요소의 크기에 따라 역사발전의 패턴이 정해진다는 것이다. 너무 단순할까? 물론 그렇다. 하지만 가장 핵심적인 요소는 포함되었다고 믿는다.

결론적으로 말하면 일본이 사무라이의 나라가 된 것은 공권력의 약화 내지 부재로 인해 야기된 무질서의 결과였다고 하겠다. 이것은 중세 유럽이 기사의 나라가 된 것과 같은 맥락에서 이해될 수 있다. 일본의 사무라이지배를 문화적인 이유나 일본 특수론으로 설명하려는 것은 그런 면에서 볼 때 타당하다 볼 수 없을 것이다. 사무라이와 기사는 비록 겉보기에는 다를지 모르나 무력을 통해 지배계급으로 성장한 사람들이라는 점에서 동일한 성격을 갖는다 하겠다. 물론 그들의 행동양식이나 가치관은 '기사도'와 '무사도'의 차이만큼 다르다. 그것이야말로 문화적 차이로 설명해야 할 사실인지 모르겠다. 끝내 지배계급으로 정착하지 못한 중국이나 한국의 무사들과는 분명히 다른 위치와 역할을 가졌다는 점에서도 그들은 동질성을 갖는다.

하지만 여전히 큰 의문이 남는다. 우리는 일본을 사무라이의 나라라고 해도 큰 위화감이 없다. 물론 오늘날 일본에 사무라이는 없다. 하지만 사무라이의 정신이라든지 하는 식의 여운을 느끼는 것은 그리 어렵지 않다. 드라마나 영화에서도 사무라이들은 아직도 살아 있다. 일본인을 비난하거나 칭송할 때 그들을 '사무라이의 후예'라고 하는 것도 자연스럽게 느껴진다.

하지만 유럽을 기사의 나라라고 부르는 것은 매우 낯설기만 하다. 물론 '기사도' 운운하는 경우는 아직 있지만 '유럽=기사의 나라' 이런 등식은 그리 공감을 받을 만한 이야기는 아닌 듯싶다. 지금도 아더왕의 전설을 그린 「원탁의 기사」 같은 영화나 드라마가 제작되는지는 모르겠지만 그래도 사무라이의 일본에 비하면 그 임팩트가 약할 것 같다.

여기에 대한 좋은 대답이 있다면 이런 것이 아닐까 싶다. "유럽의 기사는 중세와 함께 역사 속으로 사라졌고 일본의 사무라이는 메이지유신이 일어난 19세기 후반까지 남아 있었기 때문아닐까?"라는 것이다. 즉 기사는 이미 수백 년 전에 자취를 감추었고 사무라이는 백여 년 전까지 존재했으니 사무라이에 대한 기억이 더 강하게 남아 있는 것은 당연한 것이 아니겠느냐 하는 것이다. 매우 설득력 있는 답이 아닐까 싶은데 여러분의 생각은 어떤가?

그렇다면 왜 기사는 일찍 사라졌고 사무라이는 19세기까지 존재했을까 하는 의문이 남는다.

그것은 바로 역사의 발전단계의 차이에서 비롯된 결과였다 할 수 있다. 세계 모든 지역이 동일하게 역사발전단계를 거친 것은 아니다. 일찍 발전한 지역도 있고 늦게 발전한 지역도 있다. 발전의 시기가 다르면 오늘날에 보여지는 모습도 당연히 달라질 수밖에 없지 않을까?

"미국은 카우보이의 나라인가?" 이런 질문에 당신은 어떻게 답할 것인지 궁금하다. 답은 예스이기도 하고 노이기도 하다. 삼사십 년 전만 해도 카우보이 영화는 우리에게 매우 낯익었다. 게리쿠퍼, 존 웨인, 클린트 이스트우드 같은 배우들이 멋진 카우보이로 등장해 악당을 물리치는 모습은 많은 사람들의 가슴을 설레게 하였다. 정말 바보 같은 이야기이지만 나는 카우보이가 아직도 서부에서 활약하고 있는 줄 알고 있었다. 그 시대라면 미국이 카우보이의 나라라고 할 수 있을지 모르겠다. 하지만 이미 옛날이야기가 되었다. 그렇다면 미국은 카우보이의 나라가 아니라 할 수 있는 것일까?

카우보이는 처음에 언급한 것처럼 총질이나 하며 사는 건달들이 아니라 목동이라는 생업에 종사하며 자신들의 안전을 지키고자 총을 든 사나이들이다. 그들은 미국의 서부개척시대 치안이 제대로 이루어지지 않았을 때 스스로를 지키려는 노력을 한 것이다. 그렇다면 카우보이는 사무라이와 기사들의 동료라고도 할 수 있지 않을까? 카우보이 중에는 주민들의 의뢰로 보안관이 되어 공권력을 행사하던 사람들도 적지 않았으니 지방의 권력자로서 등장했을 가능성도 있다고 볼 수 있다면 더욱 그렇다.

그건 그렇고 미국이 오늘날까지 총기에 대한 규제를 하지 않는 것은 카우보이들의 활약과 무관하지 않을 것이다. 공권력에 의해 안전을 보장받기 어렵다는 인식, 그래서 자신의 안전을 스스로 지켜야 하고 또 지킬 권리가 있다는 생각, 그것이 총기규제를 막는 이유라면 미국은 아직도 카우보이들의 시대에 있다고 할 수 있지 않을까?

미국은 알다시피 유럽에서 자유를 찾아 온 사람들이 중심이 되어 세워진 나라이다. 그들은 유럽의 권력에 대한 혐오감이 가득 찬 사람들이다. 그러기에 국가권력의 강화에 거부감이 강하고 개인의 자유를 최대한 보장하는 것이 최고의 가치처럼 여겨지는 나라이다. 게다가 역사는 짧고 국토는 광활하다. 구대륙처럼 역사와 전통을 쌓아가는 과정에서 사회를 지키는 법과 질서가 자연스럽게 만들어져 정착해서 스스로 무기를 들 필요를 그다지 느끼지 않는 곳이 아닌 것이다. 총기규제에 대한 거부감은 이런 모든 것들이 하나가 되어—물론 총기업계의 로비가 가장 강력한 이유이겠지만 그들을 지지하는 마인드 역시 중요하다고 본다면—만들어졌다고 할 수 있을 것이다. '카우보이의 나라' 미국이 유지되는 이유가 바로 거기에 있다고 본다.

하지만 미국이라고 해서 언제까지나 '카우보이의 나라'에 머물지는 않을 것이다. 미국의 남북전쟁은 연방주의와 분권주의의 대립에서 일어난 전쟁이었다. 결과는 연방주의이고 그로 인해 미국은 보다 강력한 중앙집권국가로 변화되기 시작하였다. 영국의 간섭에서 벗어나기 위한 독립전쟁이 미국의 통합을 이룬 첫 번째 외부적 위기였다면 남북전쟁은 그것을 획기적으로 발전시킨 두 번째 위기였다 하겠다.

제국주의시대의 도래로 해외진출을 하게 된 미국은 점차 외부적 위기에 직면하면서 중앙권력을 강화시켜 나갔다. 제국주의 국가로의 발전, 두 차례의 세계대전 그리고 냉전, 이 모든 것을 겪으면서 '고립주의'를 표방하던 미국은 이제 세계의 경찰관이 되어 "넓은 오지랖"을 과시하기에 이르렀다. 미국의 세계에서의 역할이 커질수록 전쟁과 대립에 의한 외부적 위기는 더욱 커졌고 따라서 중앙의 권력도 막강해져 왔다. 미국이 더 이상 '카우보이'의 나라가 아닐 날이 오지 말라는 보장은 없으며 오히려 그것은 시간문제가 아닐까 싶다.

그렇지만 미국은 아직도 분권주의의 색채가 강하게 남아 있다. 제1차 세계대전 이전까지 미국은 '고립주의'를 고수하였고 그러기에 세계 열강 중에 변방에 위치하였다. 그것은 위기를 통한 통합을 최대한 늦추는 효과를 가져왔을 것이다. 변화, 특히 근본적인 변화는 시간을 필요로 한다. 사회이든 개인이든.

유럽과 일본의 차이를 미국의 예와 비교하면 답을 얻을 수 있을 것이다. 유럽은 일본에 비하여 역사가 훨씬 길다는 것이 현재까지의 연구결과이다. 로마제국의 시작은 기원전 8세기이며 기원후로 넘어가는 시기에 이미 로마는 세계적인 제국이 되어 있었다. 그리스의 역사는 그 보다 더 오래되었다. 유럽의 역사에 강한 영향을 미친 중동과 이집트는 가장 오래된 역사를 가진 지역이다. 일본의 역사는 『일본서기』의 기록을 액면 그대로 믿어도 기원전 7세기가 한도이다. 게다가 일본서기의 기록의 앞부분은 신뢰하기 어려운 것이라는 주장을 받아들인다면 제대로 확인 가능한 역사는 훨씬 짧아진다.

시간적인 문제만이 아니라 지역의 발전 속도도 생각해야 한다. 다양한 민족이 좁은 공간에 모여 문명을 발전시킨 유럽 중동지역과 달리 일본은 비교적 고립된 지리적 위치 때문에 문명의 발전 속도를 높이기가 어려웠을 것이다. 따라서 일본의 역사발전단계는 유럽에 비하면 비교적 느리게 전환되었을 가능성이 매우 크다.

시간과 지역의 발전 속도의 차이는 오늘까지도 영향을 미치고 있다. 일본이 19세기까지 사무라이의 나라였던 것에 비해 유럽이 보다 일찍 기사의 나라에서 탈피했던 것은 이러한 차이로 인한 것이라고 여겨진다. 유럽의 중세는 서로마제국의 멸망 이후인 5, 6세기에 시작되었지만 일본의 중세는 빨라도 10세기 이후라고 할 수 있다. 사, 오백 년의 차이는 쉽게 메워질 수 있는 차이는 아니다. 그 차이가 오늘날 일본은 사무라이의 나라이라 불리지만 유럽은 기사의 나라라고 불리지 않는 결정적인 이유라 할 수 있다.

# 그 많던 사무라이들은 어디에 있을까?
## - 재통합의 길

나관중의 역사 소설 『삼국지 연의』(정통사서 『삼국지』와 구별하기 위해 이렇게 부른다)의 앞부분에는 이런 말이 있다. "천하는 나뉘면 합하고 합하면 나뉘어진다" 중국인다운 역사관이다. 중국은 길어야 삼백여 년이면 왕조가 붕괴하여 한동안 분열 상태가 나타났다가 곧 통일되는 역사가 되풀이되었다. 우리처럼 왕조가 오백 년 이상을 가지는 못했지만 그래도 일단 통합하면 웬만하면 수백 년은 통합을 유지하였다. 북방민족의 끊임없는 침입이 왕조를 오래 유지하게 한 원인이라니 참으로 아이러니하다.

메기효과라고 해야 할까? 정어리를 운반해 올 때 메기를 같이 넣어두면 죽지 않고 살아 있을 확률이 훨씬 높다는 것이다. 『역사의 연구』라는 방대한 문명사연구서를 쓴 아놀드 토인비의 이야기란다. 중국의 왕조 또한 우리나라의 왕조가 그나마 오래 버틴 것도 메기효과일지 모른다. 영화 『벤허』에서 주인공 벤허를 본 로마의 제독은 "눈에 증오가 가득하구나… 좋아, 그 증오가 너를 살게 할 것이다"라고 한다. 증오할 대상 때문에 열심히 살아간다는 의미일 것이다. 억울한 누명을 쓰고 옥살이를 한 사람이 그의 누명이 벗어지자 얼마 있다가 죽었다는 거짓말 같은 실화가 있다. 그는 아마 억울함이 생존의 원동력이었던 것 같다.

일본에서도 분열된 천하는 결국 다시 하나가 되기는 했다. 하지만 중국처럼 그렇게 쉽고 빠르게 이루어지지는 않았다. 일본 역사상 확실하게 하나로 통합이 이루어진 것은 두 번에 불과하다. 팔백 년의 고대국가(율령국가라고도 함)의 성립이 첫 번째 통합이다. 그리고 이미 설명한 대로 분열이 시작되었고 그것이 사무라이시대를 가져왔다. 전국의 사무라이들이 둘로 나뉘어 벌인 오인의 난을 계기로 일본은 완벽하게 분열 상태로 들어갔고 그와 함께 사무라이의 시대도 완성되었다. 전쟁으로 날이 새고 지는 시대에 믿을 것은 오직 무력뿐이기 때문이다.

첫 번째 통합에서 두 번째 통합 사이에는 천 년 이상의 시간이 가로놓였다. 두 번째 통합은 19세기 후반에 전개된다. 메이지유신에 의한 근대국가 일본의 탄생이다. 이 통합은 첫 번째보다 훨씬 강력하였다. 일본의 구석구석까지 중앙권력의 힘이 미쳤던 것이다. 어떻게 그런 일이 가능했는지 하나하나 살펴보도록 하자. 물론 원리는 처음과 같다. '외부의 위기'가 결정적인 역할을 했다. 하지만 그 과정은 처음보다 복잡했다.

전국시대에 접어들자 사무라이들은 귀족이나 쇼군의 지배에서 완전히 벗어나 자주독립적인 존재가 되었다. 과거 귀족 또는 쇼군에게 보호받으며 자신들의 지배를 유지하던 것과는 달리 양자 간의 연결은 사라졌다. 이제 그들은 누구에게도 자신들의 영지에서 생산되는 소득을 바치지 않게 되었다. 그 결과 천황과 귀족들은 권력과 경제력을 상실하고 몰락의 길을 걷게 된다. 쇼군과 막부조차 이제는 허수아비가 되어 버렸다.

그런 가운데 사무라이들은 자신들의 영지경영에 힘을 기울이는 한

편 영지의 확대를 위해 싸우기도 했다. 이른바 '부국강병'정책을 다투어 하면서 사무라이들의 힘은 더욱 강력해졌다. 영주를 가리키는 다이묘들과 그들의 고위 가신들은 하나의 독립국을 이루게 되었다. 다이묘는 자신의 영지의 일부를 가신에게 분배하고 그들에게 충성약속과 함께 군사적 도움을 받았다.

처음엔 필요시에만 소집되던 가신들은 점차 다이묘의 성 아래 만들어진 도시(죠카마치: 성 밑 도시)로 이주하여 다이묘들의 지휘를 보다 효과적으로 받게 되었다. 치열하게 전개되는 영역싸움에 빠르게 대비하기 위한 변화일 것이다. 아울러 가신들이 자신의 영지주민들과 결탁하여 반란을 일으키는 일이 없도록 서로를 떼어 놓는 효과도 기대했다.

이는 다이묘의 권력이 강력해진 것을 의미하는데 다이묘의 영지 내의 중앙집권화가 이루어진 것을 의미한다 하겠다. '대명영국제'라고 불리는 이러한 체제는 사무라이들의 영지가 반독립국가로서의 성격을 강화시킨다는 것이다. 즉 일본이 수백 개의 강력한 중앙집권국가로 나뉘어지는 것 같은 상태가 된 것이다.

17세기 이후가 되면 '대명영국'은 '번국'이라는 이름으로 불리게 되는데 이름 그대로 거의 독립국처럼 되어 버린다. 가신들은 더 이상 영지를 가지지 않게 되는 경우가 대부분이었다. 그들의 영지는 다이묘들에게 모두 반환되었기 때문에 가신들은 총수입에서 일정 부분을 급여 형식으로 받는 월급쟁이가 되고 말았다. '번국' 내의 통합이 안전하게 이루어진 것이다.

이러한 '번국' 내의 통합은 전국시대의 오랜 전쟁에 의한 결과이다. 즉 번국을 하나의 국가로 볼 때 그들끼리의 전쟁은 외부로부터의 '위기'인 셈이다. 그것이 번국 내 통합을 촉진시켰고 그 결과 모든 토지가 영주인 번주의 손아귀에 들어온 것이다. 치열한 전쟁은 지도자인 번주의 권력을 강화시켰고 그로 인해 번국의 내부는 통합될 수 있었던 것이다. 메이지유신 직전 일본에는 삼백여 개의 번국이 있었는데 이 말은 일본이 삼백여 개의 독립국으로 분열되어 있음을 의미한다 할 것이다. 이들 독립국들은 자체적으로 법률체계까지 갖추었다는 점에서 손색이 없다 하겠다. 이는 대통합 이전의 소통합이 완성된 상태라 할 것이다.

전국시대의 치열한 다툼이 계속되는 가운데 천하통일의 꿈을 가진 영웅들이 등장했다. 오다 노부나가, 도요토미 히데요시, 도쿠가와 이에야스, 이 세 명은 그러한 영웅들 중에 실제로 천하를 손에 넣었거나 넣을 뻔한 사람들이다. 오다 노부나가는 일본 대부분을 손에 넣었지만 부하에 의한 불의의 기습으로 불행한 최후를 마치면서 그 꿈을 접어야 했다. 도요토미 히데요시는 오다 노부나가의 부하로서 그의 뒤를 이은 덕분에 조금은 수월하게 천하를 손에 넣는 데 성공하였으나 후손에게 물려주는 데 실패하였다. 도쿠가와 이에야스는 강력한 라이벌 두 사람이 먼저 사망하여 무주공산이 된 일본을 손쉽게 손에 넣었다.

하지만 세 사람의 지배는 통합이라고 말하기에는 부족함이 있었다. 그들은 전국에 있는 대명영국을 없애지도 못했고 다이묘들의 지위를 박탈하지도 못하였다. 아니 그럴 꿈도 꾸지 못하였다. 그것은 전체의 다이묘들을 적으로 돌리는 것이기 때문에 당시로서는 상상조차 불가능했다. 그들이 누린 지위는 전국의 다이묘들이 그들에게 머리를 조아리고 필요에 응해 군대를 보내주는 한편 필요할 때에 한해 금전이나 물자를 바치는 수준에 머물렀다. 더구나 비록 허수아비지만 천황과 귀족들이 존재하기 때문에 그 누구도 명실상부한 넘버원의 지위에 오르지는 못했다. 천황을 받는 것으로 그들은 지배자로서의 권위를 가질 수 있었기 때문이다.

다시 한번 사무라이 지배의 조건을 떠올려 보자.

## 가. 군부독재  나. 극심한 혼란  다. 중앙권력의 약화

전국시대는 이 세 가지 조건이 갖춰졌다. 그렇다면 사무라이 지배의
끝은 어떤 조건을 필요로 할까?

## 가. 문민통치  나. 안정  다. 강력한 중앙권력

오다 노부나가를 비롯한 세 사람의 지배는 이 세 가지 조건을 채웠
을까? 문민통치는 아니었으니 일단 제외하자. 안정? 어느 정도 합격이
다. 하지만 강력한 중앙집권이라는 조건은 애매하다. '대명영국'도 다
이묘들도 그대로 둬야 할 정도의 권력 밖에 없으니 합격이라 하기는 어
려울 것이다. 따라서 세 사람의 지배는 사무라이지배를 종식시킬 수가
없었다고 하겠다. 다만 통합의 완성으로 나아가는 과도기 정도로 해
두자. '반통합'이라고 해 둘까?

'반통합'은 어떻게 가능했는가? 일단 치열한 전쟁으로 다이묘들의
대명영국이 독립국가처럼 강력한 중앙권력을 갖게 되었다는 점은 이미
설명한 대로이니 생략하겠다.

다음으로 중요한 것은 외부와의 교류이다. 일본의 전국시대에 서양
열강들은 지리상의 발견을 통해 알게 된 신항로를 따라 전 세계를 다니
며 침략과 약탈 그리고 교역을 전개하였다. '황금의 나라 지팡구' 역시
그들에게는 관심의 대상이었고 그 결과 일본 땅에도 각국의 배들이 나

타나 교역을 청하게 되었다. 그와 함께 천주교가 선교사들을 통해 전파되었다. 1517년 마르틴 루터의 95개조의 반박문으로 시작된 종교개혁에 대한 반격으로 가톨릭은 세계선교에 힘을 쓰게 되면서 교세확장을 위한 손길이 지구 반대편 일본에도 미치게 되었다.

서양열강과의 교류는 전국시대를 보다 안정된 평화의 시대로 만드는 데 큰 힘이 되었다. 오다 노부나가를 비롯하여 현명한 다이묘들이 이러한 외국과의 교류에 힘을 쏟았는데 이는 부국강병이라는 그들의 목표를 실현하는 데 도움이 되었다. 교역은 그들에게 강병을 할 부를 가져다주었고 수입품 중에 들어온 조총은 강병 그 자체를 위해 필요했다.

조총의 효율성을 높이는 데 성공한 오다 노부나가가 천하를 거의 손에 넣을 뻔한 것은 우연이 아니었다. 그는 선교사들을 위한 신학교를 세워 주는 등 교류에 가장 적극적이었던 것이다. 불교와 신도의 국가 일본이지만 오다에게 종교란 수단에 불과했기 때문에 가능했다. 이는 그의 뒤를 이은 도요토미 히데요시나 도쿠가와 이에야스도 비슷하였다. 물론 오다만큼이나 파격적이고 열린 자세는 아니었기 때문에 훗날 가톨릭에 대한 탄압을 가하기는 했지만.

외부와의 교류로 강력한 국가를 만든 것은 유럽이라고 해도 다를 바가 없었다. 스페인 포루투칼, 영국, 프랑스 네덜란드 등은 대서양에 인접한 나라들이라는 이점 때문에 지리상의 발견을 최대한 이용할 수 있었다. 예전에는 육로로의 교역이 중심이었기에 이탈리아의 도시들이 교역의 주도권을 가졌으나 이제는 대서양이 주 무대이기 때문에 이탈리아는 존재감을 잃어 버렸다. 신대륙을 발견한 사람이 이탈리아 출신의 콜롬버스라는 사실이 위안이기는 하지만 그의 혜안을 이탈리아의 도시국가들은 알아보지 못한 것이다.

그 결과 서부와 서남부의 국가들은 제국주의 시대 이전의 식민쟁탈전에서 앞을 다투면서 국가의 통합을 가장 먼저 이루게 되었다. 해외진출과 신대륙의 발견 등은 그들에게도 막대한 부를 가져왔고 그것을 바탕으로 강력한 중앙권력이 탄생한 것이다. 16세기에서 17세기의 절대주의시대는 지리상의 발견과 그에 따른 막대한 부 그리고 국가 간의 격렬한 주도권싸움이 가져온 결과였던 것이다. 독일과 동유럽지역이 아직도 중세적 분열 상태였던 것에 비하여 서부와 서남부의 국가들은 외부적 '위기'를 통해 '통합'의 길을 걷고 있었다.

이러한 과정을 영국의 예를 통해 자세히 살펴 보자. 영국은 유사 이래 외부로부터의 침략에 취약했다. 켈트족의 침입 로마의 침입에 이어 게르만족의 하나인 앵글로색슨족이 영국의 지배자가 되었다. 지역적으로 고립된 관계로 비교적 국가로서의 통합이 용이하게 이루어진 가운데 11세기에는 노르만디공 윌리엄에 의해 정복되어 노르만족의 통치 아래 놓이기도 하였다. 이 정복으로 영국은 프랑스지역에 이해관계를 갖게 되었는데 이것이 불씨가 되어 백년전쟁에 휘말린다.

백년전쟁은 결국 프랑스의 승리로 끝나지만 이것이 영국의 국가적 통합을 촉진하였다. 프랑스 내의 영토를 상실함으로써 영국은 브리튼섬을 주 무대로 하는 통합을 이룰 수 있게 된 것이다. 마치 일본이 663년의 백촌강 전투패배로 한반도와 거리를 두게 된 것과 유사하다 하겠다. 백촌강 전투는 일본판 백년전쟁이었다고 할 수 있다. 전쟁의 수행과정에서 중앙권력이 강화된 것은 말할 나위 없다. 백년전쟁 후 벌어진 내전 장미전쟁은 그렇게 강화된 중앙권력을 확고하게 한 사건이었다.

이렇게 해서 절대왕정의 길을 준비한 영국은 헨리 8세의 종교개혁, 엘리자베스 1세의 치세를 거쳐 통합을 완성시켜 간다. 아울러 지리상의 발견의 열매를 따기 위한 경쟁에도 적극 동참하여 '인위적 위기'를 높여 갔다. 스페인의 무적함대 격파는 그러한 과정에서 발생한 쾌거(?)였다. 섬나라라는 이점을 살려 국가공인 해적단을 양성하는 등 바다에서의 무력을 길러간 영국은 결국 식민지쟁탈 제1라운드에서 최종적인 승자가 된다. 이는 영국의 통합을 완성시킨 과정이기도 하였다

오다노부나가의 뒤를 이은 도요토미 히데요시의 조선침략은 그런 의미에서 그의 권력을 강화시키는 결과를 가져왔다. 이미 이야기한 대로 도요토미는 미천한 신분을 의식해서 '인위적 위기'를 필요로 했고 그 희생물이 된 것이 조선이었다. 도요토미의 명에 의해 다이묘들은 군대를 동원하거나 각종 전쟁 물자를 공급해야 했다. 그 자체가 강력한 권력이 있어 가능했겠지만 그러한 행위 자체가 도요토미의 권위를 더욱 높였을 것이다.

17세기 초 도쿠가와 이에야스는 두 번의 전투로 일본의 지배자로 등극하였고 그의 후손들은 삼백 년 가까이 일본전국을 호령하였다. 이는 오다와 도요토미가 구축한 전국통합이 있었기에 가능하였다. 도요토미와 오다는 반대세력을 억제하고 혼란을 야기시킬 요소를 제거하기 위하여 각종 장치를 법이나 제도적으로 만들어 갔고 도쿠가와 이에야스와 그의 자식들은 그것을 완성하였다. 사무라이계급의 고정, 신분 사회 확립, 사무라이들에 대한 각종 감시체계의 구축 등은 비록 지방의 독립국가인 '번국'의 내정을 개입할 정도에 이르지는 못했지만 그나마 막부를 중심으로 일본이 '반통합'되는 결과를 낳았다.

'반통합'은 사무라이 지배에 어떤 영향을 미쳤을까? 일본은 겉보기에는 도쿠가와 이에야스의 막부지배를 통해 완벽한 사무라이의 나라가 된 것 같다. 천황과 귀족들은 사무라이들의 배려로 그 존속을 허용

받고 숨죽이며 살아가야 하는 가련한 존재에 불과했다. 천황은 전국시대 경제적인 고통에 시달려 심지어 글씨를 팔아 생계를 잇는 지경에 이르기도 하였는데 이제 사무라이정권이 던져준 수입에 의존하는 신세가 되었다.

하지만 내부적으로 볼 때 사무라이들은 사무라이가 아닌 존재로 변해 가게 되었다. 전쟁은 더 이상 일어나지 않고 따라서 그들의 전쟁능력은 날로 약해졌다. 비록 허리에 두 자루의 칼을 차고 다니기는 하지만 그것으로 두부라도 썰어야 할 일은 거의 없었다. 그저 사무라이의 상징일 뿐이다. 그들이 하는 일도 문서정리나 재판과 독서 등과 같은 것이 대부분이어서 마치 우리나라의 선비를 연상케 하기에 이른다. '칼을 찬 선비'라고 말해도 좋을 정도로 그들은 무사로서의 역할과 능력을 잃어 갔다.

더구나 평화시대가 계속되니 그들은 지배자로서의 위치마저 불안해지기 시작했다. 농업과 상업이 발달하고 문화가 꽃피우는 시대에 칼을 든 무사는 가치를 잃어 간다. 그들이 받는 급여는 다른 계급의 눈에는 낭비처럼 비쳐질 수도 있다. 전쟁이 끝났지만 칼을 차고 거들먹거리는 그들을 긍정적으로 보기는 어려운 것이다. 게다가 상인과 부농들이 경제력을 바탕으로 사무라이들에게 큰 영향력을 미치게 되니 신분질서 자체가 흔들리게 되었다. 사무라이지배는 외형적으로는 유지되고 있으나 실질적으로는 무너지고 있다고 말할 수 있을 것이다. 또한 사무라이들 자신이 "무늬만 사무라이"로 전락하였다는 점도 사무라이 지배의 붕괴를 인정해야 할 이유일 것 같다.

다이묘나 쇼군 같은 최상층 사무라이들의 경우는 더 이상 사무라이라고 할 수 있을지 의문이다. 그들은 사무라이라는 직업군인을 거느린 지배계급에 불과하다고 하는 편이 정확할 것이다. 삼백 년 가까이 전쟁을 잊고 사는 그들에게 허리에 찬 칼이 무슨 의미가 있단 말인가? 반대로 우리나라의 선비들이 임진왜란이 발발했을 때 의병이 되어 전장을 누비었다면 오히려 그들이 사무라이에 가까운 존재였다고 할 수 있다.

그런 의미에서 일본의 사무라이 시대는 도요토미 히데요시의 조선 침략의 종료와 함께 길게 잡아도 도쿠가와 치세의 안정과 더불어 끝났다고 보아야 한다는 것이 나의 생각이다. 사무라이의 지배의 세 가지 조건을 다시 꺼내 보자.

## 가. 군부독재  나. 극도로 혼란한 것  다. 중앙권력의 약화

이 시대 극도의 혼란은 사라졌다. 그리고 중앙권력은 전체를 통제할 정도의 힘을 갖고 있으니 중앙권력은 약하지 않다. 다만 군부독재라는 조건은 어느 정도 채웠다. 따라서 사무라이의 지배라는 겉모습은 살아 있다 할 수 있다. 하지만 실체는 거의 없다고 봐야 할 것이다. 이 정도면 사무라이의 시대가 사실상 끝났다는 말이 그리 지나친 것은 아닐 것 같다. 다만 마치 산소 호흡기를 달고 연명하는 환자처럼 살아도 살아 있는 상태가 아닌 형식적인 생존을 이어가고 있었을 뿐이라고 봐야 할 것이다.

그렇다면 이 시대는 무엇으로 보아야 할까? 쇼군이라는 절대군주를 정점으로 하는 지방분권시대 정도로 보면 어떨까 싶다. 쇼군과 막부는 중앙정부의 기능을 제대로 수행한 적이 없으니 중앙집권 국가로 부를 수는 없을 것이다. 신성로마제국처럼 그저 상징적인 황제를 받드는 완전한 분권시대와도 다르기는 하다. 그러나 기본적으로 독립국적 성격이 강한 번국들과 번주들이 통치의 근간이었으니 역시 지방분권시대임에는 틀림없다.

이렇게 형식적인 사무라이의 지배가 완전히 소멸된 것이 두 번째 통합이다. 1868년 사무라이의 지배기구인 막부를 쓰러뜨리기 위한 전쟁(보신전쟁)이 일어났다. 보신전쟁으로 막부는 붕괴되었고 새로운 정부는 오랫동안 정권에서 소외되어 명맥만 유지해온 천황과 귀족 세력을 구심점으로 하여 새로운 일본을 만들어 갔다. 그 핵심은 사무라이들의 분권적 지배를 종식시키고 일본역사상 가장 강력한 통합국가를 만드는 것이었다. 이를 가리켜 '메이지유신'이라고 부른다.

이런 엄청난 변화를 주도한 주체를 우리는 웅번 세력이라고 한다. 웅번 세력의 특징은 부국강병의 성공으로 강력한 힘을 가지게 되었다는 것이다. 아울러 도쿠가와의 지배하에서 권력의 중심에서 배제된 세력이라는 공통점을 갖는다. 막부를 비롯하여 권력의 중심에 속한 무리들이 권력에 안주하여 개혁에 뒤처진 것과 대조적인 모습을 보인 것이다.

웅번의 중심인 사츠마 쵸슈가 모두 바닷가에 위치하여 해외교류를 통해 성장하였다는 것도 특징이다. 이는 첫 번째 통합을 이룬 세력과 유사한 점이다. 오다 노부나가나 도요토미 히데요시 등이 서양세력과 교류를 통해 성장하여 통합의 기수가 된 것처럼 말이다. 유럽의 통합도 대서양에 인접한 세력이 주도하였던 것처럼 막부권력과 멀리 떨어진 서해안에서 해외무역 등을 통해 힘을 기른 세력이 새로운 일본을 만드는 주역이 된 것이다.

'메이지유신'은 사무라이를 통째로 날려 버리고 말았다. 그들은 더이상 지배계급이 아니었다. 심지어 칼도 이제 찰 수 없게 되었고 군사력의 중심도 될 수 없었다. 그들의 자랑이었던 성씨도 이제는 누구나 가질 수 있게 되었다. 이에 반발한 사무라이들의 저항은 새로운 정부에 의해 무참히 짓밟혔다. 강력한 중앙권력 혼란의 수습 군부정권의 붕괴 모든 점에서 사무라이 지배, 나아가 사무라이라는 무장한 지배계급이 존재할 이유는 사라진 것이다.

왜 이런 일이 일어난 것일까? 바로 엄청나게 밀려오는 외부로부터의 위협 때문이다. 18세기 말부터 일본의 주변을 맴돌던 서양열강들은 이웃나라이자 거대제국 중국을 1842년 아편전쟁으로 무릎 꿇게 하였다. 그리고 마침내 1854년 미국의 페리제독이 이끄는 함대가 쏘아 댄 함포의 위력은 일본의 문호를 열게 만들었다. 삼백 년 가까이 외부와의 교류를 제한해 온 일본이 서양열강의 무력에 떨게 된 것이다.

서양열강은 왜 일본의 앞 바다를 차지하고 함포를 쏘아 댄 것일까? 직접적인 이유는 산업혁명으로 인한 경제발전으로 제품의 시장과 원료의 확보 때문이라고 할 수 있다. 하지만 그것만으로 충분하지는 않다. 보다 폭넓게 생각하면 유럽의 통합과정이 외부적인 팽창을 가져온 것이라고 봐야 할 것이다.

대서양연안의 국가들이 해외진출을 통해 국가적 통합을 먼저 이루었고 그로 인해 유럽은 통합을 향한 새로운 길을 걷게 되었다. 스페인, 프랑스, 영국, 네덜란드의 4강 중 스페인과 프랑스는 유럽의 패권을 노리게 되었고 이것이 유럽을 전쟁터로 만들었다. 30년전쟁을 비롯하여 스페인왕위계승전쟁 그리고 나폴레옹전쟁 등이 그것이다.

이로 인해 통합이 늦어졌던 중부와 동부의 유럽도 민족주의의 성장과 함께 통합의 움직임을 보이게 되었다. 동부 유럽의 변방국가 러시아도 이러한 유럽의 통합의 흐름 속에서 피터 대제나 에카테리나 여제 등의 개혁을 통해 통합국가로 성장한다. 독일의 프러시아는 프리드리히 대제의 개혁을 통해 강대국으로 성장하였는데 나폴레옹의 침략으로 민족의식이 고조되자 독일통일의 주역으로 등장하게 되었다.

19세기는 독일과 이탈리아의 통일에서 알 수 있듯이 유럽의 전 지역이 통합의 움직임에 박차를 가한 시기이다. 과거에는 소외되었던 서민대중마저 산업혁명으로 인해 노동자계급으로서 목소리를 내기 시작하면서 '국민'으로서 이러한 통합에 동참하였다. 왕과 귀족만의 국가가 아닌 '국민'의 국가 19세기 유럽의 대세가 된 것이다.

이러한 통합을 바탕으로 유럽의 국가들은 해외로 힘을 확장시키는 것에 적극적인 자세를 보였다. 위로는 왕이나 황제 대통령에서 아래로는 공장노동자들까지 국기를 배경으로 한 해외진출 내지 침략에 열광하였다. 이것이 소위 제국주의 시대이다. 민족주의의 모순을 한꺼번에 보여 주는 제국주의는 유럽통합의 기폭제였다.

1854년 일본의 앞바다에 나타난 페리제독의 함대는 이러한 배경을 갖고 있었다. 일본은 미국만이 아니라 서양열강과 교류를 시작하였고 그것이 일본 내의 위기의식을 고조시켰다. 특히 중국의 계속적인 패배는 그들을 대국으로 여기며 경외하던 일본인들의 간담을 서늘하게 하기에 충분했다. '외부로부터의 위기'가 극대화된 것이다. 아마도 일본의 유사 이래 최고의 위기의식이 일본을 지배하지 않았을까?

최종적으로 이에 대한 대안은 둘로 나뉘었다. 사무라이 체제의 수호자 막부를 중심으로 이러한 위기를 극복할 것인가 아니면 명목상 국가원수인 천황을 다시 실질적인 최고권력자로 받들어 이를 중심으로 새로운 국가를 건설하여 위기에 대처할지를 둔 대립구도가 만들어졌고 그것은 마침내 보신전쟁이라는 최종적 대결을 가져왔다. 결과는 천황파의 승리였고 이로서 막부와 사무라이 지배는 사라지게 되었다. '메이지유신'은 그것을 확고하게 만드는 하나의 과정이요 결과였다.

'외부로부터의 위기'에서 수립된 강력한 통합인 유신정부는 그러나 보다 강력한 통합을 원하였다. 그들은 그것을 위해 제국주의열강과 함께 팽창주의노선을 걷게 된다. 청일전쟁과 러일전쟁은 일본이 열강의 일원으로 인정받기 위한 신고식이었다. 그 전쟁들을 통해 일본은 강력한 통합을 이루었던 것이다. '군국주의 일본'의 기초는 이렇게 만들어졌다.

일본의 이러한 모습이 만들어진 데에는 제국주의 열강들의 탐욕스러운 팽창정책이 큰 영향을 미쳤을 것이다. 19세기 말 세계는 더 이상 나눌 수 없을 정도로 그들에 의해 갈기갈기 찢겨져 지배되고 말았다. 하지만 19세기 후반에 국가통합을 뒤늦게 이루어 제대로 된 팽창을 이루지 못해 아쉬워하는 독일이나 오스트리아, 이탈리아는 영불과 같이 오래전에 통합을 이루고 식민지 쟁탈전에서 압도적 우위를 점한 국가들에게 불만을 느끼기 시작하였다. 그들은 세계의 재분할을 원했고 이를 거부당하자 압박을 가하기 시작했다.

일본 역시 뒤늦게 제국주의의 대열에 참가하여 자기 집 앞마당이 열강에 의해 지배되는 모습에 불만을 가지기 시작하였다. 1920년대 평화시대를 맞이하여 일본은 더 이상 팽창을 하지 않겠다는 제스처를 했지만 그것은 진심이 아니었다. 군부는 자신들의 위상을 높이기 위해서라도 지속적 팽창을 원했고 그들이 그것을 행동으로 옮겨 만주사변과 중일전쟁을 일으켰을 때 잠재적 동조자들은 환호하였다.

이러한 상황에서 등장한 것이 게르만에 의한 유럽통합을 꿈꾸던 히틀러였다. 그는 대서양세력에 의해 오랫동안 짓밟혔던 과거의 역사를 역전시켜 위대한 제국의 건설을 이루자는 선동을 통해 독일의 통합을 보다 강력한 것으로 만들었다. 히틀러는 유럽의 통합을 이루어 패자가 되려고 했던 인물들—스페인의 필리페 2세, 프랑스의 루이 14세, 나폴레옹 등—이 품었던 꿈을 실제로 이루려고 한 것이다. '로마제국의 부활'이라고 할 수 있다.

마찬가지로 대서양세력에게 불만을 가진 이탈리아와 일본이 그의 주장에 동참하여 동맹국이 되었다. 통일이 늦어짐에 따른 손해, 하지만 그로 인해 매우 뜨거웠던 민족주의. 이런 배경들이 히틀러와 무솔리니 같은 인물들의 선동과 맞물려 폭발한 것이 제2차 세계대전이었다. '외부적 위기'를 극복하고자 시작한 통합의 길은 일본으로 하여금 머나먼 유럽의 동맹국들과 함께 엄청난 팽창의 길을 걷게 한 것이다.

근대 일본의 팽창정책은 일본이 사무라이의 나라였다는 것과 깊은 관계가 있다는 주장이 있을 수 있으나 과연 사실일까? 계급으로서의 사무라이는 메이지유신을 거치면서 소멸하였다. 따라서 사무라이가 직접 팽창을 주도했다는 주장은 처음부터 성립할 수 없다. 그렇다면 사무라이출신들이 일본을 통치하였기 때문에 일본이 팽창정책을 유지한 것일까? 아니면 사무라이 정신이 남아 팽창을 하도록 부추겼을 가능성이 있는 것일까?

나는 그러한 주장에 동의하기 어렵다. 독일과 이탈리아의 예를 보면 알 수 있다. 그들에게 설마 기사도 정신이 작용하여 팽창을 시도했다고 말하지는 못할 것이다. 유럽의 기사는 화약과 대포, 총 등의 개발과 사용으로 수백 년 전 이미 사라졌기 때문이다.

그보다는 뒤늦게 민족주의적 통합을 이룬 국가들에게 보이는 팽창욕이 일본에게도 나타났다고 보는 편이 훨씬 설득력이 있을 것이다. 지리상의 발견은 대서양연안의 국가들의 국가통합을 이끌었지만 중부와 동부의 국가들에게는 큰 영향을 미치지 않았다. 하지만 대서양연안의 국가들이 통합을 이루고 유럽의 패권을 노리게 되자 중동부의 국가들은 조금씩 자신들의 통합의 필요성을 느끼게 되었다. 피히테의 '독일 국민에게 고함'은 그러한 필요성에 대한 각성을 외치는 것이었다. 그래서 중동부유럽의 국가들이 통합을 뒤늦게 시작하였고 그것이 19세기 후반에 통일이라는 형태로 이루어졌다.

이들 국가들은 20세기가 되어도 통합에 의해 생긴 에너지와 열정이 유지되었다. 그리고 자신들이 세계분할에서 소외되었다는 의식이 강하게 그들을 압박한 것이다. 그것이 유럽통합에 대한 야망을 가지게 한 것이다. 그것을 실현하기 위해서 대서양 국가들과 전쟁을 벌이게 된 것이다. 일본 역시 뒤늦게 통합을 이루었고 대서양 국가들에게 박탈감을 느끼고 있었다. 그런 점에서 독일과 이탈리아 일본이 삼국동맹을 맺게 된 것은 우연이 아니었다고 하겠다. 따라서 일본이 사무라이의 나라였다는 것과 팽창정책을 연결시키는 것은 개관성이 결여된 주장이라고 생각한다. 그보다는 세계사의 흐름 속에서 원인을 찾아야 할 것이다. 사무라이가 역사적 산물이라면 일본의 근대 역시 역사의 산물일 뿐이고 그 안에 팽창정책도 포함된다. 성급하게 특수성에 의해 결론을 내리려는 것은 바람직하지 못한 것 같다.

다만 사무라이 시대의 유산은 근대 일본의 내부에 잔존하여 적지 않게 영향을 미쳤다고 생각하는 것은 가능하다. 군통수권의 독립 같이 군부의 영향력을 강화시키는 제도나 과도한 정신력주의는 사무라이의 존재가 비록 법적 사회적으로는 사라졌다고 해도 여전히 그림자를 일본사회에 드리우고 있었다는 증거일지도 모른다. 군국주의 국가 일본의 성립에는 박제된 사무라이의 영향력이 나름대로의 역할을 하였을 것이라고 생각된다. 하지만 그것은 매우 제한적이어서 결정적인 것은 아니었다.

다만 군국주의 일본의 모습이 다른 군국주의 국가와 달랐다면 그것이 사무라이의 그림자에 의한 것이라고는 할 수 있을지 모르겠다. 할복, 포로가 되는 것을 죽음보다 수치스럽게 여기는 것, 카미가제 특공대 등은 그러한 예라 하겠다. 하지만 그러한 것은 목적을 수행하는 과정에서 나타나는 특이함에 불과하다. 무엇을 하든 그 나라의 특징이 나타나는 것은 당연하겠지만 그 특징이 그 무언가를 하게 하는 것은 별개인 것이다. 사무라이의 모습을 보인다고 해서 사무라이가 그 행동의 원인이라는 법은 없으니까.

1945년의 패전은 최종적으로 사무라이의 모든 것을 소멸시켰다. 연합국의 점령하에 실시된 전후 개혁은 일본의 비무장화와 민주화를 강력하게 실현하였는데 이 개혁은 전쟁을 할 수 있는 수단과 의지 그리고 기반을 송두리째 뽑아 버린 것이었다. 사무라이는 현실적인 존재로서만이 아니라 보이지 않는 유령과 같이 일본사회를 떠돌며 영향력을 미치던 존재로서의 수명도 다하게 되었다. 그는 이제 저승으로 평안한 휴식을 위해 떠나버렸다. 사무라이의 망령이 떠난 일본은 칠십여 년간 전쟁의 참화를 면할 수 있었음은 우연이 아닐 것 같다.

하지만 방심은 금물이다. 지금도 사무라이들에게 제사를 지내고 있는 사람들은 적지 않다. 그것이 새로운 군사대국 일본의 출현을 가져올 수는 없을 지라도 그러한 것을 용인하는데 기여할 가능성은 부정하기 어렵다. "견물생심"이라 하지 않나? 사무라이에 대한 추억을 되새기는 일이 늘어나면 군사적인 것이 보다 쉽게 관심을 끌 수 있기 때문이다. 앞에서 언급한 것처럼 군국주의의 부활가능성은 매우 작지만 군사대국으로의 길의 가능성은 남아 있다. 그 길을 여는 매개자가 그것을 지지하는 사람들의 사무라이에 대한 제사가 된다면 예상하기 어려운 결과를 낳을 수 있다. 우리는 사무라이를 저승에 묶어 두어야 할 것 같다.

# "사무라이 그거 별거 아니야", 일본은 그냥 나라다

일본의 무예 중의 하나인 가라테(空手道공수도)의 유파 중에 극진 가라테라는 파가 있다. 가라테는 우리나라의 태권도나 중국의 쿵푸(工夫)와 비슷하게 주먹과 발 기술을 사용해 적을 제압하는 무예이다. 태국의 무에타이도 이와 유사한 무예이다.

재미있는 것은 다른 유파의 가라테의 시합은 상대를 실제로 공격하는 것을 금하고 있다. 주먹이나 발이 상대에 닿지 않게 멈추어야 한다. 부상을 방지하기 위한 것 같은데 이는 격투기 경기에서는 거의 없는 일본 가라테만의 관행이다. 좀 이상하지 않은가? 하지만 극진 가라테는 이런 규정을 갖고 있지 않다. 그래서 다른 격투기처럼 상대를 그대로 타격해도 상관없고 그래야 한다. 그래서 극진(極眞)이란 이름을 쓰는 것 같다. '실전가라테'라는 이름도 있다.

극진가라테를 창시한 사람은 한국인 최영의, 일본 이름 오야마마스다츠라는 재일 한국인이다. 그는 어려서부터 스트리트 파이터로 살아오면서 가라테를 수련하였고 그 경험을 살려 개발한 것이 극진가라테였다. 황소와의 대결을 벌이기도 하고 1대 100의 대련도 하였으며 미국에 건너가 내로라하는 파이터들과의 대결도 벌이면서 그의 극진가라테는 명성을 떨치기 시작하였다. '도장 깨기'는 그의 특기였는데 재일한국인인 그가 자신의 유파를 홍보하는 가장 좋은 수단이었다. 여기 재일한국인 출신의 프로레슬러에게 가라테 기술을 가르쳐 주어 역도산을 최강의 레슬러로 만들었다는 이야기도 있다. 그의 말로는 "내 생애에 패배는 단 한 번뿐"이라고 할 정도로 그는 천하무적을 자랑했다는데 어디까지가 진실인지는 모르겠다.

그런 그가 어느 인터뷰에서 충격적인 말을 내뱉었다. "사실 저는 겁쟁이입니다."라고. 아니 천하무적의 사나이가 겁쟁이라니. 그 다음 말을 들어보면 이해가 간다. "난 때론 상대가 너무 무서워서 도망가고 싶을 때가 많았습니다. 하지만 그럴 수가 없어 싸웠죠. 겁이 나니까 필요 이상으로 강하게 상대를 공격해서 큰 부상을 입히곤 하였죠." 상대가 무서우니 과잉공격을 했다는 말이다. 일리가 있는 말이다. 무술영화나 검술영화를 보면 상대의 공격을 가볍게 피하고(머리털 정도의 간격으로) 상대를 가볍게 제압하는 고수들의 모습을 보는데 최영의는 그렇지 못했다는 것이다 .

생각을 해 보라. 다섯 살짜리 꼬마가 "너 죽일 거야" 하고 덤빈다고 무서워 떨 사람은 없을 것이다. 그럼 상대가 공격을 해도 웃으면서 대응할 수 있다. 하지만 열다섯 살짜리가 그러면 긴장이 된다. 스무 살이라면? 무서울 것이다. 그래서 더 강하게 반격을 할 수밖에 없다. 최영의의 말은 그런 식으로 이해하면 이해가 될 것이다. 그의 솔직함이 존경스럽다. 우리 같으면 "난 겁같은 거 전혀 없어."라고 큰소리를 쳤을 텐데….

어려서 본 드라마 중에 「임진왜란」이라는 드라마가 있다. 일본 도요토미 히데요시의 침략을 그린 드라마인데 제대로 보지는 못했지만 태어나서 처음으로 일본의 사무라이들을 간접적으로나마 볼 수 있었다. 내게 보여진 그들의 모습은 공포 그 자체였다. 번쩍거리는 투구와 갑옷 그리고 긴 칼, 험상궂은 표정의 사무라이들은 성인이 되어도 내게서 사라지지 않고 일본사람들의 이미지를 형성하였다. 가뜩이나 일제 강점기의 드라마나 영화로 그들에 대한 공포심을 느끼던 나에게 사무라이의 모습은 그것을 더욱 확실하게 만들어 주었다.

공포를 느끼는 적에게 더 공격적이 된다는 것은 이런 경우에도 적용되는 것은 아닐까? 우리는 실제 이상으로 일본에게 공포, 즉 겁을 느끼고 있고 그래서 일본에게 적대감을 갖게 되는 것은 아닐까 하는 생각이 든다. 그러한 마음을 가져다 주는 것 중에 하나가 사무라이인 것 같다. 내가 느꼈던 사무라이의 모습처럼 일본사람들을 무시무시한 존재로 여기고 떨고 있고 그래서 더 적개심에 불타는 것은 아닐지 모르겠다.

일본은 왜 사무라이의 나라가 되었는가? 이 질문에 진지하게 대답을 해 주는 사람이 있는지 나는 모르겠다. 내가 알기로는 없다. 사무라이를 다룬 책이나 연구는 수없이 많을 텐데 정작 왜 사무라이가 일본을 지배했는지 시원하게 답해 주는 사람은 없지 않나 생각된다. 그래서 내가 나서게 되었다.

우리들은 혹시 일본이 사무라이의 나라가 된 것을 그들의 태생적 잔혹성에서 찾으려는 것은 아닐지 걱정이다. 예전에 일본에서 유학하던 시절 일본역사를 공부하는 한국인 유학생들과 여행을 간 적이 있다. 어느 선배가 차를 타고 가던 중 이런 말을 했다. "저기 산들 보여? 저게 사람이 기어 올라갈 수 있는 산이 아니야. 우리는 다르잖아. 우리나라 산은 웬만하면 기어올라 갈 수 있지? 산세가 험하지 않아서. 여긴 산세가 험해. 그러니까 사람들이 거친 거야." 그 선배는 일본제국주의의 침략에 대한 논문을 쓰고 있었다. 그리고 늘 일본인의 문제점을 지적하던 사람이다. 그런 그에게는 산세마저 그렇게 나쁜 의미로 해석이 되는 모양이다. 조금은 놀라는 마음으로 그 이야기를 들었지만 딱히 반론할 말이 떠오르지 않아 그냥 넘어갔다.

하지만 그 선배의 말은 내게 잊혀지지 않은 채 머물렀고 지금도 그에 대한 대답을 찾고 있다. 과연 그럴까? 나는 일본사람들과의 교류를 통해 그들이 우리와 전혀 다르지 않은 사람들이고 오히려 우리보다 더 친절하고 상냥하며 점잖은 사람들이라는 인상을 받았기 때문에 그 선배의 말에 도저히 동의할 수가 없었다. 잔인하다? 글쎄 우리나라 사람들도 꽤나 잔인한 것 같은데… 일본사람들은 반역죄를 지었다고 삼족을 멸하지는 않았지 않는가? 우린 그랬고.

일본에 유학한 다음 해에 일이다. 외교관이면서 내가 재학 중인 학교에서 유학을 하던 한 유학생이 일본에 대하여 험담을 늘어놓기 시작했다. "일본은 정복욕과 폭력성이 두드러진 나라입니다."라는 그의 주장에 나와 다른 유학생 하나는 할 말을 잃었다. "그럴 만한 근거가 있나요?"라고 되물었지만 그는 주장만을 되풀이하며 "일본에게 속지 마세요. 안 그럼 우린 또 당합니다."라는 말을 하였다. 도대체 그는 왜 무엇을 근거로 일본의 민족성을 그토록 폭력적이라고 하는 것인지 모르겠다.

현실에서 만나는 일본사람들에게 폭력성은 전혀 보이지 않는데. 지금은 많이 나아졌지만 그 당시 우리나라에서는 거리에서 싸움을 벌이는 사람들이 제법 있었다. 하지만 일본 유학 시절 길에서 싸움이나 말다툼을 벌이는 모습은 보기 힘들었다. 그러기에 그 사람의 말이 더욱 신뢰하기 어려웠다. 명색이 외교관이라는 사람의 대외관이 이래도 되는 것인가?

이러한 일본에 대한 선입견이 공포로 이어지고 그것이 일본에 대한 과잉적인 적대감을 가져온다는 생각이 든다. 사무라이들의 모습은 그러한 편견과 공포심 적개심을 가져오기에 알맞지 않는가? 그리고 이 선배처럼 그것이 그들의 타고난 성격 때문이라면 더욱 그럴 것이다. 그들은 정말 괴물 같은 존재로 태어나고 자란 것일까?

하지만 역사는 증명한다. 사무라이는 중앙의 권력이 약해서 생긴 혼란에 의해 발생한 무사집단이라고. 유럽에서도 바이킹의 출현이 기사들을 존재하게 하였다는 이야기가 있다. 기사들이란 일종의 자경단이었던 셈이다. 아니면 용병이거나. 스위스의 용병이 유명한데 가난한 스위스인들이 무장을 하고 돈을 받고 여기저기서 싸웠다는 이야기는 유명하다. 그렇다고 스위스인은 폭력적이라고 단정한다면 그것은 절대 오해일 것이다.

일본의 중앙권력이 약했음은 일본역사를 소개하는 책에서 자주 볼 수 있는 이야기이다. 그리고 그것이 섬나라이기 때문에 외부적인 위협이나 침략이 적기 때문이라는 주장도 그리 낯설은 주장은 아니다. 물론 섬나라라고 늘 그리고 어디든 그런 것은 아니다. 같은 섬나라라도 영국과 일본은 다르기 때문이다. 일본에 비해 영국은 대륙으로부터의 침략이나 간섭을 많이 받았기 때문에 중앙권력이 도리어 일찍 발달했다는 주장도 있다.

중앙권력의 약함은 극도의 혼란을 야기시키고 그것이 무사들의 활약을 가져왔다는 분석은 그리 흔한 주장은 아닌 것 같다. 물론 없지는 않을 것이다. 나로서는 이런 주장의 객관적인 증거를 찾고자 세계사를 돌아보았다. 유럽과 중국, 한국 등의 역사를 본문에서 자세히 소개한 것은 그 때문이다.

특히 유럽의 경우 로마제국 멸망 후 찾아온 무질서가 중세의 봉건제를 성립시켰고 그 중심에 기사계급이라는 사무라이와 유사한 집단이 존재했기 때문에 상당히 일본과 유사한 역사발전을 했다는 생각이 들어 자세히 서술하였다. 이와 반대로 한국이나 중국은 끊임없는 외부의 압박 때문에 통합이 잘 이루어져서 혼란이 적고 따라서 무사계급이 지배를 하기 어려웠다는 점을 강조하고 있다. 비슷한 예와 반대의 예를 고루 소개하여 나의 주장의 타당성을 증명하고자 애쓴 것인데 과연 모두가 그렇게 느낄지 궁금하다.

일본사에 대한 분석도 함께 해 보았다. 일본이라고 늘 중앙권력이 약하고 혼란이 심했던 것은 아니기 때문이다. 외부의 압박이 심한 시기와 그렇지 않은 시기를 구별하여 그 차이로 인해 어떤 역사적 차이가 있었는지 살펴보았다. 압박이 심해지면 통합이 일어나고 압박이 완화되면 분열이 생기는 것은 일본역사에서도 마찬가지였다. 두 번의 통합은—율령국가건설과 메이지유신—외부의 압박 때문이었고 중간의 분열과 사무라이의 등장은 외부의 압박이 감소되거나 사라졌던 시기이다. 또 중간에 '반통합'이 발생한 것도 역시 적절한 외부의 압박이 있었기 때문이라고 설명하였다.

'인위적 위기'를 조성하여 통합을 이루려는 시도 또한 살펴보았다. 도요토미 히데요시, 히틀러, 나폴레옹, 다윗 등은 미천한 신분으로 인한 권력기반의 미약을 대외정복전쟁으로 강화시키려고 하였다는 사실은 '인위적 위기'인 전쟁이 통합을 강화시키는 역할을 할 수 있음을 증명한다 하겠다. '인위적 위기'도 역시 외부적 위협임에는 틀림없기 때문이다.

'외부적 위협', '외압' 등에서 외, 즉 밖과 그 반대의 내부, 즉 안의 범위는 다양하다. 일본이라는 하나의 나라가 안이라면 밖은 이웃나라가 될 것이다. 하지만 동아시아나 유럽 같은 광범위한 지역이라면 다른 문명권의 밖이 될 것이다. 때론 하나의 영주가 다스리는 영지도 안이 될 수 있고 그 경우 다른 영지가 밖이 된다. 일본의 전국시대의 내란에서 다이묘의 영지인 대명영국은 하나의 나라와 같기에 다른 대명영국과의 전쟁을 거쳐 내부적으로 일종의 중앙집권의 강화가 일어나고 있다는 것을 주목할 수 있다. 이 또한 외압이 미치는 영향을 입증하는 증거라 할 것이다.

20세기 유럽통합운동은 냉전과 그로 인한 동서의 통합이 냉전의 종식과 함께 하나가 되었기 때문에 오늘의 유럽연합을 탄생시켰다는 주장은 그 나름대로 매우 신선한 의견이라 자부한다. 일본이 주장한 '대동아공영권'론 안중근의 '동양평화론'의 연대론도 넓게 보면 광범위한 통합론이라 할 수 있고 그것이 생겨난 배경에는 서양의 백인종의 위협이라는 '외부로부터의 위협'이 있었음도 주목해야 할 것이다.

독일이 통일되는 과정에서 두 가지 방법이 제시되었다. 비스마르크가 추진한 '위로부터의 통일'과 프랑크푸르트 국민회의, 관세동맹을 중심으로 한 '아래로부터의 통일'이 그것이다. 결국 독일은 '위로부터의 통일'을 하게 되었고 그것이 독일의 비극을 낳은 것이라 볼 수 있다. 통일과정에서 강력한 권력이 발생했고 그 권력이 잘못된 지도자—빌헬름 2세—의 손에 들어가자 전쟁으로 돌진하게 된 것이다. 반면 미국의 경우 아래로부터의 요구로 통합을 이루었기 때문에 독일과는 다른 역사를 보여주었다. 강한 권력이 아니라 합의에 의한 국가운영이 정착되었기 때문이다.

하지만 두 나라 모두 외압이 통합의 배경이 되었다는 점에서는 일치한다. 미국은 영국의 압박, 독일은 프랑스 등의 압박에 의해 통합이 추진된 것이다. 독일의 경우 나폴레옹의 침략이 '독일국민에게 고함'이라는 구호에서 알 수 있듯이 상당히 큰 영향을 미친 것이라고 여겨진다. 여기서도 외압과 통합의 중요성이 여실히 증명된다.

사무라이를 특별한 존재가 아니라 역사적 산물에 불과하다는 생각을 받아들인다면 우리는 일본에 대한 잘못된 선입견을 버리고 불필요한 공포심안 적대감에서 벗어날 수 있을 것이다. 민족성이나 문화가 아니라 혼란과 그에 따른 지방의 분열 그것이 무사들을 등장시켰다는 일반적인 역사적 현상이 일본에도 나타났고 섬나라이기에 외압이 적어 그 기간이 길어진 것 뿐 이라는 것이 일본이 사무라이의 나라가 된 이유였다. 그러니 사무라이에 대한 두려움 따위는 그냥 날려버리기 바란다. "사무라이 그거 별거 아니야"라는 타이틀은 그래서 붙었다.

의도적인 것은 아니지만 결과적으로 통합과 외압의 관계에 대한 많은 이야기를 신게 되었음은 뜻하지 않은 성과라고 생각한다. '적대적 의존관계'라는 것도 그 과정에서 공부하게 된 용어이다. 남한과 북한이 그러한 적대적 의존관계로 인해 강력한 권력을 구축해 갔음도 새삼 느끼게 되었다. 권력과 전쟁의 상관관계도 다시 생각해 본 것 역시 유익했다. 이런 내용들도 모두의 인식의 확장에 도움이 되기를 바란다.

# 제3장

# 일본은 왜
# 제국주의 국가가 되었는가?

# 우리가 그들을 미워한 이유는
# 혼자 출세했기 때문이 아니었나?

'숙명의 라이벌' 다른 사람에게는 다 져도 너에게만 질 수 없다는 사람들의 대결을 일컫는 말이다. 세상에는 이런 관계가 생각보다 많다. 그것은 팀일 수도 있고 국가일수도 있다. 미국 메이저리그에서는 우리 선수들이 활약해서 익숙한 팀 로스앤젤레스 다저스 팀과 샌프란시스코 자이언츠가 그런 관계이다. 일본야구에서는 한신타이거즈와 요미우리 자이언츠가 동경과 오사카라는 지역 라이벌 의식과 맞물려 팔십 년간 경쟁을 벌여 왔다. 영국프로축구에서 맨체스터 유나이티드와 멘체스터 시티, 스페인프로축구에서 바르셀로나FC와 레알마드리드도 상대의 패배를 자신의 우승보다 더 원하는 원수지간이라고 알려져 있다.

우리에게 절대적인 라이벌이 있다면 바로 일본이다. 과거 냉전이 치열하게 전개되었을 때는 일본보다 북한이 우리의 주적이었으나 지금은 군사안보분야를 제외하면 단연 일본이 라이벌이다. 물론 일본이 우리를 라이벌 비슷하게 생각한 것은 최근의 일이지만 우리는 일본에게는 허락도 받지 않고(?) 라이벌로 보아 왔다. 세계에서 일본을 무시하는 유일한 나라가 우리나라라고 한 것도 이런 근자감(?)에 의한 라이벌 의식이었다. 사실 이삼십 년 전만 해도 우리와 일본이 라이벌인 분야는 거의 없었는데 말이다. 기껏해야 축구 정도일까?

라이벌이 라이벌이 되는 이유는 다양하다. 한신타이거즈와 요미우리자이언츠의 경우 일본의 오랜 중심지였던 오사카와 신흥중심지인 동경의 지역 라이벌 구도에서 비롯되었다. 오사카와 교토, 코베, 나라 이지역은 일본 역사의 시작과 함께 일본의 중심지였다. 1868년 천황이교토에서 새롭게 이름을 동경이라고 바꾼 도쿄에 이전하며 수도가 바뀌었지만 그래도 한동안은 오사카 지역이 일본의 중심 역할을 하였다. 제2차 세계대전이 끝나고 일본이 대륙보다 미국과 유럽을 중시하면서또 중화학공업중심의 나라가 되면서 중심지가 동경 지역으로 바뀌게되었다. 도쿄를 중심으로 한 중화학공업단지가 발달하였고 반면 경공업 중심인 한신공업지대(코베 · 오사카지역공업단지)는 상대적으로 쇠퇴하였기 때문이다.

반면 같은 지역에서 인기를 다투는 라이벌도 있다. 맨체스터 유나이티드와 맨체스터 시티, 로스앤젤레스 다저스와 샌프란시스코 자이언츠는 원래 뉴욕에 함께 있던 팀이었고 그래서 뉴욕양키즈와 함께 지역 라이벌이었다. 그런데 두 팀이 공교롭게도 캘리포니아에 본거지를, 그것도 거의 인접한 지역으로 옮기는 바람에 더욱 철천지 원수가 되고 말았다. 게다가 리그도 지구도 같다. 서로에게 서로가 눈의 가시 같은 존재가 된 것이다.

이념이나 종교가 라이벌을 만들기도 한다. 과거 냉전시대에 소련과미국은 절대적 숙명의 라이벌이었다. 군사안보분야의 경쟁은 물론이지만 노벨상수상, 올림픽 메달경쟁 등에서 결코 상대에게 질 수 없었다. 소련은 과학적인 방법을 동원해 훌륭한 인재를 발굴해 이런 분야에서미국을 이기기 위해 총력을 다 하였다. 우리가 북한과 과거에 혈투를 벌인 것도 비슷한 이유이다. 게다가 우리와 북한은 같은 민족이기에 민족의 정통성까지 걸고 싸워야 했다. 인도와 파키스탄은 종교적인 문제로 분열되어 지금도 힌두교와 이슬람교의 전쟁을 벌이고 있다.

하지만 라이벌 관계가 영원하지는 않다. 북한과 우리는 군사안보분야를 제외하면 더 이상 라이벌이 아니다. 남북간의 화해무드도 문제지만 일단 국력에서 상대가 되지 않기 때문이다. 한국이 골리앗이라면 북한은 다윗조차 되기 어려울 정도로 둘의 격차는 벌어지고 말았다. 같은 핏줄을 이어받고 언어와 문화도 비슷한 두 나라가 이렇게 달라진게 신기하기까지 하다. 과거 독일은 우리처럼 분단국가였으나 동독은 서독을 라이벌로 생각했지만 서독은 동독을 라이벌로 보지 않았다. 그역시 국력의 차이가 너무 컸기 때문이다. 동독이 서독을 이기는 분야는 기껏해야 스포츠 정도였기 때문이다. 라이벌이란 어느 정도 대등한 힘을 가져야 하는데 격차가 너무 벌어지면 더 이상 라이벌이라 할 수 없게 되는 것이다.

반대로 우리와 일본은 과거보다 오히려 라이벌 관계가 제대로 성립하게 된 비교적 드문 케이스이다. 내가 일본에 유학하던 1990년대 일본은 우리를 라이벌로 생각하지 않았다. 기껏해야 축구 정도(?)인 우리가 그들을 라이벌로 본 것은 일방적인 짝사랑(?)에 불과했다. 하지만 이제 두 나라의 격차가 몰라보게 줄어드니 그들도 우리를 라이벌로 보기 시작한 것 같다. 삼성전자는 과거 일본에서 별 볼일 없는 존재였으나 지금은 존경받는 세계적 기업이 되었다.

우리가 과거에 근자감에 의한 라이벌 관계를 일본에게 강요(?)한 이유는 무엇일까? 물론 그 답은 매우 쉽다. 일본의 한국에 대한 식민지지배를 비롯한 갖가지 침략행위 때문이다. 1954년 스위스월드컵의 아시아 예선에 한국과 일본이 최종전에서 싸우게 되어 한국팀이 일본으로 건너갈 때의 일이다. 당시 이승만 대통령은 "만약 지면 살아서 돌아올 생각 마라. 차라리 현해탄에 몸을 던져 죽어라"고 비장한 지시를 대표팀 선수들에게 했다고 한다. 다행히 우리 팀이 승리하는 바람에 축구 대표팀의 집단자살(?)은 일어나지 않았지만 식민지지배의 여파가 생생히 남아 있던 당시 한국사람들의 일본에 대한 적개심이 이승만 대통령의 입을 통해 전해오는 것 같다. 그러한 적개심은 일본의 뜻과 관계없이 우리로 하여금 일본팀을 에너지로 삼게 한 것이다.

하지만 시간이 지남에 따라 한국의 일방적 라이벌 의식은 다른 이유 때문에 더욱 커졌던 것 같다. 그것은 일본의 경제적 번영이 엄청난 수준에 이르렀고 마침내 세계 제2위의 경제대국이 되는 지경에 이르렀기 때문이 아닐까 싶다. 일본은 오일머니가 아니라 자판마네를 이용하여 세계적으로 그 지위를 높여 갔다. 각종 외교에서 우리는 일본에게 억울하게 당하는 일도 늘어만 갔다. 그런 두 나라의 격차확대가 우리를 더욱 그들에 대한 라이벌 의식을 갖도록 한 것임은 부인하기 어려운 사실이다. "우리를 그토록 괴롭힌 자들이 저렇게 잘 먹고 잘 살다니 뭔가 잘못된 거 아냐? 귀신은 뭐하나, 저 인간들 안 잡아 가고…" 이런 의식을 가질 수 있을 것 같다. 자신을 괴롭힌 원수라도 처지가 딱해지면 적개심이 사라지거나 약해지게 마련인데 일본은 도리어 번영을 누리며 잘 살고 있으니 말이다.

그러면서 우리에게는 '극일'이라는 개념이 자리 잡았던 것 같다. 지금은 별로 언급되지 않는 '극일'이라는 단어는 1980년대에 가장 우리의 마음을 사로잡았던 것 같다. 그것은 그 이전 시대의 '반일'과는 조금 다르다. '반일'이란 일본에 무조건 반대하고 대항한다는 것인데 '극일'이란 일본의 번영을 인정하고 그들에게 배워서라도 그들을 이기자는 생각이었다. 일본의 달라진 위상을 말해 주는 단어였다. 일본 유학생이 1990년대에 급증한 것은 아마 '극일'이라는 개념의 확산과도 무관하지 않을 것이다. "밉지만 배워야 할 상대"로서의 일본이 당시 젊은 학생들의 가슴에 자리 잡고 있었던 것 같다.

'극일'을 위하여 우리는 어떻게 해야 할까? 이를 알기 위해서 일본의 성공비결을 열심히 찾는 것이 선풍적 인기(?)를 끌던 시절이 한때 있었다. 비단 우리만이 아니다. 1980년대에서 1990년대 초는 가히 일본의 시대였다. 심지어 세계 최강국이라는 미국조차 일본의 성공비결을 찾기에 여념이 없던 시절이기도 하다. 갖가지 이유가 쏟아져 나왔고 우리는 그것에 관심을 집중시켰다. 일본 유학도 '지피지기면 백전백승'이라는 마음으로 떠나가기도 했다.

역사를 전공한 나로서는 "일본이 왜 근대화에 성공하여 제국주의 국가가 되었고 우리와 중국은 식민지 또는 반식민지의 위치로 전락하였는가"가 큰 관심사였다. 이것은 나만이 아니라 역사 전공의 학생이나 학자들 그리고 많은 한국인 또는 중국인들의 관심사이기도 하였다. 일본에서조차 같은 동아시아 국가인 세 나라가 이토록 차이를 보였을까 궁금해하는 사람들은 생각보다 많았다.

"뭐긴 뭐야? 우리나라와 중국을 침략해서 피를 빨아 먹었으니 그렇지" 이런 식의 생각도 있었다. 하지만 이 답은 완벽하지 않다. 그렇다면 왜 일본은 피를 빨아 먹는 처지가 되고 우리와 중국은 빨리는 처지가 되었단 말인가? 이런 의문에 대하여 위의 생각은 전혀 답이 되지 않는다. '상대가 강해서 졌다', '그럼 왜 상대가 강한 것인가?' 이런 식이다. 일본이 강했기 때문에 우리와 중국을 앞서갔고 그래서 우리와 중국을 괴롭힌 것이니 왜 그들이 더 강했을까 하는 답을 찾아야 하지 않겠는가?

일본 유학을 떠난 날부터 아니 그 이전부터 나의 머릿속에서 떠나지 않았던 이 문제에 대한 답을 찾기 위해 많은 시간과 노력을 들였다. 물론 정답은 없다. 아니 모른다. 하지만 나름대로 해답을 발견했다고 생각한다. 나는 그 내용을 세미나에서 발표하기도 하고 강의시간에 소개하기도 하였는데 반응은 그리 나쁘지 않았다. 반발하는 사람들도 대개는 내 설명을 듣고 어느 정도 납득해 주었다. 하루아침에 생각한 것이 아니기 때문에 제법 그럴듯하게 들리는 모양이다. 그래서 그 내용을 이곳에서도 소개하고자 한다.

과거에 비하여 이 문제에 대한 답을 원하는 사람들이 줄어들었을 것이다. 더 이상 일본이 '언터쳐블'이 아닌 지금 새삼 과거의 역사에서 답을 찾고자 하는 사람은 그다지 없었을 것이다. "그게 뭐 어쩌라고? 일본은 이제 더 이상 우리에게 무서운 존재가 아닌데"라고 생각하는 사람들이 늘었을 것이기 때문이다.

하지만 내가 이 문제를 다시 제기하는 것은 '극일'보다 '지일' 나아가 '해일(일본 이해)'를 위한 하나의 방법이라고 여기기 때문이다. '일본이 성공했으니 배우자'가 아니라 '일본이라는 나라가 과거에 이런 역사를 가졌구나'라는 의미에서의 이해이다. "배우자"도 아니고 "물리치자"도 아니고 그냥 "알자, 그리고 이해하자"이다. 그래서 어쩌라고? 그건 각자 알아서 할 일이다. 다만 일본이 이웃나라이고 앞으로도 우리에게 중요한 협력자임을 생각하면 일본을 이해하는 것이 절대 필요할 것이다.

과거에 일본이 각광을 받았던 시절 일본의 성공비결에 대한 이야기는 우리들에게 좌절감을 주었다. "일본은 성공하게 되어 있는 나라"라는 인식을 심어 주었기 때문이다. 하지만 지금은 사정이 다르다. 일본은 결코 넘어갈 수 없는 벽이 아닌 것이다. 그런데도 한때 일본이 우리에게 넘사벽이 되었던 것은 일본이 원래 대단한 나라거나 민족이어서가 아니라 그 나름대로의 상황과 이유가 있었기 때문이다. 그것을 알면 그들에게 공포감을 느낄 이유가 없다. 공포감이 줄어들거나 사라지면 그들에 대한 '근거 없는 미움'도 사라질 것이다. 무지하면 편견과 공포심을 갖게 되고—더구나 일본의 전성시대라면—그것이 과대한 적개심으로 변하기 때문이다.

그렇다고 단지 "일본이 운이 좋았을 뿐이다"라고 폄하할 생각은 없다. 예를 들어 일본이 한국전쟁 덕으로 일어났다는 분석이 그렇다. 물론 틀린 말은 아니다. 일본은 그 당시 경제적으로 극심한 불황에 시달렸고 그때 일어난 한국전쟁이 큰 힘이 된 것은 사실이다. 하지만 근본적으로 일본경제의 기반이 튼튼하지 않았다면 한국전쟁의 위력도 그리 크지 않았을 것이다. 기회는 준비한 사람에게만 온다고 하지 않던가? 베트남전쟁의 효과도 일본이 우리보다 컸다. 그 역시 마찬가지 이유로 설명이 가능하다.

반대로 일본은 태어날 때부터 성공의 유전자를 갖고 있다고 할 생각 역시 추호도 없다. 개인적 성공스토리를 읽다 보면 역겨운 생각이 나는데 그것은 마치 자신은 하늘에서 성공을 위해 태어난 존재인 것처럼 이야기할 때가 그렇다. 마이클 샌들 교수는 '정의란 무엇인가'에서 사람들의 능력과 성공조차 환경에서 벗어난 것은 아니라고 하였다. 그러니 자신의 성공을 자신만의 공이라고 우쭐대거나 실패로 인해 좌절할 필요가 없다고 주장한다. 나는 이 말에 전적으로 동감한다. 일본이라는 나라의 성공도 그렇게 보고 싶다. 실력과 운이 중요하지만 그것조차 자신들의 마음대로 조정할 수 있는 것은 아니라는 점 말이다.

　일본이 먼저 근대화에 성공했다는 사실이 무조건 긍정적인 평가를 받을 수 있는 것도 아니다. 그 성공이 일본을 제국주의 국가로 만들어 결국 아시아 나아가 세계 사람들에게 비극을 가져온 것 또한 사실이기 때문이다. '일본성공담'을 늘어놓아서는 안 되는 이유가 거기에 있다. 그냥 일본을 이해하는 하나의 틀로 또는 길로서 일본의 근대화 성공의 이유와 과정을 분석하려고 하는 것뿐임을 알아주기 바란다.

# 보신전쟁과 갑신정변, 그 성공과 패배의 갈림길

1884년 어느 초겨울 밤 사람들이 모여 축하파티를 즐기고 있었다. 그들은 새롭게 오픈한 어느 공공기관의 개관을 축하하고 있었다. 이름하여 '우정국'. 외국인들도 다수 참가한 이 파티에서 초조한 마음으로 신호를 기다리는 젊은이들이 있었다. 계획대로 신호가 오르지 않자 자신들의 거사가 발각된 것은 아닐까 걱정했지만 결국 일은 시작되었다. 불길이 오르자 그들은 행동에 들어갔다. 그들이 적대시하는 무리들을 처치하고 국왕과 왕비를 자신들의 수중에 넣었다. 그리고 자신들의 국가개혁안과 그것을 수행할 새로운 적임자들의 명단을 발표하였다.

역사는 이를 '갑신정변'이라고 한다. 젊은 혁신관료들을 중심으로 한 이른바 '급진 개화파'가 일으킨 이 사건은 제국주의시대를 헤쳐나아가야 하는 조선이 새로운 근대국가로 거듭나게 하고자 하는 그들의 열망이 일으킨 일대 사건이었다. 하지만 알다시피 실패로 끝나고 말았다. 지원을 약속한 일본군의 배신과 청나라 군대의 개입으로 이른바 '삼일천하'로 끝나고 만 것이다. 주체세력들은 피살되거나 일본으로 망명하는 신세가 되었고 우리나라의 앞날은 어두움으로 덮이게 되었다. 봉건국가 조선의 근대국가에로의 변신은 그렇게 좌절되고 식민지로의 길이 펼쳐진 것이다.

1868년 어느 봄날 두 명의 남자가 조용히 이야기를 나누고 있었다. 둘은 구면이었지만 화제의 중요성으로 인해 긴장감이 흘렀다. 하지만 둘은 서로를 무척이나 존경하고 있었기에 이렇다할 충돌은 없었다. 결국 두 사람은 원만하게 합의를 보았고 그 덕분에 큰 싸움을 막을 수 있었다. 삼백 년 가까이 일본을 지배하던 거대권력 에도막부의 본거지 에도성이 그렇게 해서 문을 열고 새로운 세력들을 맞이하게 되었다.

그로부터 일 년 남짓한 시간이 흘렀을 때 일본의 새로운 시대가 본격적으로 시작되었다. 오랫동안 일본을 지배하던 사무라이들의 시대가 끝나고 천황을 중심으로 하는 새로운 정부가 출범한 것이다. 그들은 일본을 봉건국가에서 근대국가로의 변신을 이루었고 그 결과 일본은 제국주의 국가로 발전하게 되었다. 이러한 변신을 이룬 일련의 과정을 우리는 '메이지유신'이라고 부른다. 천황의 연호인 '메이지(明治)'를 본딴 이름이다. 메이지유신은 기간과 내용은 의견에 따라 다르나 1878년에서 1890년의 사이에 일어난 개혁을 의미하는 것이 일반적이다.

'갑신정변'과 '보신전쟁' 두 사건은 한국과 일본을 새로운 나라로 바꾸려는 첫 번째 걸음이었다. 이에 비견할 사건이 중국에서는 '변법자강운동'이라는 이름으로 1898년 일어났다. 이 역시 낡은 중국을 새로운 중국으로 바꾸기 위한 개혁운동이었지만 실패하고 말았다. 결과적으로 한중일의 근대국가로의 체제개혁은 일본에서만 성공을 거두었고 한국과 중국은 뒷날을 기약해야 했다. 이것이 한중일 삼개국의 근대사를 결정했음은 말할 것도 없다.

우리는 이 세 가지 근대화운동의 성패의 원인에 주목해야 한다. 왜 보신전쟁은 개혁파의 승리로 끝났고 변법자강운동과 갑신정변은 패배하였을까? 물론 이유는 한두 가지가 아닐 것이다. 한국의 '갑신정변'이 실패한 원인 중 하나로 외세에의 의존을 들고 있다. 일본군의 지원을 기대했지만 그들이 배신했고 그것은 애초부터 외세에 자신들의 운명을 맡긴 그들의 판단착오라고 비난한다. 맞는 말이다. 또 성급한 개혁에의 열망이 문제라고도 하고 낡은 정변방식이 문제라고도 한다. 모두 맞는 말이라고 생각한다.

하지만 이러한 지적들은 한 가지 사실을 망각한 판단이다. '그들이 왜 그러한 방식을 취할 수밖에 없었는가'라는 기본적 전제를 생각하지 않고 있다고 할 수 있다. 갑신정변을 주도한 김옥균 등의 인물들이 친일파이기 때문에 일본에 의지했다는 식의 설명은 대단히 위험한 주장이다. 그것을 빌미로 갑신정변 자체의 가치를 폄하하고 나아가 그들의 일부가 중심이 된 독립협회운동조차 친일파들의 운동이라고 폄하하는 것은 우리 민족의 주체적 개혁역량을 지나치게 무시하는 것은 아닐지 모르겠다. 갑신정변과 독립협회의 주체세력 중에 훗날 진짜 친일파가 되어 버린 인물들이 있다고 해서 그렇게 평가하는 것은 그다지 바람직하게 보이지 않는다.

그렇다면 무엇이란 말인가? 개화파 또는 변법자강운동파에게는 자신들의 개혁을 뒷받침할 권력과 무력이 없었다는 것이다. 그와 대조적으로 메이지유신을 추진한 세력들은 그러한 힘을 소유하고 있었다. "힘없는 정의는 무의미하다"는 말에 완전히 동의할 수는 없지만 힘의 유무는 결과의 성패에 큰 영향을 미치게 마련이다.

거대한 개혁은 권력을 가지고 있는 세력이 스스로 하기 어려운 과제이다. 세계역사에서 무너져가는 국가가 권력층의 자체적인 개혁으로 부활한 예를 찾기란 거의 불가능하다. 잠시의 연명은 몰라도 영구적인 부활은 불가능하다. 권력을 잡고 그 이익을 향수하는 사람들은 그것을 놓기가 쉽지 않다. 체제의 부활보다는 자신들의 이익이 우선이기 때문이다. 개혁은 기존의 이익을 포기하도록 강요한다. 전부는 아니더라도 상당한 부분을. 그러기에 기득권자들의 개혁은 실패하게 되어 있다.

개혁군주 정조의 예를 보라. 지배세력 노론벽파의 부패를 혁파하여 조선을 바르게 세우려고 했지만 끝내 실패하고 말았다. 절대군주인 왕의 노력도 이렇게 지배계급 전체의 저항에 부딪히면 무기력할 수밖에 없다. 그의 아버지 사도세자는 결국 노론에 의해 죽임을 당한 꼴이 되지 않았던가? 자신들이 원하는 왕을 고르는 이른바 '택군'의 경지에 오른 노론을 중심으로 한 기득권 세력의 힘은 막강했고 그들에게 개혁의지란 절대 있을 수 없었던 것이다. 국가와 민중의 번영보다 썩어 문드러진 나라일지라도 자신들의 이익을 보장해 주는 조선이 훨씬 그들에게는 바람직한 것이기 때문이다.

지금 대한민국은 혼란의 늪에 빠졌다. 그런데 어쩌면 이런 혼란에 마음을 놓고 있을 사람이 한 명 있다. 누가 그런 못된 생각을 하느냐고? 이건 어디까지나 추측이지만 이명박 전 대통령이다. 그는 왜 이런 혼란을 즐기고 있을까? 아마도 자신의 집권기간의 문제가 이로서 덮어질 것이라는 생각이 들기 때문이다.

이명박근혜정권 십 년은 대한민국의 재앙이었지만 박근혜정권이 탄핵으로 마무리되는 바람에 상대적으로 이명박정권이 그래도 나아 보이는 것 같다. 하지만 이명박정권 말기는 달랐다. 그래서 박근혜는 이렇게 외쳤다. 나는 그와 다르다고. 맞다. 달랐다. 하지만 그것은 매우 불행한 의미의 다름이었다. 더 악화시켰으니 말이다. 박근혜는 다르게 나라를 이끌겠다고 했지만 결국 같은 집권세력이 그렇게 다르게 움직일 수 있겠는가? 진짜로 바꾸려면 정권 자체를 뒤엎는 수밖에 없다. 한 사람의 인간이나 하나의 정권이나 그렇게 쉽게 바뀌지는 못하니까 말이다.

'갑신정변'이나 '변법자강운동'이나 결국 기득권세력의 반격으로 실패하였고 '보신전쟁'은 반대였다. 무력과 힘의 존재가 승패를 좌우한 것이다. 그렇다면 왜 어느 쪽은 그럴 만한 힘을 가지고 있었고 다른 쪽은 그렇지 못했을까? 김옥균을 매국노라고 만든 일본과의 결탁은 왜 일어났는가? 김옥균이 일본의 개화사상가 후쿠자와 유키치와 친분이 두터워서일까? 하지만 김옥균이 그런 개인적인 이유로 외국 군대를 끌어들일 정도로 어리석었을 리는 없다. 그가 매국노가 아니었다면 그는 그렇게 해서라도 기득권 세력을 몰아낼 힘을 원했기 때문에 부득불 일본이라는 믿기 어려운 외세를 의지했던 것이다.

일본은 아마 친일정권을 수립하고자 개화파와의 협력을 시도했을 것이다. 하지만 이 당시의 일본은 청나라와의 전면전을 치를 만큼의 무력을 가지고 있지 않았다. 또 열강의 태도도 불확실한 상황이다. 설령 피를 흘려서 친일정권을 세워도 자신들이 그 정권을 통해 조선을 지배할 가능성도 매우 낮다. 이래저래 생각해도 청나라군의 개입에 맞서기 보다는 도망가는 것을 택하는 편이 낫다고 여겼을 것이다. 한 나라의 운명을 외세에 맡기는 것이 얼마나 위험한 것인지를 일본의 변절은 보여 준 셈이다.

결론은 이렇다. 개혁세력이 수구세력을 무너뜨릴 힘의 소유 여부가 개혁의 성패를 좌우했다. 그리고 개혁의 성패가 근대화의 성패를 좌우했고 그것이 삼국의 근대사를 결정지은 것이다. 그렇다면 왜 한국과 중국의 개혁세력들은 힘을 가질 수 없었던 것일까? 이것이 삼국의 운명을 결정하는 가장 중요한 포인트였다고 하겠다.

# 권력의 집중과 분산, 어느 쪽이 좋을까?

'제왕적 대통령' 대통령탄핵을 계기로 다시 한 번 우리나라 대통령의 막강한 권력이 도마 위에 올라갔다. 권력의 지나친 집중이 부패와 무능을 낳을 수 있음을 우리는 이번 탄핵 사태로 인해 확인할 수 있었다. 박근혜 전대통령은 무능과 독선의 종합선물세트였다. 무능하거나 독선적이기만 해도 문제인데 두 가지를 겸하였기에 문제가 더 커진 것이다. 무능해도 겸손해서 남에게 의견을 구했다면 훨씬 나았을 것이다.

그녀가 유능한 점은 하나이다. 자신에게 반기를 드는 세력을 내치는 것에 관해서는 상당히 유능했다. 여당의 원내대표를 찍어내려 배신자로 만든 일은 대단한 전과가 아닌가 싶다. 하지만 이런 유능은 없느니만 못할 것 같다. 그런 것에 무능했다면 최소한 오늘날의 사태에는 이르지 않았을 것 같다.

조선왕조는 오백 년, 도쿠가와의 막부는 삼백 년, 중국의 청나라 역시 이백오십 년 정도의 세월을 거치면서 무능하고 부패했으며 게다가 독선적이었다. 하지만 그들은 이렇다 할 위기감을 느끼지 않았다. 각각 나름대로의 개혁 코스프레를 하긴 했지만 번번이 실패하였다. 개혁 군주 정조와 그의 할아버지 영조의 탕평책은 노론의 끈질긴 저항으로 무산되었다. 도쿠가와막부의 갖가지 개혁은 소기의 성과를 거둘 수 없었다. 청나라는 건국의 정신을 망각한지 오래이다. 군대의 핵심인 팔기(八旗)군은 만주벌판을 누비던 기상을 잃고 약화되었다. 스스로의 개혁은 사실상 불가능한 상태였다.

하지만 그렇다고 해서 세 나라의 상황이 동일하지는 않았다. 중국과 조선의 권력은 중앙에 집중되어 있었지만 일본은 달랐다. 사무라이 지배를 가져온 것이 외압의 부재에 따른 혼란과 중앙권력의 약화, 이에 따른 분열이라고 했음을 기억하라. 도쿠가와막부시대에는 오랫동안 전쟁이 없고 중앙의 권력이 비교적 잘 정비되어 혼란이 최소화되었기는 하지만 적어도 중국이나 조선처럼 전국을 하나의 권력이 지배하는 상황은 아니었다. 삼백여 개의 독립적 국가를 묶어 놓은 연합체가 일본이었다.

게다가 한 가지 주목해야 할 조건은 바로 천황의 존재이다. 천황은 12세기 이후 힘을 잃기 시작하여 15세기부터 거의 유명무실한 존재가 되었다. 사백 년 간 교토의 궁전에 틀어박혀 글공부나 서예 등으로 소일하며 지내던 그들이지만 사무라이들에게 없는 권위가 있었다. 천황의 존재는 그 자체로 권력의 권위를 높여주었기 때문에 비록 이름뿐일지라도 막부의 쇼군들은 그에게 임명장을 받고자 한 것이다.

이러한 사실은 권력의 정점이 쇼군이 아니라 천황임을 말해준다. 평화 시라면 문제가 없으나 세상이 혼란에 빠지면 천황의 권위를 누가 차지하느냐에 따라 최고 권력이 바뀔 수 있다는 것이다. 이는 황제나 왕이 권위와 권력을 독점하는 중국이나 조선과 완전히 다른 점이다. 중국이나 조선은 왕이나 황제를 완전히 배제하지 않으면 정권의 이동이 불가하다. 하지만 일본은 천황을 그대로 두고 권위라는 점에서 치명적인 약점을 가지고 있는 쇼군을 몰아내는 것으로 최고 권력의 이동이 가능하다. 쇼군은 아무리 권력이 막강해도 천황의 신하이니 복잡한 절차나 명분 없이 몰아낼 수 있다. 마치 안동김씨의 세도가 흥선대원군의 말 한마디로 대단원의 막을 내린 것처럼 말이다.

종합해 생각해 보면 일본은 권력이 분산되어 있는 것이고 중국과 조선은 권력이 집중되어 있다 할 수 있다. 삼백여 개의 독립국의 연합체인 일본을 이끄는—사실 이끈다고 하기보다는 통제한다고 봐야 하지만—일본의 막부의 힘이란 중국과 조선의 일원화된 권력구조하의 황제나 왕의 그것에 훨씬 못 미칠 수밖에 없다. 삼백여 개의 독립국에는 싸움을 전문으로 하는 사무라이들이 수없이 포진해 있다. 그들은 명령만 내리면 전투태세에 돌입할 능력을 가진 군인들이다.

서양열강이 그들에게 무력시위를 벌이며 다가왔을 때 각국의 기득권세력들의 고민은 오직 하나였다. 그것은 더 강한 나라를 만들어 나를 지킬 것인가가 아니라—물론 그럴 수 있다면 나을 것이지만—자신들의 권리를 잘 지켜 무사히 이 난국을 헤쳐 나갈 것인가였다. 그것을 위해서 나라의 일부를 넘겨 주는 것쯤은 예사로 할 수 있었다.

조선 말기 고종과 명성황후의 행태를 보면 그것을 쉽게 이해할 것이다. 아관파천으로 러시아공사관에 간 고종은 엄청난 이권을 외국인의 손에 넘기며 자신의 안위와 권력의 유지만을 염려했다. 독립협회와 만민공동회를 탄압한 이유는 하나, 자신의 전제군주권의 훼손을 우려했기 때문이다. 나중에 을사늑약을 거부하면서 고종이 "백성에게 물어봐야 한다"고 하자 이토히로부미는 "귀국은 전제 군주제국가인데 어찌 백성에게 물어 보신다고 하십니까? 이는 외신과 대일본제국을 기만하시려는 것이 아닙니까?"며 다그쳤다고 한다. 그때서야 고종은 독립협회와 만민공동회의 의회개설운동을 떠올렸으나 이미 아무 소용이 없었다.

명성황후는 고종을 등에 업고 외세를 의존하여 일족의 영화를 지키는 데 급급한 인물이다. 동학농민군의 개혁 요구에 청나라군대를 불러들이는 것으로 화답하였다. 그뿐인가? 임오군란, 갑신정변 등 기회만 있으면 청나라군대를 끌어들여 이 나라를 유린하게 하였다. "내가 조선의 국모다"라고 하는 선언은 실제로 했을지 의문이지만 그랬다고 해도 그녀의 조선은 자신과 민씨 일족의 영화를 보장해 주는 조선이었음에 틀림없다.

조선은 원래 신권과 왕권이 조화를 이루던 나라였고 권력이 군주제국가치고는 분산되어 있었다. 왕은 전제군주로서의 성격보다는 여론을 수렴하고 신하의 조언을 따라 나라를 이끄는 지도자였다 할 수 있다. 상소제도의 경우 아무런 권력도 없는 사람조차—양반이라는 계급에 한하기는 해도—왕에게 직접 의견을 펼 수 있는 권리를 준 세계역사에 유례를 찾기 어려운 권력분산의 방법이었다. 조선은 이러한 제도들에 바탕을 두었기에 한때 번영할 수 있었다.

하지만 조선후기에 접어들어 일당독재의 분위기가 만들어졌다. 각종 사화와 당쟁을 거쳐 권력은 특정한 당파에 의해 독점되기 시작한 것이다. 최후의 승자는 노론 그중에서도 벽파였다. 그들은 영조의 아들 사도세자를 죽음에 몰아넣고 정조의 개혁을 철저히 방해하였다. 더구나 정조를 독살하여 개혁을 종결시켰다는 의심도 받고 있을 정도로 그들의 권력카르텔은 막강하였다.

이러한 권력의 독점은 세도정치로 극에 달했다. 이젠 당파가 아니라 한 가문이 권력을 독점하게 된 것이다. 안동김씨 육십 년 세도가 그렇게 해서 나타났다. 그런 가운데 고종을 등에 업은 민씨 세력의 권력독점은 국가권력을 사익을 위한 도구로 전락시킨 것이다. 민씨 일파의 거두 민영익은 미국에 가서 선진문물을 접했을 때 이를 본받고자 결심하는 대신에 "어떻게 하면 이런 사회가 되지 않게 막을 수 있을까" 걱정하기 시작하였다고 한다.

무능하고 부패하기로 치면 중국의 청나라도 둘째가라면 서러울 정도였다. 변법자강운동을 추진한 세력을 몰아낸 무술정변은 당시의 실권자 서태후와 그의 일파였다. 공교롭게도 청나라와 조선은 이 중대한 시기에 외척들이 권력을 좌지우지 하고 있었다. 서태후는 변법자강운동이 그녀의 권력에 큰 흠집을 내는 것을 알고 단호히(?) 중단시키고 말았다. 심지어 황제인 광서제를 유폐시키고 자신이 나라를 진두지휘하는 용기를 발휘하기도 하였다.

광서제는 서태후가 죽기 얼마 전에 죽었는데 이는 서태후가 자신의 죽음을 알고 살해하였다는 의구심이 든다. 자신이 깊은 병으로 권력을 휘두를 수 없을 때 광서제가 복권할 것을 우려한 모양이다. 그것이 결국 나이 어린 선통제의 즉위를 가져왔고 그를 이른바 '마지막 황제'로 만들어 버린 것이다. 청나라를 문 닫게 한 사람, 그녀의 이름은 서태후였던 것이다.

서태후는 청나라의 부강을 위해 사용해야 할 국가재정을 자신의 사치와 낭비에 쏟아 부은 인물이었다. 마치 프랑스 혁명당시의 마리 앙뜨와네트처럼. 1900년 의화단의 저항이 발생하였을 때 대책 없이 그들을 선동한 것도 서태후였다. 청나라라는 거대한 나라가 한 여성의 낭비벽과 변덕에 의해 무너져 간 셈이다. 하지만 그녀를 내몰 세력이 청나라에는 없었다. 대체할 권력이 청나라에는 없었기 때문이다.

그렇다고 해서 일본의 막부권력이 유능하거나 건전하였다고 오해해서는 안 될 것이다. 막부가 나가사키를 통해 서양문물을 좀 더 적극적으로 받아들였고 난학을 배워 좀 더 근대화에 적극적이었다고 해서 일본이 중국이나 조선에 비해 미래가 밝아진 것은 아니었다. 막부의 마지막 쇼군 도쿠가와 요시노부는 이권을 프랑스에 넘겨서라도 막부의 권력을 유지하고자 몸부림 친 인물이다. 프랑스는 막부를 등에 업고 일본에서의 우위를 차지하고자 그를 도왔고 요시노부는 자신의 권력을 위해 매국행위를 한 것이다. 전형적인 매판권력이 아닌가?

일본의 부강을 위해서는 개방이 필요했으나 막부는 그것을 저지하고자 혈안이 되었다. 이유는 간단하다. 막부가 독점적으로 외국무역을 하여 이익을 독점하고 아울러 독립적 세력들이 더 강해지는 것을 막을 방법이기 때문이다. 무역은 부강을 가져온다. 하지만 막부 이외의 세력이 부강해지는 것은 일본의 국익을 위하는 것이기는 해도 막부에게는 큰 위협이 되는 것이다. 지금의 북한과 유사하다. 북한이 개방을 하면 국가 자체는 발전하나 김씨일가 및 그의 세력에게는 매우 불리하니 제대로 된 개방을 할 수 없다. 인민 전체의 삶보다 권력이 더 중요하기 때문이다. 막부는 그런 존재였다.

하지만 일본 전체에는 다양한 권력이 존재했다. 삼백 개의 독립국가들 중에는 밀무역을 통해서라도 부국강병을 이루고자 한 자들도 있었다. 자국의 제도와 체제를 개혁하여 질적으로 무척이나 건실하고 강한 국가도 다수 출현하였다. 그들은 무력에서도 막부가 이기기 어려울 정도로 강성해졌다. 막부가 벌인 그들에 대한 응징은 종종 실패로 끝나고 말았을 정도이다. 게다가 그들은 삼백여 개의 독립국 가운데에서 국제적 질서와 외교를 배울 기회를 가졌다. 그것이 상대가 서양열강이라고 해서 다를 게 없다. 다만 영어가 필요하다는 것 말고는.

만일 여당이 박근혜 전 대통령에 대하여 견제를 제대로 하였다면 탄핵사태를 피할 수 있었을지 모르겠다. 하지만 그런 일은 일어나지 않았다. 원내 대표가 대통령의 거부권 행사에 머리를 숙이며 사죄를 한 것은 그러한 견제 가능성이 없음을 보여 줬다. 여당국회의원을 자신의 수하로 쓰는 박근혜 대통령의 권력은 실로 거칠 데가 없었다.

이는 고종에게도 서태후에게도 마찬가지였다. 개혁파의 무력함은 이러한 권력집중과 그 권력의 무능함과 독선 부패함에 의한 것이다. 병자호란의 치욕을 씻고자 했던 임경업 장군이 청나라의 포로가 되었을 때의 일이다. 그는 이렇게 외쳤다. '내가 거느린 군대가 조선의 군대였다면 너희가 여기에 있을 것이다' 그는 명나라 군을 지휘하다 계략에 걸려 포로가 되었다. 청나라는 그의 능력을 두려워해 병자호란 때도 그를 피하여 돌아갔을 정도였다. 하지만 그에게는 지휘할 조선군이 없었다. 참으로 아쉬운 일이 아닐 수 없다. 그로부터 이백오십 년 정도 지났을 때 김옥균은 자신이 거느릴 조선병사가 없음을 한탄했을지 모른다. 변법자강파도 서태후에게 쫓겨가며 그런 마음이 아니었을까? 권력의 집중이 낳은 비극이었다.

하지만 일본은 달랐다. 기득권수호에 급급한 막부를 이른바 '웅번'이라고 불린 세력은 용서하지 않았다. 그들은 부국강병으로 강해진 국력을 바탕으로 막부와의 일전을 불사하였다. 그러한 그들에게 권위를 실어준 것이 천황이다. '존황양이'를 내세워 천황의 권위를 훔친 그들은 막부의 권력에 도전할 명분을 가질 수 있었다. 명분을 가진 것은 대단한 힘이다. 자기파를 모을 수 있기 때문이다.

과거에도 천황은 자신에게 도전하는 세력을 그렇게 물리치려고 하였다. 천황에게 '역적'으로 몰리면 엄청난 적들과의 싸움을 각오해야 하는데 대부분은 몰락의 길을 가게 되었다. 카마쿠라 막부를 무너뜨린 고다이고 천황은 그러한 방식으로 토막세력을 불러 모아 뜻을 이루었다. 메이지천황도 그런 역할을 해내고 말았던 것이다. 비록 자신의 진심은 아니었고 심지어 아버지 고메이천황이 살해되는 일마저 있었지만.

'보신전쟁'에서 기득권세력인 막부를 무너뜨린 힘은 이러한 역사적 배경에 의해 발생한 것이다. 분권의 위력이 한껏 발휘되었다. 미국이 대통령이라는 지위를 만든 것은 의회를 견제하고자 했기 때문이라고 한다. 분권국가 미국의 최고 권력기관인 의회가 다수당에 의해 지배되어 버리는 것을 우려해서이다. 하지만 오늘날은 서로가 서로를 견제한다. 그것 때문에 괴짜 트럼프는 자신의 괴력(?)을 제대로 발휘하지 못하고 있다. 참으로 분권과 견제의 가치가 새삼 느껴지는 것 같다.

# 경직된 사고와 유연한 사고의 차이가 낳은 엄청난 결과의 차이

일본이 태평양전쟁에 돌입하였을 무렵 그들은 서양의 문화와 습관 사상에 대하여 너무나 비판적인 태도를 취하였다. 서양의 개인주의와 자유주의에 대하여 전체를 돌아보지 않는 이기주의나 방임주의라는 이름으로 매도를 서슴지 않았고 그와 대조적으로 일본의 전통적 집단주의에 대한 찬양이 넘쳐나게 되었다. '귀축영미(동물이나 악귀 같은 영국과 미국)'이라는 구호는 서양문화에 대한 당시 일본의 판단을 한 마디로 대변하는 것이었다.

하지만 이것은 명백한 자기모순이었다. 일본은 메이지유신의 과정에서 서양의 것이라면 뭐든지 모방하려고 몸부림쳤기 때문이다. 로쿠메이칸이라는 댄스 파티장을 열어 서양의 댄스를 춤으로써 자신이 서양문화를 얼마나 잘 받아들이는지를 내외에 과시하기까지 하였다. 일본어를 폐지하고 영어를 국어로 삼자는 의견도 나왔고 서양인과의 혼혈로 민족을 개조하자는 극단적인 생각도 제기되었다.

기독교의 수용은 서양의 정신문화에 대한 동경에서 비롯되었다. 서양열강이 모두 기독교국가임을 안 일본사람들은 기독교를 서양의 문명의 일부라고 여기고 이를 적극 수용하고자 하였다. 물론 민중은 기독교보다는 친숙한 불교나 신도에 더 신앙심을 느꼈지만 상류엘리트층에게 기독교의 신에게 경배를 하는 것이 보다 서양적으로 보이기 때문에 제법 전파되었다. 하지만 그들에게 진실한 믿음이 급작스럽게 자라날 길은 없었다. 일본의 기독교는 결국 제국주의침략의 선봉이 되어 버리는데 이는 기독교가 본질과 달리 문명개화의 수단으로 여겨졌기 때문에 일어난 비극이었다.

과거 대륙문화의 수용에 열광적이었던 일본사람들이 방향을 바꾸어 서양의 문화를 적극 수용했다는 사실은 그리 놀라운 일이 아니다. 헌법은 독일, 상법은 영국, 민법은 프랑스 이렇게 각국의 제도의 수용에도 주저하지 않았다. 문학과 사상, 철학, 음악 등에 각 분야에서 서양문화는 일본 문화 안에 자연스럽게 확산되었다.

이러한 메이지이후의 전통을 송두리째 부정한 것은 아마도 전쟁의 명분을 만들기 위한 고육지책이었을 것이다. '대동아공영권'이라는 '상상의 공동체'를 만들어내기 위하여 일본은 서양문화에 대한 공격을 가하게 된 것이다. '탈아입구(아시아를 벗어나 서양의 무리에 들어가는 것)'의 사상이 탈구입아(서양에서 벗어나 아시아의 무리에 들어가는 것)로 돌아선 것은 아시아인들의 서양열강에 대한 피해의식을 교묘히 이용한 것이 아닐 수 없다. 근대에 들어와 서양열강이 남긴 인종 또는 문화차별적인 차별은 인종적인 또는 문화적인 동질감을 가진 사람들에게 알게 모르게 서양열강에 대한 반감을 품게 하였기 때문에 일본의 이러한 심리전은 최초에는 어느 정도 받아들여질 수 있었다. 나중에 침략자의 얼굴이 드러나기 전까지.

하지만 일본이 보여준 민첩하고 폭넓은 서양문물 수용을 중국이나 조선이 보여주지는 않았다. 서양의 앞선 문물을 수용하고자 했던 중국의 양무운동은 너무나 느리게 진행되었기 때문에 청일전쟁에서의 패배를 통해 문제점을 폭로하고 말았다. 조선의 경우 급진적 개화를 위한 '갑신정변'이 실패하고 나서 여러 가지 개화운동이 있었지만 근본적인 변화를 일으키기에는 역부족이었고 그 결과는 1910년에 일어난 일본의 강점이었다.

이러한 차이는 어디서부터 비롯되었을까? 그것은 서양열강과의 본격적인 만남이 있기 전 각국이 어떤 사회였는가를 반영한다고 하겠다. 다양한 사상과 가치관을 허용하는 사회인지 아니면 획일적인 생각만을 강요하는 사회인가 하는 문제이다. 어느 쪽이 외부의 사상과 문화 등을 적극적으로 받아들일지는 의문의 여지가 없을 것이다.

가장 경직된 조선사회를 살펴보자. 조선 후기에 일어난 '예송논쟁'은 조선사회의 경직성을 잘 말해 주는 사례라 할 것이다. 효종이 승하하였을 때 그의 의붓어머니가 상복을 얼마나 입어야 하는가가 발단이었다. 부모가 자식의 상복을 입는 기준은 적장자이냐 아니냐에 달려 있다. 적장자는 삼 년을 입어야 하고 그렇지 않을 경우에는 일 년이면 되었다.

문제는 효종을 적장자로 보느냐이다. 효종은 인조의 차남이지만 장남인 소현세자의 의문의 죽음으로 왕위를 계승하게 되었다. 그런데 소현세자에게는 아들이 있어 세손의 지위를 가지고 있었다. 원래대로라면 세손이 왕위를 이어야 한다. 그러나 인조는 이를 무시하고 차남인 봉림대군을 세자로 삼아 왕위를 잇게 하였기 때문에 문제가 복잡해진 것이다. 왕위를 이었으니 장자대접을 해야 한다는 주장(남인)과 예외를 둘 수 없다는 주장(서인)이 팽팽하게 맞섰고 이는 대를 이어 재현되었다.

오늘날의 우리 입장에서 보면 그것이 뭐 그리 대수인가 하는 생각이 들 것이다. 하지만 이 문제로 사람이 죽거나 유배되고 또는 파직되어 버렸다. 성리학을 국가의 이념으로 삼고 있는 조선시대이기에 일어난 일이다. 사상이나 종교가 권력과 하나가 될 때 사상탄압은 불가피하다. 중세 유럽의 기독교를 떠올리면 이해가 될 것이다. 종교재판, 마녀사냥, 종교전쟁 등이 일어난 유럽과 비교해도 손색이 없을 정도로 경직된 사회가 바로 조선이었다.

'사문난적'이란 용어도 그렇게 해서 태어났다. 기독교의 이단사설에 해당되는 것인데 주자의 해석에 이의를 제기하거나 다른 해석—같은 유교에서도 다른 견해를 가진 사람들의 의견 예를 들면 양명학의 육상산 등—을 따르는 경우 '사문난적'의 죄로 때론 사형을 각오해야 했다. 유교를, 그것도 성리학이라는 일파를 함께 따른다고 해도 자구의 해석 하나로 이단시되어 탄압을 받는 분위기였으니 다른 사상이야 말 할 여지조차 없었다.

이러한 사상적 경직성을 보다 결정적으로 해 준 것이 과거제도이다. 사형이나 유배, 파직 같은 것이 눈에 보이는 사상탄압이라면 과거제도는 이단에의 접근을 원천적으로 봉쇄하는 것이었다. 모범답안을 외워 응시하도록 만드는 과거제도는 독서를 자유로운 사고를 위한 작업이 아니라 기계적 해석의 암기 과정으로 만들었다. 오늘날의 입시공부를 생각하면 그다지 틀리지 않을 것이다. 생각 대신 주어진 정답을 외우는 것, 그것이 과거시험공부이다.

"오늘날 사람들은 책은 존중하지만 그 정신을 잃었다. 깊이 생각하면 잘못이라 하고 의문을 제기하면 주제넘다 하며 부연설명하면 쓸데없는 짓이라 한다. (중략) 옛 주석만을 그대로 지키는 것은 마음으로 체득하는 것이 아님을 알 수 있다."

조선후기 실학자 성호 이익은 이런 말로 당시 사람들의 독서에 대한 자세를 비판했다. 정답의 기계적 학습과 암기, 바로 그것이 과거를 통한 사상의 통제가 된 것이다.

조선의 엘리트들 모두가 이러한 자세로 학습에 매달렸으니 조선이 사상적으로 경직된 나라가 되지 않을 방법이 없었다. 단발령이 내려졌을 때 "머리는 잘라도 머리칼은 자를 수 없다"고 한 거부선언은 "신체발부(身體髮膚)는 수지부모(受之父母)라 불감훼손(不敢毀損)이 효지시야(孝之始也)라(신체와 머리칼 피부는 부모님이 주신 것이니 감히 훼손하지 않는 것이 효의 시작이다)"라는 효경의 경전을 글자 그대로 수용한 결과이다. 마치 여호와의 증인이 수혈을 거부하는 것이 "피를 먹어선 안 된다"는 성경구절을 기계적으로 받아들였기 때문인 것과 같다. 여호와의 증인은 기독교 중에서 가장 근본주의적이다. 조선의 사상 역시 그렇게 철두철미하고 배타적인 근본주의이었다.

중국은 이보다는 덜 경직되었지만 과거제도를 통한 사상의 통제는 마찬가지였다. 영어조기교육을 내가 반대하는 이유 중 하나는 그것이 영어권문화에 대한 종속을 가져올 수 있기 때문이다. 과거제도를 위한 조기교육은 사고를 거부하고 창의력의 결핍을 초래하기 마련이다. 중국에서 사문난적이나 예송논쟁은 없었을지 모르나 그들도 과거시험 준비로 다른 사상을 받아들이기 어려운 사회를 만들었을 것은 명약관화하다.

중국의 과거시험장을 재현한 그림을 본 적이 있다. 한 평 남짓한 폐쇄된 공간에서 수험생들은 답안을 작성해야 한다. 마치 다른 것을 완전히 배제하고 오로지 정해진 틀 안에서만 생각하고 답안을 쓰는 일에 집중하도록 강요당하는 환경 속에서 그들은 어떤 마음으로 답안작성에 매진했을까? "쓸데없는 생각 말고 국가가 원하는 답을 잘 써라. 그 길만이 너의 출세를 보장하는 지름길이다."라는 소리가 그들의 귀에 울리지 않았을까?

일본은 이들과는 상당히 다르다. 우선 일본에는 과거제도에 해당되는 제도가 없다. 간단한 시험을 통한 인재등용이 전혀 없었던 것은 아니지만 그것이 어려서부터 시험 준비에 몰두하게 만들 정도는 아니었다. 역사 이래 일본에서 지위를 보장하는 것은 신분이 아니면 무력이었다. 평화 시에는 신분 혼란기에는 무력이다. 물론 두 가지는 대립적인 것이라기보다는 보완적이다. 신분이 낮은 사람은 무력으로 신분을 높이고 신분이 높은 사람들은 무력이 있는 사람들에게 권위를 주고 그들의 보호를 받았다.

근대 직전의 시기에 일본의 지배세력은 사무라이였다 그들은 문학적 지식이나 경전에 대한 분석을 익히는 데 힘을 기울이는 사람들이 아니었다. 그들은 원래 전쟁에서 승리하기 위한 준비를 최우선으로 하였다. 첫째는 검술이나 총술 둘째는 병법이나 전술에 대한 학습이 그들의 관심사였다. 마치 영업사원이 영업실적이라는 것에 올인하기 때문에 경직되지 않는 유연성을 가지는 것처럼. 그들도 실용적인 자세를 갖고 있었던 것이다.

하지만 평화시대가 길어지자 그들도 교양을 익히기 시작하였다. 유교경전의 습득은 지배자로서의 소양을 익히는 좋은 수단이기에 널리 퍼져갔다. 19세기에 들어서면 유교에 대한 학습이 제법 활발하게 이루어져 그것이 학파를 통한 일종의 파벌의 조성을 가져오기도 했다고 한다. 또한 정치에 대한 활발한 토론이 벌어지고 이를 상급자들에게 건의하는 등 조선의 여론정치의 모습이 나타나기도 했다고 한다.

하지만 이들은 조선처럼 성리학에, 그것도 특정한 해석에 매달리는 경직성을 가지지는 않았다. 어차피 그들에게는 교양이었다. 양명학을 배우고 익힌다고 해서 목숨 걸고 비난할 이유는 어디에도 없다. 과거시험도 없으니 조기교육을 통해 정답을 암기할 필요도 없다. 경전의 해석을 서로 토론하고 자신만의 답을 낸다고 해도 사문난적은 될 염려가 없다.

주자학에 매달리지 않으니 다른 학문도 익힐 여유가 생긴다. 난학은 그러한 여유를 살리기에 적합한 학문이다. 네덜란드를 번역한 '화란(和蘭)'이라는 단어에서 나온 '난학(蘭學)'이란 이름은 서양의 지식을 말한다. 해체신서(解體新書)같은 의학책으로 시작된 서양학문의 연구는 일본이 서양과 교류하는 나가사키의 데지마(出島)를 찾아오는 네덜란드 사람들에게 구한 서양서적의 해독과 학습으로 이루어졌다.

난학 자체가 일본의 근대를 만든 것은 아니지만 큰 의미를 갖는다. 서양에 대한 기초지식을 익히고 거부감을 제거한 것이 바로 그것이다. 조선의 지식인들이 서양의 문물을 야만의 것이라 비난하는 동안에도 일본의 지배자들은 서양문물의 모방에 애를 썼는데 이는 난학을 통한 경험의 영향이 크다 하겠다. 거부감이 없다는 것은 미리 겪어 본 사람이 가지는 특권이기 때문이다. '선행학습'도 나쁜 것만은 아닌 듯 하다. 난학은 일본사람들에게는 서양지식이나 문화에 대한 일종의 '선행학습'이나 '예방주사'였다.

한 가지 사상적 경직성을 가져올 우려가 있는 학문이 있었다. 그것은 바로 국학(國學)이다. 일본의 역사나 문화를 주로 연구하는 국학은 일본을 신의 나라라고 여기고 일본의 국체나 사상을 세계에서 유일무이한 것으로 찬양하는 대단히 폐쇄적인 학문이다. 나중에 일본이 서양을 멸시하고 민족에 대한 강한 집착을 보이게 되었을 때 그 이념이 되었던 것도 국학이다. '대동아공영권'의 체계에서 일본이 중심이 되어야 하는 이유도 국학이 제공하였다. '만세일계의 천황'이 다스리는 신의 나라 그것이 국학이 말하는 일본이었던 것이다.

하지만 이것이 도리어 사상적 유연성을 가져다 준 면도 있을 것이다. 국학은 성리학에 매달린 조선의 선비들과 달리 중화적 세계관에 자신들을 속박시키지 않았던 사무라이들의 정신세계를 구축하였을 것이다. 중세기독교가 사람들을 기독교에 종속시켜 사고를 마비시켰다면 성리학적 세계관은 중화적 세계관에의 종속을 낳았지만 일본의 사무라이들은 국학을 통해 정신적인 자주독립을 이루었을지 모른다. 민족주의의 조기 성숙이라고 해야 할까? 그것이 서양문물에 대한 거부감을 없애는 역할을 했을 것이다.

조선과 중국 그리고 일본의 지배계급들이 어떤 생각을 하고 무엇을 배우고 익혔을지 그림이 그려질 것이다. 어려서부터 유교경전에 매달려 살아온 조선과 중국의 지배계급—선비나 신사—검술과 전술 그리고 유학, 난학, 국학 등을 고루 익히며 실용적인 사고를 해 온 사무라이들 이들 사이에 있었을 차이는 확연했을 것이다. 그들이 서양의 문물을 본격적으로 접했을 때 느끼는 것이 과연 어떻게 달랐을까 하는 점도 어느 정도 짐작이 갈 것이다.

문제는 그 자체보다 그것이 미쳤을 영향이다. 서양문물의 수용에 대한 보다 능동적인 자세를 가진 사람들이 얼마나 사회의 주류를 이루느냐는 결국 국가의 방향을 결정하기 때문이다. 거부감에 가득한 지배층이 있는 나라에서는 수용이 곤란하여 결국 지지부진한 상태가 계속될 수 있기 때문이다.

　일본은 가장 수구적일 수 있는 막부조차 서양문물의 수용에 적극적이었다. 목적은 비록 체제수호 내지 기득권 유지에 있었지만. 웅번들 역시 그러하였다. 삼백여 개의 독립국들 중에 부국강병을 실천한 여유와 의지가 있는 나라들은 그렇게 하려고 노력하였고 그래서 실제로 서양문물은 활발하게 수용되었다.

　이것은 어떤 의미를 가질까? 만일 일본 전체가 경직된 사고를 가지고 있었다면 막부의 수구적인 자세를 비판하지 않았거나 설사 비판하였다고 해서 새로운 세력이 막부를 쓰러뜨렸다 해도 역시 경직된 상태를 바꾸기는 어려웠을 것이다. 하지만 일본이 유연한 사고를 하는 사회였기에 이러한 염려는 그다지 할 필요가 없었다. 일본에서 양이운동(서양을 몰아내자는 운동)이 조기에 진압된 것은 서양열강의 무력이 두려워서만은 아니었다. 조선의 위정척사운동(양이운동과 비슷)이 오랫동안 사라지지 않았던 것과 대조적이다.

　일본의 사무라이들이 얼마나 유연한 사고의 소유자였는지는 그들이 산업발전에 대한 기여를 살펴봐도 알 수 있다. 일본의 산업화초기에 자본을 가진 사람들은 근대산업의 성공에 회의적이어서 투자를 꺼리는 경향이 있었다. 하지만 사무라이 출신들이 그들이 가지는 사회적 명망을 이용하여 적극적인 투자유치 활동을 벌인 결과 많은 투자가 이루어졌다.

　조선의 선비가 기업의 창업이나 공장의 건설을 위한 자본유치활동을 한다는 것이 얼마나 가능할지 의문이다. 이는 다른 나라에서도 마찬가지이다. 그런 점에서 일본의 사무라이들은 특이한 지배계급이었다 할 수 있다. 일본의 사무라이가 실용적 사고를 가진 이유는 그들이 한때는 전쟁을 하던 전사들이었기 때문이다. 전사에게 형식이나 추상적 사고는 오히려 방해물인 것이다. 그런 사무라이들이기에 "선비는 직접 돈을 만지지 않는다"고 하는 생각에 사로잡힌 조선의 지배계급과는 다른 길을 갈 수 있었다.

# 적절한 수준 이상의 외압은 재앙이다
## - 도전과 응전의 상관관계

"밤에 잘 때 다시 눈을 뜨지 않기를 기도했죠" 십대 소녀의 한 맺힌 고백이다. 그녀는 부모에게 반쯤 버림받은 상태에서 살아야 했다. 그 때 나이 열한 살! 더구나 홀로 있는 것도 아니다. 다섯 살, 여섯 살의 남동생도 돌보아야 했다. 아침이면 동생을 어린이 집에 데리고 가야 했고 혼자 집안일을 책임져야 한다. 겨우 열한 살의 나이에. 그 나이에 감당하기에는 너무나 벅찬 시련이 아닐 수 없다. 여러 번 극단적인 선택을 하려고 생각했다고 한다.

그런 시련은 그녀의 삶을 삐뚤어지게 했다. 결국, 그녀는 가출을 밥 먹듯이 하고 아이들에게 돈을 빼앗거나 물건을 훔치는 등의 불행한 삶을 살아가게 되었다. 나는 그 소녀에게 이야기를 듣고 가슴이 메어졌다. 어른들의 잘못된 행동이 아이들에게는 인생을 좌우할 수 있는 것임을 새삼 깨달았다. 책임이라는 것은 바로 그런 점을 제대로 인식하는 것이다. 어른이 된다는 것은 그 책임을 거부하지 않는 것을 당연시 여기는 것이 아닐까 싶다.

"젊어서 고생은 사서 한다" 자주 듣는 말이었다. "이었다"라고 하는 것은 최근에는 거의 듣지 않기 때문이다. 자칫하면 '열정페이'를 합리화시키는 것이 될 수 있기 때문이다. 정치가 한 명이 열정 페이를 그렇게 합리화시키다가 혼이 난 일이 있어 더욱 입에 담기 어려운 말이 되었다. 하지만 말의 취지는 충분히 공감이 간다. 젊은 시절 적절한 고생을 통해 자신을 단련시키면 보다 큰 일을 할 능력과 의지, 인내심이 생긴다는 것이 아니겠는가?

'문창극 발언'을 기억하는가? 그는 국무총리 후보가 되었다가 자신의 교회에서의 간증으로 인해 결국 사퇴하고 말았다. 그의 발언은 식민지지배, 한국전쟁 등이 우리 민족에게 축복이었다고 하며 그 이유는 조선 오백 년의 나태와 타락을 일소하고 새롭게 발전을 할 계기가 되었기 때문이라는 것이다. 이것은 인간으로 치면 고생이 성장을 가져온다는 식의 논리이다. 하지만 국민들로서는 이를 좋게 받아들일 수가 없었다. "뭐? 일제강점기가 축복? 친일파의 후손답군." 이렇게 받아들인 여론의 비난으로 그는 국무총리가 될 기회를 상실하고 말았다.

문창극의 발언이 지나친 것은 사실이나 국가도 민족도 적당한 시련은 개인과 마찬가지로 발전의 계기가 될 수 있다는 것을 역사는 증명한다. 사실 우리에게 일제강점기나 한국전쟁을 축복이라고 하는 것은 누가 봐도 잘못이지만 결과적으로 그것이 민족의 정기를 일깨워 분발하게 만든 것은 사실이다. 문씨는 그것을 강조하다 결국 지나친 발언을 하게 된 것이다. 아울러 보수의 아킬레스건인 친일 문제를 덮으려는 의도도 어느 정도 있었을 것이다. 일제 강점기의 미화는 친일파에게 일종의 면죄부를 부는 것이기 때문이다.

열한 살 때 겪은 시련을 그 소녀가 스무 살 때 겪었다면 어땠을까? 아마도 보다 잘 극복했을 것이다. 스무 살이면 어느 정도 그런 상황에서 제대로 대처할 능력이 있기 때문이다. 아니 열다섯 살만 되어도 훨씬 나았을지 모른다. 그렇게 된다면 그녀는 비행소녀가 아니라 인간승리의 장본인이 되었을지 모른다. 시련이라는 것도 나이와 강도에 따라 그 결과가 다를 수 있음을 이 소녀의 예를 통해서도 알 수 있다. 국가와 민족이라도 다르지 않을 것 같다.

19세기에 전개된 논쟁 중 자유무역과 보호무역에 대한 것이 있다. 영국을 중심으로 한 자유무역주의는 자유무역을 통해 경제가 발전하면 모두가 잘 살 수 있다고 주장한 반면 독일을 중심으로 한 보호무역주의자들은 유약한 산업을 보호하여 자립시키기 위해서는 보호무역이 불가피하다고 주장하였다. 어느 쪽이 올바른가를 떠나 실제로 많은 나라들이 유약한 산업을 보호하여 성장시키는 '인큐베이터' 역할을 하였다. 우리나라의 경우도 오랫동안 보호무역을 실시하여 경제를 발전시켰고 어느 정도 경제적 수준이 올라가자 차츰 자유무역주의로 전환해 온 것이 사실이다. 어린아이에게는 어른의 기준을 들이댈 수 없듯이 산업도 그렇게 보호해야 한다는 생각은 오늘날에도 많은 지지를 받고 있는 것이 사실이다.

만약 어느 나라가 아직은 충분히 대비가 되지 않은 상태에서 지나치게 강한 외압을 받게 된다면? 아마 열한 살의 소녀처럼 그 나라의 미래가 어두워질 수 있을 것 같다. 그러기에 문호개방이란 함부로 해서는 안 되는 것인데 그게 마음대로 되는 것도 아니지 않는가? 그것도 상대가 힘을 가지고 강요한 개방이라면 더욱 그렇다.

아놀드 토인비는 『역사의 연구』에서 "도전과 응전"이라는 문명의 성립조건을 제시했다. 그의 주장에 의하면 이른바 인류의 4대문명은 결코 좋은 환경에서 일어난 것이 아니었다. 늘 범람하는 강과 좋지 않은 날씨 등의 악조건에서 문명이 발생한 것은 그러한 조건이 적당한 도전이 되고 이를 극복하는 과정에서 인류가 성장, 발전했기 때문이라는 것이다. 비옥하고 넓은 토지와 잔잔하고 거대한 양자강을 둔 중국 남부에서 문명이 발생하지 않은 것은 도전이 없기 때문이고 반대로 북극이나 사하라 사막 등에서는 도전이 너무 강해 문명이 발생할 수 없었다고 토인비는 주장한다. 듣고 보면 인간의 성장 발전의 조건과도 일치하는 것 같아 매우 흥미롭다.

1876년 우리나라에 개항을 요구하며 들이닥친 사람들은 머나먼 서양열강의 백인이 아니라 이웃나라 일본사람들이었다. 그들은 조선의 개항을 위해 미국으로부터 '페리원정소사'로 미리 선행학습까지 마치고 '준비된' 위협자로 다가왔다. 자신들도 서양열강과 불평등조약을 맺은 주제에 그래서 정부수뇌 수십 명을 파견하여 조약개정을 시도하다 실패하는 바람에 일 년 반 동안 미국과 유럽을 떠돌아다니며 견학을 해야 했던 아픈 기억도 있으면서 이웃나라에게 같은 불평등조약을 강요하였으니 어처구니없는 일이 아닐 수 없다. 조폭에게 당한 사람이 조폭의 똘마니가 되어 남에게 삥을 뜯는 꼴이다.

'페리원정소사'는 왜 그들에게 전해졌을까? 한 마디로 말해 "손 안 대고 코 풀기"를 하기 위한 것이다. 조선의 문호를 개방하려는 노력은 중국은 물론 일본에게 했던 것만큼은 이루어지지 않았지만 그래도 조금씩 있었다. 하지만 강경쇄국주의자 대원군의 의지로 병인양요와 신미양요를 통해 이를 물리친 조선은 뜨거운 감자가 되고 말았다. 사실 목숨 걸고 탐할 만큼의 매력도 없는 조선의 개방을 일본에게 맡긴 이유는 거기에 있다. 게다가 일본의 야심도 이미 탄로 났으니—정한논쟁으로—그들에게 맡긴다면 아마도 꼬리를 흔들며 주인의 말을 듣는 개처럼 열심히 할 것이라고 믿고 있었기 때문이다. "우리가 한 방식으로 하면 확실하지" 선배들은 그렇게 제국주의 예비후보 일본의 머리를 쓰다 듬으며 격려를 아끼지 않았겠지.

일본에 의한 포함외교는 정권의 안정만을 생각하는 고종과 명성황후 그리고 외척들의 개념 없는 동의로 성공을 거두었다. 명성황후는 평생의 라이벌이자 시아버지인 흥선대원군을 여론을 선동하여 내몰고 자신의 허수아비 고종을 등에 업고 국정을 농단하려던 차에 일본의 반갑지 않은 방문을 맞이했다. 물론 국내여론은 제대로 살펴본다면 쇄국을 유지하는 것이었고 실제로 위정척사파(일본의 양이파)는 개항을 반대했지만 외국과의 대립으로 찾아올지 모르는 정권의 위기를 모면하겠다는 무사안일주의적인 개항을 실행하고 말았다.

하지만 그 누구도 이것이 준비 안 된 조선을 나락에 빠뜨릴 줄은 몰랐을 것이다. 조선의 부패한 권력자들은 물론 야심만만한 일본의 권력자들도. 흥선 대원군의 쇄국정책을 오늘날의 기준으로 생각하여 비난하는 것은 매우 쉬운 일이지만 결과적으로 말하면 실패한 정책일지 모르지만 당시 조선의 국력 등을 감안하면 현명한 판단이라는 생각도 할 수 있다. 흥선대원군이 영구히 쇄국을 고집할 생각이 있었다고는 보지 않는다. 그 역시 세계정세를 어느 정도는 알고 있었고 더구나 중국이라는 그들에게는 하늘같은 나라가 아편전쟁으로 무너진 것 역시 알고 있을 터이니 더욱 그렇다. 아마도 시기를 기다리고 있었을 것이다.

아울러 감안해야 할 것은 서양열강이 조선이라는 나라에 그렇게까지 매력을 느낀 것은 아니라는 점이다. 조선 말기의 역사를 살펴보면 조선이라는 나라에 큰 욕심을 가진 나라는 청나라, 일본, 러시아뿐이다. 청나라는 종주국으로서의 지위를 유지하려고 하였지 조선을 식민지지배할 생각은 없었던 것임은 자명하다. 그것이 이른바 중화적 세계질서에 입각한 그들의 일관된 자세이다. 개항 이후 간섭이 심해진 것은 조선이 자주독립하여 청나라의 지위를 인정하지 않을까 두려웠기 때문임은 알렌의 일기에서도 알 수 있다. 물론 그것은 조선에게 큰 해악을 가져다 주었지만 적어도 영토적 야심 따위는 없었음이 확실하다.

이에 비하여 러시아와 일본은 상당히 우리나라에 대한 야심을 갖고 있었음이 분명하다. 일본은 정한론에서 보여준 것처럼 이미 메이지 초기에 조선 지배에 대한 욕심을 어느 정도 가지고 있었던 것 같다. 국서에 대한 모욕이 이유라고 하지만 그것은 외교적으로 해결하면 될 것이지 굳이 전쟁까지 하겠다고 나설 정도의 중대한 문제는 아닐 것이기 때문이다.

러시아는 원래 남하정책과 공로병이라는 말처럼 넓고 넓은 침대(자국영토) 위에서도 만족하지 못하는 침략 국가였으니 조선에 대한 욕심도 서양 열강 중에서는 가장 컸다. 동아시아에서 청나라에 대한 압박을 서슴치 않아 열강을 긴장시키더니 우리에게도 손을 뻗는 바람에 영국의 거문도 점령의 원인 제공을 하기도 하였다. 또한 아관파천을 이용하여 일본의 조선에서의 우월적 지위에 도전장을 내거는 식으로 일본과 열강에게 도발을 하여 결국 러일전쟁까지 치루게 한 것 역시 러시아가 아닌가?

하지만 당시의 세계최강 영국은 물론 프랑스 미국 등은 동방의 깊숙한 곳에 위치한 조선을 그리 값어치 있는 존재로 여기지는 않았다. 미국은 조선에 대한 관심을 포기하다시피 했는데 이유는 조선으로부터 기대할 수 있는 이익이 너무나 작다고 판단했기 때문이다. "한국인보다 한국을 사랑한" 선교사 헐버트가 아무리 몸을 던져 한국을 지키려고 했어도 그것은 어차피 본국의 방침과는 전혀 다른 개인의 독단적 행동에 불과한 것이다. 영국도 베델의 선행을 자국의 방침과 어긋난다고 해서 제재하고 처벌까지 한 것을 우리는 기억해야 한다.

그렇다면 당시에 열강이 가장 관심을 가지고 있던 상대는 누구일까? 그것은 당연히 중국이었다. 크고 넓은 영토와 엄청난 인구—아마도 유럽 전체보다 크고 많을 것이다—의 중국에 매력을 느끼는 것은 오늘내일의 이야기는 아니다. 하지만 중국은 '지대박물'을 내세워서 만남을 달가워하지 않으니 무력까지 동원해서 만남을 강요하는 만행을 자행하였던 것이다.

그 때문에 중국은 각국의 각축장이 되고 말았다. 아편전쟁이 끝나기가 무섭게 1856년 아로호 사건을 빌미로 영국과 프랑스는 전쟁을 일으켜—애로전쟁 또는 제2의 아편전쟁—아편전쟁에 의한 남경조약보다 더 굴욕적이고 불리한 베이징조약을 1860년 중국에 강요하였다. 1884년에는 베트남에 대한 청나라의 종주권을 빼앗으려는 프랑스의 야심이 청불전쟁을 가져왔고 그 결과 맺어진 청불신조약으로 결국 프랑스는 베트남을 손에 넣게 된다. 청일전쟁의 패배로 빼앗기게 된 요동반도를 돌려 주게 했다는 것의 대가를 후하게 요구한 러시아는 많은 이권을 획득하여 만주에 대한 지배권을 강화하였다. 이러한 열강의 침략에 대한 대대적인 저항인 1900년의 의화단 사건은 청나라의 반 식민지화를 결정하는 계기가 되었다. 이 정도면 가히 '동네북'이라고 해도 과언이 아니지 않는가?

'차이나 파이'는 그렇게 해서 열강에 의해 나뉘어졌지만 '코리아 파이'는 어땠을까? 물론 많은 이권이 열강의 손에 넘어간 것은 사실이지만 '차이나 파이'에 비할 수는 없다. 하지만 작고 맛없는 코리아 파이를 유난히 눈독 들이는 일본은 이것을 도리어 호기로 여겼다. 경쟁자가 득실대는 차이나 파이는 이미 제국주의의 선배들이 상당 부분 나눠드셨으니 손을 대기도 어려워 그저 '개평'이나 받고 만족해야 할 것 같으니 말이다. '의화단 사건'에서 보여준 출중한 군사력을 통해 형님들에게 인정받았으니 이제 코리아 파이를 확실하게 자신들의 것으로 해야 하겠다는 생각에 선배이자 엄청난 강자인 러시아에게 감히 덤벼들 용기를 가졌을 것이다

아이러니한 일이지만 중국은 경쟁자가 많은 정도로 매력적인 곳이기에 도리어 완전한 식민지화를 모면하는 행운(?)을 얻었다. '차이나 파이'는 크고 맛있으니 골고루 나눠먹기로 결정된 것이다. 만일 혼자 먹겠다고 나섰다가는 '공공의 적'이 되어 혼쭐이 날 것은 불을 보듯이 뻔하다. 러시아가 감히 그런 생각을 하자 열강은 '극동의 헌병' 일본을 동원해 징벌을 가한 것이다.그렇게 해서 욕심쟁이 러시아가 물러나고 꼬마 조폭 일본이 그 자리를 대신하지만 그가 감히 차이나 파이를 독식하려고 덤빌 줄은 당시에는 그 누구도 예상하지 못했을 것이다.

대원군의 쇄국책에 대하여 다시 생각해 보자. 일본과 러시아외의 나라 중에 우리나라를 넘보던 세력이 없었다면 대원군의 쇄국책을 무조건 비난할 근거는 없다. 만일 대원군이 집권을 하고 있을 때 일본이 강화도를 포격했다면 그가 그렇게 손쉽게 문을 열었을 것인가? 절대 아닐 것이다. 아마 상당한 저항에 부딪혔을 것이다. 설령 개항이 이루어졌다고 해도 나중에 일본이 강화도 조약을 통해 얻은 조건보다 훨씬 우리에게 유리한 조건하에서였을 것이다.

하지만 현실은 그렇지 않았다. 일방적인 조건으로 일본에 의해 열린 우리나라는 제국주의열강으로서의 지위를 얻고자 혈안이 된 일본 그리고 종주권을 지키기 위해 사사건건 우리를 간섭하는 청나라 그리고 영

토를 넓히기에 혈안이 된 러시아 이들의 압박에 시달리는 신세가 되고 말았다. 청나라의 세 번에 걸친 대대적인 군사적 개입―임오군란, 갑신정변, 갑오농민전쟁―을 비롯한 갖가지 간섭은 우리의 자주적 근대화를 좌절시키는 데 큰 공헌(?)을 하였다.

일본은 그보다 더하면 더했지 덜하지는 않았다. 결국에는 자신들에게 방해가 된다는 이유로 한 나라의 국모를 그것도 궁궐 안에서 참살하고 겁탈까지 하지 않았는가? 일본은 청나라, 러시아와의 전쟁까지 불사하며 조선을 손에 넣고자 했다.

만일 열강이 우리나라에 코리아 파이에 어느 정도라며 매력을 느꼈다면 일본의 이러한 시도를 방관했을 리가 없다. 러일전쟁 후 열강은 일본의 조선에서의 우위를 인정하면서도 식민지화를 좀처럼 승인하지 않아 애를 태웠다. 그것은 조선의 독립을 존중해서가 아니라 최후까지 이익을 확보하려는 계산에서 나온 것이다. 그런 그들이 조선을 내준 것은 조선에 대한 열강의 관심을 잘 말해 주고 있다 할 수 있다.

그렇다면 일본은 어떨까? 일본과 조선에 대한 열강의 관심은 사실 대동소이하다 하겠다. 다만 일본은 지리적으로 중국으로 가는 입구에 위치하기 때문에 열강으로서는 문호개방의 필요성을 좀 더 강하게 느꼈을 것이다. 페리가 열강을 대표해서 문호를 열게 된 이유도 일본 자체의 매력이라기보다는 중국으로의 향해의 중간 보급지로서였다.

게다가 일본은 전문가들이 "양이운동을 일찍 그만 둔 것이 식민지화를 막아 주었다"고 표현하는 것처럼 외국세력에 대하여 비교적 빠르게 적응을 하는 데 성공하였다. 웅번들도 한때는 양이운동을 전개했지만 그들과의 대결에서 큰 패배를 맛보고 개항을 불가피한 현실로 받아들였던 것이다. 이는 이미 설명한 것처럼 그들의 사상적 유연성 등이 작용한 결과일 것이다.

일본은 외국과의 관계를 안정화시키고 자주적으로 근대화를 추진할 여유를 갖게 되었다. 이는 조선이나 중국이 가지기 어려웠던 조건이었다. 중국이 열강의 압박에 시달리고 조선이 중국과 일본의 엄청난 외압에 시달리며 자주적인 근대화를 이루기 어려웠을 때—개혁적 세력의 괴멸 등으로—일본은 특별한 방해 없이 자주적인 근대화를 성공적으로 수행해 갈 수 있었다. 물론 모든 것을 외부압박의 탓만으로 돌리는 것은 공정하지 않지만 그것이 매우 중요한 요소였음은 부인하기 어려울 것이다.

어느 마을에 절세의 미녀 한 명과 평범한 여인 한 명이 있었다. 이웃 마을에서 그들을 만나러 남자들이 몰려 왔다. 아울러 마을의 남자 한 명도 결혼을 생각하여 그녀들을 만났다. 멀리서 온 잘난 남자들은 절세의 미녀에게 몰려들었고 평범한 여인에게도 아무도 다가가지 않았다. 같은 마을의 남자는 자신의 능력이 부족하여 절세의 미녀를 탐낼 엄두를 내지 못하고 평범한 여자를 고르기로 결심했다.

그런데 몰려 온 남자 중에 한 명이 절세의 미녀를 차지하기 위해 폭력을 휘두르기 시작하였다. 그러자 몰려온 남자들은 그를 내쫓기로 하였고 그 역할을 그 마을의 남자에게 맡겼다. 대신에 평범한 여자를 가지도록 최대한 돕겠다는 약속을 한다. 그래서 마을의 남자는 전력을 다해 그를 마을에서 몰아냈다. 그러자 약속대로 그는 평범한 여자와 결혼에 성공하였다. 하지만 절세의 미녀는 끝내 누구와도 결혼을 하지 못한 채 연애만을 하며 시간을 보냈다. 누구도 감히 그녀를 독차지할 생각을 하지 못했고 그래서 썸만 타고 있었다.

그러던 중 마을 남자가 절세의 미녀에게 욕심을 갖기 시작했다. "원래 우리 마을 여자니까 사실은 내 거야"라고 강변하며 그녀를 강제로 유린하고 결혼을 허락하라고 강요했다. 하지만 그녀는 도망을 다니며 다른 남자들에게 구원을 요청하였고 결국 그들간에 큰 싸움이 벌어졌다. 결국 마을의 남자는 모두에게 집단 린치를 당하고 물러나야 했다. 심지어 처음에 결혼한 그녀마저 빼앗기는 신세가 되었다.

너무 경박한 비유일까? 한중일의 운명을 단순하게 설명하자면 이런 이야기도 가능하지 않을까 싶다. 너무나 인기가 좋아 결국 완전한 식민지를 면한 중국 일본에게 집중 공략당해 식민지화 되어 버린 조선은 사실 자주독립의 길을 걷는 것이 너무나 힘들었던 것이다. 그들이 감당할 수 없는 만큼의 시련을 당한 그들의 운명이었다.

역사에 가정은 없지만 만일 일본이 우리에 대한 욕심을 가지지 않았다면 누군가에 의해 식민지화되는 일을 피할 수 있었을까? 혹자는 러시아에게 지배되었을 것이라고 하지만 동의하기 어렵다. 러일전쟁과 일본의 한국 지배 용인은 왜 일어났을까? 열강은 러시아의 세력이 한반도에 미치는 것을 극도로 경계했다. 그렇게 될 경우 러시아는 동아시아에서 절대적인 우위에 섰을 것이기 때문이다. 따라서 그런 일은 없었을 것이다. 거문도 사건은 그 증거이다. 따라서 일본이 아니면 우리나라는 식민지화 되지 않았을 가능성이 매우 크다.

칠레의 피노체트 정권의 예를 생각해 보자. 칠레에 제대로 된 정권이 들어서 국가와 국민을 위한 정책을 펴자 미국은 초조해지기 시작했다. 그래서 군부를 동원해 정권을 무너뜨리고 독재자 피노체트를 통해 칠레를 지배했다. 피노체트의 만행에도 눈을 감으면서.

조선의 식민지화는 이러한 사례와 유사하다 할 것이다. 일본은 그리고 청나라는 우리나라의 자주적 근대화의 길을 허용하지 않았다. 갑신정변의 좌절, 갑오농민전쟁의 실패는 그러한 외세의 개입에 의한 것이었다. 오늘날도 한반도의 주변세력은 결코 평화와 긴장완화 그리고 통일을 원하지 않는 것처럼 말이다. 트럼프의 과격한 언행과 중국의 지지 일본의 재무장 등은 조선 말기 우리 선조들이 겪어야 했던 고난의 역사를 다시 보는 것 같아 마음이 아프기만 하다. 비록 외형상으로는 독립국이지만 전시작전통제권조차 가지지 못한 대한민국의 비극은 조선 말기 우리가 겪었던 경험과 그리 다르지 않을 것 같기 때문이다.

개화파와 김옥균의 좌절은 그것을 상징적으로 보여준다. 청나라와 일본의 개입으로 그들의 개혁운동은 삼일천하로 끝나고 말았다. 그것은 단순히 그들의 좌절이 아니라 조선의 자주 그 자체가 겪어야 했던 좌절이 아니었을까? 열한 살의 소녀가 겪었던 감당하기 어려운 시련처럼 그들도 감당하기 어려운 외압으로 그렇게 무너져 간 것이다.

# 일본은 왜 제국주의 국가가 되었는가?

지금까지는 일본이 중국이나 조선에 비하여 앞서가게 된 이유를 설명하였다. 분권으로 인한 개혁세력의 성장과 승리, 사상의 다양성으로 인한 서양문물의 적극적 수용, 지나치게 강한 외압의 부재로 자주적 근대화를 이룰 수 있었다는 것 등에 대하여 설명하였다. 설득력 있는 주장인지 매우 궁금하다. 이외에도 많은 이유를 들 수 있지만 번잡한 내용보다는 간결하게 중요한 내용만을 전하는 것이 나을 것이라고 생각해서 이만 줄일까 한다.

일본이 앞서 간다고 해서 제국주의로 나아갈 길밖에 없었던 것은 아니다. 누가 말한 것인지 확실하게 기억이 안 나지만 이런 말을 한 우리나라 인물이 있다. "일본이 동양의 영국이 되고 우리가 동양의 프랑스가 되자"라고. 참으로 훌륭한 말이 아닐 수 없다. 안중근 의사의 '동양평화론'에 버금가는 이상론이 아닐 수 없다. 제2차 세계대전이 끝나고 일본은 자신들이 '동양의 스위스'가 되었으면 하는 바램을 이야기했다. 전쟁의 상처를 안고 살아야 할 그들은 스위스처럼 평화로운 나라를 세우고 싶다는 열망을 그렇게 표현한 것으로 보인다. 이 역시 매우 의미 있는 말이 아닐 수 없다. 아쉽다면 그런 소망을 좀 더 일찍 가지고 실현했으면 하는 것이다. 그랬으면 일본사람들과 동아시아 사람들 그리고 영국과 미국, 프랑스, 네덜란드 등의 젊은이들을 희생시키는 전쟁은 없었을 것인데. 아울러 식민지지배의 비극도!

그렇다면 문제는 왜 일본은 제국주의의 길을 가게 되었는가 하는 것이 된다. 일본이 사무라이의 나라이기 때문이라는 것은 성립될 수 없다는 점을 이미 밝힌 바 있다. 제국주의는 일본의 독점물이 아니며 영국, 프랑스 등도 제국주의 국가이며 오히려 일본의 선배로서 보다 강력하고 광대한 제국을 건설하였다. 그들이 사무라이의 나라는 아니며 하다못해 기사의 나라도 아닌 것이다. 사무라이의 나라였다는 것이 제국주의 실현 과정에서 하나의 특징으로 나타날 수는 있겠지만 그것이 의미있는 이유가 될 수는 없을 것이다. 그렇다면 우리는 제국주의의 길을 일본이 걷게 된 이유를 역사적인 관점에서 찾아 볼 필요가 있다.

## (1) 잘못된 메시아적 사명감 - 오리엔탈리즘의 일본버전

세상에서 제일 앙숙인 종교가 무엇인지 아는가? 대개는 알 것이라고 믿는다. 이슬람교와 기독교이다. 생각을 해 보라. 기독교도와 불교도가 폭탄 던지면서 싸운다는 소리를 들은 적이 있는가? 우리나라에서는 불교와 기독교가 서로 다투기도 하지만 그렇다고 테러를 가할 정도는 아니다. 물론 가정에 따라 다툼이 벌어지기도 하지만 불교국가인 태국과 기독교국가인 필리핀이 서로 앙숙이라는 말은 들어 보지 못했다. 힌두교 국가인 인도와 이슬람국가인 파키스탄은 철천지원수이지만 그것은 사실 종교문제라기보다는 지역감정 계급갈등이 얽히고설켜서 나온 현상일 것이다. 힌두교는 교리다운 교리가 없기 때문에 다른 종교와 종교전쟁을 벌일 수준의 종교가 아니다. 힌두교는 인도의 정체성을 지키는 사상이라고 보면 딱 맞기 때문이다.

하지만 이슬람교와 기독교도 간의 전쟁은 지금도 계속되고 있다. 거기에 유대교가 가세한다. 공교롭게도 세 종교는 뿌리가 하나이다. 바로 유대인이 지금도 섬기는 야훼, 이슬람교에서 말하는 알라신이다. 세 종교는 사실 같은 신을 섬긴다. 그런데 왜 싸우냐고?

신은 하나인데 그의 말씀을 실현하는 자가 다른 것이다. 세 종교 모두 세상을 구원할 메시아, 즉 구세주를 인정한다. 그런데 유대교는 그 메시아가 아직 오지 않았다고 생각하고 기독교는 메시아가 바로 예수 그리스도라고 주장하며 이슬람교는 마호메트라고 생각한다. 쉽게 말해 일종의 종통싸움인 것이다. 종교에서 종통문제는 꽤나 시끄럽다. 누가 정통후계자인가를 두고 피비린내 나는 싸움도 벌인다. 우리나라에 강증산이라는 종교지도자를 받드는 종교가 여럿 있는데 그 이유는 서로가 자신이 정통계승자라고 주장하기 때문이다.

아울러 두 종교의 특징은 인류구원을 해야 한다는 사명감에 불탄다는 것이다. 차라리 그냥 조용히 믿음생활이나 하면 좋을 텐데 그들은 메시아적 사명을 가지고 세계를 누빈다. "알라를 위해 흘린 피는 그 어떤 종교적 행위보다 위대하다" 이슬람교는 이렇게 전도와 순교의 가치를 평가한다. 기독교도 뒤지지 않는다. 길가에서 귀찮게 들러붙어 전도를 하는 사람들은 대부분 기독교도이다. 그들에게 전도는 하나님의 최대 사명이기 때문이다. 한때는 기독교도 전도를 위해 전쟁도 불사했다. 이슬람교는 오늘날도 지하드(성전)을 강조하고 있으니 말할 것도 없다. 서로가 교세 확장을 위해 죽음도 불사하며 유사품을 팔고 있으니 싸울 수밖에 없다. 이에 비하면 유대교는 전도는 그들끼리만 하기 때문에 그로 인한 다툼은 없는 것이다.

서양열강들은 제국주의적 침략의 명분으로 이런 메시아적 사명을 내세운다. 지옥에 가야 하는 이교도들을 구하기 위해서 우리는 그 나라를 정복하고 지배하여야 한다는 논리로 제국주의를 합리화하기를 마다하지 않는다. 산업혁명으로 고도의 문명을 구축하자 뒤떨어진 지역의 문명화도 함께 명분으로 가세했다. "야만인을 문명인으로"라고 슬로건을 내세웠을 것이다. 실제로 세계에는 이상한 관습이 꽤나 있다. 식인종의 식인풍습, 남편이 죽으면 아내를 함께 죽여서 장례하는 순장의 풍습, 어린이를 죽여 신에게 바치는 '인신공양의 풍습' 등등. 서양인들은 그러한 야만적 삶을 사는 불쌍한(?) 사람들을 구원하는 것이 사명이라고 여긴 것이다.

이러한 사명감을 '오리엔탈리즘'이라고 한다. 기독교와 물질문명 문화를 함께 가지고 가서 세계인류를 구원하는 메시아사상은 제국주의의 길잡이노릇을 충실히 하였다. 먼저 기독교가 들어가 그들의 저항정신을 순화(?)시키고 물질적인 것을 주어 환심을 사고 마지막에는 그들이 지배를 받아들이도록 세뇌함으로써 제국주의 지배를 문명화로 여기게 만드는 것이다.

그런데 일본이 서양열강의 문물을 받아들이자마자 그들도 '오리엔탈리즘'의 숭배자가 되고 말았다. 근대 일본의 사상가 후쿠자와유키치의 '탈아입구'론은 그 대표적인 주장이다. 후쿠자와는 미개한 아시아를 이웃으로 여기지 말고—그는 아시아 국가들을 '나쁜 친구'라고 하였다—서양국가들이 하듯이 정복하고 지배하여 교화시켜야 한다고 주장한 것이다. 자신들이 한 발 앞서 서양의 문물을 받아들인 것 때문에 생긴 문화적 우월감을 바탕으로 아시아를 경멸하는 마음을 가지게 된 결과일 것이다. 시골사람이 서울에 좀 갔다 오고 돌아와 으스대는 꼴이 아닌가 싶다. "난 너희하고 노는 물이 달라"는 식의.

실제로 그들은 그것을 실현하고자 하였다. 조합교회라는 일본기독교의 일파는 조선선교에 가장 열을 올린 교단이다. 그들은 미개한 조선이 구원받을 길은 오로지 문명화된 일본의 지배를 받아들이는 것이라고 전제하고 그러기 위해 조선 사람들이 일제의 지배를 받아들이도록 교화할 목적으로 선교에 열을 올린 것이다. 그들은 총독부를 비롯한 정부의 재정적인 지원까지 받으며 조선선교에 앞장섰다. 결과적으로 말해 그들의 선교는 오리엔탈리즘의 실천이었다.

이러한 오리엔탈리즘의 일본버전은 '아시아해방'이라는 메시아적 사명감을 일본에 확산시켰다. 미국이 먼로주의를 통해 미주대륙을 유럽의 지배에서 떼어내어 자신의 영역으로 삼은 것처럼 일본은 아시아를 자신의 영역으로 삼아 이를 지배하고자 한 것인데 그 사상적 기반이 일본의 아시아해방이라는 일본판 오리엔탈리즘인 것이다. 안중근의 동양평화론도 따지고 보면 일본의 사명에 대한 일종의 기대감을 담고 있는 것이라 할 수 있다. 하지만 안중근의 경우 일본의 리더십은 인정할지 모르나 지배를 허용한 것은 아니었다. 오히려 지배하려는 것이 위험하고 결국 일본의 파멸을 가져올 것이라고 경고하는 혜안을 보였다. 물론 일본은 그 경고를 무시하며 지배를 시도했고 결국 패망하고 말았다.

오리엔탈리즘의 일본 버전을 보완하는 것이 국학이다. '만세일계의 천황'이 다스리는 세계에서 유일무이한 국체를 가진 나라 일본을 지고지순한 존재로 여겨 '대동아 공영권'이라는 아시아해방의 구체적 방법론을 세우는 데 사상적인 공헌을 한 것이 국학이다. 이를 통해 일본은 이전까지 자신들의 정신적 스승이었던 서양의 영향에서 벗어나 아시아의 구세주로서 서양열강의 지배로부터 아시아를 구원하는 메시아적 사명을 주장할 수 있게 된 것이다. 이것은 서양을 모방하려고 몸부림친 메이지시대적인 제국주의와는 다른 성격의 제국주의사상인 것이다.

하지만 국학이든 일본판 오리엔탈리즘이든 제국주의적 침략의 도구로 쓰임받은 것에 불과함은 말할 나위도 없다. 우리나라의 역사를 왜곡시킨 식민사관 역시 그러한 목적으로 만들어진 식민지지배의 합리화에 불과하다. 아시아인들의 서양의 침략에 대한 반발심을 교묘히 이용한 허구였던 것이다. 하지만 이러한 사상체계가 존재한 것은 제국주의자들에게는 매우 만족스러웠을 것이다. 히틀러의 나치스가 게르만민족의 우수성과 함께 로마제국의 부활을 외쳤던—로마식 경례법과 십자가(나치당의 상징)를 도입—것처럼 대중을 선동하기에는 이만한 무기가 없기 때문이다.

## (2) 민족적 열등감의 치유, "너와 나의 입장이 바뀌었다"

히틀러의 독일은 베르사이유 체제에 엄청난 분노를 품고 있었을 것이다. '위대한 독일 민족이 왜 이토록 굴욕적인 체제 아래에 놓여 있어야 하는가'라는 의식이 그들의 마음을 사로잡고 있었던 것이다. 그래서 민족적 자존심을 회복시켜 줄 인물에 열광하였다. 그것이 바로 히틀러이다. 히틀러는 독일민족의 사명인 유럽의 재통합—로마제국의 부활—을 외치며 독일인들의 민족적 열등감을 자부심으로 바꾸려고 하였고 그것이 독일국민들의 엄청난 지지를 모았다.

독일은 오랫동안 분열의 상태에서 대서양 국가들에 의해 유린되어 왔다. 30년전쟁을 비롯하여 나폴레옹전쟁에 이르기까지 앞서 국가적 통합을 이룬 영국과 프랑스, 스페인 등에게 분열된 독일은 요즘 말로 하면 일종의 '호갱'이었다. 오늘날 우리는 독일을 전범 국가로 여기며 마치 독일민족이 침략적인 근성을 가졌던 것처럼 생각하기 쉬우나 역사는 대부분의 시간 독일이 피해자였음을 보여주고 있다.

중유럽은 대서양국가들과 달리 한계를 분명히 할 수 있는 지역이 아니었다. 당장 독일이 통일을 이루고자 했을 때 대독일주의—오스트리아를 포함한 광대한 지역을 통일하는 것—와 소독일주의—프로이센을 중심으로 하는 좁은 지역의 통일—가 대립한 것도 명확한 영역을 한정짓기 어려운 사정을 말해 준다. 사실 그러한 분열은 결코 독일인들의 행복을 해치는 것도 아니었다. 독일의 문학과 철학, 음악 등은 그러한 분열이 낳은 산물일지 모른다. 중국의 춘추전국시대에 제자백가 사상이 탄생한 것처럼 말이다.

하지만 거듭되는 국토의 유린은 민족주의적인 의식을 독일민족에게 일어나게 했다. 피히테의 '독일민족에게 고함'은 그것을 상징하는 것과 같다. "우리가 그들에게 당하는 것은 민족적인 단결을 이루지 못했기 때문이다"라는 피해의식이 그 배경이 될 것이다. 이러한 민족의식의 성장은 독일의 통일이라는 과제를 만들어냈다. 프랑크푸르트 국민회의, 관세동맹을 중심으로 한 '아래로부터의 자발적 통합'과 강력한 프로이센에 의한 '위로부터의 통합'의 길이 제시되었고 결국은 위로부터의 통합이 실현되었다. 독일제국의 성립은 이러한 과정을 거쳐 실현된 것이다.

이제 그들은 반격에 나섰다. 뒤늦게 제국주의의 대열에 참여하여 식민지쟁탈전을 벌였다. 대서양 국가의 세계 지배에 도전장을 내던진 것이다. 과거의 열등감을 역전시킬 기회를 잡으려고 몸부림쳤다. '식민지 재분할'에 대한 요구는 그러한 배경에서 제기되었다. 하지만 그것이 현실적으로 가능하지는 않았고 결국 세계대전이 발발한다.

하지만 결과는 참담한 패배였다. 민족적 열등감은 더욱 심화되고 말았다. 그러한 상황을 타개할 지도자 히틀러의 등장은 다시 한번 기회를 독일인들에게 제시한 것이다. 그것도 '유럽의 통합과 독일민족의 지배'라는 거대한 모습을 가지고.

일본에게도 민족적 열등감이 있었다. 그들에겐 현실적 피해는 그다지 없었다는 점에서 열등감은 현실적인 면에서 발생한 것은 아니다. 일본은 몽골의 침입 외에는 대륙으로부터 피해를 입은 일이 거의 없다. 몽골의 침입도 카미카제 등으로 인해 일본의 승리로 끝났으니 열등감을 느낄 이유는 되지 않을 것이고.

일본의 열등감은 정신적이고 문화적인 것이다. 동아시아의 변방국가라는. 사실 일본문화와 역사는 대륙으로부터의 영향을 빼고는 생각할 수 없다. 도쿠가와막부시대에 국학이 발생하기 전까지 일본은 늘 대륙에 대한 동경심과 열등감을 안고 있었다. 미나모토 요리토모의 동생이면서 권력다툼에 의해 희생된 미나모토 요시츠네의 죽음을 애석하게 여긴 사람들이 그가 죽지 않고 징기스칸이 되었다고 주장한 것은 대륙에 대한 열등감의 표현일지도 모른다.

이는 독일의 민족적 열등감과는 다른 성격을 가진다 하겠다. 독일은 문화적 열등감을 가질 이유가 없었다. 하지만 일본은 영국이 가졌던 문화적 열등감에 시달린 것이다. 영국이 산업혁명으로 경제적인 성공을 거두자 대륙의 문화인들을 불러들인 것은 문화적 열등감의 표현일지 모른다. 음악의 어머니라는 헨델이 대표작 「메시아」와 「왕궁의 불꽃놀이」를 만든 곳은 독일이 아니라 영국에서였다. 그 역시 많은 보수를 받고 영국으로 이민한 사람이다.

하지만 영국은 이러한 열등감을 다른 방법으로 해결하였다. 제국주의 경쟁에서 승리하여 '대영제국'을 건설하여 자신들의 열등감을 덮어버린 것이다. 게다가 영국은 현실적 피해를 본 일이 거의 없으니 그들의 열등감은 정신적 문화적 영역에 머물렀기 때문에 비교적 해소하기가 쉬웠을지도 모른다. 또 의회정치, 축구같은 스포츠에서 선구적 역할을 했다는 자부심도 그들의 열등감을 완화시켜 주는 데 공헌했을 것이다.

도요토미 히데요시가 대륙정복에 나설 때 그는 문화적 열등감을 일종의 숭배로 바꾸었을지 모른다. '동경해 마지 않는' 대륙을 손에 넣고 싶다는 식의 생각이다. 그가 설마 대륙의 야만인들을 해방시키겠다는 의식을 가졌다고는 도저히 상상할 수 없다. 그는 천황을 북경에 모시겠다고 선언했다. 설마 야만의 땅에 고귀한 천황을 옮길 생각은 아니었을 것이다. 자신의 제국을 일본땅이 아닌―미개한 지역―문명의 중심지로 바꿀 계획이었다 하겠다.

하지만 1868년 탄생한 새로운 일본은 도요토미와는 다른 의도에서 대륙을 넘보았다. 그들은 열등감을 우월감으로 바꾸는 중이다. 중국은 이미 서양열강에 의해 패자로 전락했다. 우리는 그런 대단한 존재인 서양의 문물을 한발 앞서 받아들인 민족이 되었다. 이제 너희는 우리에게 더 이상 선진국이 아닌 것이다. 왜냐면 세계문명의 중심은 중국이 아니라 서양이니까. 세계문명의 중심지와 더욱 가까운 일본이야말로 아시아 최고의 문명국이라는 자부심을 가진 것이었다고 볼 수 있다.

이제 서로의 입장이 바뀐 것이다. 오리엔탈리즘에 입각한 사명감도, 국학사상도 따지고 보면 그들의 민족적 열등감을 만회하려는 마음이 만들어낸 것이 아닐까 싶다. 열등생이었던 학생이 어느 날 공부의 신에게 비법을 전수받고 우등생이 되자마자 과거에 자신의 열등감을 부추기던 친구들에게 으스대는 꼴이라 할까? "이제는 우리가 너희를 문명화시켜 줄게"라는 의식을 갖고 제국주의의 길을 걷게 된 것은 아닐까? 오리엔탈리즘도 국학도 그러한 마음을 실현시킬 하나의 명분이 된 셈이다.

## (3) 권력은 더 큰 권력을 원한다, '관성의 법칙'

사드배치가 대선정국을 흔들고 있다. 도대체 우리나라는 신기한 나라이다. 선거 때만 되면 어김없이 북풍이 불어 안보를 팔아 살아가는 무리의 편을 들어주니 말이다. 탄핵과 세월호 등 각종 과제가 북풍에 의해 그림자도 없이 사라졌다. 중부담 중복지를 내세워 야당에게도 박수를 받던 유승민은 갑자기 안보팔이가 되어 다른 후보들의 안보관에 집중 공세를 펼치고 있으니 기가 막힐 노릇이다. 안보는 갑작스럽게 나타나는 문제가 아니라 상수이다. 그런데 왜 그것이 선거의 쟁점이 되어야 하는지 알다가도 모를 일이다. 이웃나라 일본에게는 호들갑을 떨지 말라며 자신들은 왜 그렇게 '호들갑'인지 나 원 참!

그런데 미국은 왜 머나먼 동아시아에 굳이 사드를 배치해서 한국과 중국 그리고 북한을 당혹스럽게 만드는 것일까? 물론 표면적인 이유는 북한 나아가 중국을 견제하기 위한 것인데 그럼 미국은 왜 북한과 중국을 견제하는 것일까? 당장 두 나라가 자신의 나라를 위협하는 것도 아니고 북한의 경우는 그럴 힘도 없다.

장차 핵무기 개발이 더 이루어져 미국본토를 위협할 일이 생길지 모르나 따지고 보면 그것도 자초한 일이다. 한국에 미군을 주둔시켜 북한을 자극하지 않는다면 북한이 뭐가 답답해 머나먼 미국을 향해 미사일을 쏘겠다고 없는 돈을 들여 생난리를 치겠는가? 미국이 한반도와 일본에서 조용히 물러나 있으면 북한이 국가존망을 걸면서 핵무기개발에 팔을 걷어 부치지는 않을 것이다. 무슨 영화를 보겠다는 속셈으로 그들은 한반도에서 얼쩡대고 있는 것일까?

　냉전이 사라졌으니 "자유세계의 수호"라는 거짓말도 이제 통하지 않는다. 언제 자기들이 자유세계를 수호했다고 그러는지 모르겠지만. 멀쩡한 이라크를 "대량살상 무기가 있다"고 누명을 씌워 박살을 내 놓고 끝내 나오지 않자 "아니면 말고"라는 발뺌을 해 대는 미국 그들은 가히 세계의 조폭이며 제국주의의 화신이 아닌가? 한반도에서의 '정의코스프레'도 결국 자신들의 제국을 지키기 위한 것인데 사드를 기어코 그것도 야심한 시각에 도둑질하듯이 들여다 놓고 너희를 지켜주는 거니까 십억 달러를 내놓으라고 생떼를 쓰고 있다.

　19세기 후반 세계는 제국주의의 광풍에 휩싸였다. 검은 대륙이라는 아프리카는 덕분에 발가벗겨져 열강의 먹이가 되어 분할되었고 오늘날의 아프리카 지도는 그들의 영역경계선을 그대로 이어받고 있다. 부족 간의 관계 따위는 무시하고 일방적으로 그어 버린 선으로 인해 아프리카는 오랫동안 내전에 시달려야 했다. 아대륙 인도도 아시아의 거인 중국도 제국주의의 마수를 벗어나지는 못했다. 하지만 제국주의 국가들은 세계를 자기 앞마당인 양 유린하며 희희낙락 세월을 보냈고 그들은 지금도 그것을 '영광의 세기'라고 회상하고 있으니 부아가 치밀 노릇이 아닌가? '내로남불'이라고 하는 말처럼 그들이 하면 침략의 역사도 '영광의 역사'인가?

　주목할 것은 세계가 그들에 의해 조각난 그 시절 미국의 이름은 그다지 눈에 들어오지 않는 것이다. 미국은 필리핀을 그리고 자그마한 섬인 괌이나 사이판을 가져오긴 했지만 아프리카 분할에도 참가하지 않았고 차이나 파이도 그리 많이 먹지는 않은 것 같다. 미국의 중국정책은 'Open door diplomacy(문호개방정책)'이었는데 이는 호혜평등의 원칙하에 모든 나라에게 중국시장을 열어 놓으라는 주장이다. 중국에 늦게 발을 들여놓은 미국이 기득권 국가들에게 "좀 나눠 달라"는 하소연 같기도 한데 제국주의쟁탈전보다는 자국의 발전과 앞마당 중남미에 대한 영향력에 힘을 기울이며 이른바 '먼로주의'적인 고립주의를 기본으로 하던 미국의 특징을 나타낸 것이라 할 수 있다.

미국은 제1차 세계대전을 계기로 세계최강의 국력을 과시했지만 국제사회에 대한 영향력을 행사하는 것에는 그다지 적극적이지 않았다. 국제연맹의 창시를 주도했으면서도 막상 의회의 거부로 가입하지 않았다는 사실은 그것을 잘 말해 주는 증거라 하겠다. 오늘날 우리가 알고 있는 '오지랖'의 미국과는 사뭇 거리가 먼 모습이다. 그들도 이른바 '영광의 고립'을 한 셈이다.

하지만 미국의 이러한 모습은 제2차 세계대전과 함께 사라졌다. 히틀러의 침략으로 전장으로 변한 유럽을 보고도 미국인들은 전쟁에 개입하는 것을 원하지 않았다. 제1차 세계대전도 중립을 고수하다 독일의 무제한 잠수함작전에 휘말려 부득불 참전한 것이었기에 미국인들의 '먼로주의'에 대한 지지는 변함이 없었다.

하지만 루즈벨트와 지배세력의 생각은 달랐던 것 같다. 여론에 밀려 관망을 하고 있었지만 그들은 전쟁을 원한 것이다. 일본에게 전쟁을 걸어올 정도의 무리한 조건을 내밀어서 진주만 기습의 간접적인 원인을 제공한 것은 그런 이유 때문이다. "미국이 기습당했다. 비열한 일본에 의해" 반전 분위기를 하루아침에 바꾸어 버렸던 것이다. 이제 미국은 세계대전의 정식참전국이 될 수 있었다. 그것도 등 떠밀려 참가한 제1차 세계대전과는 전혀 다른 기여를 하며. 유럽전쟁의 총사령관은 미국의 아이젠하워 원수, 아시아 쪽의 총사령관은 맥아더 원수라는 사실은 미국이 전쟁을 주도한 것을 보여주는 사실이다.

전쟁과 이어진 냉전은 미국의 세계에서의 역할을 크게 만들어 주었다. '영광스러운 고립' 대신에 '세계의 경찰'을 자처하며 갖가지 분쟁과 대립 전쟁에 개입하는 모습을 보여준 것이다. 한국전쟁, 베트남전쟁, 걸프전쟁, 아프카니스탄 침공, 이라크 침공 등등 그들의 전쟁에 대한 욕구는 제2차 세계대전과는 비교가 될 수 없을 정도로 강렬했다.

미국의 이러한 전쟁에 대한 집착은 왜 나타난 것일까? 그들은 왜 제국주의 국가로 돌변한 것일까? 전쟁도 전쟁이지만 갖가지 납치 암살 쿠테타 등을 일으키거나 조장하고 도와주는 것으로 세계각지에서 지배적 지위를 지키려는 그들이야말로 '경찰의 탈'을 쓴 제국주의적 침략자인 것이다. '영광스러운 고립', '먼로주의' 국가 미국의 놀라운 변신의 배경은 무엇일까?

1961년 1월 17일 퇴임을 사흘 남긴 아이젠하워 대통령은 미국의 군산복합체에 대한 경고를 담은 대국민메시지를 보냈다. 방대한 규모의 군수산업의 영향력에 대한 경계를 늦추지 말라는 이 메시지는 장차 미국이 전쟁의 소용돌이에 휘말린 것을 예언하는 듯하다. 그의 경고는 불행히도 실현되어 미국은 베트남전쟁부터 갖가지 전쟁의 현장에 모습을 드러냈다. 심지어 베트남전쟁을 막고자 한 케네디를 암살했다는 의혹마저 남긴 채 군산복합체는 전쟁을 통한 이익의 확대에 혈안이 되었다는 주장도 있다.

얼마 전 미국 대통령 트럼프는 대규모 감세안을 발표하였다. 법인세를 35%에서 15%로 낮추는 대대적 감세는 어쩌면 다른 것을 감추는 방패막이일 수 있다. 그보다는 상속세 폐지가 더욱 문제이다. 능력과 경쟁을 강조하는 자유시장주의의 나라 미국이라면 상속세는 더욱 강화되어야 할 세금인데 이를 폐지하려고 한다면 결국 기득권 세력의 부를 영원히 보장해 주겠다는 의미가 아니겠는가? 그런데 법인세의 그늘에 가려 상속세 문제는 그다지 주목을 받지 못하고 있다. 워렌 버핏같은 양심적 자본가들이 상속세 강화를 외치는 가운데 기습적으로 상속세를 없애겠다는 전형적인 끼워 팔기 전술이 아닐까 싶다.

그렇지만 대규모 감세와는 반대로 국방비는 대규모증액을 하였다. 국방비를 1할 증액하겠다는 것인데 그런 와중에 감세를 대폭 실시한다고 하니 기가 찰 노릇이다. 도대체 그는 어디서 재원을 마련하겠다는 것인가? 조지부시 2세 정권 시절 대대적인 감세를 통해 엄청난 재정적자가 발생하였던 기억을 잊어버린 것 같다. 결국 이러한 사태는 복지예산의 대폭감액으로 이어질 가능성이 있다. "재정적자의 주범은 복지"라는 주장을 해온 그들에게는 당연한 수순일지 모르겠다. 트럼프의 감세가 실현된다면 또 다시 이러한 사태가 벌어질 것 같다.

'관성의 법칙'은 세상 어디에나 적용되는 것 같다. "남자에게 스킨십은 전진은 있어도 후퇴는 없다"라는 말이 있다. 여자는 기분에 따라 스킨십을 진하게 하기도 하고 꺼리기도 하지만 남자들은 일단 진도를 빼면 그 이상을 가면 갔지 후퇴하지는 않는다는 말이다. 어디 남녀의 스킨십만 그렇겠는가? "권력에게 전진은 있어도 후퇴는 없다"고 해야 할 것이다.

미국의 군부는 그리고 그들을 통해 이익을 챙기는 갖가지 이해관계자들은 전쟁을 끊임없이 도발하도록 여론을 이끌었다. 조시부시 부자가 걸프전쟁과 이라크침공 아프카니스탄침공을 도발한 것은 그들이 텍사스의 재벌로서 전쟁을 통해 이익을 챙길 수 있는 입장이기 때문임은 공공연한 비밀이다. 9.11테러 시 빈라덴 일가를 그대로 국외로 보내준 것은 누가 뭐래도 납득하기 어려운데 그로 인해 부시가 9.11테러를 조작하거나 최소한 조장했다는 주장이 제기되기도 하였다. 설마 하겠지만 오죽하면 그런 이야기가 흘러나오겠는가? "아니 땐 굴뚝에서" 연기가 나오지는 않을 것이다.

일본제국주의 역시 일본의 군부 그리고 권력자들이 권력의 확대를 위해 인위적으로 추진된 정책들의 결과라는 추측은 여러 가지를 통해 입증되었다고 나는 생각한다. 메이지유신을 통해 일본은 강력한 중앙집권국가를—일본역사상 가장 강한—만들었다. 징병제가 실시된 것이 역사상 처음은 아니지만—고대 율령국가에서도 제도적으로는 존재—제대로 실시되어 군대가 만들어지고 그 군대가 실전에서 힘을 발휘한 예는 과거에 비할 바가 아니었다. 대만출병(1874년) 각종 반란—대표적으로 서남전쟁—에 동원된 군대의 실력은 놀랄 만큼 강했다. 사무라이들의 부대를 징병된 병사들의 정부군이 격파하는 것에서 사무라이의 시대는 끝나고 공적군대의 시대가 왔음을 알 수 있다.

이렇게 만들어진 군대를 그대로 버릴 수는 없었을 것이다. 일본육군의 아버지 오무라 마스지로(大村益次郞)의 죽음 이후 실질적으로 일본의 군부의 대부가 된 야마가타 아리토모(山縣有朋)와 그를 지지하는 군부 그리고 권력자들은 그들의 권력을 군의 확대를 통해 이루고자 하는 마음이 있었다. 그들은 늘 위기를 강조하고 군의 확대를 주장하였다.

재미있는 것은 섬나라인 일본이라면 당연 해군의 강화에 중점을 기울여야 하는데―영국이 그렇듯이―일본근대사에서 군과 나라를 움직인 군부 인사들의 중심은 육군 출신이었고―야마가타는 물론 가쓰라 타로 등 수상을 지낸 군부 인사들―해군은 이들을 추종하는 것이 현실이었다는 것이다. '해주육종'이라는 방침은 사실상 큰 위력을 발휘하지 못한 듯하다. 일본의 안전을 내세우지만 실은 대륙으로의 침략을 통해 군과 군부의 위상을 높이려는 것이 그들의 속셈이었음을 부인하기는 어려울 것이다.

물론 일본제국주의를 군부의 의도만의 결과로 간주할 수는 없다. 정한논쟁을 놓고 보아도 정한자체에 대한 논쟁이 아니라 시기를 두고 일어난 대립이었다. 후쿠자와 유키치의 '탈아입구론'처럼 아시아 침략을 부추기고 합리화시키는 주장들은 민간에서도 얼마든지 찾아볼 수 있고 그것을 위해 흑룡회 같은 우익단체들이 결성되었다. 기독교계조차 일본의 아시아 침략을 돕는 것이 선교의 목적이라고 여기는 지경이니 말해 무엇 하겠는가?

하지만 일본의 근대가 내내 침략에 동조하는 분위기로 일관되었다고 생각한다면 오해일 것이다. 1890년 개원한 제국의회는 군부의 군대 확대안에 거부 의사를 표하여 정부와 대립각을 세웠다. '민력휴양(민간에게 휴식을)'이라는 구호와 함께 메이지 유신으로 인해 큰 부담을 져왔던 국민에게 휴식을 주자는 의회의 주장은 군부의 권력 확장의 욕구를 견제하기에 충분하였다. 또한 나카에 조민과 같은 평화주의자들과 민권론자들의 존재도 무시할 수 없었다.

이토 히로부미와 야마가타 아리토모는 필생의 라이벌이었는데 전쟁을 두고 그들은 항상 다른 의견을 가지고 있었다. 이토히로부미를 평화주의자로 볼 수는 없지만 그는 청일전쟁과 러일전쟁에 대하여 소극적 자세를 보였다. 어쩌면 군부의 확대를 경계했을지 모른다. 해외경험이 풍부하여 영어로 연설을 할 정도의 국제파인 이토는 협상을 통한 해결에 좀 더 힘을 기울인 것 같은데 그때마다 야마가타는 이토의 뜻을 꺾고 전쟁을 결정하는 데 기여하였다. 이는 일본의 군부의 승리이며 나아가 제국주의에의 길을 촉구한 결과일지 모른다.

1868년의 보신전쟁으로 막부를 타도되고 메이지정부를 세웠다. 일본은 힘을 하나로 모을 기회를 얻은 것이다. 그리고 군부가 탄생하였다. 과거에 사무라이는 전사이기도 하지만 통치자이기도 했다. 하지만 새로운 군부는 전쟁을 원하는 집단일 뿐이다. 전쟁은 그들의 힘을 키우는 가장 좋은 수단이기 때문이다.

1930년대에 일어난 갖가지 테러는 1920년대의 군축을 무너뜨리기 위한 군부의 시도였다. "군복을 입고 외출하기가 어려웠다"고 할 정도로 일본은 1920년대에 평화무드에 젖었다. 그런 분위기는 군부와 아울러 그들을 지지하는 제국주의자들의 위상도 위축되어 버렸다. 육군의 사단이 감축되는 순간 육군 장교들의 미래가 어두워진다. 속된 말로 별 달기 어려워진 것이다. 그러나 평화가 계속된다면 이러한 재앙은 계속될 것이다. 그러니 전쟁을 일으켜야 한다. 그것이 '통수권의 간범'을 외친 청년장교들의 절박한 심정이 아니었을까?

통수권의 독립이 일본의 제국주의에 큰 영향을 미친 것은 사실이나 결정적인 것은 아니었다. 일본의 군대가 국민의 국군이 아니라 천황의 군대이며 그래서 천황만이 군을 좌우할 수 있다는 '통수권의 독립'은 메이지에 치뤄진 각종 전쟁에서는 그리 영향을 발휘하지 못했다. 하지만 일본은 이미 메이지시대에 제국주의 국가로 성장하였다. 1930년대의 테러가 '통수권의 독립문제'였다고 해도 제국주의로의 길을 걷는 것이 어느 정도 굳어지지 않았다면 그들은 모두 처벌을 받았을 것이고 결과는 오히려 반군적인 것이 되었을 것이다.

미국이 제2차 세계대전으로 군부가 비대해지고 그것이 제국주의적인 방향으로 미국을 이끌었듯이 일본도 메이지유신으로 만들어진 강력한 군부와 그의 추종세력들은 일본제국의 성립을 강력히 원하고 추진한 것이다. 1990년대에 일본의 장기불황 가운데에서 공무원들의 각종 비리가 폭로되었는데 문제는 일을 하지 않는 것이 아니라 자신들의 권력을 유지하기 위해 필요 없는 일을 만들어내는 것이었다. 필요 없어진 것도 예산과 그로 인한 권한을 지키기 위해 계속해 가는 공무원들의 모습에서 전쟁을 부추기던 제국주의 일본의 모습이 보였다.

대한민국이라고 다른가? 대선을 안보팔이의 장으로 삼아 또 다시 사드를 통해 위기를 조장하는 한국과 미국의 군부 그리고 이를 이용하여 국내에서의 불만을 돌리려는 트럼프 대통령 모두가 21세기의 제국주의의 모습을 보는 것 같다. 권력은 역시 위기와 전쟁을 통해 다양성을 파괴함으로써 그 생존을 보장받는 것일까? 아니면 자기증식을 거듭하게 되는 것일까? 1930년대 일본군부의 과격파인 '황도파'의 대부분이 군축으로 인해 출세길이 막힌 소외자들이라는 사실은 안보팔이에 다시 휘둘리는 우리의 현실을 돌아보게 한다. 대한민국이 대한제국으로 바뀌고 있는 것은 아닐지 걱정이다. 일본이 대일본제국이 되어 제국주의에 치달았던 것처럼.

# "일본이 왜 성공했냐고? 그냥!" 승자 정의론을 넘어서!

마이클 샌들 교수는 『정의란 무엇인가』에서 합격통지서와 불합격통지서를 작성함에 있어서 합부의 원인을 개인의 책임으로 돌리는 것이 부당하다고 주장했다. 합격생에게는 "당신의 합격이 당신의 개인적인 능력과 노력에 의해서 이루어진 것이 아니라 운 좋게 시대에 필요한 조건을 가지고 태어난 것의 결과에 불과하다고" 해야 한다는 것이다. 반대로 불합격생은 그러한 조건을 가지지 못하고 태어난 것뿐이니 너무 상심하지 말라고 위로한다.

살림을 잘하는 능력은 옛날 여성에게는 큰 장점이었으나 오늘날에는 그다지 빛이 나지 않을 것이다. 반대로 글을 잘 쓰는 것이 오늘날 여성에게는 더욱 좋은 능력이다. 예전에는 글 잘 쓰는 여성보다 살림 잘하는 여성이 행복하게 살 가능성이 높았지만 지금은 반대일지 모른다. 하지만 그것은 '어쩌다' 그렇게 된 것이지 본인들에게는 책임이 없는 것이다.

이러한 점은 국가나 사회에 대하여도 말할 수 있지 않을까? 어떤 국가나 사회가 가진 조건이 절대적으로 선하고 악하거나 훌륭하거나 보잘것없다고 말하기는 어렵다. 상황에 맞느냐 아니냐에 따라 평가가 이루어지는 것이다. 지중해가 서양의 중심일 때 영국은 그야말로 변방이었다. 하지만 대서양이 새롭게 중요한 해상교통로가 되고 신대륙이 발견되자 상황은 완전히 달라졌다. 대서양국가들이 유럽의 중심이 되고 그중에 섬나라 영국은 바다로 둘러싼 점이 더 이상 불리한 점이 아니라 이점이 되었다. 이웃나라와의 충돌위험에서 벗어나 자유롭게 대서양을 누비게 되었기 때문이다.

일본은 동아시아 문명의 변방이었기 때문에 오랫동안 여러 모로 뒤떨어진 나라였다. 그들은 견당사 등을 파견하여 열심히 대륙의 선진문물이나 제도를 도입하려고 애썼지만 제대로 성공하지 못했다. 율령국가가 형식을 갖추고 출범했지만 곧 해체되기 시작하였다. 제도의 정착을 위해 보다 더 많은 시간을 들여 배우고 연구해야 하는데 그럴만한 상황이 아니었다. 한번 파견되면 살아서 돌아올 보장조차 없는 견당사에게 정보를 의존해야 하기 때문이다.

게다가 외부의 압박이나 위협이 없어지는 바람에 나라 전체가 분열상태에 놓여 끊임없이 내란이 벌어진 것도 그리 유리한 조건은 아니었다. 높은 수준의 문화를 꽃피울 여유가 없기 때문이다. 고려의 화려한 귀족문화에 비하여 일본 중세의 문화는 거칠기 이를 데 없었다. 헤이안시대의 화려한 귀족문화는 내란으로 인한 혼란으로 쇠퇴하여 버렸다.

하지만 분열이 가져온 축복도 있었다. 그들은 다양성을 지킬 수 있었고 그래서 서양열강과의 만남에 적절한 대응을 하는 데 성공하였다. 체제적 다양성, 사상성 다양성은 한 가지 체제와 사상만을 고집한 중국이나 조선에 비하여 새로운 세상에 대한 적응을 보다 용이하게 하였다. 그것은 개혁세력이 기득권세력을 무너뜨리고 새로운 체제를 세우도록 하여 주었기 때문이다. 그것이 바로 '메이지유신'이다. 그에 비해 조선이나 중국은 기득권자들에 의한 완만한 변화만이 가능했기 때문에 근본적인 개혁이 불가능하여 결국 새로운 시대에 적합한 체제를 구축하는데 실패하여 비참한 근대를 맞이하여야 했다.

'주변부 혁명설'은 이 경우 큰 설득력을 가지고 있는 듯하다. 일본의 경우에도 중심세력이었던 막부와 그 추종세력들은 끝내 새로운 시대를 위한 준비를 하지 못하고 무너졌다. 이것을 동아시아 전체로 확대시킨다면 중국이 그렇다고 할 수 있다. 중국은 세계의 중심이라는 생각에 스스로를 변혁시킬 적극적 자세를 가지기 어려웠던 것 같다.

1900년 '의화단 사건'이 일어났을 때 청나라 정부는 안이하게도 반란세력을 지지했다. 서양열강에 의해 억압받았던 것을 생각하면 이해가 가지 않는 것은 아니지만 '扶淸滅洋(부청멸양: 청나라를 부양하고 서양을 멸한다)'이라는 구호가 아무리 달콤해도 남경조약 이래 수없이 저지른 과오로 인한 대가를 치르고도 그리고 청일전쟁에서 참패를 했음에도 불구하고 배외적 자세를 버리지 못한 것은 아직도 세계의 중심에 위치했다는 환상을 버리지 못한 탓은 아닐까 싶다.

그와 달리 변방이었던 까닭에 일본은 필요 없는 자부심이나 자존심을 보다 쉽게 버리고 새로운 시대에 적응한 것 같다. "양이운동을 멈춘 것이 일본을 구했다"는 말처럼 그들은 무모하게 서양열강과 대립하는 것을 일찍이 중단하였다. 그것은 그들이 서양의 사정에 밝았다는 점도 있지만—그조차 변방 국가이기 때문이었을 것이다—다양한 사상과 체제 그리고 변방이기에 가질 수 있는 유연한 자세 때문이었을 것이다.

그들의 다양성은 경쟁을 가져왔다. 메이지시대가 되어도 그들은 고정된 지배자들이 없이 지배 계급 내에서 일정한 범위 안에서 치열한 경쟁이 전개되었다. 게다가 제국의회와 헌법이 만들어지면서 서로간의 견제도 이루어졌다. 결과적으로 일본은 서양열강과 어깨를 나란히 하는 세계적인 강대국에 올라섰고 이 지위는 제2차 세계대전의 패배에도 불구하고 오늘까지 이어오고 있는 것이다. 아니 도리어 패전이 약이 되어 한층 더 도약할 수 있었다.

그에 비하여 우리는 다양한 가능성을 모두 말살시키고 획일적인 체제와 사상으로 일관하였기 때문에 서양열강의 도래에 제대로 대응하지 못해 끝내 근대사를 비극으로 만들어 버렸다. 그것은 중국처럼 대국사상에 젖어 오만해진 것과는 다른 것이다. 하지만 '소중화'라는 의식은 어떻게 보면 중국의 대국사상과 일맥상통하는 것일지 모른다. 자신들의 것이 절대적이라고 믿는 나머지 다른 것을 받아들일 수 없다는 점에서 말이다.

그러나 세상은 이제 바뀌었다. 일본은 아직도 대국이지만 점차 한국과 중국에게 뒤지고 있다. 중국은 적어도 규모에서 이미 일본을 추월하였고 질적인 면에서도 점차 접근해 오고 있다. 한국 역시 더 이상 일본을 두려워하지 않게 되었다. 도대체 왜 이렇게 되었을까?

해답은 어제의 장점이 오늘의 단점이 되었기 때문이다. 다양성을 자랑하던 일본은 오늘날 국가와 민간이 하나가 되어 발전을 꾀하는 단일적인 성격의 중국과 한국의 추진력에 눌리고 있는 것 같다. 국제스포츠대회에서 일본은 중국은 물론 한국에게도 뒤지고 있는데 이는 다양성보다는 통합성이 보다 효과적인 상황이 되었기 때문이다. 물론 그것이 과연 바람직한 것인가 하는 의문이지만.

게다가 일본의 장점은 근대에서도 큰 문제를 낳고 말았다. 그것은 바로 일본과 동아시아 그리고 서양열강을 전쟁의 참화로 몰아넣은 것이다. 우쭐해진 그들은 자신들의 힘을 통해 동아시아를 유린해 갔고 결국 세계를 대상으로 싸우는 무모한 지경에 이르렀다. 일본의 변방으로서의 열등감은 분발할 수 있는 동기가 되기는 했지만 그것이 집착에 이르면 결코 바람직한 것이 아니었음을 알 수 있다. 하나의 장점이 다른 상황에서 단점이 될 수 있음을 이토록 극적으로 보여준 예도 그리 흔하지 않다.

우리는 일본에 대하여 우쭐함도 열등감도 느낄 필요가 없다. 일본이 왜 먼저 근대화를 성공하였는가, 왜 우리는 그들에게 식민지가 되는 굴욕을 맛보아야 했는가에 대한 답은 이미 언급한 대로 상황에 맞는 특징을 가지고 있었느냐의 문제이지 본질적인 면에서의 우열이 있어서는 아닌 것이다. 일본인은 우리보다 우월한 민족도 열등한 민족도 아니다. 그저 그때 그 상황에서 보다 앞서 갈 수 있는 조건을 가지고 있었을 뿐이다. 하지만 지금은 일본이 그렇지 못한 모습을 보여 주고 있으니 세상지사 '새옹지마'라는 말이 새삼 느껴진다. "그때는 맞고 지금은 틀리다"가 일본이고 "그때는 틀리고 지금은 맞다"가 우리라고 해야 할까?

이제 결론은 나왔다. 일본은 왜 제국주의 국가가 되었는가? 될 수 있는 조건을 갖추었을까 하는 질문에 대한 답은 "그냥 그렇게 될 수 있는 조건이 있었기 때문"이라고 하고 싶다. 그러니 대한민국 국민 여러분! 열패감도 우월감도 가지지 마시길. 우리의 패배도 승리도 그저 한때의 이야기일 뿐이며 상황은 언제든 역전될 수 있음을 명심하기 바란다.

# 일본제국주의
## - 잘못된 생각과 통합의 만남이 낳은 최악의 선택

중원을 지배하던 한족에게 북방민족의 침입은 역사시대 내내 골칫거리였다. 넓은 평야, 황하와 양자강을 비롯한 풍부한 수자원, 따뜻한 기후와 적절한 강수량을 가진 중원은 누구라도 탐낼 곳이었기에 한족은 그곳을 지키기 위해 만리장성까지 쌓았고 북방민족은 그곳을 빼앗기 위해 무던히도 애를 썼다. 만리장성은 그렇게 해서 혈투의 현장이 되었고 여러 번 북방민족은 그 철옹성을 뚫는 데 성공하여 중원의 주인이 되기도 하였다. 하지만 엄청난 잠재력을 가진 한족에게 결국은 흡수 통합되어 자취도 없이 사라지거나 퇴출당하고 말았다.

북방민족이 중원을 노리고 어느 정도 성공할 수 있는 가장 큰 조건은 통합이다. 북방민족들은 거친 땅에서 주로 수렵과 목축을 하며 살았다. 그들은 말을 항상 타는 기마민족으로서 잠재적인 전사들이었다. 문제는 유목민의 특징상 뭉치기가 어렵다는 것이다. 이를 극복할 훌륭한 리더가 출현하여 통합에 성공하면 한족에게 커다란 위협으로 등장한다. 5호16국 대요 금나라 원나라 그리고 청나라 모두가 징기스칸을 비롯한 지도자들의 힘이 그들을 통합시키는 데 성공하였기 때문에 역사에 모습을 드러낸 북방민족의 나라들이다. 중원을 차지하지는 못했지만 한족을 괴롭힌 점에서는 고구려도 그중에 포함될 것이다. 다만 고구려는 중원을 닮은 한반도에 한 발을 걸치는 바람에 중원에 대한 적극성이 부족했다는 설이 있기는 하다. 그들은 "배가 덜 고팠다"고 해야 할까?

중원을 노린 민족이 북방에만 있었던 것은 아닌 것 같다. 동쪽에 있는 섬나라도 때때로 중원을 향해 시선을 돌렸으니 말이다. 북방민족과 마찬가지로 그것은 통합이 일어났을 때 일어났다. 그들은 좋은 자연조건에도 불구하고 매우 드물지만 중원을 향해 야심을 불태웠다. 한 번은 개인적 권력욕으로 인해 한 번은 사회적 열망을 이용한 지배계급에 의해서 말이다. 도요토미는 결국 폭넓은 기반을 가지지 못해 실패했지만 근대 일본의 시도는 반은 성공을 거두었는데 이는 보다 강력한 통합과 정복에 대한 폭넓은 지지 때문이었다. 개인적 정복열과 다른 후자의 경우를 우리는 제국주의라고 한다. 대외적 침략을 지배자의 개인적 관심이 아닌 민중의 소망으로 포장해 버려 강력하게 추진할 바탕으로 제공하는 것, 그것이 바로 제국주의인 것이다.

일본은 대외적 위기를 극복하기 위해 대통합을 이루었다. 하지만 그들에게 제국주의는 유일한 선택지는 아니었다. 그들이 외치는 외부적 위협은 과장되었거나 왜곡되었다. 동아시아는 열강의 각축장이 되었지만 현명하게 대처하기만 하면 통째로 유린당할 위험은 없었다. 그것을 공교롭게도 일본 자신이 보여주었다. 그들은 개국의 위기에 제대로 대처한 덕분에 안정을 되찾고 심지어 세계로 뻗어나가고 있었다. 특히 경제면에서의 발전은 개국이 준 축복이기조차 했다. 그러니 굳이 제국주의를 택할 명분도 당위성도 없었다. 그저 국가안보를 위한 최소한의 군사력을 보유하면 그만이었다.

하지만 그들은 서양열강의 어리석음에 동참하기로 했다. 도요토미가 원하던 중원을 향해 욕심을 가지게 된 그들에게 제국주의적 세계는 자신들의 범죄를 감추기 좋은 환경이었다. 모두가 약탈과 방화를 일삼는 가운데 그들의 행위도 감춰질 수 있기 때문이다. 게다가 그들에게는 뒤를 봐 줄 든든한 선배들이 있지 않은가? 동맹까지 맺어 가며 응원하는 선배들의 격려와 도움에 힘입어 그들의 야심은 현실이 되어 갔다. "이젠 중국 따위 두렵지 않아! 우리가 너희보다 강하단 말이야." 그들은 그렇게 믿었을 것이다.

결국 통합이 아니라 그 통합이 어떤 생각과 결합하느냐 문제이다. 통합=침략도 아니지만 그렇다고 통합=평화도 아니었다. 야심가의 통합은 위험하지만 유럽연합처럼 평화를 가져온 통합도 있는 것이다. 문제는 무슨 생각으로 어떻게 이루어지느냐이다.

인류 역사의 시작 이래 많은 통합이 시도되고 이루어졌으나 대부분은 나쁜 통합이었다. 폭력적이고 억압적이었다. 권력자들이 야심을 가지고 이룬 통합, 그것이 결과적으로 평화를 가져왔다고 해도 마찬가지이다. 힘에 의한 통합은 외형적인 화려함과는 달리 억압과 착취를 강요하는 구조이기 때문이다.

하지만 바람직한 통합도 엄연히 존재했다. 미국의 독립을 위한 통합은 아래로부터의 평화로운 통합의 좋은 예이다. 그들은 자발적으로 모여 영국의 식민지지배에 맞서기 위하여 통합을 이루었다. 대서양국가들의 계속적 압박에 의해 촉진된 독일의 통합도 프랑크푸르트 국민회의, 관세동맹을 중심으로 한 아래로부터의 평화적 통합이었다면 독일과 세계의 역사는 달라졌을 것이다. 유럽연합 역시 냉전이라는 외부적 압박에 의해 출발하였지만 그런 점에서 바람직한 통합을 위한 새로운 시도이다. 미국의 그것보다 더 자발적이고 평화로운 아래로부터의 통합인 것이다. 인류의 미래를 기대할 획기적인 실험이 시작된 것이다.

　일본에게는 미국이나 유럽연합과 같은 선택지는 없었을지 모르지만—사실 있다 해도 그리 쉽지는 않았다—최소한 제국주의라는 최악의 선택지만 있었던 것은 분명 아니다. 하지만 그들은 결국 잘못된 생각으로 최고의 악수를 두어 많은 사람들을 비극으로 몰아넣었다. 그것은 절대 불가피한 것이 아니었음을 알아야 한다. 제국주의의 폐해가 일본만의 잘못이 아니라고 해도 일본의 제국주의 선택이 용서될 수 있는 것은 아닌 것이다. 일본은 이 점에 대하여 바른 인식을 가져야 할 것이며 오랜 세월이 흐르더라도 이 점을 반드시 바로잡아야 할 것이다. 그 점이 동아시아의 새로운 미래를 위한 매우 중요한 조건임을 우리는 명심해야 한다.

　반면 동아시아의 국가들은 일본의 잘못을 지나치게 과대평가해서는 안 될 것이다. 제국주의라는 시대적 조류에 편승한 것은 분명 잘못이지만 인간도 국가도 그런 점에서는 나약한 존재임을 잊어서는 안 된다. 내가 피해를 보았으니 상대의 잘못을 상대화시키지 못한다면 공평한 태도라 보기 어렵다. 그리고 제국주의라는 것도 긴 역사를 놓고 보면 한 시대의 일일 뿐이다. 역사 바로 세우기는 분명 중요하고 과거의 청산은 매우 중요한 과제이지만 유일한 것도 또한 가장 시급하고 중요한 것은 아닐 것이다. 우리가 미워해야 할 것은 일본의 과오이지 일본 자신은 아님을 명심하도록 하자.

# 제4장

# 일본은 왜
# 경제대국이 되었는가?

# 한때 '이코노믹 애니멀(경제동물)'이라고 불린 어떤 나라

"비즈니맨 비즈니스맨 재패니즈 비즈니스맨~"

1989년 유학을 하러 일본에 갔을 때 어느 텔레비전 광고에서 나온 CM송의 일부이다. 드링크제를 광고하는 이 노래는 "24시간 싸울 수 있습니까?"라는 구호와 함께 제법 흥미로운 가사를 포함하고 있어서 지금도 가사를 거의 외우고 있다.

"노란색과 검정색은 용기의 표현, 전 세계를 누비며 세계를 누비며 힘써 일하고 있는 비즈니스맨 비즈니스맨 재패니즈 비즈니스맨 24시간 싸울 수 있습니까? 리게인(회복)"

사실 제작자는 이 노래를 비아냥거릴 생각으로 만들었다고 한다. 하지만 이것이 어느 순간 일본 비즈니스맨의 투혼을 나타내는 노래로 둔갑해 버렸다. 미국과 유럽같은 선진국은 물론 아프리카 오지까지 잠입해 비즈니스를 전개하는 일본사람들의 자세에 나 자신도 조금은 경탄을 금치 못하였다. '과연 우리는 이렇게까지 하고 있는 것일까?' 하는 생각과 함께. 지금과는 달리 경제발전을 지상가치로 여기고 있던 젊은 시절의 나에게는 그저 부럽게 느껴지는 이야기가 아닐 수 없었다.

일본에 도착하고 시간이 지날수록 나는 꿈을 꾸는 것 같은 시간을 보냈다. 변변한 대형마트도 거의 없던 시절 대형마트가 여기저기 있고 물건이 넘쳐 나는 것을 보고 감탄을 금치 못했다. 우리나라에서는 고급 백화점에나 가야 볼 수 있는 귀한 물건들이 마치 생활필수품인냥 아무렇지 않게 팔리고 있는 모습은 정말 신기하기 이를 데 없었다. 와인만 팔고 있는 전문 와인샵에 가게 전체를 가득 메운 와인을 보고 한동안 말을 잃었다. '도대체 이곳이 사람 사는 곳인가 아니면 천국인가?' 하며. 내가 죽고 못 사는 커피를 파는 커피숍도 우리와는 차원이 달랐다. '다방커피'에만 익숙해 있던 내가 원두커피를 그것도 다양한 메뉴 가운데에서 고를 수 있다니 꿈만 같았다. 경제대국 일본의 첫 인상은 대체로 그러한 것이었다.

한동안 나는 내 가치관이 무너지는 것 같은 충격 속에 살았다. 마르크스주의자가 되고자 일본에 건너갔던 나에게 자본주의는 장밋빛 존재로 다가온 것이다. 매일 들어오는 신문 전단지에 넘치는 구인광고는 다시 한번 나를 놀라게 하였다. 역시 성장과 발전이 우리를 해방시켜 줄 것인가? 취업시장이 제한적이던 우리와 달리 언제든지 일을 할 수 있는 기회가 보장된 일본의 노동시장이 부러웠고 그것을 지탱하는 일본경제의 저력이 또한 부러웠다.

때는 소위 '버블경제'가 일본에서 극에 달하던 시절이었다. 토지와 주식은 나날이 오르고 마침내 일본은 미국을 질적으로 능가하는 수준에 도달하였다는 소식이 전해져 왔다. 일본 땅을 팔면 미국은 여러 번 살 수 있고 동경의 증권시장은 뉴욕의 월가를 능가하기에 이르렀다. 뉴욕의 록펠러 센터가 일본의 대기업 미츠비시에게 팔리고 고호의 명화가 사상 최고 가격으로 일본자본에게 넘어가는 등 일본의 경제력은 세계를 경악하게 하였다. 폴 케네디 교수가 『대국의 흥망』이란 저서를 통해 일본이 장차 세계 최강의 지위에 오를 것이라는 예측을 조심스럽게 폈고 미국의 언론인이 '일본봉쇄론'을 통해 "소련의 군사력보다 일본의 경제력이 더 무섭다"고 하며 호들갑을 떤 것도 그 시절이었다.

일본과 미국의 무역마찰이 극에 달한 것도 그 시절이다. '일본때리기'라는 이름으로 일본에 대한 세계각국의 비판이 쏟아진 가운데 미국의 국회의원들이 일본상품을 쌓아 놓고 때려 부수는 퍼포먼스를 하였다. 미국은 계속 일본에게 시장개방을 요구하였고 일본은 그에 대한 대응으로 진땀을 빼야 했다. "일본시장은 폐쇄적이다"라고 주장하는 미국의 주장에 "우리는 폐쇄적이지 않다"고 반격하는 일본. 실제로 관세는 미국보다 낮았고 일본사람들의 미국물품 구매액은 유럽사람들의 그것보다 컸다.

그러니 일본으로서는 억울할 수밖에 없었는데 미국은 비관세장벽을 문제시하였다. 일본에는 '계열'이라는 것이 존재하여 같은 계열끼리의 폐쇄적 거래가 일반적이기 때문에 외국제품이 유입되기 어렵다는 것이다. 실제로 그런 일은 일어나고 있었다. 소매점에서 외국제품을 마음대로 들여놓았다가 도매상에게 제재를 당하는 일이 일어나곤 했다. 자신들이 취급하는 물품만 들여놓으라는 것이다. 도매상들은 제조업체들에게 통제를 받고 있었던 것이다. "다른 제품을 취급하면 재미없어(?)"라는 일종의 협박을 받을 수 있었다. 그러니 비록 관세는 낮아도 외국제품이 일본시장에 진입하기는 쉽지 않았으며 미국은 그것을 시정하라고 요구한 것이다. 하지만 그런 관행이 국가의 명령으로 고쳐지기는 어렵기 때문에 일본정부로서는 난처한 입장에 놓여야 했다.

일본경제의 막강함은 이른바 '잃어버린 이십 년'을 거치며 사라져 갔다. 토지가와 주가의 하락으로 시작된 버블경제의 붕괴는 경제전반의 침체를 가져왔고 그것이 장기화됨에 따라 일본의 경제력은 중국에게도 추월당할 정도로 위축되었다. 한때 10배 이상의 차이를 보이던 한국과의 격차도 기껏해야 1.5배에서 2배 정도로 축소되었다. 우리가 동경하던 소니나 마쓰시다의 나쇼날 같은 굴지의 전자제품 회사들은 이제 삼성전자 같은 한국기업들에게 추월되어 존재감을 잃어버렸다. 과거의 기억이 아직도 선명한 세대로서는 실감이 나지 않을 정도이다. '소니가 삼성에게 뒤지다니' 이런 생각이 아직도 남아 있는 것이다.

하지만 일본이 경제대국이라는 사실은 지금도 변함이 없다. 여전히 세계 3위의 경제적 수퍼 파워를 갖고 있고 일본의 엔화는 세계경제의 악화를 이겨 내고 상승한다. 이는 엔화에 대한 강한 믿음을 의미하며 나아가 일본경제에 대한 신뢰를 의미한다. 또한 제조업의 경쟁력은 여전히 높다고 알려져 있다. 일본에 대한 평가에 늘 인색해 온―경제적 격차가 수십 배일 때조차 무시했으니―우리만 제외하면 일본경제를 우습게 보는 나라는 아마 없을 것이다.

일본의 경제발전은 비서양국가로 최초의 사례라는 점에서 그 가치는 오늘날에도 남아 있다고 믿는다. 오늘날에는 우리나라를 비롯하여 중국, 타이완 등이 세계적 수준의 경제력을 과시하게 되었지만 1980년대까지만 해도 이른바 '선진국'이라고 불리던 나라 중에 하얀 피부를 갖지 않은 나라는 일본이 유일하였다. 서방선진7개국 정상회의 참가자는 일본을 제외하면 큰 키에 하얀 피부, 파란 눈의 사람들이었다. 그것을 보면 부럽기가 한량이 없었다. 예전에 본 어떤 영화에서 세계각국의 사람들이 비행기 시합을 벌였는데 일본사람만이 백인이 아닌 것을 보았다. 일본은 단순히 경제가 발전된 나라가 아니라 백인들에게는 매우 특별한 존재였던 것이다. "쟤들은 뭔데 저렇게 우리를 잘 따라온 거지?"라는 의문을 갖게 한.

그렇기 때문에 한때 일본은 비선진국가들의 롤모델이었다. 백인의 나라만이 선진국이 될 수 있다는 공식을 깨 준 일본의 존재가 좋든 싫든 비백인국가들에게 희망처럼 여겨졌기 때문이다. 만일 일본의 경제발전이 없었다면 중국이나 우리나라가 오늘의 발전을 이루지 못했을지 모른다. "백인이 아니면 안 돼"라는 인종론에서부터 "따라갈 만한 롤모델이 없어"라는 절망감까지 가졌을지 모르기 때문이다. "쪽빠리들도 했는데 우리라고 못 하겠냐"고 하는 근자감이라도 가졌다는 것이 도리어 우리에게는 큰 힘이 되었을 것이다.

한때 세계경제발전의 롤모델이었던 일본에 대한 신비감은 거의 사라졌다. 하지만 그렇다고 일본의 경제발전에 대하여 제대로 된 이해를 하고 있다고는 생각하지 않는다. 심지어 일본사람들조차 일본의 경제발전에 대한 잘못된 선입견을 가지고 있다. 일본이 수출주도형으로 경제발전을 했다고 하는 것은 그런 예의 하나이다. 일본의 수출의존도는 예나 지금이나 유럽보다 낮고 미국보다 높은 수준이다. 이는 일본의 근대에서도 마찬가지이다. 일본은 인구가 1억이 넘는 거대시장이며 내수는 생각보다 매우 크고 중요하다. 무역이 일본에게 중요한 것은 사실이지만 무역주도형이라고 볼 수준은 아니다.

세계가 일본에 대하여 주목하게 된 것도 우리가 일본에게 신경을 곤두세운 것도 뭐니 뭐니 해도 경제이다. 경제대국으로서의 일본을 역사적으로 이해한다면 일본에 대한 보다 바른 인식을 가질 수 있을 것이다. 과거처럼 일본인의 근면성이나 치밀함 등을 빌전의 원인으로 드는 이른바 문화론적 분석은 그다지 보이지 않지만 그렇다고 제대로 된 이해가 되었다고도 보여지지 않는다.

한 나라의 경제발전은 여러 가지 원인에 의해 이루어졌으며 일본 또한 마찬가지이다. 일본경제가 제2차 세계대전 이후 고도성장으로 갑자기 발전한 것도 아닌데 아직도 벼락부자의 성공으로 보는 견해가 남아 있는 것도 이런 이유에서이다. 일본의 경제발전은 긴 역사과정에서 준비되었다고 해야 하며 고도성장은 그 과정의 일부에 불과하다. 이천 년이 넘는 일본의 역사를 통틀어 일본이 오늘같은 경제대국이 된 원인을 역사적으로 살펴본다면 일본은 물론 일본역사에 대한 새로운 이해를 할 수 있을 기회가 될 것이다.

# 일본은 사회주의국가가 아니다
## - 국가의 역할에 대한 과대포장은 금물

1970년대 초 '일본주식회사'라는 말이 한때 유행했던 것 같다. 일본은 정부와 기업이 하나가 되어 발전을 이루어가는 하나의 주식회사라는 평가가 세계를 떠들썩하게 하였다. '이코노믹 애니멀(경제동물)'이라는 말도 아마 그 무렵에 나온 것은 아닐까 싶다. "우리의 두목님은 바로 일본정부(오야가타 히노마루)"라는 말도 이러한 일본경제에 있어서 국가가 얼마나 큰 역할을 하는지 말해 주고 있다고 '믿어졌다.' 『통산성과 일본의 기적;현대 일본의 경제참모본부』(챠머스 존스 저, 1983)은 일본의 산업정책을 담당하는 통산성이 일본의 기적을 일으켰다는 식의 주장을 세계에 확산시켰다.

하지만 이러한 신화(?)에 대한 반론이 1990년대에 일본 내에서 일제히 제기되었다. 버블붕괴로 어려워진 경제를 살리기 위해 신자유주의의 바람이 거세게 불었던 그 시절 정경유착과 함께 경관유착이 계속 드러나고 관료들의 무사안일주의적 대처로 인한 갖가지 사고가 터지면서 일본주식회사의 수뇌라 할 정부의 역할에 대한 의문이 커지기 시작했다.

1990년대 후반은 일본관료들에게는 '수난의 계절'이었다. 일본 유수의 은행 '다이와은행'의 미국 지점에서 어느 직원이 장기간에 걸친 부정을 행하였던 것이 발각되는 사건이 벌어졌다. 미국 금융당국은 이를 오랫동안 숨겨 온 다이와은행을 퇴출 처리하는 초강수를 두었는데 이는 정보의 투명화라는 미국인의 사고방식으로 볼 때는 엄청난 부정이었기 때문이다. 그 과정에서 다이와은행이 일본의 재무성에 해당되는 대장성의 고위관료들과 비밀리에 대책을 상의한 것이 드러나 문제가 더욱 커졌다. "은행을 감독해야 할 관료들이 은폐공작의 공범이라니" 하는 맹비난이 쏟아진 것이다.

이와 같은 경관유착적인 비리는 계속 쏟아져 관료에 대한 또한 정부에 대한 사회적 신뢰를 땅바닥에 떨어뜨렸다. 일본의 보건복지부에 해당되는 '후생성'이 혈우병 환자들이 수혈로 인해 에이즈에 감염된 사건에서 업계의 비리를 감싼 것도 드러나 관료와 학자 업계 관계자들이 줄줄이 체포된 사건도 일어났다. 업계의 비리를 감싸고 뇌물을 받거나 업계에 이른바 낙하산으로 내려가 퇴임 후의 삶을 보장받는 식의 유착관계가 드러남에 따라 일본정부와 관료의 경제발전에 대한 역할마저 도마 위에 오르게 된 것이다.

제2차 세계대전 이후 일본정부가 기업을 통제하고 이끌기 위해 주로 쓴 방법이 '행정지도'와 일본은행에 의한 '창구지도'이다. '행정지도'란 법이나 시행령 등의 개폐 없이 심지어 문서적 지시도 없이 업계에게 지시를 내리는 것이며 '창구지도'란 대출에 대한 '행정지도'와 유사한 것으로 역시 자취를 남기지 않고 일본은행이 일반은행들의 업무에 개입하는 것이다. 인허가권과 대출 등을 통해 막강한 영향력을 가진 정부와 일본은행의 지도에 감히 거슬릴 수 있는 기업은 없기 때문에 이러한 방법은 꽤나 효과를 보았다.

하지만 일본정부와 일본은행의 역할이 과연 일본경제발전에 큰 공헌을 했는가에 대한 이의가 제기되었다. 대표적인 것이 자동차업계에 대한 정부의 방침이다. 일본정부는 종전 후 자동차산업의 성장에 회의를 느껴 두 가지 의견을 제시했다. 하나는 자동차산업을 아예 포기하고 차라리 경쟁력 있는 산업에 집중하자는 것 또 하나는 자동차 회사별로 자동차를 종류별로 생산하는 분업체계를 만들어 불필요한 경쟁과 잉여설비를 최소화하자는 것이었다. 만일 이것이 실현되었다면 일본에 자동차 회사는 아예 존재하지 않거나 오늘같이 발전하지는 못했을 것이다. 다행히(?) 자동차업계의 저항으로 이 계획은 실현되지 않았고 그 결과 일본은 세계적인 자동차 강국이 되었다. 일본정부의 역할에 의문부호를 붙힐 수 있는 사례이다.

고도성장기의 투자에 대하여도 일본정부의 지도는 실패의 연속이었다. 고도성장기 일본은 연평균 10%라는 경이적 성장을 기록하였다. 그것도 이십 년이 넘게. 하지만 그것은 오늘날에는 인식되지만 그 당시에는 아무도 예상하지 못한 결과인 것이다. 정부는 과잉설비를 늘 걱정했고 그래서 설비투자에 대한 규제를 수시로 하려고 하였다. 하지만 기업은 그것을 무시하고 과감한 투자를 하여 성공을 거두는 일이 비일비재했고 그것이 이십 년이 넘는 세계사에서 유례를 보기 힘든 장기고도성장—고도성장의 고전—을 이룬 것이다. 만일 정부의 지도에 따랐다면 오늘의 일본은 훨씬 소규모의 경제를 가지고 있었을 것이다.

물론 항상 실패한 것은 아니다. 고도성장기라고 해서 늘 호경기는 아니었다. 이따금씨 찾아오는 경기침체에 정부는 업계에 조업단축, 생산감소를 권했고 업계는 이를 따름으로써 경기침체를 벗어나는 데 성공하기도 하였다. 물론 이는 엄밀히 말하면 정부와 업계가 일종의 담합을 한 셈이니 불법이라고 하면 불법이지만 그런 식의 관행이 일본경제의 발전에 도움을 준 것은 부정하기 어려운 사실이다.

아울러 정부가 발표하는 경제발전 계획은 기업으로 하여금 투자의 방향을 정하는 데 도움이 되었던 것도 사실이다. 우리나라만큼은 아니지만 정부가 육성하고자 하는 산업을 지정하면 기업은 그것에 집중 투자하였고 그러한 투자가 해당산업의 발전을 가져온 것이다. 1950년대에 일본의 최대 기업 중에는 아직도 섬유산업같은 소비재 산업의 기업이 많았지만 1960년대에는 중화학공업이 중심이 되어 있었다. 이러한 신속한 산업구조전환은 정부의 경제발전 계획이 있었기에 가능했을 것이다. 기업으로서 새로운 산업에 대한 투자는 모험인데 정부가 지원하겠다는 약속을 하였으니 안심하고 할 수 있었던 것이다.

그렇다고 하더라도 일본의 경제발전에 대한 일본정부의 역할이 과장되어 있다는 것은 부인하기 어렵다. 일본을 모델로 한 나라들이 정부의 역할을 지나치게 강조하면서 부풀려진 감이 없지 않다. 우리나라의 경우도 그러한데 일본과 우리는 정부의 역할에서 큰 차이가 난다. 이는 역사적으로 보면 엄연한 사실이다. 우리와 일본은 공업화에 있어서 다른 세대이기 때문이다. 일본은 제3세대, 우리는 제4세대이다. 이 세대는 정부의 역할의 차이에 의해 정해진 기준이다. 그런데도 우리와 일본은 동등하게 보려는 생각이 예전에는 꽤 강했기 때문에 그런 식의 오해가 생긴 것 같다.

나는 석사논문과 박사논문으로 우리와 일본의 경제발전에서 정부의 역할이 얼마나 달랐는지를 비교, 분석해 보았다. 일단 정부예산에서 경제발전에 관련된 부분을 비교해 봐도 그 격차는 엄청나다. 예산액수의 차이도 크지만 내용을 봐도 우리는 직접적인 산업투자가 많은데 일본은 간접적인 장려책이 중심이었다. 공기업의 규모나 숫자도 현격하게 다르다.

이를 산업별로 비교해도 마찬가지이다. 일본의 경우 정부가 산업을 직접 투자, 운영하는 경우는 예외 중의 예외이다. 대표적인 국영기업이었던 야하타 제철소의 경우도 정부는 이를 계속 민간에게 맡기고자 하였으나 실패하여 결국 청일전쟁 후 받은 배상금 3억6천만 엔의 일부를 투자하게 된다. 조선업의 경우 군공창이라는 군수생산공장을 제외하고는 대부분 미츠비시를 위시한 민간기업에 위탁하고 대신 장려금을 제공하였고 해운업의 경우는 장려금의 지급을 할 뿐 완전히 민간에게 맡기고 있다. 섬유산업의 경우 최초에는 관영모범공장의 설립 수입기계의 저가불하 등을 실시하였지만 그마저 1880년대에 들어서면 사라지고 전적으로 민간의 힘으로 발전하게 된다.

이에 비하여 우리는 국가에 의한 개입이 대단히 적극적으로 이루어졌다. 섬유산업의 경우도 국영기업의 불하로 출발한 경우가 대다수이다. 포항제철의 경우는 전적으로 국가의 힘으로 세워진 기업이다. 철도마저 국영기업만 존재했다. 일본은 지금 모든 철도가 민영기업이다. 한때 모든 철도를 국영화하였지만 그 전에는 민영철도가 주류였던 것이다. 국영화의 목적은 군사적인 것이었지 경제적인 것은 아니었다. 지금은 세계적 기업이 된 대한항공 역시 국영항공사를 민간에 매각한 경우이다. 일본의 대표적인 항공사인 일본항공은 처음부터 민간기업으로 출발하였다고 한다는 점에서 대조적이다.

그렇다면 왜 이러한 차이가 났을까? 일본정부의 산업에 대한 역할을 오랜 시간 동안 변화를 거듭했다. 메이지유신과 함께 일본정부는 의욕적으로 산업육성에 매달렸다. 하지만 1880년 재정난으로 인해 산업정책을 크게 후퇴시켰다. 국영기업은 대다수 매각하고 산업에 대한 지원도 대폭 삭감하였다. 이후로 민간주도의 발전이 계속되었다.

그러다가 1930년대 일본정부는 다시 산업육성에 팔을 걷어붙였다. 이유는 군수산업의 육성 때문이다. 1931년 만주사변의 발발과 함께 군수산업의 중요성이 커지자 일본정부는 군비확장예산을 편성하여 군수산업에 대한 집중적 육성을 개시했다. 군수란 무기만을 말하는 것이 아니라 무기와 함선, 비행기 등을 만들기 위한 설비와 소재 등에 이르는 광범위한 산업을 포함한 것이다. 일본의 중화학 공업은 이를 통해 비약적으로 발전하였다. 이러한 체제는 제2차 세계대전까지 이어졌고 외국에 의존하던 부품이나 설비 등의 자급을 이루는 데 성공하였다. 군수산업의 육성은 재정확대를 통한 일종의 케인스 정책이 되어 세계대공황으로 인한 경제침체를 벗어나게 하는 데도 큰 효과를 보았다.

제2차 세계대전이 끝나고 일본정부의 산업정책은 원래대로 돌아왔다. 군수산업의 육성과 전쟁의 수행으로 비대해진 정부의 역할은 축소되었다. 이는 일본만이 아니라 미국 등 전쟁 당사국의 공통점이다. 미국은 정부예산의 대폭축소를 실시했다. 하지만 영국 등 유럽국가들은 축소 대신에 전용을 하였다. "살인하는 데 쓸 돈을 사람들 살리는 데 쓰자"고 하며 의료보험등의 정비에 힘써 고도의 복지국가를 만드는 데 성공한 것이다. 이미 높은 세금에 익숙해진 국민은 이를 수용하였다. 하지만 일본과 미국은 그렇지 않았기 때문에 오늘날 복지의 수준이 현격히 떨어지는 것이다.

전쟁의 종료로 정부의 정책이 원래대로 되고 다시 공은 민간에게 던져졌다. 1950년 한국전쟁의 발발까지 일본경제는 많은 곤란을 겪었지만 한국전쟁으로 인한 전쟁호황은 큰 힘이 되었고 1955년에는 전쟁 직전의 상태로 회복하고 이후로도 십수 년간 고도성장을 계속하였다. 이 과정에서 정부의 역할은 1930년대에서 전시까지의 그것과는 비교가 되지 않을 정도로 축소되었지만 1920년대 이전에 비하면 확대되어 있었다. 그래서 일부 학자들은 1990년대의 일본경제를 '1940년 체제'라고 하기도 하고 1930년대 이후의 것으로 보고 1920년대까지를 자유주의적 체제로 간주하여 비교하기도 하였다. 하지만 그렇다고 해도 1930년대부터 시작된 정부의 적극개입이 1990년대에 고스란히 남아 있다는 것은 결코 아니다.

메이지시대 일본정부는 많은 어려움에 둘러싸여 있었다. 새로운 정부를 세워 근대화를 위한 사업을 전개하여야 하는데—교육과 군사 등—재정적인 여유는 바닥이었다. 게다가 사무라이들이 개혁에 반대하여 일으킨 반란은 재정적 부담을 더하였다. 그러한 사무라이들을 달래기 위하여 결국 그들에게 일정한 급여를 계속 제공하여야 했고 그것이 또한 고정비용이 되고 말았다. 반면 당시의 일본정부는 오늘날 같이 선진국으로부터의 원조도 차관도입도 쉽지 않았다. 제국주의적 환경에서 차관은 종속의 위험을 가져오기 때문이다. 게다가 국방비의 부담도 날로 커져갔다. 결국 1870년대 후반 재정파탄의 위기마저 나타났고 그것이 원인이 되어 산업정책을 대폭 축소한 것이다.

정부에 비하여 일본의 민간자본은 건강하였다. 식민지지배 등으로 피폐해진 우리나라의 민간자본과는 달리 그들은 전시대에 축적한 자본을 그대로 유지하고 있었고 산업혁명의 수준이 오늘과는 비교하기 어려울 정도로 낮았기 때문에 초기투자비용은 생각보다 높지 않았다. 그래서 민간에 의한 적극적 투자가 이루어졌고 사무라이들의 활약도 일어나 민간자본의 발전은 눈부시게 이루어졌다. 민간의 높은 능력이 정부의 역할을 축소시키는 데 공헌한 것이다. 이로 인해 정부는 산업에 대한 역할을 줄이고 군사 같은 다른 것에 집중할 수 있었다.

이에 비해 공업화 제4세대인 우리는 정부는 강했고 민간은 약했다. 일제강점기가 남긴 일본인들의 투자자산이 적산이라는 이름으로 남아 있었고 미국을 비롯한 서방세계의 원조가 엄청난 규모로 주어졌기에 정부의 힘은 국력에 어울리지 않게 컸다. 이에 비해 민간은 식민지시대와 한국전쟁을 거쳐 약화될 만큼 약화되었다. 게다가 산업화의 수준이 일본의 산업화 초기와는 비교가 되지 않을 정도로 높아져 초기 투자 비용은 말도 못하게 커졌다. 민간이 감당하기에는 너무나 벅찬 수준이었다. 이러한 양자의 특성으로 인해 한국은 정부의 역할이 비대해진 것이다. 이는 제4세대의 특징이기도 하다.

일본정부의 경제발전에 대한 역할은 '따라잡기' 의식 때문에 생겨난 것이다. 경제가 그냥 국민의 삶을 향상시키기 위한 것이라도 정부는 어느 정도 역할을 해야 하는데 하물며 따라잡아야 할 상대가 있다면 더욱 그럴 것이다. 그 점은 서양국가들도 마찬가지이고 우리같은 아시아 국가도 마찬가지이다. 유럽의 후진국이었던 영국이 단시일 내 강대국으로 성장한 배경에는 영국의 최대 산업인 모직물 산업에 대한 적극적 보호정책과 신대륙과의 중개무역을 최대한 보호하는 항해조례 같은 정책의 공로가 컸음은 경제의 역사가 증명한다. 일본의 경우도 마찬가지이다.

하지만 '일본주식회사'라는 표현처럼 일본정부의 역할은 상당히 부풀려져 있는 것 또한 사실이다. 소련이 스탈린 집권시절 경제발전을 이루어 변방의 국가에서 경제강국으로 거듭난 것은 사실이지만 소련은 사회주의국가이기 때문에 정부의 역할이 절대적이었다. 하지만 일본은 사회주의국가가 아니다. 오늘날의 후진국처럼 세계경제에서 크게 뒤떨어진 나라도 아니었다. 그들에게는 민간주도의 경제발전을 할 수 있는 저력이 있었다. 일본이 경제대국이 된 것을 정부의 보호와 도움의 덕이라고 보는 견해는 역사를 제대로 모르는 무지에서 비롯된 것이다. 일본근대기업의 아버지 시부사와 에이이치는 오백 개 기업의 창업에 관여한 인물이다. 이러한 인물의 배출은 민간의 잠재력을 보여주는 증거라 할 것이다.

# 분열이 낳은 경제적 발전 - 지방분권의 효과

조선시대 지방관들은 주기적으로 임지를 바꿔서 부임하게 되어 있었다. 이는 한 곳에서 세력화하여 반란을 일으키거나 부정부패를 일삼지 못하게 하기 위한 예방조치라 할 수 있다. 하지만 그것이 그 지역 토호들의 권력을 강화시키는 결과를 낳기도 하였다. 이 년짜리 수령보다 토착세력이 보다 강한 존재가 되어 버리는 것이다. 또 지방향리들도 그러한 의미에서 권력을 누리기도 하였다.

하지만 이 제도의 가장 큰 문제점은 지방관들이 지방의 발전에 힘을 기울이기는커녕 저해하게 된다는 것이다. 이 년의 임기를 마치면 떠날 지방에 애정을 가지고 공을 들일 지방관은 그리 많지 않았다. 도리어 짧은 임기 동안 최대한 착취를 하여 많은 이득을 올리는 것이 나을 것이라는 생각을 하였을 것이다. 그렇게 해서 지방이 피폐해진 것은 역사적 사실이다. 조정에서는 암행어사를 파견하여 이를 감시하기도 하였으나 큰 실효를 거두지는 못하였다. 사실 그들은 서로를 눈감아 주고 뇌물을 받기도 하였으니 말이다.

지방자치제도란 그러한 문제점을 해결하기 위한 장치이다. 지방의 수령 내지 최고책임자 그리고 의회를 지방민이 선출하고 감시하니 그들은 지방의 발전에 힘을 기울이게 되는 것이다. 대통령이 중임에 제한을 받는 것과 달리 그들은 그러한 제한없이 장기적으로 지방의 발전에 힘을 기울일 수 있다는 것도 지방자치의 매력이다.

일본은 8세기 초 강력한 중앙집권국가가 일단 만들어졌다. 중앙에서 파견된 고위관리가 지방을 통치하도록 하는 시스템은 지방에 대한 중앙의 착취를 강화시킨 결과를 낳았다. 무거운 부담을 지게 된 민중은 도망이나 저항을 해 오곤 하였다. 이것은 우리의 조선시대와 그리 다르지 않았다. 그들 역시 한 지방에 일정 기간의 임기만을 가지기 때문에 지방발전보다는 착취에 열을 올렸고 그것이 지방의 반발을 가져온 것이다.

그러다가 장원이라는 사적 지배지가 늘어나면서 이야기가 달라졌다. 중앙권력자의 비호하에 확대된 장원은 지방세력에게는 이익을 줄 수단이었다. 그러니 그들은 장원의 경영에 총력을 기울여야 했다. 개간을 통해 황무지를 옥토로 만들기도 하고 생산성을 높여 가기도 하였다. 장원의 증가는 생산력 발전을 통한 경제발전을 가져왔다.

이러한 점은 그 후 줄곧 유지되었다. 장원이 사무라이의 지배지로 완전히 바뀐 전국시대에도 마찬가지이다. 그 지역을 지배하는 사무라이의 우두머리인 다이묘들은 부국강병책을 실시하였는데 이를 통해 생산성을 높여 자신의 경제력을 강화시켜 이를 바탕으로 군사력을 키우고자 한 것이다. 이것이 일본 전체의 경제발전에 기여하게 되었다. 하지만 전국시대의 혼란은 경제발전의 한계를 가져왔다. 끊임없이 벌어지는 전쟁은 경제의 안정적 발전에는 아무래도 장애가 되기 마련이다.

도요토미의 무력에 의한 평화시대의 도래는 이러한 장애요인을 제거하였다. 일본경제는 폭발적인 성장을 거듭했다. 특히 농업기술의 발달이 '근면혁명'이라는 이름으로 진행되어 단위면적당 생산량을 엄청나게 높여 주었다. 노동력을 집중시킬수록 비약적으로 생산량이 늘어나는 기술 덕분에 농업은 많은 노동을 필요로 하는 고된 산업이 되기는 하였지만 일본 전체는 경제적 번영을 누리게 되었고 그 덕분에 인구 또한 크게 늘었다.

농업생산의 급증은 상공업의 발전도 가져왔다. 상공업이란 농업이 중심인 사회에서는 농업의 생산력에 의존할 수밖에 없다. 농업의 발전은 잉여가치를 증가시켜 공산품을 소비할 여유를 만들었고 그것은 유통업인 상업의 발전도 가져왔다. 일본 각지에는 영주가 자신들의 가신들을 통제하기 위한 도시들이 수백 개 이상 산재해 있었는데 그곳에서 상공업이 발전하였다. 그리고 정점으로 오사카가 상업의 거점도시로 발달하고 교토와 에도 같은 대도시도 발달하였다.

도쿠가와 막부 시대의 일본의 도시는 서양보다 더 발달하여 에도의 인구는 100만에 이르렀다고 한다. 에도의 발달은 이른바 산킨고오타이 제(다이묘들이 그들의 처자식을 인질로 에도에 살게 하고 자신도 일 년의 반을 에도에서 거주해야 하는 제도)로 인해 각 다이묘들이 에도에 가족과 가신들을 체류시키고 자신도 거주하였기 때문에 기인하였다. 하지만 일단 도시가 발달하면 각종 산업이 발달하여 인구는 기하급수적으로 늘어나기 마련이다. 상가가 번영하면 상가 내 식당이나 카페 등이 번영하는 것과 같다.

에도시대의 상인들은 경영과 소유의 분리 등을 통해 자신들의 자본을 후대에 물려주는 것에 비교적 성공을 거두었다. 가법을 정해 후손들이 사업으로 벌어들인 돈을 낭비하지 못하도록 규제하고 경영은 유능한 고용인에게 맡기도록 한 것이다. 아울러 유능한 고용인에게 분점을 내주어 사업의 확대를 꾀하고 고용인들의 분발을 자극하였다.

이렇게 해서 자본을 축적한 상인들의 위세는 지배계급인 사무라이들을 능가할 정도였다. 비록 신분은 최하층이지만 사무라이들이 경제적으로 궁핍해지는 가운데 상인들은 그들을 채무 등으로 묶어 보이지 않는 실세로 등장하게 되었다. 어느 나라든지 경제가 발전하면 상인들, 기업가들의 위상이 높아지게 마련이 아닌가?

한편 농촌에서도 자본가들이 나타났다. 농업은 이제 상업화되어 갔다. 잉여의 확대는 상품화를 전개시켜 농업은 금전적 이익을 가져다주는 산업이 된다. 그러한 가운데 유능한 농업인들과 그렇지 못한 사람들 사이의 격차가 발생하며 지주계급이 발생하게 되었다. 그들은 토지 소유를 늘려 가며 부를 축적하게 되었다.

한편 농업의 상업화는 농촌 내에서의 상공업의 발전을 가져왔다. 이른바 지역상권의 발전인데 이를 바탕으로 자본을 축적하는 지역상공업자들이 늘어갔다. 이들은 농민들에게 수공업을 부업으로 영위하게 하여 큰 이익을 얻게 되고 점차 지방자본가로 성장하였다. 면화나 누에고치 등과 같은 것을 통한 상품농업도 발달하여 이러한 경향은 박차를 가하게 되었다. 더 이상 농촌은 자급자족의 장이 아니게 된 것이다. 그렇게 생긴 농촌의 자본도 차곡차곡 쌓여갔다.

막부와 다이묘의 독립 국가들은 각기 부국정책을 실시하여 이러한 경향을 촉진하였다. 웅번이라고 일컬어진 다이묘의 나라에서는 특산물을 장려하고 이를 전매하여 수입을 올리기도 하고 지역지폐를 발행하여 전국적으로 통용되는 화폐의 유입을 꾀한다. 이러한 정책들은 기역의 농업과 상공업의 발전에 큰 기여를 하게 된다. 임기 동안 착취를 거듭하던 조선의 지방관들과는 너무나 대조적인 모습이다. 이러한 지방과 중앙 정부의 산업육성책이 일본 전체의 경제발전을 가져왔고 그 상징이 도시의 놀라운 발전이었다.

1854년 일본은 미국의 페리제독에 의해 개국하게 되었다. 그것은 일본에게 재앙이 아니라 축복이었다. 에도 말기 경제발전은 한계에 도달했다. 외부와의 무역이 기본적으로 금지된 상태에서—중국과 조선 네덜란드와의 제한된 무역만 허용—경제의 외연을 넓히는 것이 불가능했다. 국내시장은 포화 상태에 빠져 성장률도 정체 상태였다.

하지만 개국은 거대한 세계시장과의 만남을 통해 이러한 한계를 극복시켰다. 일반적으로 말하는 것처럼 일본은 개국으로 선진국들에 의해 침탈을 당하지 않았다. 한때는 어려움도 있었지만 점차 회복되어 갔고 결국에는 발전의 계기로 삼게 되었다. 특히 소비재산업의 발전은 눈부셨다.

견사를 생산하는 산업은 개항으로 넓은 해외시장으로 진출하기 시작하였다. 일본은 중국, 이태리, 프랑스와 경쟁하며 세계견사시장을 석권하기 시작하였다. 마침 프랑스에 뽕나무에 병이 돌면서 급격히 생산이 감소한 것도 행운이었다. 중국과의 경쟁에서는 품질의 우위로 승리하여 결국 세계 최대의 견사수출국에 오른다.

견사와 더불어 가장 큰 생산물인 면업도 마찬가지로 약진하였다. 외국제품에 가장 타격을 받은 이 산업은 수입기계의 도입과 국내제조 기계의 개발 등으로 국내시장의 탈환을 거두더니 이윽고 수출산업이 되어 갔다. 가장 강력한 라이벌인 영국과의 경쟁에서 앞선 기술의 도입을 통해 승리를 거두기 시작한다. 기존 기술에 집착한 선진국 영국과는 대조적으로 후진국 일본은 최신 기술의 도입에 장애가 없었던 것이다.

이렇듯 각종 산업이 해외와의 무역을 통해 발전해 가는 배경에는 이전 시대의 축적된 자본의 힘이 컸다. 지방의 지주와 상공업자본가 그리고 대도시의 대상들이 주체로 등장하였다. 이들을 새로운 근대산업에 투자하도록 하는 매개로서 사무라이계급의 활약이 주목된다. 이래저래 분권시대의 유산이 새로운 경제발전을 가져온 것이다.

일본은 지주자본과 상업자본이 근대자본으로 전환한 비교적 희귀한 사례이다. 다른 나라의 경우 상업자본과 지주자본은 좀처럼 근대산업에 투자를 하지 않는 경향이 있다. 근대산업에 대한 편견과 자본의 보수성 때문이다. 공장을 세우거나 하는 것이 그들에게는 어울리지 않는다고 생각한 것이다. 하지만 일본은 근대산업의 육성이라는 국가적 목표와 그것을 뒷받침하는 사무라이들의 활약 등이 있어 비교적 자본의 투자가 잘 이루어진 것이다.

일본 근대의 삼대재벌 중 둘이 상업자본에서 비롯되었다. 미츠이 미츠비시 스미토모가 삼대재벌인데 미츠비시를 제외하면 도쿠가와 막부 시대에 형성된 상업자본이다. 미츠이의 경우 메이지 시대에 들어와 은행업과 물산, 백화점 사업 등에 진출하였고 아울러 광산을 정부로부터 매입하여 본격적으로 산업 자본으로 전환하기 시작하였다. 정부의 매각이 큰 역할을 한 것이다. 스미토모는 은행업을 중심으로 발달하였지만 역시 광산을 매입하여 근대자본으로 전환하였다. 역시 국가의 매개가 중요했다 하겠다. 미츠비시도 비록 신흥 자본이지만 미츠비시나가사키 조선소를 정부로부터 매입한 것이 비약의 계기가 된 것으로 보아 역시 정부의 매개가 큰 역할을 하였다고 하겠다.

하지만 이 모든 것이 분열시대의 발전을 전제로 한다. 지역을 지배하는 세력들이 벌인 북국책은 일본 전국을 빈틈없이 발전하도록 도와준 것이다. 그것이 개국으로 보다 큰 기회를 잡게 되어 경제발전의 원동력이 된 것이다. 정부의 매개 역할은 의미가 컸지만 이미 말한 대로 당시의 일본정부는 많은 것을 하기에는 힘이 너무나 부족했기에 민간에게 위탁하게 되었고 그 위탁의 대상은 과거의 축적을 가진 자본가들이었다. 그것을 촉진시킨 것은 사무라이들이었다. 이른바 '기업프로모터'들이다.

물론 조선시대에도 자본의 축적은 있었다. 그것은 개국과 더불어 경제발전에 기여하였을 것이다. 하지만 삼정의 문란 등에서 알 수 있듯이 착취는 지방의 발전에 큰 방해가 되었던 것 같다. 통합의 피해는 지방의 발전에도 나타난 것은 아닐까? 이에 대한 직접적인 비교는 어렵지만 일본이 그토록 빠르게 근대적 경제발전을 한 것이 이러한 지방제도의 차이 때문이라는 생각이 드는 것은 확실하다. 역시 독재보다는 분권이 나은 것 같다.

# 전쟁으로 힘을 얻은 일본경제
## - 전쟁과 경제의 관계에 대한 불편한 진실

제목부터가 그리 유쾌하지 않으니 말하기도 불편하다. 전쟁이라면 경기를 할 정도로 혐오하는 내가 이런 제목을 정한 것부터가 역겹다. 전쟁을 하면 돈이 벌린다는 주장을 없애 버리고 싶다. 설령 돈을 좀 번다고 해서 희생자들은 그리고 각종 피해는 어떻게 할 것인가? 사실 버는 사람은 있지만 피해 보는 사람이 더 많은 것이 전쟁이다. 그러니 전쟁은 안 된다.

하지만 현실적으로 보면 전쟁만큼 남는 장사도 없다. 적어도 전쟁으로 직접적인 피해를 보지 않은 사람들이라면 그렇다. 남의 나라의 전쟁은 그 나라에게는 피해지만 이웃나라에게는 큰 이익이 될 수도 있다. 일본은 근대에 자기 국토를 직접적인 전장으로 만든 적이 없다. 공습의 피해나 원자탄의 피해는 받았어도. 아니 유사 이래 거의 없다. 몽골 침입이나 고대 대륙으로부터의 침입 정도일까? 그러니 이들은 전쟁을 너무 쉽게 생각했다. 마지막 전쟁에서 패배하고서야 정신을 차린 것 같다. 그 이전에는 전쟁은 나쁘지 않은 도박이었다.

일본이 전쟁으로 돈을 벌었다고 하면 우리는 한국전쟁을 생각하지만 사실은 그보다는 제1차 세계대전이 훨씬 큰 돈을 일본에게 안겨 주었다. 제1차 세계대전은 일본에게 전쟁의 피해를 거의 주지 않았다. 도리어 엄청난 횡재를 가져다 준 전쟁이었다. 채무국이었던 일본이 채권국이 되고 세계적 강대국의 지위에 오르게 한 그것이다.

제1차 세계대전 전 일본의 경제상태는 최악이었다. 러일전쟁으로 많은 전비를 사용하였지만—거의 오륙 년 어치의 국가재정을 쓸어 담았다—기대했던 배상금은 한 푼도 받지 못하였다. 그 결과 막대한 채무만을 짊어졌고 그것을 갚기 어려우니 이른바 돌려막기를 해야 했다. 하지만 일본의 형편을 잘 아는 국제사회는 일본에게 악성채무를 강요하였고 빚은 좀처럼 줄지 않았다. 돌려막기를 해 본 사람은 알겠지만 갈수록 이자가 높은 채무가 늘어난다. 빚이 많으면 불량채무자가 되어 좋은 조건의 대출이 어려워진다. 국제사회도 그런 모양이다. 결국엔 금덩어리를 외국에 보내야 할 정도로 자금사정이 악화된다. 국가파산 일보직전이었다.

그런 일본에게 행운의 여신이 미소를 지었다. 유럽에서 세계대전이 터진 것이다. 이제 일본은 돈을 수금하기만 하면 되었다. 모든 것은 일본에게 유리하게 돌아갔다. 러일전쟁에서 궁색하게 돈과 물자를 얻으러 다닌 그 모습을 이제 일본이 내려다 보게 된 것이다. "자식들 힘들지? 내가 해 봐서 아는데"라고 큰소리를 치면서 말이다.

일본이 제1차 세계대전으로 얻은 이익을 정리해 보자. 우선 군수물자와 일반물자를 연합국에 팔아 이익을 챙겼다. 전쟁이 나면 물자가 부족하니 일본이 공급을 하면서 비싼 가격을 받은 것은 말할 나위도 없다. 그리고 돈이 부족하니 돈도 빌려 주었다. 그것도 고금리로. 전쟁판에 이자를 걱정할 처지가 아니었다. 이 모든 것이 러일전쟁 때 영국이 일본에게 얻은 이익이다. 영일동맹을 맺은 동맹국이 도대체 이럴 수가 있나 하고 이를 갈던 일본에게는 입이 귀밑에 걸릴 일이다.

하지만 더 큰 이익은 따로 있다. 그동안 서양에게 수입하던 각종 중공업제품이 수입되지 않으면서 국내산업이 돈 벼락을 맞았다. 품질을 돌아볼 여유도 없이 팔렸다. 이 덕에 애물단지였던 철강업이 최고의 산업이 된다. 글자 그대로 철강업이 대박을 맞았다. 다른 산업도 마찬가지이다. 수입이 끊어지니 내다 놓으면 팔린다.

그뿐이 아니다. 그동안 동아시아 시장의 맹주였던 영국을 비롯한 서양국가가 전쟁으로 물러난 자리에 일본이 호랑이 노릇을 하게 되었다. 텅 빈 동아시아 시장을 일본은 맹공하였다. 메이드인 잉글랜드 대신 메이드인 재팬이 판을 친다. 그들의 공백이 너무 고맙다. 전쟁이 영원히 지속되길 바랄지도 모른다. 게다가 중국은 지켜줄 열강도 없으니 일본에게 고개를 숙이며 요구조건을 들어주었다. 일본은 이래저래 신난다. 독일이 갖고 있던 동아시아와 태평양 지역의 식민지를 얻은 것은 덤이었다.

많은 사람들이 돈 벼락을 맞고 신나했다. 어떤 벼락부자는 요정에서 나오다가 어두워 신발이 보이지 않는다는 여직원의 말에 100엔짜리 지폐를 태우며 "어때 잘 보이지"라고 말했다고 한다. 그 돈 설마 다 태우지는 않았겠지? 당시 대졸초봉이 50엔이었다니 100엔이면 큰 돈이 아닌가? 그 돈을 태워 구두를 찾을 조명에 쓰다니 어지간한 부자인 모양이다. 지금으로 치면 거의 500만원짜리 지폐를 태운 것 아닌가? 당시의 경제상황을 말해 주는 것 같다.

이렇게 벌어들여진 돈이 버블경제를 키웠다. 돈이 돈을 버니 주식시장이 요동쳤다. 아직 토지가 투기의 대상이 아닌 시대이니 주식이 투기의 대상이었다. 주가는 한없이 뛰어올랐다. 1980년대 후반에서

1990년대 초를 연상케 하는 상황이 전개되었다.

전쟁이 끝날 무렵 일본은 제법 부자나라가 된다. 채무국이 채권국으로 바뀌고 국제연맹 상임이사국—지금으로 치면 국제연합상임이사국—이 되었다. 세계열강 중에도 최상위에 오른 것이다. 나중에 해군군축회의에는 미국, 영국, 프랑스와 같은 세계 최강의 나라들과 어깨를 나란히 하였다.

하지만 일본의 이러한 호황은 세계대전의 종료와 함께 무너지기 시작한다. 주가는 곤두박질 치고 높아진 물가는 내려갔다. 수입품은 다시 들어오고 중국시장에는 다시 영국제가 판을 치기 시작한다. 1920년대는 '잃어버린 이십 년' 1920년대 판이었다. 관동대지진도 일어났다. 마치 1995년 한신대지진처럼. 어떻게 이렇게 비슷할까?

금융공황 역시 1990년대에도 일어났다. 경기가 침체되니 돈을 무분별하게 빌려 준 은행들이 줄도산을 하게 되었던 것이다. 이것도 1990년대의 금융위기와 같다. 토지를 담보로 대출을 해 주면서 지가의 100% 이상을 빌려준 경우도 있었으니 문제가 왜 안 될까? 그런 가운데 지가가 떨어지니 담보가 불량이 되어 버린다. 2008년 미국발 금융위기를 만든 서브프라임 모기지론 사태도 유사하다. 돈이 남아돌면 이런 현상이 일어나는 게 인간사회인가보다. 언제까지라도 돈이 계속 생길 거라고 믿는 것이다.

그런 와중에 일본은 설상가상의 경우에 처한다. 바로 1920년대판 미국발 경제위기이다. 뉴욕의 증권시장에서 시작된 경제위기는 곧바로 일본을 타격한다. 미국 역시 1920년대에 돈이 넘쳤다. 그것을 감당 못해 주식시장이 과열되었다. 그것이 1929년 붕괴하기 시작하자 연이은 경제침체가 이어진다. 주가 하락 경제침체의 공식이 실현된 것이다.

빚 내서 주식한 사람들은 땅을 쳐야 했다. 일본도 그랬으니까. 빚 내서 주식 사고 땅 샀는데 둘 다 폭락을 하니 줄줄이 망한 것이다. 채무자, 은행 등… 미국도 그랬다. 그리고 실물경제도 타격을 입었다.

미국의 경제 위기는 일본제품의 미국수출에 타격을 주었다. 특히 견사의 수출이 감소한다. 견사는 미국에서 여성용의복이나 양말에 주로 사용되었는데 경제가 악화되면 제일 먼저 줄이는 것이 옷 구입 비용 아닌가? 옷이야 있는 것 가지고 버틸 수 있으니까. 그래서 일본의 견사는 중요한 시장을 잃어 갔다. 면제품과 함께 일본의 2대 수출품인 견사의 수출 감소, 나아가 면제품도 미국시장의 축소로 타격을 입기 시작하니 일본경제가 흔들렸다.

게다가 유럽도 위험해졌다. 유럽에는 미국의 자본이 대량으로 투입되어 있었다. 그런데 미국경제가 흔들리니 미국의 투자자들이 자금을 회수하기 시작했다. 돈이 빠져나가니 유럽경제가 흔들렸다. 유럽이 흔들리니 일본은 유럽에 대한 수출도 감소한다. 이래저래 수출이 급감한다. 극서이 얼마나 큰 비중인 가를 떠나 고정 수입의 일부가 없어지니 큰일이 날 수 밖에 없다. 다시 한번 찾아온 일본경제의 위기.

여기서도 전쟁이 역할을 했다. 1931년 만주사변! 만주사변으로 만주국이 탄생했다. 아울러 일본은 다카하시 고레키요 재무장관의 주도로 케인스식 경제 정책, 즉 수요확대를 위한 재정지출확대를 실시한다. 재정은 군수산업확대를 중심으로 지출되었다. 이미 말한 것처럼. 일본은 다시 한번 전쟁으로 경제회복을 시도하였다. 이번에는 상당히 의도적으로.

국수산업육성책에 의한 재정확대는 그나름대로 성공을 거두었다. 일본경제는 1930년대 중반 회복되었다. 유럽과는 달리 자본을 미국에 의존하지 않았기에 상대적으로 유럽에 비해 피해가 적었던 일본이기에 가능했을지 모른다. 미국과 유럽이 뉴딜 등 갖가지 방법으로도 좀처럼 탈출하지 못한 공황의 그림자를 빨리 떨쳐 낸 것이다.

하지만 전쟁이 늘 경제에 좋았던 것은 아니었다. 1937년 발발한 중일전쟁부터 1941년의 태평양전쟁은 일본경제에 악영향을 미쳤다. 잠시 좋은 효과를 가져왔지만 전쟁이 장기화되면서 경제는 악화되기 시작했다. 왜냐고? 러일전쟁과 마찬가지이다. 자신이 직접 전쟁의 주인공이 되었고 장기화로 인해 비용이 장난이 아니게 늘어 일본의 능력을 넘어섰기 때문이다. 전쟁에 들어가는 비용물자가 일본의 능력보다 커지면 소모전이 되어 버리는 것이다.

전쟁이 장기화되고 커지면서 제살 깎아 먹기가 시작되었다. 군수품을 생산해야 하는데 생산에 쓸 물자가 부족하고 자금도 그렇다. 그러니 평화적 산업을 축소시키고 그 생산설비를 녹여서 군수생산에 동원했다. 심지어 집에 있는 밥그릇까지 녹여 군수품을 생산하는 지경이었다. 군수산업은 커져도 다른 산업이 줄어드니 전제의 경제 규모는 위축되었다. 나중에는 군수물자생산도 줄어들었다. 물자가 부족하니 배급제가 실시되었다. 미국조차 물자 부족으로 배급제가 실시되었으니 일본이야 말할 나위도 없다.

1945년 전쟁이 끝났을 때 일본경제의 생산능력은 70% 정도로 다운되었다. 이는 일본근대사상 최초였다. 러일전쟁도 생산의 축소는 가져오지 않았다. 청일전쟁과 제1차 세계대전 모두가 경제에 호재였는데 이번만큼은 달랐다. 미군의 공습으로 생산설비가 파괴되었으니 그나마 있던 설비도 감소한 것이다. 전쟁은 적어도 이번만큼은 돈벌이가 안 되었다. 군수물자 생산자들 빼고는 말이다.

전쟁의 종료와 더불어 찾아온 곤란은 생산의 급감이다. 원래 줄어들었지만 전쟁이 끝나니 더 이상 군수물자의 생산이 필요 없어져서 그만큼 생산이 줄었다. 국력을 다 군수물자생산에 기울였는데 그것이 사라지니 난감할 노릇이다. 그렇다고 평화산업이 갑자기 일어날 수도 없다. 군수공장을 평화산업으로 바꾸는 것도 그리 용이하지 않다. 뭐라도 만들자고 모여서 상의해도 제대로 되지 않아 문을 닫는 곳도 속출했다. 그런데도 정부가 마지막으로 전쟁예산을 풀어 놓는 바람에 돈은 넘친다. 그러니 인플레이션이 기습했다. 이른바 '하이퍼 인플레이션(악성인플레이션)'이다. 수요에 비해 공급이 턱없이 부족해서 일어나는 악성인플레이션이 일본을 흔들었다.

그래서 '경사생산방식'이 도입되어 실시되었다. 철과 석탄이 부족해서 생산이 늘지 않으니 이를 위해 두 산업에 자금을 집중투자하자는 것이다. 하지만 효과는 생각보다 나지 않았다. 이런 저런 방식으로 생산을 끌어올리기 위해 애썼지만 부진하다. 인플레이션이 조금씩 잡혀 갔지만 근본적으로 해결되지 않았다. 생산이 급격히 증가해야 하는데 소비물자 생산은 턱없이 부족하고 군수물자 생산설비만 넘치는데 소용이 별로 없다. 풍요 속의 빈곤이다. 미국에서 온 다지라는 사람이 재정지출을 줄여 인플레이션을 잡고자 해서 일단 성공하나 이건 억지이다. 돈을 줄인 것 뿐이지 생산은 별로 늘지 않았기 때문에 경기는 침체국면에 접어든다.

그런 시기에 일어난 또 다른 단비, 그것이 한국전쟁이다. 이번 전쟁은 일본이 참가하지 않는다. 제1차 세계대전과 비슷하다. 돈을 벌어들일 일만 남았다. 군수물자공장이 남아도는데 전쟁이 이웃나라에서 일어났으니 그곳이 신나게 돌아가게 되었다. 전쟁 중에 일본은 고도의 군수생산기술을 개발했다. 외국제품을 들여올 수 없으니 자급자족하게 된 것이다. 그것을 이렇게 써먹게 될 줄은 아무도 몰랐을 것이다. 군수품만이 아니라 미군들의 소비물자, 게다가 한국인들의 물자도 일본에서 공급되었다. 소비재산업도 더욱 활발하게 움직인다. 그야말로 돈비가 쏟아지는 것이다.

1955년 일본정부는 하나의 선언을 했다. 이제 우리는 전쟁의 그림자에서 벗어났다고. 직역하면 "우리는 더 이상 전쟁의 끝에 살지 않는다"였다. 전쟁으로 망가진 나라가 전쟁의 상처를 완전히 치유하고 새롭게 출발하게 되었다는 뜻이다. 일본은 이 시기에 1937년, 즉 전쟁 개시 전의 상태로 돌아왔다.

1937년의 일본경제는 어떤 수준이었을까? 순위로 치면 세계 10위권 정도이다. 지금의 우리와 비슷한 수준인 것이다. 이미 일본은 1930년대 후반 선진국 수준의 경제를 가지고 있었다. 항공모함을 만들고 비행기를 만드는 나라 아닌가? 당연한 것을 우리는 종종 잊는다. 그 후의 고도성장은 선진국에서 더 올라가 원톱이 되기 위한 과정이었다. 전쟁으로 치면 러일전쟁과 제1차 세계대전과의 차이라고 할까?

1950년대 이후 고도성장이 중화학공업 위주로 발전하게 된 것은 한국전쟁을 매개로 제2차 세계대전 시 만들어진 군수산업과 그를 뒷받침할 중화학공업의 설비가 활용될 수 있었기 때문이다. 전쟁의 설비는 이렇게 해서 고도성장의 기반이 된 것이다. 이것도 전쟁이 경제발전에 가져다 준 좋은 영향이라 할 수 있을까?

한국전쟁은 한국에게는 어떤 경제적인 영향을 미쳤을까? 언뜻 생각하면 무조건 나쁜 영향을 미쳤을 것 같지만 과연 그럴까? 한국에 미국의 엄청난 물량공세가 펼쳐졌다. 게다가 전후에 국제사회의 원조가 집중되기도 하였다. 전쟁수행으로 인한 전비는 거의 미국에게 의존했다. 이런 저런 생각을 하면 한국전쟁이 꼭 경제적으로 나쁜 영향을 준 것은 아닐까?

물론 그것이 전쟁에 대한 긍정적인 평가를 내릴 수 있는 근거는 아니지만. 어떤 사람은 전쟁으로 기술이 발달했다고 한다. 그래서 긍정적인 면도 있다. 그런 사람에게 이렇게 말하고 싶다. "너님을 죽이고 기술을 발달시켜도 좋을까요?"라고.

일본도 기술을 발전시키는 데 전쟁이 중요한 역할을 한 것은 사실이다. 일단 전쟁이라는 엄청난 과제를 하려니 기술이 절실하고 그것이 없을 때 이를 개발하는 데 전력을 쏟게 마련이다. 특히 제2차 세계대전처럼 외부와의 단절이 심한 전쟁의 경우 그렇다. 일종의 경제자립이 전쟁으로 이루어진 것이다. 세계적인 카메라 회사 니콘의 기술은 전쟁에서 잠수함의 잠망경을 만들면서 개발되었다고 한다. 그럴듯한 이야기가 아닌가? 잠망경이 사진기의 렌즈로 변신!

전쟁이 일본의 경제발전에 얼마나 큰 기여를 했는지 측정하기는 어렵지만 그리고 다른 나라와 비교해서 얼마나 큰지도 알기 어렵지만 근대사에 있어서는 어느 정도 인정해야 할 사실인 것 같다. 아마도 전근대 시대에도 전쟁이 경제에 긍정적인 영향을 미쳤을 것은 상상할 수 있을 것 같다. 1931년의 만주사변은 사실 그러한 점을 계산에 넣은 기획된 전쟁이라는 주장도 있을 정도이다. 그게 사실이라면 다른 전쟁에 대하여도 의혹을 가질 수 있을 것이다. 미국이 일본을 점령했을 때 그러한 점을 고려하여 재벌해체를 단행하였다. 하지만 재벌측은 억울하다고 했다. 전쟁으로 돈을 번 것은 사실이나 그렇다고 자신이 전쟁을 부추긴 것은 아니라고 주장하면서. 과연 무엇이 진실일까?

확실한 것은 전쟁을 원하는 자들은 늘 있다는 것이다. 권력을 위해서든 돈을 벌기 위해서든 아니면 둘 다를 위해서든. 근대 일본의 계속된 전쟁이 그들의 욕망에 의해 진행된 것도 부인하기 어려울 것이다. 참으로 슬픈 역사의 진실이라 하겠다.

## 평등과 화합으로 이룬 경제적 번영
## - 함께 가니 모두가 갈 수 있었다

일본은 한때 세계에서 제일 평등한 사회라는 칭호를 받은 적이 있다. 심지어 북유럽의 스웨덴 같이 평등사회라고 하는 곳보다 더 평등지수가 높았을 정도이다. 빈부의 격차는 매우 작아서 어느 집에 가도 생활수준이 그리 다르지 않았다. 회사에서 사장과 평사원의 급여차는 세계에서도 가장 작은 나라 중 하나였다. 기업은 사원들에게 종신고용을 약속하고 해마다 급여를 올려 주었다. 능력이 모자라도 기업의 테두리에 오래오래 머물며 생활을 할 수 있는 보수를 받을 수 있다. 누군가는 이렇게 말했다. "일본의 기업은 사회복지단체 아닐까 하는 생각이 든다."라고.

자유주의경제학자들이라면 대번에 이런 말을 할 것이다. "그런 나라가 어디 있습니까? 사회주의 국가인가요? 그런 나라는 곧 경제적으로 어려움을 겪을 겁니다." 그들의 생각에 이것은 비능률의 극치일 것이다. 그러니 망해야 하는 것이다.

하지만 그렇지 않았다. 일본은 수십 년 간 세계에서 가장 성장하는 나라였다. 무려 이십 년이 넘게 10% 이상의 성장을 거듭하였고 그 후에도 이십 년 가까이 세계 선진국 중에서 가장 성장률이 높았다. 한때 세계에 공포를 안겨 줄 정도의 강한 경제력을 가졌던 나라이다.

과연 이런 나라가 어떻게 만들어졌을까? 매우 궁금하지 않는가? 이제부터 그것을 설명해 보고자 한다. 사실 분배를 통한 성장은 일본이 유일한 예는 아니다. 하지만 일본은 일반적인 예와 다르다. 일본은 사회보장이 그런 나라들처럼 발달하지 않았다. 그럼에도 불구하고 그것이 가능했다. 세금을 엄청나게 거둔 것도 아니다. 이른바 사회주의나 사회민주주의 국가가 아닌 데 이렇게 평등하고 분배가 잘 되는 나라가 있었을지 의심스럽다.

그것의 시작은 1945년 일본의 패배로 전쟁이 끝났을 때였다. 패전은 슬픈 일이나 사실은 일본에게는 희망의 시작이었다. 전쟁을 일으킨 구조가 사라지게 되었기 때문이다. 아울러 사람들을 옥죄던 구조도 사라졌다. 새로운 시대가 시작되었다.

그것을 가져다 준 사람들은 미국을 중심으로 한 연합군이었다. 그들은 일본을 비무장화시키고 전쟁을 할 능력도 의지도 없게 만들고자 했다. 군대를 없앴고 각종 억압적 기구를 폐지하였으며 그런 일에 관여한 사람들을 내몰았다. 아울러 전쟁에 관련이 깊은 사람들을 전범이라는 이름으로 처벌하였다. 새로운 헌법을 만들어 인권과 자유를 확립하고 민주주의를 보다 확고하게 정비하여 세웠다. 천황은 더 이상 일본의 최고권력자가 아니라 상징적인 존재가 되었다. 국민이 나라의 주인으로 등장하게 되었다.

이러한 개혁 중에서 일본의 평등한 사회를 만드는 데 결정적인 공헌을 한 것이 있다. 재벌해체와 농지개혁 그리고 노조합법화이다. 빈부의 격차를 늘리고 사회를 불평등하게 만들던 특권계급을 없애고 평등한 사회를 만든 이 개혁들은 오늘날까지 일본의 전후사회를 형성해 온 것들이다. 아울러 일본경제의 발전의 기반이기도 하다.

100만 원이라는 돈을 한 명에게 나눠줄 때와 10만 원씩 10명에게 나눠줄 때와 어느 쪽이 경제에 좋은 영향을 미칠까? 100만 원을 받은 사람은 그중 많은 부분을 사용하지 않고 남겨둘 가능성이 매우 크다. 하지만 10만 원을 받은 사람들은 모두 그 돈을 써 버릴 것이다. 그리 큰 돈이 아니기 때문이다. 100만 원을 한 명이 받아 절반을 쓴다면 50만 원의 소비가 발생하나 10명이 10만 원씩 받으면 100만 원의 소비가 발생한다. 그것이 또다시 소비를 만들어 낸다면 그 차이는 더욱 커진다.

개혁이 이루어지기 전의 일본은 100만 원의 돈을 혼자서 차지하거나 2명 정도가 나누어 가진 경우와 같다. 소수의 사람들이 많은 소득을 독점하였다. 그래서 소비가 생각보다 늘지 않는다. 그러니 성장도 한계에 부딪히고 말았다. 저성장의 일상화이다. 그땐 으레 그러려니 했다. 하지만 개혁이 이루어지니 달라졌다. 100만 원을 10만 원씩 10명에게 나누어지니 소비가 갑자기 늘어나서 성장이 보다 잘 되었다. 소비가 생산을 자극하고 생산이 다시 소비를 자극하는 선순환이 일어난 것이다.

재벌해체는 일본의 자산과 소득을 거의 독점한 사람들에게서 그것을 빼앗아 버린 사건이다. 수십 개, 간접적 지배까지 치면 수백 개의 계열사를 거느린 재벌기업이 주는 이윤을 편하게 받으며 거대한 부를 쌓아올린 그들 현대판 왕족이 아닌가? 오늘날 우리 사회에서는 이런 재벌들이 살아서 움직이며 드라마에서 왕과 왕비처럼 표현되고 있다. 그런 사람들이 어느 날 가진 것을 다 빼앗기고 평범한 신분으로 전락한 것이다.

농지개혁도 마찬가지이다. 농촌에서 하나님 같이 군림하던 지주들은 현대판 귀족이었다. 기업을 경영하는 사람들은 항상 신경을 곤두세워야 하지만 지주는 그럴 필요도 없다. 농사를 지어 바치는 소출은 그저 시장에 팔기만 하면 된다. 그것도 자신이 아니라 집사의 손으로. 자신은 그저 보고를 듣고 돈을 어떻게 쓸 것인가를 고민하면 그만이다. 그런 그들도 평범한 사람으로 전락했다.

그들이 가졌던 부와 소득은 어디로 간 것일까? 바로 어제까지 그들에게 머리를 숙이며 생존을 구걸하던 사람들에게 갔다. 그 액수는 짐작하기도 어렵다. 100만 원과 10만 원의 비교로는 정확하지 못하다. 100억과 100만 원 정도로 비교해야 하지 않을까? 오늘날 우리나라의 재벌과 노동자의 소득과 자산을 비교하면 얼마나 차이가 날까? 일 년에 대재벌은 많게는 수천억의 수입을 올린다. 그들의 자산은 수조에서 수십조에 이르고. 가히 수만에서 수십만 배 정도는 된다. 그것이 만일 모두에게 돌아간다면?

현재 기업의 내부유보금이 수백조에 이른다고 한다. 그것의 반이라도 노동자들에게 돌아간다면 내일이라도 경기는 활성화되고 성장률은 급속히 올라갈 것이다. 이런 꿈같은 일이 1940년대 후반 일본에서 일어난 것이다. 그리고 나서 일본은 머지않아 고도성장이 시작되었다. 우연의 일치는 아닐 것이다.

재벌의 해체는 구체적으로 어떻게 이루어졌을까? 일본의 재벌들은 지주회사를 중심으로 구성되었다. 재벌 산하 기업의 주식을 지주회사가 소유하고 그 지주회사의 주식을 재벌가족이 소유함으로써 재벌가족에 의한 지배가 성립된다. 재벌산하 기업이 다시 다른 회사를 지배하게 되면 재벌가족의 지배는 더욱 확대되는 것이다. 그렇게 해서 수백 개의 산하기업을 지배한 것이다. 한 줌의 재벌가족들이.

그 해체는 간단하다. 지주회사를 해체하고 그 주식을 강제로 국가에 환수했다. 물론 대금은 지불했다. 하지만 그것을 그대로 지급하면 그들은 그 자금으로 다시 부활할 것이니 은행에 입금하고 동결시켰다. 그리고 생활비만 지불했다. 아주 조금씩. 그러는 동안에 무서운 인플레가 계속되어 그들의 예금의 가치는 형편없이 떨어졌다. 나중에 동결이 풀렸을 때 그들에게는 푼돈이 쥐어졌을 뿐이다. 자산가로서의 부활은 물 건너 간 것이다.

더구나 그들에게 더욱 가혹한 벌이 내려졌다. '재산세' 부과이다. 재산세라는 징벌적 과세는 그들의 얼마 안 되는 돈마저 70, 80% 이상 앗아 갔다. 최후의 일격이 되고 말았다. 재산세는 재벌만이 아니라 일본의 자산가들에게는 재앙이었다. 황족을 비롯한 지주 등에게도 몰락을 가져온 것이다. 천황마저 자신의 재산을 상당히 팔아야 했다. 동경의 신주꾸에 있는 신주꾸교엔이라는 넓은 공원은 천황이 재산세를 내기 위하여 팔아 버려 시민들에게 제공된 곳이다. 참으로 좋은 일 아닌가? 개인의 정원으로 보기에는 엄청난 곳이니 말이다.

재벌해체는 재벌가족의 주식을 강제 환수하는 것으로 끝나지 않았다. 산하기업의 소유주식도 환수하여 기업간의 지배관계를 청산하였다. 모든 재벌기업은 독립기업이 되었다. 그들에게서 환수한 주식은 모두 퍼져나갔다. 국민주주시대가 왔다. 아울러 재벌기업시대에 요직을 맡았던 사람들은 기업에서 추방되었다. 그들은 재벌기업시대에 재벌가족에 의해 임명된 구시대의 사람이라는 것이 이유이다. 갑자기 중간 지위의 사람들이 요직을 차지하게 되었다. 경영자들의 연령이 엄청나게 젊어졌다. 기업이 참신하게 변하였다.

대주주인 재벌가족과 옛 경영자들이 물러난 기업은 하나의 독립된 조직이 되었다. 대주주에게 막대한 배당을 할 필요가 없어졌고 그들의 감시도 없어졌으니 마음껏 기업을 발전시킬 수 있게 된 것이다. 이익의 대부분을 투자와 조직원들의 급여와 복지로 사용해도 무방하게 된 것이다.

이러한 가운데 노조가 합법화되었다. 노조는 급속히 증가하였다. 대부분이 기업별 노조이다. 기업과 노조가 하나의 단위로 묶였다. 그런데 기업은 독립조직이 되어 외부의 간섭을 받지 않게 되었다. 그들간의 합의는 용이해졌다. 노사협조란 이런 기반 위에 성립된다.

그들이 교환한 거래는 다음과 같다. 기업은 노조원들에게 안정된 고용과 충분한 급여—생활임금—을 보장한다. 이에 대하여 노조는 최대한 기업에게 협조한다. 파업과 태업 등은 자제하고 기업의 방침에 따라 주는 것이다. 그것이 임금삭감이나 정리해고라 할지라도. 하지만 그럴 일은 없을 것이다. 고용과 급여를 보장하겠다고 했으니.

'주주자본주의'와 '이해관계자 자본주의'가 있다. 주주자본주의는 주주의 이익을 최대한 보장한다. 하지만 이해관계자 자본주의는 기업에 관계된 모든 사람들의 이익을 존중한다. 일본의 기업은 이해관계자 자본주의에 의해 경영되게 되었다. 노조원들과 소비자 그리고 주주 등이 모두 이익을 나눠 갖는 것이다. 기업의 이윤이 제대로 분배되는 이 시스템이 노동자들에게 성장의 혜택을 충분히 누리게 하였다. 한편 기업 측은 그들의 협조로 마음껏 기업활동을 할 수 있게 되었으니 그야말로 윈윈이 아닌가?

물론 이러한 윈윈은 아무 어려움도 없이 그냥 자연스럽게 이루어진 것은 결코 아니다. 1950년대 말에 삼백 일에 걸쳐 진행된 '미츠이 미이케 탄광쟁의'는 '이름 없는 영웅들의 투쟁'으로 유명하다. 이 쟁의는 노사의 대립이 처절한 투쟁으로 이어진 거의 마지막 사례가 되었다. 이러한 투쟁을 통해 자본은 한때 '손발이 묶인 경영권'이라는 굴욕을 감수해야 했다. 하지만 이 사건을 통해 노사는 보다 서로를 배려하기로 하였다.

'기업복지'의 발달은 자본 측의 전략이다. "무덤에서 요람까지"라는 복지국가의 표어를 기업이 내걸었다. 일본의 기업은 노동자를 어버이처럼 품고 보호하고 양육하는 존재로의 변신을 시도하여 성공을 거두었다. 이에 대하여 노동자들은 기업을 자기 가정처럼 여기고 협조하는 자세를 최대한 보였다. 임금인상은 봄에 정해진 기간에 일괄적으로 연 1회로—슌토(春鬪)—한정시킨 것도 그러한 자세에서 나온 것이다. 1960년대가 되면 더 이상 노사 간의 극한적 대립은 거의 찾아볼 수 없게 되고 노사협조체제는 일본의 관행이 되었다.

우리나라에서도 이런 시기가 있었다. 1987년 민주화운동 이후 우리나라의 자본은 노동자들의 극렬한 저항에 시달렸다. 하지만 민주화운동의 여파로 정부는 과거처럼 노동운동으로부터 자본을 지켜줄 수 없게 되었다. 결국 자본의 양보가 시작되었다. 사무실 직원들에게 예고 없이 회식이나 야근을 지시하는 상사는 '간 큰 상사'라는 소리를 들어야 했다.

결국 기업은 일본처럼 '복지정책'을 실시하여 노동자들을 달래야 했다. 삼성 같은 대재벌은 직원들의 의료비를 거의 전부 책임져주기 시작했다. "삼성에 들어오면 모든 것을 책임질 테니 일만 열심히 해 다오"라는 취지로 시작된 기업복지는 노동자들의 투쟁심을 약화시키고 대기업에 대한 이미지를 향상시켰다. 그렇게 해서 대한민국에도 노동자의 시대가 오는가 싶었다. 그것을 무너뜨린 것이 이른바 '외환위기'

이다. 참으로 애석한 일이 아닐 수 없다.

농지개혁으로 인한 농민들의 소득증대도 마찬가지이다. 그들은 지주가 과점하던 농업소득을 골고루 분배받게 되었다. 그것은 소비의 증가를 의미한다. 재벌해체 그리고 노조의 합법화와 비슷한 의미를 갖는다. 이제 일본은 소득이 제대로 모든 사람들에게 분배되도록 사회가 변화되었던 것이다.

재벌기업만이 아니라 일부 독점적 기업도 분해된다. 시장점유율이 지나치게 높은 기업은 분사되어 소규모로 축소되었다. 당시 일본시장을 지배하던 대일본맥주는 여러 회사로 나뉘어졌는데 그 덕분에 소규모였던 기린맥주는 얼마 지나지 않아 시장에서 수위(首位)를 차지하게 되었다. 어찌 보면 규모가 작아서 덕을 본 셈이니 아이러니라 하겠다. 전쟁 수행과정에서 관리의 편의로 뭉쳐진 거대기업들이 이렇게 해서 작은 회사로 분할되었다.

이는 기업의 입장에서의 평등화이다. 거대기업이 시장을 과점하면 경쟁이 사라지니 성장이 곤란해진다. 하지만 기업의 분할은 치열한 경쟁을 가져와 성장을 촉진하였다. 개인의 평등화만큼이나 이는 매우 큰 성장효과를 가져왔다.

이제 하나로 묶어 이야기해 보자. 일본에서 이제 자산을 통해 불로소득을 크게 거두는 사람들이 사라졌다. 물론 전부는 아니다. 야쿠자 같이 불법으로 자산을 모은 사람들 또는 고만고만한 자산을 가진 사람들은 있다. 하지만 재벌과 거대 자산가들 그리고 지주 같이 일본의 불평등에 가장 큰 기여를 한 사람들은 사라진 것이다. 작은 불평등은 여전히 남아 있지만 큰 불평등은 사라졌다.

각 기업은 쪼개져 경쟁을 벌이게 되었다. 시장의 골리앗은 사라지고 고만고만한 기업들이 경쟁을 통해 성장을 이루게 되었다. 이는 기업의 평등화이다. 독점기업은 경쟁을 방해하고 성장을 저해하지만 이젠 그런 기업은 없어진 것이다.

각 기업은 노동자들에게 고용과 소득을 보장한다. 그것도 공정하게. 기업의 이윤은 밖으로 나가지 않게 되었다. 대주주는 사라지고 기업은 노동자 중에서 내부 승진한 경영자들이 지배하게 되었다. 그들은 지나치게 높은 급여를 요구하지 않기 때문에 노동자들에게 보다 높은 급여와 안정된 고용을 제공하게 되었다. 대신에 노동자들은 기업에게 최대한 협조하여 기업의 발전에 기여하기로 약속한다.

지주에게 토지를 되돌려 받은 농민들은 이제 높은 소작료를 면하고 자신들의 노동의 대가를 제대로 챙길 수 있게 되었다. 그들은 더 이상 자신의 농지에서 난 생산물을 지주에게 가져가는 수고를 하지 않게 되었다. 그들의 주머니는 과거보다 훨씬 두둑해졌다.

재벌에 속했던 기업들 그리고 거대기업에서 분해되어 나온 기업들은 다시 뭉쳤다. 재벌의 부활은 아니다. 그들은 결속력을 다졌다. 아울러 주식을 서로 나눠 가져 다시 외부의 인물들이 기업을 주식으로 지배하지 못하게 방어하는 구조를 만들었다. '주식 상호보유'는 외부의 침입자로부터 기업과 노동자들을 지켜 줄 것이다.

이제 일본에서 발생하는 소득은 상당히 공정하게 분배되게 되었다. 큰 재산을 가진 사람도 사라졌으니 재산을 이용해 소득의 불평등을 심화시킬 위험도 그리 크지 않다. 일본의 국민들은 '총중류화'를 이루었다. 이제 그러한 분배를 통해 성장을 촉진시키는 일만 남았다. 소득과 자산의 불평등 거대기업의 시장독점으로 인한 불평등이 사라졌으니 이제 성장과 분배의 선순환이 이루어질 것이다.

성장이 이루어져 소득이 커지면 그것은 공평하게 분배된다. 그 분배된 소득은 높은 소비성향을 가져와 구매력이 되어 소비를 확대시킨다. 그러면 성장이 다시 온다. 성장은 소득의 향상을 통해 다시 구매력 향상으로 돌아온다. 구매력의 향상은 다시 성장을 가져온다. 노사는 협조를 통해 이러한 선순환이 유지되도록 노력한다. 고용과 소득, 그리고 협조가 하나가 되어 일본은 고도성장기를 맞이하고 아울러 세계에서도 가장 평등한 사회를 만들어내는 데 성공하였다. 그것도 상향평등화이다. 모두가 가난한 평등화가 아니라.

1970년대 세계는 경제 위기를 맞이했다. 이른바 석유 위기이다. 석유의 공급 부족으로—중동국가들의 정치적 이유로—석유가가 급등하자 물가의 급등이 일어났다. 하지만 이것은 경제의 성장을 가져오지 않는다. 소비와 공급의 불균형에 의한 물가상승이 아니라 유가 폭등이라는 이상변수로 인한 것이기 때문이다. 이른바 스테그플레이션이다. 세계 각국의 성장률은 저하되었다. 일본의 고도성장도 끝났다. 장기간의 침체가 이어졌다.

하지만 일본은 가장 먼저 회복되었다. 게다가 그 이후 상당기간 높은 성장을 보였다. 1980년대 일본은 경제적 거인이 되어 있었다. 그것이 일본에 대한 비난을 초래하였다. 결국은 일본이 1970년대의 위기를 가장 잘 그리고 빠르게 극복했기 때문에 생긴 현상이다.

일본은 어떻게 빠르게 그리고 잘 1970년대의 위기를 이겨냈을까? 두 가지이다. 노동자의 고용을 보장하고 대신 노동자들은 임금인상을 억제하며 기업과 협조를 유지하였다. 임금억제로 인플레를 해결하고 고용보장으로 일정한 구매력의 유지에 성공했다. 다른 선진국들이 임금인상으로 인한 인플레의 지속과 대량해고로 인한 파업으로 고통받을

동안. 이것은 바로 전후개혁으로 만든 평등과 화합의 사회가 일구어
낸 결과이다. 어쩌면 경제대국일본을 만든 가장 큰 그리고 중요한 원
인이 아닐까?

1970년대의 위기를 잘 극복한 일본이지만 1990년대의 위기를 극복
하는 데는 실패했다는 것이 일반적인 견해이다. '잃어버린 이십 년'이
란 듣기 거북한 이름이 나온 것은 위기를 극복하지 못해 오랫동안 경제
적인 어려움을 겪어야 했음을 의미한다. 연5% 가까이 성장하던 것이
─사실 이 정도라도 세계 톱 수준의 경제로서는 있을 수 없는 성장률─
제로에 가깝거나 심지어 마이너스 성장률을 보이며 정체상태를 보이고
있기 때문이다. 왜 그들은 1990년대 위기의 극복에 실패한 것일까? 위
기 자체만 놓고 보면 오히려 1970년대의 위기가 더 컸을 텐데. 1990년
대 위기가 일본 내 위기라면 1970년대의 위기는 세계적 위기이기 때문
이다.

한 가지 힌트가 될 내용을 소개한다. 전후 개혁에 의해 세계유수의
경제적 평등화를 이루고 중산층이 두터운 나라가 된 일본이 '잃어버린
이십 년'을 거치며 빈부격차가 큰 나라가 되고 말았다는 사실이다. 소
득불평등을 나타내는 기준인 지니계수(전체 국민 중에 고소득자의 소
득비율을 나타내는 지수)가 불평등이 매우 높다고 알려진 미국에 버금
가는 수준으로 올라간 것도 이 기간이다.

1990년대의 위기는 버블경제의 붕괴로 일어났다. 1985년 이른바 서
방선진7개국 재무장관회의가 플라자호텔에서 열려 거기서 합의된 '플
라자합의'에 의해 일본의 엔화는 급속히 그 가치가 올라갔다. 극심한
무역적자에 시달리던 미국의 압박에 의해 서독과 일본이 자국통화를
평가절상하게 된 것인데 이것으로 인해 경제불황이 올 것을 우려한 일

본은행이 금리를 대폭 내렸다. 이로 인해 주식과 부동산에 대한 투자가 늘기 시작하였고 그것이 버블경제를 가져온 것이다. 하지만 버블경제로 인한 인플레를 우려한 일본은행이 다시 금리를 높이자 버블은 꺼지기 시작했고 그것이 경제 전체에 영향을 미쳐 마침내 불황에 돌입하게 되었다.

이 위기를 극복하기 위해 일본에도 신자유주의가 도입되었다. 1980년대 미국과 영국을 중심으로 감세와 규제완화를 통해 기업의 공급능력을 활성화시켜 '석유 위기'로 인해 발생한 스테그플레이션 상태를 극복하고자 한 신자유주의는 일본사회에 엄청난 변화를 가져왔다. 기업들은 앞을 다투어 '구조조정'을 단행하게 되었고 그 가운데에서 기업 내의 분배와 고용시스템에 변화를 준 것이다. 전후 개혁으로 만들어진 평등과 화합시스템은 크게 동요하고 근본적인 변화를 요구받게 되었다. 미국식 능력제와 계약고용제가 확대된 것은 이러한 변화를 반영한 것이 아닐 수 없다.

문제는 이러한 변화가 과연 일본의 위기 극복에 도움을 준 것인지 아니면 해가 되었는지다. 급여의 삭감과 고용의 불안정 비정규직의 증가 등은 고도성장 이래 일본의 성장을 지탱해 온 '수요와 분배 그리고 성장시스템'을 붕괴시켜 갔기 때문이다. 분배가 제대로 이루어지지 않고 고용이 불안하니 소비가 위축되어 수요가 줄어 버리니 생산이 위축되고 그로 인해 '구조조정'으로 실업이 발생한다. 그로 인해 다시 소비와 수요가 위축되어 생산이 줄어들고 다시 '구조조정'으로 인한 실업이 발생하는 '성장과 분배 수요의 선순환'이 '악순환'으로 바뀐 것이 아닐까 싶다.

물론 이것은 정답이라 할 수는 없다. 하지만 이십 년간 정부가 끊임없이 경기부양책을 실시했지만 그다지 소용이 없었던 것도 따지고 보면 그렇게 해서 투입된 재정자금이 사회 전체에 분배되어 수요로 제대로 연결되지 않았기 때문은 아닐까 싶다. 상품권의 무상분배라는 극약처방도 해 보았으나 고용과 소득의 불안정을 느끼는 국민들은 소비를 늘릴 동기를 느끼지 못했고 결국 현금지출을 상품권 사용으로 대체하는 결과를 가져왔다.

차라리 '수요와 분배 그리고 성장시스템'을 그대로 유지했다면 결과가 달라지지 않았을까? 이 시스템은 북유럽의 사회민주주의 시스템과 함께 소득주도성장시스템이라 할 수 있다. 사회민주주의 시스템은 국가가 막대한 세금을 거두어 이를 국민에게 적절히 재분배함으로써 수요를 일정수준으로 유지하여 성장을 이어가는 시스템이다. 일본에서는 이를 기업이 대신한 것이다. 상대적으로 사회복지 시스템이 부실했던 일본이 평등화 사회를 이룰 수 있었던 것은 기업이 국가의 복지적인 역할을 대신하였기 때문인 것이다.

2009년 자민당의 장기집권을 끝내고 집권한 민주당은 일본을 "북유럽식의 사회민주주의 시스템의 사회로 만들 것을 약속하였다. 하지만 이는 쉽게 이루어지지 않을 약속이다. 일단 국민들이 증세에 대한 저항이 강하기 때문이다. 비교적 가벼운 세금을 내면서 기업의 보장을 받고 자신의 소득으로 삶을 지켜왔던 일본사람들에게 세금을 많이 내라는 것은 삶의 불안을 가중시키기 때문이다. 결국 민주당은 삼 년 반 만에 정권에서 내려와야 했다.

제4차산업혁명이 진행되는 지금 기업을 중심으로 한 '수요와 분배 그리고 성장시스템'의 재현은 그리 용이하지 않을 것 같다. "공장에는 개와 한 명의 사람만 있으면 된다"는 말까지 나올 정도로 인공지능이 사람을 대체하니 고용은 감소될 것이고 기업이 분배를 제대로 할 리가 없어질 것이다. 그렇지만 기업 입장에서도 일정한 수요가 없으면 존립할 수 없으니 무조건적인 고용감소와 분배의 축소는 유리하다고만 볼 수는 없다. 그렇다면 역시 북유럽식의 사회민주주의 시스템이 필요할 것이라고 여겨진다.

일본은 지금도 과거의 시스템을 완전히 버린 것은 아니다. 일본인 지인들의 말에 의하면 한때 붕괴 직전까지 갔던 이 시스템이 상당히 부활했다고 한다. 어쩌면 현재 일본경제가 살아나는 것도 그렇기 때문일지 모른다. 과연 얼마나 오랫동안 이 시스템이 유지될지—4차산업혁명이 진행되고 있는데—는 의문이다. 하지만 적어도 과거에 이 시스템이 일본의 고도성장을 지탱하는 기반이었음은 의심할 여지가 없다고 믿는다. 이 시스템의 원리를 제대로 구현할 새로운 시스템을 만드는 것이 일본경제부활의 관건은 아닐까 생각한다.

# 뛰어난 응용력이 만들어 낸 높은 경쟁력

예전에 자주 듣던 말 중 하나로 "일본사람들은 모방의 천재이다"라는 것이 있다. 이런 말이 떠돌게 된 배경은 일본사람들이 외국에서 개발된 제품을 모방하고 이를 좀 더 낫게 고쳐 원래 만든 나라보다 더 나은 제품을 만들어 세계시장에서 승리하는 일이 자주 있었기 때문이 아닐까 싶다. 세계적인 필름(아날로그 필름) 메이커 코닥은 한때 '필름'하면 코닥이라 할 정도로 엄청난 시장점유율을 가지고 있었지만 일본의 후지필름 등에 자리를 내주고 말았다. 카메라 역시 라이카라는 독일 회사가 대표적이었지만 이를 모방한 일본의 니콘, 캐논 등이 그 자리를 대신하게 되었다고 한다. 이 때문에 일본은 세계 각국으로부터 "무임승차나 하는 비열한 나라"로 비난받기도 했다.

하지만 엄밀히 말하면 일본은 모방의 천재라고 하기보다는 '응용의 천재'라고 해야 하지 않을까 싶다. 그들에게 주어진 물건이나 콘텐츠를 가지고 자기들 나름대로 개량을 거듭하여 나은 것을 만들어내니 말이다. 단지 복사해서 쓰는 것으로는 상대를 이길 수가 없기 때문이다. 위의 사례들도 단순모방이 아니라 이를 좀 더 좋은 제품으로 개량했으니 일종의 응용이 아니겠는가? 복사를 해도 보다 품질관리를 잘해 좋은 제품을 만들 수는 있으나 그건 아니다.

지금은 낯설어진 물건 중에 트랜지스터 라디오가 있다. 어렸을 때 트랜지스터 라디오는 선망의 대상이었다. 집집마다 있는 진공관식 라디오는 매우 덩치가 컸지만 트랜지스터 라디오는 휴대가 가능해 어디서나 들을 수 있으니 얼마나 부러웠는지 모른다. "나도 저런 거 하나 있으면" 하는 생각을 하곤 했다. 지금으로 치면 스마트폰 같은 성격의 물건이다.

그런데 이 트랜지스터 라디오를 개발한 것이 일본사람이라는 것을 아는 사람은 얼마나 될까? 트랜지스터 자체는 미국에서 발명된 것으로 아는데 트랜지스터 라디오는 일본의 대표 기업 소니가 개발하였다. 소니의 회장이었던 모리타 아키오는 미국에서 트랜지스터가 그다지 활용되지 못하고 있는 것을 발견하고 고심 끝에 라디오에 장착하기로 하였다. 그리고 "1인당 라디오 한 대"를 캐치프레이즈로 광고하여 글자 그대로 대박을 터트린 것이다. 지금처럼 각종 휴대기기로 음악을 들을 수 있는 시대와 달리 트랜지스터 라디오의 등장은 휴대할 수 있는 오디오기구를 통해 사람들의 삶 그 자체를 바꾼 것이다.

소니의 응용은 거기서 멈추지 않았다. 녹음과 재생을 거듭하는 기기는 이미 존재했지만 이를 휴대할 수 있도록 하자는 생각으로 만든 것이 휴대용 카세트이다. 그것을 '워크맨'이라고 불렀다. 워크맨이란 걸어 다니는 사람이라는 뜻인데 말하자면 걸어 다니면서도 들을 수 있는 녹음재생기라는 뜻이다. 나는 카세트 시대의 사람이다. 십여 년 전까지도 워크맨은 나의 친구였고. 소니는 계속 획기적인 제품을 쏟아냈다. 가정용 비디오와 테잎, 컴팩트디스크와 재생기기, 휴대용 컴팩트디스크 재생기—씨디 워크맨—등 한때 우리들의 삶 가운데 없어서는 안 될 제품들을 만들어가며 세계최고의 오디오, 비디오 기업으로 거듭났다.

그래서 'SONY' 마크가 달린 제품을 갖는 것이 멋진 젊은이의 조건이었던 시절도 있었다.

공업제품만이 아니라 스포츠에서도 그들의 응용력은 빛을 발했다. 일본의 배구는 한때 세계정상급 수준을 자랑했다. 여자배구는 지금도 정상을 넘보는 수준이며 그 인기는 일본 내에서 야구, 스모 등에 이어 최고이다. 배구는 원래 상대가 서브한 공을 세 번 이내에 상대편 코트로 넘기는 경기이다. 상대가 받지 못하도록 강하게 쳐서 넘기는 것을 스파이크라고 하는데 원래는 높이 올려진 공을 공격수가 기다렸다가 강하게 치는 것이 일반적인 방법이었다.

그런데 일본의 지도자들은 새로운 방법을 개발했다. 공을 높이 올리는 척하면서 공격수가 솟아오르는 공을 중간에 재빠르게 스파이크 해 버리는 것이다. 상대는 허를 찔리게 되고 속수무책으로 당하고 만다. 이것이 최초로 개발된 A속공이다. 하지만 이것이 어느 정도 사용되자 상대가 미리 이것을 대비하게 되었다. 그러자 이번에는 A속공을 하는 척하여 상대가 미리 대비하기 위해 블로킹을 하러 뜨게 되면 공을 그대로 흘려보내고 떨어져 있는 다른 선수가 상대 블로커가 바닥에 떨어졌다 다시 올라오는 사이에 공격을 하는 방법을 개발했다. 이것이 시간차 공격이라는 것이다. 이름하여 B속공! 이러한 속공은 이동 시간차 공격, 퀵 오픈 등등 다양한 방법으로 응용되어 발달해 왔다.

이러한 응용은 여러 스포츠에서 나타났다. 탁구에서 라켓을 원래는 악수하듯이 쥐는 것이 일반적이었는데 일본 지도자들은 동양선수들이 파워가 약함을 보완하고자 펜을 잡듯이 잡는 방법을 고안했다. 이것이 이른바 펜 홀더형이고 원래의 것은 쉐이크 핸드형이라고 한다. 테니스는 원래 단단한 공을 사용하지만 일본에서는 아주 말랑말랑한 공을 사용한 연식테니스가 개발되었다. 배구는 원래 6명의 경기이고(지금은 7명) 서브권이 바뀔 때마다 위치를 옮겨야 하는 로테이션룰이 적용되지만 일본은 9명이 로테이션 없이 경기하는 극동식 배구를 고안하기도 하였다. 어릴 때는 극동식 배구를 종종 텔레비전에서 볼 수 있었다. 6인제와는 달리 서브를 2회까지 할 수 있었던 것이 기억에 남는다. 아마 장신선수가 적은 일본의 약점을 보완한 경기 같다. 야구에서는 투수가 공을 던질 때 보통은 위에서 아래로 던지지만 아래에서 던지거나(언더핸드 투수)옆에서 던지는 것(사이드드로 투수)을 가끔 볼 수 있는데 이역시 일본에서 개발된 방법이다. 어깨가 아파 공을 위에서 던지지 못하게 된 투수가 고육지책으로 개발한 것인데 그것이 어느덧 미국까지 수출되었던 것이다. 하지만 미국에는 거의 없는 투구법이라 김병현이라는 투수가 미국에서 언더핸드로 공을 던져 큰 효과를 본 것도 낯설기 때문이었던 것 같다.

이 정도면 일본사람들의 응용력을 인정할 수 있지 않나? 스포츠든 공업제품이든 그들의 응용력은 가히 천재 수준이다. 플로피디스크(디스켓)은 지금은 사라진 제품이지만 역시 일본사람의 작품이다. 가라오케, 우리말로 노래방이라는 것도 일본의 작품이다. 더 이상 나열하는 것이 의미가 없으니 그만 두겠지만 이만하면 우리도 인정해야 할 것 같다.

우리에게도 이런 것이 있나? 같은 제품의 성능을 높이는 것은 우리도 하였지만 새로운 제품개발은 글쎄 기억이 나지 않는다. 한글? 거북선? 하지만 이것은 완전한 발명 아닌가? 측우기? 이건 응용인가? 근데문제는 요즈음에 그런 제품이 나온 기억이 없으니. 혹시 아시는 분이 있으면 연락하시기 바란다. 후하게 감사드리겠다. 말로만!

일본사람들의 뛰어난 응용력은 도대체 어디서 샀을까? 아니 어디서

왔을까? 그것은 역사적으로 만들어진 것이라 할 수 있다. 응용력을 가질 수밖에 없는 환경에서 오랫동안 살아왔기 때문에. 그것은 대륙에서 어느 정도 거리를 둔 곳에 위치한 일본의 지리적 환경이다.

'양갱'이라는 음식을 아는가? '羊(염소양)자'가 들어갔는데 양고기는 눈을 씻고 보아도 없다. 양갱은 달콤한 과자인데 왜 양갱이라는 이름이 붙었을까? 혹시 원래는 양고기가 들어 있었던 것일까? 아니면 칼국수처럼(칼국수에는 칼이 없다) 제조방법상의 명칭인가? 아니면 개떡처럼(개떡에도 개가 없다) 그냥 특별한 의미로(못 생겨서) 붙인 이름일까?

"사실은 이렇습니다(팩트체크)" 언제인지 모르지만 일본의 한 중이 중국에서 유학을 하고 있었다. 그곳에 그는 양갱을 먹었는데 그 맛이 너무 좋아 잊을 수가 없을 정도였다. 그래서 그가 일본에 돌아왔을 때 양갱을 만들어 보려고 애썼지만 도저히 기억이 안 나 엉뚱하게도 지금의 양갱 비스므리한 것을 만들어서 먹었다는 것이다. 그런데 이게 나름 맛이 좋아 그대로 사람들이 따라 만들었고 오늘의 양갱이 탄생하였다는 것이다. 일본에서 유학할 때 일본 텔레비전에서 본 내용이니 믿을 수 있을 것 같다. 그 방송에 의하면 우동이 일본으로 건너오던 중에 파도에 흔들려 꼬불꼬불해진 것이 라면이라니 조금 믿기는 어렵지만.

일본의 한자는 우리와는 활용법이 다르다는 것을 일본어를 공부한 사람들은 잘 안다. 우리보다 훨씬 다양하고 복잡하게 한자를 사용하고 있다. 하지만 간단하게 정리하면 이렇다. 일본사람들은 한자를 우리처럼 그냥 읽고 쓰는 것에 만족한 것이 아니라 한자의 뜻에 따라 자기 나라 말에 적용해 활용한 것이다. '갈 행(行)'을 우리는 행이라고만 읽고 쓴다. 하지만 그들은 가다라는 뜻에 착안해 활용한다. 가다를 行다 라고 쓰고 이를 그대로 가다라고 읽는 것이다. 즉, 한자를 음에 따라 읽는 것이 아니라 뜻에 따라 바꿔 읽음으로서 한자를 보다 폭넓게 쓸 수 있다는 것이다. 이것은 고대 일본이 응용력을 발휘한 중요한 예이다.

그러니까 일본에서는 한자의 음을 자기들이 마음대로 붙일 수가 있다. 原子(원자)를 아톰이라고 읽는 사람이 있다고 한다. 이는 사실은 원자를 아톰이라고 읽는 것이 아니라 아톰이라는 말에 한자를 적용시킨 것이다. 그렇게 되면 아톰의 의미가 명확해지기 때문이다. 개똥이라는 이름에 犬便(견변)이라는 한자를 적용시킨다면 누가 봐도 의미를 쉽게 알 것이다. 한자를 알고 있는 사람이라면. 표준어가 보급되지 않은 고대에 이것은 자신의 이름을 제대로 알리는 데 매우 유익할 것이다. 사람 이름만이 아니라 사물의 이름을 알리는 데. 매우 뛰어난 응용이 아닐 수 없다. 물론 외국인에게는 일본어 배우기가 어려워지는 원인이 되지만.

오다 노부나가는 전국시대의 혼란을 통일하는 데 결정적인 역할을 한 사람이다. 그가 절에서(혼노지) 부하에게 살해당하지 않았다면 도요토미 히데요시의 이름은 없었을지 모른다. 그런 그에게는 파격적인 점이 많았다. 모두가 자기의 영지 주변의 땅을 넓히는 데 여념이 없던 시대에 일본의 중심인 교토에 진출하여 천하통일의 꿈을 펼친 것 자체가 파격이었다. 그야말로 범인들이 생각하기 어려울 정도로 사고의 스케일이 컸던 것이다.

그가 파격을 통해 성공한 것이 조총의 활용법이다. 조총은 당시에 연발이 불가능하고 발사와 발사 사이의 간격이 매우 길어 역습을 당할 가능성이 있었다. 그래서 다른 다이묘들은 사용에 그다지 적극적이지 않았는데 그는 새로운 활용법으로 이를 극복했다. 병사들을 세 열로 세워 차례로 발사하게 하는 것으로 간격이 가진 약점을 보완하였던 것이다. 게다가 그들의 앞에 목책을 세워 상대편 병사가 공격하기 어렵게 만드는 묘수를 보이기도 하였다. 외국에 온 물건을 응용하여 효율성을 높인 예라 할 것이다.

왜 일본사람들은 응용의 달인이 되었을까? 아니 될 수밖에 없었을까? 그들은 타고난 응용리스트일까? 그런 사람들이 세상에 있기는 할까? 그건 아닐 것이다. 섬나라라는 특징은 사람들을 응용에 민감하게 만들었다고 봐야 한다.

내가 초등학교 2학년, 아니 3학년인가 그 때의 일이다. 학교에서 『삼국사기 이야기 백제편』을 구입하여 읽었다. 책이 너무 재미있어 읽고 또 읽었다. 얼마나 읽었는지 책이 너덜너덜해 질 정도였다(실은 나의 독서 습관이 좀 깔끔하지 못하기 때문이지만). 그런데 친구집에 놀러 가서 같은 책을 발견했지만 그 책은 너무나 깨끗했다. '대단하다. 어떻게 이렇게 깨끗하게 읽었지'라고 부러움을 느꼈다. 하지만 사실은 그게 아니었다. 그 아이는 책을 고이 모셔두기만 했기에 깨끗했던 것이다.

나는 왜 그 책을 그토록 애독했을까? 이유는 간단하다. 내가 책을 좋아하는데 책이 집에 그것밖에 없었기 때문이다. 그러니 당연히 읽고 또 읽은 것이다. 그리고 거의 암기하다시피 하였다. 지금도 그 내용이 기억날 정도이다. 그 덕분에 역사에 대한 흥미를 느껴 결국 대학도 사학과로 진학하게 되었다.

섬나라 일본사람들의 심정이 이런 것 아니었을까? 새로운 문물을 만들어 낼 능력은 없는데 대륙으로부터의 문물은 매우 드물게 들어온다. 그들은 모처럼 들어온 박래품(수입품)을 그냥 가볍게 쓰고 버릴 수가 없었다. 이리저리 활용하며 썼을 것이다. 그러니 내가 책을 너덜너덜하게 쓴 것처럼 그들도 그러지 않았을까? 나 역시 책을 마음대로 읽지 못했으니 그 책이 너무 귀하게 여겨졌던 것처럼 그들도 그런 심정이 었을 것이다.

일본이 개항을 하고 근대산업을 이식할 때의 일이다. 그들은 외국에 서 수입한 값비싼 기계를 보고 절망감을 느꼈다. 도대체 이 비싼 기계 를 어떻게 대량으로 구입하지?라고. 그것은 거의 불가능했다. 그러다 가 문득 좋은 생각이 떠올랐다. 기계를 잘 살펴보니 값비싼 강철로 만 든 부분을 나무로 대체해도 될 것 같은 곳이 여럿 있었다. 나무가 아니 면 흙으로. 이렇게 해서 다시 기계를 자체 제작해 보니 그다지 비싸지 않은 원가로 쉽게 만들어졌다. 그래서 본격적으로 제작에 착수하였다.

도요타 자동차를 알 것이다. 자동차 회사로 알려져 있지만 사실 출 발은 기계 회사였다. 도요타의 창업자 도요타 사키치는 외국에서 수입 한 자동직기를 관찰하여 보다 저렴한 직기를 개발하여 '도요타직기'라 고 이름하고 판매하여 대박을 쳤다. 저렴하고 성능은 그리 차이가 나지 않으니 팔리지 않을 수 있겠는가? 그것이 일본의 면직물산업을 발전시 켜 수입품을 몰아내고 면직물의 국산화에 성공하게 된 계기였다고 한 다. 그렇게 해서 창업된 도요타직기라는 회사는 기계 제작 회사로 발전 하고 결국 자동차 회사에 이르렀던 것이다.

면직기만 아니라 각종 공업 생산에서 이러한 대체국산기계가 활약 을 하였다. 이들은 기계 가격을 거의 10배 이상 저렴하게 하였기 때문 에 영세한 업자들에게 큰 힘이 되었다. 그것이 일본의 산업혁명을 민 간의 힘으로 일으킬 수 있는 기반 중 하나였다. 이 또한 응용의 달인이 기에 가능했던 것이라 할 수 있다.

이에 비하면 우리는 어떤가? 쉽게 이야기할 수 있는 사안은 아니다. 하지만 우리는 중국이라는 문명의 중심지를 가까이 둔 덕에 비교적 쉽게 선진문물을 받아들일 수 있었다. 일 년에 수차례나 중국을 오가는 사신단은 문물의 중요한 수입루트이다. 그리고 육로로 왕래하니 수입할 수 있는 양 또한 막대하였다고 할 수 있다. 그래서 굳이 한 가지를 붙잡고 응용하고 있을 필요를 덜 느끼지 않았을까? 중국의 유학을 도입한 우리는 위대한 사상가들의 해석을 그냥 암기하기만 했지 그것을 비판적으로 보려는 노력은 상대적으로 덜한 것 같다.

정리해 보면 이렇다. 중국은 인구와 국토가 넓고 많아서 문명의 중심지로서 새로운 것을 만들어 내는 능력이 뛰어났다. 우리는 그것을 배워 와 그대로 활용하는 것이 일반적이었다. 그에 비해 일본은 수입이 용이하지 않아 새로운 것을 여러 가지로 응용하면서 활용하게 되었다. 그것이 오늘날까지 이어져 우리는 새로운 것을 만들거나 응용하기보다는 외국에서 만들어진 것을 그대로 생산하는 것에 머물고 있고 일본은 배워서 응용해 제품을 개발하는 것은 아닐까? 다만 오늘날 새로운 것을 만들어내는 나라가 서양 특히 미국이라는 것만 달라졌을 뿐.

노벨상 수상자를 보아도 그런 생각이 든다. 우리는 과학상이 하나도 없지만 미국은 수없이 많다. 반면 일본은 22명의 수상자 중에 19명이 과학상이다. 미국에 비할 바는 아니지만 우리보다는 압도적으로 많다. 일본이 인구가 두 배 이상이고 국토면적은 4배에 가깝기는 하나 그렇다고 해서 합리화되기에는 너무 간격이 크다. 우리가 너무 복사기 노릇만 하고 있기 때문이 아닐까 하는 생각이 든다.

『지배받는 지배자』라는 책을 아는가? 우리나라 지식인들이 미국에서 배운 학문을 수입하여 그저 그것을 평생 우려먹고 있는 데 불과하다는 통렬한 비판이 담긴 책이다. 미국대학의 분점이라고 한다. 기가막힐 노릇이다. 미국의 높은 수준의 학문을 배워 우리나라에 돌아오면

지배자 행세를 하는 그들이지만 그래봐야 자신의 학문은 없고 박래품을 자랑하는 것이 우리나라 학자들, 지식인들의 현실일지 모른다는 지적은 뼈아프게 들려온다. 이것이 사실이라면 노벨상수상자가 나오기는 당분간 어렵지 않을까?

이러한 모습은 근대화 과정에서도 그대로 나타난다. 우리는 외국대학에서 학위를 받는 유학에 너무 편중되어 있었다. 유학하면 어느 때부터 학위 취득이었다. 하지만 그들이 돌아와 우리나라에 우리의 학문 체계를 세우기보다는 미국 등의 학문을 소개하는 역할에 머물렀던 것이 사실이다. 즉 복사기 노릇만 한 것이다. 이에 비해 일본의 경우 학위 유학은 상대적으로 드물다. 대부분 단기 유학을 통해 자신이 필요하다고 여긴 것을 배워오는 경우이다. 그리고 그것을 일본의 학문 체계에 접목시켜 발전시킨 것이다. 이것은 복사가 아니라 응용이다.

이것은 우리가 못나서라기보다는 그럴만한 사정이 있었기 때문이다. 일본이 서양과 교류를 본격적으로 전개할 때 서양의 대학에는 학위과정이 막 만들어지던 때였다. 독일은 그 점에서 뛰어난 나라였지만 미국의 대학은 아직 초보 단계였다. 그래서 미국인들이 다수 독일로 유학을 갈 정도였다. 그러니 학위 유학보다는 단기 유학이 일반적이었다. 게다가 근대 학문도 이제 태동하여 발전하기 시작한 시기이니 도입이 쉬웠기 때문에 학위 유학의 필요성은 더욱 적었다.

하지만 우리가 근대 학문을 위해 유학을 본격적으로 가기 시작한 20세기 후반에는 상황이 전혀 달랐다. 학위과정은 확립되었고 학문의 수준은 비교하기 어려울 정도로 높아졌다. 그러니 단기 유학으로는 배우기가 어려웠고 그래서 학위 유학이 일반적이었던 것이다. 게다가 미국이 세계 전략의 일환으로 제3세계의 학생들에게 많은 장학금을 제공하였으니 유학이 용이했던 것도 사실이다. 오늘의 미국은 유학생을 장사 대상으로 여기지만 그때는 달랐던 것이다.

하지만 이것만이 전부는 아닐 것 같다. 외국 문물을 그대로 복사하는 것처럼 익혀 사용해 온 역사는 부인하기 어렵다. 과거시험이라는 제도, 오늘날의 암기 위주의 입시 제도 그런 것들이 모두 영향을 받은 것이 아닐까? 일본도 입시는 암기 위주라는 비판을 받지만 일본의 교육에서 입시가 차지하는 비중은 우리와는 비교가 안 될 정도로 작다. 입시 위주의 교육의 선배는 사실 우리이다. 과거 시험 준비로 입시 위주의 교육의 빛나는 전통(?)을 만들어 온 우리 아닌가?

오늘날 한국이나 일본이나 경제발전에 벽을 느끼는 것은 모두가 복사나 응용으로 발전할 단계를 넘어갔기 때문이라고 생각된다. 일본이 '잃어버린 이십 년'을 보낼 때 이 문제가 제기되었다. 더 이상 '응용'만으로는 안 된다고. 우리도 '복사'만으로는 이제 어려운 것이 아닐까 싶다. 하지만 오랜 역사를 통해 '복사'와 '응용'에 의지해 오던 나라가 그것을 극복하기란 쉽지 않을 듯 하다. 뭔가 극적인 변화가 오지 않는 한 말이다. 어느 대선 후보가 절실히 교육 개혁을 외친 것도 그것 때문은 아니었을까? 과학자로서 살아온 사람이기에 더욱 그것을 피부로 느꼈을지 모른다. 하지만 그것이 가능할지는 의문이다. 참으로 서글픈 일이다.

# 경제대국 일본에 관한 이 이야기 저 이야기

## (1) 실용주의적 사고방식

"소나 말처럼 일만 하는 대학교수를 왜 시킵니까?"

대학교수를 폄하하는 이 이야기, 지금이라면 그래도 들어줄 만하지만 삼십 년 전이라면 어떨까? 우리가 대학에 다니던 시절 대학교수의 지위는 지금보다 훨씬 높았다. 지금도 대학교수가 장관이나 국무총리가 되는 일이 있겠지만 그 당시에는 지금보다 더 흔한 일이다. 남덕우, 이한기, 이현재, 노재봉, 정원식, 이영덕, 이홍, 이수성 등 1980년에서 2000년 사이에만 이렇게 많은 교수들이 '일인지하 만인지상'의 자리에 올랐다. 장관이 된 교수는 이루 헤아릴 수 없을 정도이다. 지금은 모르겠지만 대기업 임원이나 중소기업사장이라도 대학교수만큼의 위상은 없었지 않나 싶다. 그런 시대에 이게 웬 말인가?

실은 이 말은 우리나라사람이 한 것이 아니라 일본사람의 말이다. 때는 1980년대 초반일 것이다. 고려대학교 출신의 유학생 김현구는 와세다대학에서 일본고대사를 공부하면서 학교 앞 단골 메밀국수집 주인과 이야기 중에 이 말을 들은 것이다. 아들에게 어떤 일을 시키면 좋을까 하는 이야기 중이었다. 대학교수가 되려는 사람으로서는 듣기 좋은 소리일 수가 없다. 나 같으면—당시의 나—"뭐 이런 야만인이 있나"라고 생각했을 것이다.

하지만 김현구는 이를 받아들였다. 오히려 칭송을 보낸다. 그들은 작은 메밀국수집을 해도 자부심을 갖고 있었다. 게다가 와세다 대학에 약 500만 원정도의 기금을 내기도 했는데 그것은 와세다의 학생들과 교직원 덕분에 돈을 벌었으니 이 정도는 내야 하지 않느냐는 이유 때문이었다. 참으로 놀랍지 않은가? 그들은 가게 자리를 탐내는 사람이 월 2,000만 원의 세를 보장하겠다는 제안도 거절했다. 자신들에게 일이 보람인데 돈을 위해 그것을 버릴 수 없다는 것이다. 물론 그들이 가게에서 버는 돈은 월 2,000에는 턱없이 못 미치는 돈이었음에도.

이 이야기는 김현구 고려대 명예교수의 '김현구 선생의 일본 이야기'에 나온 일화이다. 김현구 명예교수는 내겐 아버지와 같은 스승이다. 직계제자도 아닌 나를 여러모로 보살펴 준 고마우신 분이다. 늘 일본인들의 훌륭한 점을 통해 배울 것을 강조한 친일파(?)이기도 하다. 최근 한가람 역사 연구소 이덕일 선생과 명예훼손문제로 소송을 벌여 매스컴을 타긴 했지만 누가 봐도 전형적인 학자이다. 그런 학자로서의 자세가 내겐 많은 가르침이 되었다.

외환위기 이후 우리나라도 크게 변하였다. 나쁘게 말하면 정말 금전만능시대가 온 것 같다. 예전에는 돈이 중요하긴 해도 전부는 아니었다. 인간으로서의 도리와 의무 그리고 명예를 어느 정도는 소중히 여겼다. 하지만 이제는 정말 돈이 사람을 평가하는 유일한 잣대가 아닐까 할 정도로 돈이 중시되고 있다. 돈을 못 벌어도 가치 있는 일을 하는 사람이 이제는 더 이상 존경받기 어렵고 돈만 잘 벌면 직업이 무엇이든 상관없다는 식의 풍토가 자리를 잡고 있다. 그러기에 사회는 더욱 각박해지고 있다는 생각이 든다. 아이들은 더욱더 입시공부에 내몰리고 대학생들은 취업 준비에 대학생활의 낭만이나 멋을 잊어 가고 있다.

대학교수가 오늘처럼 가치 없는 직업이 된 적이 없다. 아마 모르긴 몰라도 대기업 임원은 고사하고 일반 직원보다 못하지 않을까 싶다. 이유는 간단하다. 그래봐야 떼돈 버는 직업은 아니지 않냐고. 그나마 연금이라도 잘 받으니까 체면 유지는 할지 모르지만. 물론 대학에서 일어나는 갖가지 스캔들—갑질 교수, 성추문, 부정부패 등—이 대학교수의 지위를 추락시킨 것은 사실이지만 지성의 상징인 대학교수에 대한 평가절하가 못내 아쉽다.

하지만 모든 것은 동전의 양면 같은 것이다. 예전에 우리나라는 역으로 말해 너무나 체면을 중시하는 나라였다. 열심히 살아서 나름대로 무엇인가를 이루면 인정하기보다는 사농공상의 신분사회적인 모습이 매우 강했다.

"두뇌를 쓰는 일만 존중하는 모양이네요."

내가 일본에서 유학할 때 내게 한국어를 배우던 일본사람이 나의 말을 듣고 한 이야기이다. 그에게는 그렇게 들렸나 보다. 사실 맞는 말이다. 책상 앞에 앉아 펜대를 굴려야 멋진 것이고 현장에서 일하거나 아니면 장사를 하거나 하는 것은 가볍게 보았던 것은 사실이다.

"제발 장사는 생각도 마라. 난 장돌뱅이라는 내 직업이 싫다."

돌아가신 아버지가 늘 하던 말이다. 우리 아버지는 시장에서 가게를 오랫동안 하며 그 나름대로 많은 돈을 벌었으니 그 나름대로 성공한 셈이다. 자식 셋을 그것으로 가르치고 기른 것이다. 하지만 언제나 자신의 직업에 자신을 가지지 못했다. 그래서 늘 나에게 교수가 되어 달라고 당부하면서 이런 식의 이야기를 하곤 했다. 지금 생각하면 그때와 지금이 얼마나 다른가를 알 수 있는 이야기 같다. 만일 지금 그 정도로 돈을 버는 자영업자가 있다면 누구라도 부러워하지 않을까?

"일본에 가면 조그마한 식당을 해도 대를 잇는 경우가 많다." 이런 소리를 처음 들었을 때는 그럴 수가 있을까 생각했는데 일본에 가서 십 년간을 지내보니 그것은 사실이었다. 어떻게 그럴 수가 있을까? 간단하다. 겉치레보다 실질적인 것을 중시하는 실용주의적 사고가 그들에게는 몸에 배어 있기 때문이다. 우리나라에서도 대를 잇는 식당이 있기는 하지만 그건 정말 어느 정도 장사가 잘되고 규모가 큰 곳이 대부분이 아닌가? 물론 최근에는 우리나라에서도 변화가 일어나고 있기는 하나 극히 최근의 일이다.

물론 그들이라고 명예나 체면이 무용하다고 여기지는 않는다. 일본 사람들은 돈이면 다라는 식으로 여기는 편견이 있는 것이 사실이지만 그건 정말 편견이다. 도리어 우리나라 사람들보다 돈에 대한 욕심이 적다. 그건 가 보면 안다. 돈보다는 마음의 행복을 추구하는 경향이 훨씬 크다. '이코노믹 애니멀(경제동물)'이라는 모함은 잊기 바란다.

극단적인 예를 들어 보자. 성매매를 하는 여성들이 직업에 대한 자부심을 갖는다면 터무니없는 일이라고 생각할 것이다. 우리나라에서는 성매매 여성들이 직업이 좋기 때문에가 아니라 쉽고 편하게 큰 돈을 벌 수 있다고 생각하기에 하고 있다고 여겨진다. 그런데 일본에서 그런 여성들을 인터뷰했을 때 그녀들은 자부심까지는 아니겠지만 일에 대한 보람을 느낀다고 했다. 솔직히 충격이었다. 물론 그것이 바람직한 생각은 아니라고 본다.

내가 말하고 싶은 것은 그런 일조차 보람으로 여길 정도로 그들에게는 명예나 체면 같은 겉치레에 대한 집착이 없다는 것이다. 사실 그보다 더 명예나 체면을 손상시킬 직업은 그리 흔하지 않기 때문이다. 물론 그렇다고 해서 일본에서는 그런 직업의 여성들이 당당하게 자신을 드러내고 사는 것은 아니다. "부모님이 저를 모른 척해요"라고 고백한 성매매 여성을 방송에서 보았다. 대부분의 나라에서는 그렇지 않겠는가? 심지어 합법화 된 나라에서도.

일본의 어느 평론가는 이런 말을 했다. "일본사람들에게는 불교의 영향 때문인지 인생은 허무하다는 생각이 있는 것 같다. 그래서 은둔의 삶을 살고자 한다. 그런데 일본에서의 은둔생활이란 중국이나 한국과 달리 세속에서 최선을 다하는 것이다. 일에 파묻혀 자신을 잊고 사는 것 그것이 일본식 은둔생활인 것이다"라고. 알 것 같기도 하고 모를 것 같기도 하는 말이지만 막스 웨버가 들었으면『프로테스탄티즘과 자본주의』라는 책이라도 썼을 법한 이야기이다. 그들은 자신의 직업으로 도피하여 은둔의 삶을 사는 것일까? 속세의 허무함을 잊기 위하여 말이다. 하긴 일에 몰두하다보면 그럴 수도 있을 것 같다.

그렇게 말하면 '유교자본주의론'은 그릇된 것일까? 한국, 대만, 홍콩, 싱가폴 이렇게 네 곳이 네 마리의 용으로 칭송받던 시절 공교롭게도 이들 지역이 유교의 영향이 강하기 때문에―넓게는 일본도―유교가 자본주의 발달에 큰 영향을 미친 것은 아닌가 하는 주장이 제기되었다. 유교적 윤리―수직적 인간관계의 중시, 순종적인 인생관 등―가 과연 자본주의 발달에 공헌했을까? 우리나라에서는 부정적으로 보는 경향이 있는데 밖에서 보면 반대의 모습이 보일지는 모르겠다. 하지만 유교가 겉치레를 중시했다는 점을 감안하면 그리 신뢰하기 어려운 주장이다. 불교와 일본인의 세속적 직업관도 그렇다. 동남아시아의 불교국가는 그렇다면 왜 아직까지 가난을 벗어나지 못했을까? 이런 의문이 든다.

　다시 막스 웨버를 만나보자. 사상과 삶의 관계는 어떤 것일까? 어느 정도는 인정해야 한다고 믿는다. 하지만 막스가 말한 것처럼 프로테스탄티즘(개신교)를 믿으니까 자본주의가 발달했다는 것에는 동의하기 어렵다. 차라리 자본주의가 발달하니 개신교가 더 환영받은 것은 아닐까? 아니면 최소한 개신교를 받아들이는 성향의 사람들이 자본주의와 맞는다고 하거나. 한국에 개신교도가 천만이라고 하는데 교회에 가 보면 못 사는 사람이 참 많다. 개신교를 믿어서 자본가가 되었다고 하기보다 차라리 기도를 강조하는 개신교를 믿어 열심히 기도했더니 하나님의 축복을 받아 부자가 되었다는 것이 더 믿음이 간다. 교회에 가면 귀에 못이 박히도록 듣는 간증에 의하면 이 주장은 막스웨버의 주장보다 신뢰할 수 있다.

　종교의 영향은 둘째치고 일본사람들의 실용주의적 사고방식은 확실히 경제 발전에 영향을 미쳤다고 생각한다. 우리의 선비에 해당되는 사람들이 산업혁명시대에 자본투자를 권하며 자본가들을 설득하는 모습은 매우 흥미롭다. 그들은 학문을 깊이 공부하는 것이 아니라 전쟁에서의 승리를 고민하는 전사들이기에 그럴 수 있었던 것 같다. 그런 사람들이 지배계급으로 있으니 사회전체가 실용적이었을 것이고 그래서 경제발전이 촉진된 것은 아닐까?

## (2) 추적자는 추적당하는 사람보다 앞을 내다보기 쉽다 - 후발성의 원리!

"어디서 재료를 훔치고 직원들에게 월급을 전혀 주지 않는다고 해도 이런 가격으로는 팔 수가 없는데… 이거야말로 덤핑 아닌가?"

1930년대 뉴스위크지의 어느 기사에는 이런 볼멘소리가 실렸다. 프랑스의 어느 제조업자의 이야기이다. '사회적 덤핑'이라는 말이 함께 실려 있다. 일본이 제품을 너무나도 값싸게 판매하니 덤핑 같은데 증거가 없으니 답답하다는 것이다. 그래서 고민 끝에 생각해 낸 것이 '사회적 덤핑'이다. 임금과 물가가 낮은 나라에서 자연스럽게 이루어지는 저가 판매!

1930년대는 일본경제에 매우 의미 있는 시기이다. 면제품 특히 면사의 수출에서 일본은 영국을 제치고 세계 1위에 등극하는 등 경공업 특히 섬유산업분야에서의 약진이 두드러진 시기이다. 경제대국 일본의 탄생이었다. 물론 우리가 생각하는 경제대국과는 아직 거리가 있지만. 우리가 일본을 경제대국이라고 할 때는 1960년대 후반 세계 경제 2위의 나라가 된 이후를 말하기 때문이다. 하지만 이 무렵 일본은 세계 10위권의 엄연한 경제대국이었다. 거의 오늘날의 우리 같이.

일본의 면방적업(면사생산)이 영국을 추월하는 데에는 후발성의 논리가 잘 실현되었다. 성경에는 "앞선 자가 뒤지고 뒤진 자가 앞설 것이다"라는 꺼림직한 예언이 있는데 이는 뒤에서 따라가는 자는 명확한 목표가 있어 추적하기가 용이하고 앞선 자는 자칫하면 현재의 위치에 안주하여 뒤떨어질 수도 있다는 말일 것이다. 영국은 방심했고 일본은 그런 영국을 바라보며 열심히 뛰어간 것이다.

보다 구체적인 이야기를 하자. 일본이 근대적 면방적업을 본격적으로 시작할 때 세계 면방적업계에 획기적인 기술이 개발되었다. 이전에 사용하던 뮬이라는 생산방식을 훨씬 능가하는 링 이라는 새로운 생산방식이 개발된 것이다. 얼마나 차이가 나는지 확실히는 모르지만 여러 배의 차이는 났을 것이다. 뮬에서 링으로 생산방식이 바뀌는 그때 일본의 면방적업이 근대화한 것은 일본에게는 행운이고 영국에게는 불행이었다.

두 나라는 새로운 생산방식의 도입에서 극명한 차이를 보였다. 영국은 여러 가지 이유로 링을 도입하지 못했다. 첫째, 기존설비가 너무나 많아서 그렇다. 이에 비해 일본은 새롭게 시작하였으니 당연히 최신생산방식을 도입하였다. 둘째, 노조의 반대이다. 링은 일인당 조작할 수 있는 생산량이 많기 때문에 인원의 감축이 불가피했다. 영국의 노조는 이를 반대했고 그래서 링을 채택하기가 어려웠다.

그뿐만이 아니었다. 링 방식의 단점은 가느다란 실을 뽑아내는 것이 곤란하다는 점이다. 100번사(번호가 높을수록 가늘고 부드러운 제품)을 사용하는 고급제품에 주력하기 시작한 영국의 방적기업들은 링의 채택을 망설이지 않을 수 없었다. 하지만 100번사 이하의 중 저급품 중심인 일본의 방적업으로서는 링의 채택을 적극적으로 할 수 있었던 것이다. 면업의 시장이 세계적으로 확대될수록 중저급시장은 커져 갔으니 일본면업은 보다 생산을 확대시켜 나가기가 용이하였다. 결국 이것이 양국의 격차를 축소시켜 가는 하나의 큰 원인이 된다.

물론 그것만은 아니다. 임금격차 역시 엄청났다. 일본의 어느 학자는 "식민지 이하의 임금이다"라고 평가했다. 이는 사실이지만 조건이 필요하다. 여기서 식민지란 인도인데 인도는 면직물산업이 발달한 나라이고 게다가 종사자 대부분이 남성이기에 미혼여성 중심의 일본보다 임금이 높은 것은 어느 정도 불가피하기 때문이다. 그러나 이유는 어찌되었든 일본의 임금은 현격히 낮았다. 게다가 일본의 면방적 공장은 24시간 풀 가동하는 체제를 실시하여 설비비에 대한 생산의 비율이 매우 높았다. 하지만 공장법이 만들어진 영국에서는 소년노동도 부녀자의 심야노동도 불가능했기 때문에 24시간 체제는 이루어지지 않았다. 이것이 영국의 생산원가를 높인 것은 물론이다.

비슷한 현상은 1950년대에도 나타났다고 한다. 일본이 전후 고도성장을 맞이하여 중화학공업의 발전이 눈부시게 이루어졌는데 설비가 미비했던 일본은 보다 새로운 기술과 설비를 손쉽게 도입할 수 있었지만 구미의 선진국들은 이미 많은 설비를 갖추고 있었기 때문에 그것이 쉽지 않았다고 한다. 추적자의 이점이 다시 한번 발휘된 순간이다.

내가 일본에 유학하러 간 1989년 전철을 타러 갔다가 놀라운 광경을 목격했다. 그 당시 우리나라 전철은 이미 자동개찰구가 일반화되어 있어 철도원에게 검표를 받을 일이 없었다. 그런데 동경의 지하철이나 전철에는 아직도 검표원이 있었다. 그들은 검표용 가위를 들고 "안녕하세요"라고 인사를 하며 내 표를 철하였다. '이게 웬일이야' 나는 그것이 너무나 우스워보였다. 명색이 선진국인 일본에 아직도 검표원이 있다니 놀랍기 이를 데 없었다.

하지만 그것도 같은 원리이다. 다만 이번엔 일본이 앞선 자가 된 것이 다를 뿐이다. 이미 방대하게 전철과 지하철을 설치해 놓은 일본에서는 그에 맞는 인원을 고용했다. 그러니 하루아침에 그들을 내보내야 하는 자동화가 불가능했던 것이다. 일본이 한국에게 따라잡히게 된 원리가 이러한 모습에서도 나타나고 있었던 것이다.

컴퓨터 산업에 대하여도 비슷한 이야기를 할 수 있다. 1970년대에 보급되기 시작된 퍼스널컴퓨터 이른바 PC(오늘날에는 이 용어가 사라졌다. 컴퓨터=PC가 되었다)의 가격은 애당초 엄청나게 비싸서 개인이 구입하기 어려웠다. 대부분 회사 사무실에서 몇 대 구입하여 공동으로 사용하는 실정이었다.

이 문제를 해결하기 위해 일본컴퓨터 회사가 개발한 것이 있다. '워드프로세서 전용기'이다. 줄여서 '워프로'라고 한다. 컴퓨터에서 가장 많이 사용하는 문서편집 기능과 간단한 표 작성 등이 가능한 이 기기는 선풍적인 인기를 얻었다. 한자변환이 필수인 일본어의 특성상 '워프로'는 매우 고마운 기기였다. 일본어는(중국어는 더 하지만) 타이프라이터라는 문서작성기기로 문서작성을 하기가 어려운 언어였다. 1988년 서울 시내에서 일본어 문서작성을 의뢰하였는데 가격도 비싸고 척 보기에도 고도의 숙련을 필요로 하는 작업이었다. 왜냐하면 한자변환을 해야 하기 때문이다.

그러니 버튼만 누르면 한자변환이 되는 '워프로'가 선풍적 인기를 얻은 것은 당연하다. 가격도 컴퓨터에 비하여 월등히 저렴하니 더욱 그렇다. 반대로 우리나라에서는 '워프로'가 그다지 인기가 없었다. 아무리 저렴해도 타이프라이터보다는 훨씬 비싸고(10배 정도는 할 것이다) 우리말은 한자변환이 그다지 필요 없으니 말이다.

그런데 말입니다! '워프로'의 존재가 일본의 컴퓨터 산업에 악영향을 미칠 줄이야 누가 알았겠는가? 워프로를 구입하면 컴퓨터가 없어도 웬만한 문서작업이 가능하니 개인은 물론 회사에서도 워프로를 주로 구입해 쓰게 되었고 따라서 컴퓨터 수요가 좀처럼 늘지 않는 것이 아닌가? 컴퓨터 회사로서 자승자박을 한 셈이다. 나 역시 워프로를 오 년 정도 사용하고 나서 비로소 컴퓨터를 구입하였다. 사실 그때도 꼭 필요해서 컴퓨터를 구입한 것은 아니고 미래사회에 대비하려면 그래야겠다는 생각에서였다. 주변에 보면 그 후로도 워프로만 사용하는 일본인 학생들이 많았다. 컴퓨터 강국 일본의 아이러니였다.

하지만 한국에서는 워프로가 보급이 안 되었으니 컴퓨터가 더 급속히 보급되었다. 1990년대 중반 우리나라는 이미 컴퓨터 시대가 되었다. 하지만 일본은 그렇지 않았다. 워프로에 의존하거나 심지어 손글씨를 고집하는 사람들이 아직도 꽤나 있었다. 인터넷 강국 대한민국이 괜히 생긴 것은 아닌 것 같다.

1980년대 한국은 타이프라이터에 머문 것에 비하여 일본은 워프로로 발전했으니 여기까지는 일본이 앞서 갔다고 하겠다. 하지만 1990년대에는 일본은 워프로, 우리는 컴퓨터로 역전되고 말았다. 일본은 앞선 자였지만 결국 뒤진 자가 되고 말았다. 국제사회에서 영원한 승자도 패자도 없음을 확인했다고 해야 할까?

하지만 오랫동안 일본은 국제사회에서 뒤진 자였음이 분명하다. 그들이 그렇게도 꿈꾸던 '따라잡기'와 '추월하기'를 이룬 것은 1960년대에서 1970년대이니 대부분의 기간은 뒤에 선 자였을 것이다. 그들은 그런 위치를 이용하여 더 좋은 것을 발명하곤 했다. 소니의 성공도 그런 특징을 가진 것이었다. 트랜지스터를 개발한 미국의 약점을 찌른 트랜지스터 라디오와 각종 제품의 개발은 뒤에 서 있었기에 가능했을지 모른다. 그것이 궁극적으로 경제대국 일본의 초석이 되었다.

그런데 재미있는 이야기를 하나 하겠다. 소니의 성공 뒤에 숨어서 성공을 거둔 못된(?) 회사가 일본에 있다. 일본은 언제나 2위를 달리다가 추월을 하여 승리자가 되곤 하였고 그 선두에 있던 회사가 소니이다. 그런데 일본에는 그런 소니를 뒤따라 가다가 승리를 도둑질한 기업이 있다. 그것이 마쓰시다전기다. '나쇼날'이라는 이름으로 제품을 출시하는 이 회사는 일본에서 '경영의 신'이라고 불리는 마쓰시다 고노스케가 창업한 회사인데 일본에서도 '2등 장사법'이라는 이름으로 악명(?) 높았다. 일본이 국제사회에서 한 짓을 그대로 일본에서 재현하여 재미를 본 것이다.

유명한 일화가 있다. 비디오 테이프가 한참 개발되어 VHS방식이 일반적일 때 일이다. 기술의 소니답게 소니는 베타 방식이라는 획기적 기술을 개발하였다. 이 이름은 아마 더 좋다는 의미의 영어단어(better)에서 나온 모양인데 테이프의 크기가 절반 이하라서 매우 편리하였다. 하지만 베타 방식은 얼마 되지 않아 사라져 갔다. 이유는?

마스시다가 이렇게 선언했다. "우린 못 따라가니 맘대로 하라"고. 즉 베타 방식을 버리도록 다른 기업들에게 협박과 회유를 하였다. 그래서 모두가 베타 방식을 거부하는 바람에 소니의 베타 방식은 사면초가가 된 끝에 결국 사라진 것이다. 마치 1980년대 애플의 매킨토시 컴퓨터가 너무나 뛰어났기 때문에 도리어 고립되어 고통받은 것처럼. "너무 앞서 가지마"는 연애에만 통하는 이야기는 아닌 것 같다. 그래서 '천재는 외롭다'고 하는 것인가?

최근엔 한국도 일본이나 미국이 경험한 딜레마에 빠진 것 같다. 추적자였던 우리가 서서히 추적당하는 자가 되어가기 때문이다. 하지만 그것이 세상의 이치인 것 같다. 그래야 추적하는 사람들이 추적할 맛이 나고 세상이 변화무쌍해져 재미있지 않을까?

## (3) 끼리끼리 주고 받자 - 일본의 계열관계

"건배(깜빠이)!"를 외치는 직원들, 그들의 손에는 시원한 맥주잔이 들려 있다. 그런데 그 회사에서 마시는 맥주는 언제나 한 회사의 제품이다. 이상하지 않은가? 도대체 왜 그 회사의 제품만을 마실까? "너무 맛있어서 아닌가?", "술을 결정할 권한을 가진 사람이 그 제품의 매니아인가?" 이런 추측을 할 수 있지만 모두 다 정답이 아니다.

이유는 바로 그 회사가 지금 건배를 외치는 회사의 계열사이기 때문이다. 계열사라고 하면 우리는 재벌의 산하 회사를 연상할지 모르나 그렇지 않다. 일본은 재벌이 사라져서 거대기업들은 대부분은 독립기업이다. 물론 신흥재벌도 있지만 비중이 그리 크지는 않다. 중소기업에는 가족지배기업이 대부분이지만 대기업은 다른 것이다.

그렇다면 계열이란 무엇일까? 독립기업끼리 서로 돕자고 뭉친 집단을 말한다. "혼자는 외로워" 뭐 이런 것이 아닌가 싶다. 집단주의를 좋아하는 일본인의 특징이 만들어 낸 것이라 하겠다. 우리 같으면 멀쩡한 독립기업이 다른 회사와, 그것도 업종도 다른 회사와 계열 관계를 일부러 만들지는 않을 것 같다.

계열의 출발은 구 재벌기업들의 연합이었다. 이를 '기업집단'이라고도 부른다. 구 재벌기업들은 과거의 인연을 기초로 서로간에 도움을 주고받기 위하여 다시 뭉쳤다. "어제의 용사들이 다시 뭉쳤다"고 해야할까? 그들은 주식을 서로 보유하기로 하였다. 모처럼 독립을 가진 기업이 경영권을 빼앗기지 않기 위해서이다. 그리고 정기적인 사장단 회의를 갖기로 한다. 우리나라 재벌의 사장단 회의처럼 그룹 회장님이 무게 잡는 회의가 아니라 대등한 기업 간의 협력 회의이다.

그렇게 뭉친 기업들은 계열 내의 거래를 늘려 간다. 웬만하면 계열사 제품을 사용하도록 노력한다. 물론 강요는 아니다. 주주총회에는 위임장만 내고 불참하여 각각의 기업 내부에는 개입하지 않는다. 그렇게 분산 소유된 주식들은 그렇게 해서 주주총회에서 우호지분의 역할을 하게 된다. 이렇게 해서 계열은 구성원들의 이익을 극대화한다. 그 중심에는 대개 은행이 자리잡는다. 은행은 계열 내부의 기업들에게 우선적으로 대출을 해 주도록 노력한다. 구 재벌계의 결합에는 구 재벌은행의 역할이 중요하다. 총대를 맨 것이다.

이러한 구 재벌계의 계열(또는 기업 집단)은 호평을 받았다. 그래서 멀쩡한 기업들이 서로 파트너를 찾아 헤매 다니게 되었다. 이 역시 은행을 중매쟁이로 하는 경우가 대부분이다. 그렇게 해서 일본에는 수많은 계열이 탄생하였고 계열사전이 발간될 정도였다.

계열 중에는 수직적인 계열도 물론 존재하였다. 대표적으로는 하청업체와 대기업의 계열이다. 물론 그렇다고 재벌처럼 지배와 피지배관계에 놓일 정도로 긴밀한 것은 아니다. 하지만 원청과 하청의 관계이니 어느 정도 불평등한 관계가 될 수밖에 없는 것도 사실이다. 다만 우리나라처럼 원가 후려치기를 하면서 갑질하는 일은 그리 없었던 것 같다. 원청회사와 하청회사의 긴밀한 협력관계가 일본경제발전의 밑거름이 되었다는 주장은 상당히 설득력을 갖는다.

토요타의 유명한 간방 방식은 이러한 계열 관계를 최대한 이용한 것이라 할 수 있다. 간방 방식이란 자동차의 조립라인에 간방을 두고 필요한 부품의 종류와 개수를 수시로 표시하는 것으로 실시간 필요한 부품만을 공급받음으로써 재고를 최소화하는 시스템이다. 이를 위해 계열사들은 자신들이 공급해야 할 부품이 실시간으로 제공될 수 있도록 만반의 준비를 해야 했다. 심지어 부품을 실은 트럭을 토요타공장 주변에 배치하고 주문이 들어오는 대로 바로 납품하는 일도 있었다고 한다. 도요타의 간방 방식은 다른 자동차 회사에서도 활용되어 일본 자동차 업계의 이익의 극대화에 기여하였다.

1990년대 초에 계열을 둘러싼 제법 큼직한 사건이 있었다. 고이토 제작소라는 부품업체를 둘러싼 소동인데 미국의 기업사냥꾼 피켄즈라는 사람이 이 회사의 주식을 사 모아 30%의 지분을 갖는 필두주주가 된 것에서 비롯되었다. 그는 고이토 제작소의 경영에 관여하고 싶어 했으나 고이토 제작소의 노조와 경영진을 이를 거부하고자 하였다. 결국 사원주와 계열사의 우호지분을 합하여 과반수를 만드는 데 성공한 노조와 경영진은 피켄즈의 꿈을 무산시키는 데 성공하였다. 피켄즈는 두고 보자 하고 미국으로 돌아갔지만 그 후 모습을 나타내지는 않았던 것 같다. 바로 계열사의 존재가 부각되는 순간이었다.

우리나라에서는 재벌가족의 경영권 방어가 문제시되지만 일본에서는 기업경영진이 직원 출신인 경우가 대부분이라 그들의 경영권을 직원들은 자신들의 것이라고 생각하고 함께 방어하고자 한다. 여기에 계열사가 갖고 있는 우호지분은 큰 힘이 되는 것이다. 주주의 권리가 커질수록 경영자와 직원들은 그들에게 이익을 나눠야 하고 때론 불이익을 당할 수 있기 때문에 고이토 제작소와 같은 경우에 힘을 합치는 것이다.

오쿠무라 히로시라는 일본의 평론가는 그래서 일본을 '법인자본주의'라고 부르기도 했다. 주식 대부분을 법인들이 가지고 있고 그들은 서로에게 개입하지 않기 때문에 실질적으로 기업은 주주의 견제에서 벗어난 독립적인 존재이기 때문이다. 일본의 주주총회는 그래서 삼십

분도 안 걸리는 이른바 "박수 치는 총회"가 되어 버린 것이다.

이러한 상태가 바람직하느냐고 묻고 싶을 것이다. 주주자본주의에 따라 평가하면 절대 바람직하지 않다. 하지만 기업의 발전이라는 측면에서 그리고 내부자의 이익을 고려하면 그렇지만은 않다. 주주란 기업에 대한 책임이 없는 존재이다. 그러니 기업의 장기적인 발전보다는 단기간의 이익에 더 집착하기 마련이다. 그에 비하여 내부자들은 기업에 대한 책임을 지려고 하며 장기적인 발전에 보다 관심을 갖기 마련이다. 그러니 기업의 발전이라는 것에 그리고 분배의 공정성이라는 면에서 보면 '법인자본주의'는 매우 바람직하다 할 수 있다.

미국의 많은 기업들이 오로지 주주의 이익을 위해 봉사하기 때문에 많은 문제점을 초래하였다. 해외 이전을 통해 고용을 파괴하고 저임금 장시간 노동을 강요하며 장기적인 투자보다 단기간의 이익을 위한 구조조정을 서슴치 않았다. 특히 기업사냥꾼들은 어려움에 처한 기업을 저가로 매입하여 구조조정과 적자 부문을 정리하고 공장의 해외 이전을 단행하여 단기간에 이익을 끌어올림으로써 주가를 일시적으로 상승시킨 후 매각하여 큰 이익을 올리곤 하였다. 하지만 그런 기업의 실제적 가치는 상당히 훼손되어 버리는 경우가 많았다.

그런 점에서 일본이 계열을 통해 외부세력을 차단하고 노동자들의 고용과 급여를 보장하고 장기적인 투자를 통해 기업을 실질적으로 발전시켜 온 것은 일본경제발전의 중요한 원인이라 할 수 있다. 미국을 비롯한 서방선진국들은 이러한 일본의 관행을 이해하기 어려워 맹렬히 비판하였다. 이른바 비관세 장벽이라는 이름으로. 하지만 그들의 주장은 자신들의 이익을 관철하기 위한 명분에 지나지 않다고 생각한다.

## "모든 길이 경제발전으로 통하지는 않는다"
## 이코노믹 애니멀은 그만!

"당신은 경제를 위해 태어난 사람, 지금도 경제발전 위해 열심히 살고 있지요."

우리나라에서는 지금도 이런 노래가 들려오는 것 같다. 물론 환청이겠지만. 지난 육십여 년간 어쩌면 우리는 경제발전을 위해 살아왔을지 모른다. 물론 그 이전에도 먹고 사는 문제가 왜 중요하지 않았을까? 인류가 지구상에 나타난 이래 한 번도 먹고사는 문제 즉 경제를 무시하며 살았던 적은 없다. '목구멍이 포도청'이라는 말은 우리 조상이 먹고 사는 문제의 중요성을 재미있게 표현한 말이다. 부끄러운 이야기이지만 난 이 이야기의 의미를 몰랐다. '웬 포도청이야'라고. 그러다가 동생에게 물어보니 놀랍게도 "포도청에서 부르면 안 갈 수가 없듯이 우리는 목구멍에 먹을 것을 넣어 줘야 한다는 말이야, 오빠." 이런 답을 하지 않는가? 나는 무슨 큰 발견이나 깨달음을 얻은 것처럼 무릎을 쳤다.

하지만 박정희의 5.16군사쿠데타 이후 우리는 먹고 사는 문제에 모든 것을 걸다시피 했다. "잘 살아 보세 잘 살아 보세"라는 노래가 전국에 흐르고 "새벽종이 울리네 새 아침이 밝았네…살기 좋은 내 마을 우리 힘으로 만드세"라며 새마을, 새나라 그것은 경제발전을 하여 잘 먹고 잘 사는 나라를 만들자는 마음으로 국민 모두가 땀을 흘렸다. 덕분에 우리는 세계가 놀랄 정도의 속도로 경제발전을 이루어 오늘의 대한민국—세계 10위권의 경제대국—을 이루었다.

먹고사는 것에 모든 것을 걸었던 덕분에 일본에 대한 우리의 자세도 바뀌어 갔다. 1965년 우리는 일본과 한일국교정상화를 이루었다. 많은 사람들이 굴욕적이라며 반대를 했지만 박정희 정부는 이를 밀어부쳤다. 이유는 하나 경제발전에 필요한 자금을 얻기 위해서이다. 일본은 그렇게 해서 식민지 책임을 값싸게 치룰 수 있었고 박정희는 원하던 자금을 얻었다. 사실 여부를 떠나 당시 권력자의 한 명은 "독도를 폭파시켰으면 좋겠다"고 하였다고 한다. 일본과의 협상에서 독도문제가 불거지자 이런 말을 했다니 경제문제가 과거의 원한과 영토문제까지 한방에 해결한 셈이 아닌가? 물론 그들끼리의 생각이지만.

경제발전이 한일 관계에 영향을 미친 것은 그것이 전부는 아니다. 한때는 "씹어 먹어도 시원치 않을 원수"였던 일본이 본받아야 할 대상으로 바뀌게 된 것이다. '원수가 스승이 된다'니 참으로 엄청난 변화가 아닌가? 물론 모두가 그런 것은 아니다. 여전히 무식하게(?) 일본을 적대시하는 사람들은 많지만 그런 사람들은 "현실을 모르는 철부지"로 여겨졌다. "지피지기면 백전백승이라는 말 몰라? 일본이 좋아서가 아니라 이기려면 그들의 방법을 배워야지, 언제까지 그렇게 미워만 할 건가"라는 훈계가 나올 법하다. 물론 전적으로 틀린 말은 아닐 것이다. 나 역시 동감한다.

"모든 길은 경제로 통한다"는 신념으로 우리는 일본의 경제발전의 비법을 알아내려고 혈안이 되었다. 그래서 일본의 모든 것을 경제발전과 연결하여 생각하게 되었다. 어느 잡지를 구독하고 있을 때 하도 그런 식으로 연재를 내보내길래 "제발 그만 좀 해 주실래요?"라고 투고를 해서 연재를 중단시킨 일이 있다(물론 내 투고 때문인지는 확실하지 않다. 투고를 보내 그게 실린 다음 호부터 중단되어서 그러려니 생각). 심지어 버블경제로 토지값이 비싸진 것도 "이로서 일본사람들은 부동산을 담보 대출을 받아 투자를 할 수 있게 되었으니 경제는 더 발전할 겁니다"라는 말까지 어느 책에서 읽었다. '기가 막혀… 부동산값 폭등이 좋다니.' 나는 그때 기가 막혀 씩씩대던 것이 생각난다. 아니나 다를까? 버블경제는 결국 붕괴되고 일본경제는 이십 년의 어두운 터널을 지나야 했다. '거 봐라… 쌤통이다'

그런데 이번엔 놀라운 반전이 시작되었다. 그토록 오매불망 일본에 경제발전의 비결을 찾기 위해 일본을 찬양하고 공부하던 열풍이 '잃어버린 이십 년'을 거쳐 거의 사라져 갔다. 경제 때문에 일본에 대하여 전반적인 관심을 가졌던 우리나라 국민들은 "그러면 그렇지…" 하며 일본에게 등을 돌리기 시작한 것이다. 한때 고등학교 제2외국어의 왕자였던 일본어는 중국어에게 그 자리를 내주고 말았다. 한때 여기저기 일본어 강의를 하러 다니던 나는 그 기회를 거의 얻지 못하게 되었다. 일본학과는 한때 급격히 늘었지만 이젠 존폐 위기에 놓였다.

그동안 좋은 평가를 받던 일본의 모든 것이 악평을 듣게 되었다. 앞에서 소개한 '계열'만 해도 그렇다. 과거 일본이 잘 나갈 때는 그것이 안정적 거래를 가져와 경제발전을 가져왔다고 하더니 이제는 그런 것 때문에 경제가 나빠졌다고 목소리를 높인다. '응용'에 의한 발전을 칭찬하던 사람들이 이젠 '창의성'의 결핍을 문제시한다. 맞는 말이지만 이렇게 180도 태도를 바꾼 것은 아무리 생각해도 지나친 것 같다.

문제는 무엇인가? 경제발전에 모든 것을 맞추기 때문이라고 생각한다. 우리는 성공한 사람들의 모든 것을 칭송하는 경향이 있다. 마치 그가 성공을 위해 태어나서 살아온 것처럼 말이다. 하지만 그것은 잘못된 생각이다. 마치 북한의 정권이 김일성이 태어나서부터 민족의 독립에 꿈을 가지고 살았고 사회주의인민공화국을 세우기 위해 모든 것을 집중시켰던 것처럼 떠들어 대는 것과 같다. 그가 성공한 것은 그가 살아오면서 해 온 것들이 맞아떨어져 생긴 결과일 뿐이다. 처음부터 계획된 삶을 산 것이 절대 아닌 것이다.

부자들을 만나 인터뷰한 사람이 이렇게 말했다. "그들은 부자가 되기 위해 일한 것은 아니었다"라고. 그냥 열심히 한 길을 걸어오다 보니 부자가 되었다는 것이다. 빌 게이츠의 전기나 스티브 잡스의 전기를 읽어 보라. 그들이 세계적인 부자가 되었지만 아무리 읽어 봐도 처음부터 부자가 되려고 컴퓨터에 매달린 것은 아니었음을 알 것이다. 컴퓨터가 좋아서, 그리고 모든 사람들이 컴퓨터를 쓰면 좋을 것 같아서 몸부림치다 보니 결과적으로 부자가 된 것이다. 그런데 우리는 결과를 놓고 원인을 찾으려니 뭐든 부자가 되기 위한 것처럼 갖다 붙여 버리는 경향이 있다.

일본의 경제발전도 마찬가지이다. 분열이 경제발전을 낳았다는 것은 사실이지만 분열을 경제발전을 위해 한 것은 아니다. 그리고 분열이 언제나 경제발전을 이루는 것도 아니다. 메이지시대에 일본은 경제발전을 위해 보다 강력한 중앙집권을 구축하였고 그것이 도리어 경제발전에 도움이 되었다. 모든 것은 상황에 따라 결과가 달라지는 것이다. '응용'이 최선은 아니라는 것은 일본이 오늘날 처한 상황을 보면—아울러 우리도—알 수 있지 않는가? '계열'이 일본기업의 자립심을 손상시켜 경쟁력을 약화시켰다고 비난하지만 한때는 그것이 안정된 성장을 가져왔다고 칭찬받았던 것을 잊지 말아야 한다.

그럼 어느 평가가 맞냐고? 다 맞고 다 틀리다. 왜? 상황에 따라 달라지니까. 일본이 경제발전에 힘을 기울이지 않았던 것은 아니다. 하지만 그렇다고 모든 것이 경제발전을 위해 존재한 것도 실시된 것도 아닌 것이다. 한 인간이라도 마찬가지 아닌가? "모든 길은 경제에 통하는 것"이 아닌데 우리는 일본을 경제발전 하나의 기준만으로 보아 온 것이다. 그러니 경제가 어려워지자 가차없이 그들을 버렸다.

하지만 우리는 중요한 것을 잊었다. 일본은 아직도 경제대국이며 군사대국도 되어 가고 있음을. 한반도의 정세에 일본은 대단히 중요한 변수임도. 경제문제가 아니면 그냥 버려둬도 되는 나라가 아니라는 것이다. 멀리 사는 사람은 그렇게 해도 되지만 이웃사람에게 그래서는 안 된다. 그러니까 무슨 일이 있을 때마다 이상한 말을 하는 사람들이 너무 많다. '일본군국주의의 부활' 이런 시답지 않은 소리 말이다. "자다가 봉창 두드리는 소리"라는 말은 이런 것을 두고 하는 말이다.

우리는 한미동맹을 강조한다. 그 이유가 무엇인가? 북한의 존재 때문이 아닌가? 그런데 북한을 견제함에 있어 미국에만 의존한다는 것은 위험하지 않을까? 대미종속을 가져오기 때문에 그렇다. 일본이 함께 북한을 견제해 준다면? 그것이 일본의 국익 때문이라고 해도 상관없다. 어차피 미국도 마찬가지 아닌가? 한미군사협력처럼 한일군사협력이 이루어지면 대미의존도 낮출 수 있고 북한에게는 견제 세력이 하나 더 늘어나니 좋고.

현재 일본은 구인난이라고 한다. 경제가 얼마나 좋아졌길래 구인난인지 모르지만 참으로 부럽기 이를 데 없는 일이다. 누군가 말했다. "우리 청년들이 중동에 가서 나라가 텅 비도록 해야 한다"라고. 청년들이 없어야 선거에서 유리하기 때문인지 아니면 일자리 창출이 어려워서 외국으로 보내려는 것인지는 모르지만 차라리 지금은 "우리 청년들이 일본으로 가서 나라가 텅 비도록 해야 한다"고 하고 싶다. 유럽에서는 국경을 넘어 청년들이 이동하고 취업하고 살아간다고 한다. 아직도 경제대국인 일본이 우리에게 필요한 이유는 충분히 남아 있다. 왜 우리는 그 점을 활용하지 않을까? 일본도 구인난이라고 한숨만 쉬지 말고 이렇게 취업 못 해 안달이 난 우수한 한국청년 좀 데려가길 바라는 마음이다.

# 제5장

# 왜 일본은 기독교를
# 믿지 않는 나라가 되었는가?

## "기독교를 안 믿는 게 뭐 어때서?"
## 기독교가 문명의 상징은 아니지

　"왜 일본사람들은 출생 축하는 신사에서, 결혼식은 교회에서, 장례식은 절에서 하죠? 도대체 당신들의 종교는 왜 그렇게 복잡합니까?"

　일본사람들의 종교생활에 대하여 이해하지 못하는 사람들이 제법 많은 것으로 안다. 그런 사람들이 자주 갖는 의문이 바로 한 사람이 여러 종교의식에 아무렇지도 참가하거나 주인공이 된다는 것이다. 혹시라도 종교에 대한 모독이라고 생각하는가? 아니면 일본사람들의 종교에 대한 의식이 너무 특이하다고 여겨지는가? 그렇다면 이제부터 해명을 할테니 잘 들어보라.

　세상에는 두 가지 종교가 있다(물론 엄밀히 말하면 더 복잡하지만). 일신교와 다신교이다. 일신교란 엄밀히 말해 신이 하나뿐이라고 할 수는 없으나 일단 유일신을 믿는 종교이다. 대표적인 것이 기독교와 이슬람교이다. 이들 종교는 자신들이 믿는 신 이외의 신을 인정하지 않는다. 인정하지 않는다는 것은 아예 존재 자체를 부정하는 것이 아니라 신앙의 대상으로 인정하지 않는다는 의미이다.

　기독교에는 그들이 숭배하는 야훼 이외의 신이 등장한다. 무엇이냐고? 사탄이다. 물론 신이라고 인정은 하지 않지만. 그 외에 바알신이나 아세라신, 다곤신 등 여러 가지 신이 등장한다. 하지만 그들을 숭배할 대상으로 여기지는 않는다. 그것을 우상이라고 한다. "입이 있어도 말하지 못하고 눈이 있어도 보지 못 하는" 실체도 없는 존재 그것이 우상이다. 영혼이 아니라도 사람들의 숭배 대상이 되면 우상이라고 여긴다. 이슬람교 역시 마찬가지이다. 이슬람교는 그 점에서는 기독교보다 엄격하다. 근본주의 이슬람교도들은 우상을 보는 대로 파괴한다. 두 종교는 모두 한 가지 신을 숭배하는데 이름만 다르다. 야훼와 알라 바로 그것이다.

이에 비해 여러 신을 믿는 종교를 다신교라고 한다. 대표적으로는 불교, 힌두교를 들 수 있다. 이들 종교에는 숭배의 대상이 여럿 있다. 불교는 석가여래를 위시하여 갖가지 초월적 존재가 있다. 다만 불교의 신은 기독교의 신과, 아니 다른 종교의 신과 다른 점이 있다. 그것은 인간이 신이 될 수 있다는 점이다. 깨달음을 얻으면 누구가 '성불'하여 신이 되는 것이다. 초기 불교에서 석가여래는 신이 아니라 그저 깨달은 자로서 존경받았으나 점차 경배의 대상이 되어 신처럼 대접받는다. 그를 향해 절하고 소원을 빈다. 힌두교의 신은 무수히 많다. 불교와 힌두교의 신은 각각의 종교가 만들어진 이래로 그 수를 늘려갔다.

다신교로서 그리 세계적이지 않지만 일본을 설명하기 위해 소개해야 할 종교가 있다. 신도이다. 신도는 종교로서는 매우 특이하다. 보통 종교란 경전이 있고 성직자가 있게 마련인데 신도에는 그런 게 없다. 물론 신도의 사원인 신사에 가면 성직자 비슷한 사람이 있지만 엄밀히 말해 그들은 성직자가 아니다. 누구라도 될 수 있는 일종의 안내인일 뿐이다. 신도의식도 그런 사람들에 의해 진행된다. 경전이 없으니 교리도 없다.

하지만 이런 식의 종교는 세상에 많다. 우리나라의 성황당신앙, 무당신앙도 비슷한 성격의 종교이다. 물론 이런 것을 종교로 인정하지 않는 사람들이 많겠지만 종교를 기독교나 이슬람교라는 틀에서 생각하기 때문이다. 하지만 종교란 교리와 경전이 있어야 종교는 아닌 것이다. 합리적인 이론이 아니라 영성적인 믿음을 가지는 것이라면 모두 종교이다.

그런 점에서 유교란 재미있는 종교이다. 이 종교에는 신이 없다. "삶도 모르는데 죽음을 어찌 알 것인가" 이 종교의 교조 공자가 한 말이다. 사후세계에 대한 관심이 원래 없는 유교는 종교가 아니라는 말도 있다. 그렇게 생각하는 건 물론 자유지만. 그래도 조상을 섬기니까 조상신이 신이라 할까?

세계적으로 보면 다신교가 일신교보다 압도적으로 많다. 경전과 교리가 없는 종교도 있는 종교보다 압도적으로 많다. 사실 경전과 교리가 있는 종교도 원래는 없었는데 시간이 지나면서 만들어진 것일 뿐이다. 기독교의 경전인 성경은 실은 야훼의 존재가 나타나고도 수천 년이 지난 후에 만들어지기 시작했다. 구약이 먼저 만들어지고 신약은 그 후에 추가되었다.

일본은 전형적인 다신교 국가이다. 그들의 전통적 종교인 신도는 위대한 사람은 죽으면 신이 된다는 믿음을 가지고 있다. 불교와 다른 점은 본인의 노력과는 무관한 것이라는 점이다. "일본에는 800만의 귀신이 있다" 고대 일본의 권력자 모노베는 이렇게 말했다. 불교를 받아들일 것인가 말까 하는 논쟁에서 나온 말이 800만이나 귀신이 있는데 새삼 불교를 그리고 석가여래를 위시한 불교의 신을 믿을 필요가 있느냐고 하는 말이다. 하지만 불교를 믿자고 하는 소가노 우마코라는 또 다른 유력자의 의견이 받아들여져 결국 불교가 일본에 들어오게 되었다. 800만 플러스 알파 이것이 일본의 신의 숫자가 된 것이다.

그렇게 다신교를 믿어온 일본인에게 유일신을 섬기는 기독교는 어떻게 받아들여졌을까? 많은 신들 중의 하나로 여겨질 것이다, 이슬람교도 마찬가지이다. 불교는 말할 것도 없고. 일본에서는 불교와 신도가 합쳐져 새로운 종교로 믿어지는 일이 그리 드물지 않다. 신불습합(신도와 불교를 함께 배운다)이라는 관습이 자연스럽게 여겨지는 것이다. 왜냐? 어차피 신은 다수이니까 신을 하나만 믿는다는 생각 자체가 없는 것이다.

우리나라에서도 신불습합은 일반적인 현상이다. 불교를 믿는 사람들은 무당에게도 찾아가고 점쟁이에게도 운세를 알아보러 간다. 그리고 성황당 앞에서 기도도 한다. 새벽에 일어나 정안수 떠 놓고 기도하는 모습은 불교신자의 모습과 그리 모순되지 않는다. 다신교도들에게 신이란 모두 믿고 숭배해야 할 대상인 것이다. 특별히 일본이라서 그런 것은 아니다.

그런 사람들에게 각종 의식을 여러 가지 종교로 한다고 해서 위화감이 느껴질 리가 없다. 신도의 신이나 기도교의 신이나 불교의 신이나 어차피 '카미사마'인 것이다. 물론 불교의 신은 '호도케 사마'라고 하여 다르게 부르지만 결국은 마찬가지이다. 영어처럼 기독교의 신만 대문자 G를 쓰는 습관은 일본사람들에게는 없다.

우리나라에서 지금도 가끔 문제가 되는 종교문제가 제사와 기독교의 충돌이다. 기독교도인 며느리가 시대의 제사를 거부하여 트러블이 일어나는 경우를 종종 듣는다. 그럴 때 시댁어른들은 이렇게 말한다. "이건 종교가 아니란다. 그냥 조상에 대한 예의이다. 그러니 참가해라"

라고. 그들에게 제사란 조상에 대한 일종의 의식인 것이다. 마치 살아 있는 사람에게 인사를 드리는 것 같이. 살아 있는 사람들에게 엎드려 절을 하는 것은 기독교에서도 반대하지 않는다. 그래서 제사도 그런 의미라고 해석하고 참가를 종용한다.

일본이 과거 신도를 강요할 때도 그런 이야기를 하였다. "이건 국민 의례이다"라고. 국민으로서 국가에 대한 경배를 신도의 형식으로 하는 것에 불과하니 종교에 관계없이 해도 된다고 해석하고 강요한 것이다. 가게를 개업할 때 중요한 일을 시작할 때 신도의식을 거행하면서 참가를 종용할 때도 마찬가지이다. 이는 우리도 마찬가지이다. 이런 식의 주장이 맞는가 아닌가는 알 수 없지만 적어도 일본사람들이 그렇게 생각하고 믿는 것은 사실이다.

고대 로마의 사람들도 여러 민족의 신을 인정했고 받아들이기도 하였다. 그리스의 신을 통째로 받아들여 이름만 바꾸지 않았는가? 그런 그들이 기독교만 유달리 박해한 것은 황제숭배라는 것을 인정하지 않았기 때문이다. 황제를 신으로 섬겨야 하는데 그러지 않으니 국가에 대한 불충이라고 여긴 것이다. 신도의 강요와 같은 맥락일지 모른다. 국가에 대한 의무를 지키지 않는 자들에 대한 박해라는 점에서.

그리고 또 생각해야 할 것은 일본에는 일신교를 믿는 사람들이 매우 적다는 점이다. 기독교나 이슬람교를 믿는 사람은 인구의 1%도 되지 않는다고 하는데 실제로 교회나 이슬람 사원을 다니며 신앙생활을 제대로 하는 사람은 0.5%도 되지 않을 것이다. 압도적인 다수가 다신교 신자들이거나 무교인 사람들이다. 사실 무교가 더 많지 않을까 싶다. 다신교의 나라이니 종교를 둘 이상 믿는 사람들도 꽤 있다. 특히 불교와 신도는 신불습합이라는 말처럼 하나로 여기기 때문에 함께 믿는다고 해서 모순이라고 여기지 않는다. 그래서 종교에 대한 앙케이트 조사를 하면 국민의 수보다 신자의 수가 더 많은 것이다.

생각해 보라. 장례식이든 결혼식이든 또는 아이의 출산 축하이든 주변의 사람들과 함께한다. 당신이 일본사람이고 독실한 기독교도라고 치자. 그렇지만 주변엔 아무도 기독교를 믿지 않는다고 하자. 그럼 당연히 불교나 신도 등의 의식에 초대될 가능성이 매우 크다. 그럼 가지 않을 것인가? 종교를 이유로. 그렇지 않다. 한국에서도 그런 식으로 철저히 기독교를 사수하는 사람들은 여호와의 증인 같은 초근본주의자들뿐이다. 그런 당신을 외국인 친구가 보면 '저 사람은 왜 다른 종교의식에 참가하지?'라고 의문을 가질 것이다.

당신이 의식의 주인공이라고 하자. 그럼 기독교식으로 할 수 있을까? 결혼식이라면 상대가 동의해야 한다. 결혼식을 기독교식으로 하는 경우가 많은 것은 두 사람의 마음만 맞으면 되기 때문이다. 하지만 장례식이라면? 당신이 기독교도라도 죽었다면 주장을 할 수 없으니 불가하다. 당신의 자녀나 배우자 그리고 일가친척이 기독교도가 아니라면 또한 불가하다. 한국에서는 그런 경우에도 기독교식으로 하지 않는 경우가 종종 있다. 하물며 일본처럼 기독교도가 극히 적은 곳에서야 말할 나위도 없다.

나는 일본에서 거주하는 동안에 일본인 교회를 다녔다. 그곳에서 보고 들은 바로는 기독교에 충실한 사람들이 아무렇지도 않게 다른 종교의식에서 다른 종교의 신에게 경배하는 것을 본 적이 없다. 가족 전부가 기독교도인데도 집에 불단이 놓여 있는 경우는 없다. 문제는 그런 진성 기독교 신자를 만나기가 하늘에 별따기 만큼 어렵다는 것이다.

반대로 서양국가의 경우를 생각해 보자. 그곳엔 대부분 신사도 불교사원도 이슬람 모스크도 거의 볼 수 없다. 그럼 어떻게 하겠는가? 모든 의식은 기독교식으로 할 수밖에 없다. 유럽에서는 평생 교회를 의식을 할 때만 간 사람도 많다고 한다. 세례, 결혼, 그리고 장례식 그렇게 말이다. 평소에는 교회 근처에 얼씬도 하지 않다가 말이다. 그들에게 기독교란 그저 의식을 위한 수단일 뿐이다. 그 점은 일본사람들과 하등 다르지 않다. 다만 종교의 메뉴가 하나뿐이니 그렇게 하는 것이다.

일본이나 서양이나 종교에 대한 관심이 적어지고 있다. 특히 경제적으로 풍요로운 나라일수록 그렇다. 예외라면 미국처럼 근본주의가 강한 나라들뿐이다. 한국도 미국의 근본주의의 영향을 받아 종교의 그림자가 매우 짙다. 하지만 유럽의 크고 유서 깊은 교회들이 팔려 숙박업소나 술집 등이 되는 경우가 많다고 한다. 교회에는 노인만 있고 젊은이가 거의 없다는 소리도 들린다. 그런데도 그들은 의식을 교회에서 한다. 그냥 거기서 하는 것이 습관이니까 그런 것이다. 일본사람들도 마찬가지이다. 종교에 대한 관심은 줄어들고 있다. 그러니 여러 종교 기관에서 의식을 한다한들 그게 무슨 상관이란 말인가?

이만하면 일본사람들의 종교에 대한 자세가 이해가 가는가? 한 가지 종교에 순정을 바쳐야 한다는 기독교나 이슬람교적인 사고에 얽매인 사람들은 이상하게 여길지 모르나 일본사람들의 행동은 전혀 문제가 없는 것임을 우리는 알아야 한다. 그런데도 자꾸 자신들의 기준으로 이상하게 보니 일본사람들이 뭔가 특별하게 여겨지는 것이다.

더 나아가 또 하나의 의문이 제기된다. "왜 일본에는 기독교도가 이렇게 적은가?"라는. 예전에 일본 이외에 모든 선진국이 서양국가일 때는 특히 이것이 자주 의문시되었다. 막스웨버의 '프로텐스탄트와 자본주의'를 너무 강하게 믿는 모양이다. 기독교 그것도 개신교가 자본주의를 발달시킨다는 생각에 사로잡혀 있으면 이상하게 여겨질지도 모른다. 하지만 지금은 아시아의 여러나라가 선진국의 반열에 들어섰으니 조금은 이해해 줄 것 같은데 아직도 이런 질문이 제기되는 것 같다.

이런 질문이 나오게 되는 것은—특히 한국사람들이 이런 의문을 가지게 되는 것 같은데—한국이 기독교 인구가 많고 또 신흥경제대국 중국의 기독교도가 1억이나 된다는 사실 때문일 것이다. 기독교도들은 이를 바탕으로 "신의 축복으로 기독교국은 부유해진다"고 주장한다. 하지만 기독교국가가 모두 부유한 것은 아니다. 중남미 국가들은 기독교국가지만 그렇게 부유하지 못하다. 아프리카에도 기독교 국가가 제법 있지만 부유한 나라는 거의 없다. 뿐만 아니라 기독교를 믿지 않는 나라는 세계에 부지기수로 많다. 동남아시아는 불교국가가 많다. 서남아시아에는 이슬람교 인도는 힌두교를 믿는 사람들이 대부분이다. 사실 애초부터 기독교를 믿지 않는 나라가 이상한 것이 아니다.

더 재미있는 사실은 일본은 비기독교국가이면서도 종교적 관용성이 세계에서 으뜸일 정도로 크다. 다신교 지역이기 때문이기도 하고 종교에 무관심하기 때문이기도 하다. 유럽도 종교에 대하여는 비교적 관대하다. 종교에 대한 어떠한 탄압이나 배척도 없다. 히잡에 대한 논쟁은 종교논쟁이 아니라 여성의 인권에 대한 문제이다.

하지만 많은 지역에서 종교적 관용성이 부족한 상태이다. 한국만 해도 반기독교 정서가 꽤 강하고 이슬람교지역은 말할 것도 없다. 힌두교의 나라 인도에서는 힌두교를 믿지 않는 사람은 가족에게 버림받는다고 한다. 이들은 근본주의가 강하거나 종교를 민족의 전통이라고 여기기 때문에 믿지 않는 사람들에게는 그토록 엄한 것이다.

일본이나 유럽이 동성애에 관대한 것은 우연이 아니라 종교적인 관대함에 의한 것이다. 동성애에 대하여는 이슬람교나 기독교의 영향이 강한 나라일수록 엄격하다. 다신교국가이거나 종교에 관심이 적은 나라에서는 비교적 관대한 것이다. 우리나라는 최근 동성애에 대한 논쟁이 치열해졌는데 이는 기독교 근본주의가 강한 영향력을 가지고 있기 때문이다.

따라서 일본이 기독교 나라가 아닌 것은 사실 아무런 문제도 되지 않는 사실이다. "기독교를 안 믿는 게 뭐 어때서?" 그냥 이렇게 답하면 된다. 기독교는 절대적 진리는 아니기 때문이다. "그냥 안 믿고 싶어 안 믿는데."

# 그래도 궁금하다면 답해 주지

## (1) 일신교와 다신교

"예루살렘의 백성들이여! 그대들의 왕 히스기야가 그대들의 신 야훼가 그대들을 지켜 준다고 하더라도 속지 마시오. 우리는 그런 신들을 물리치고 모든 나라를 정복했소. 그들의 신은 지금 어디 있소? 모두 불태워졌을 뿐이오."

서기전 7~8세기경 중동지역을 지배하에 두게 된 강대국 앗시리아의 군대는 이스라엘의 북부에 있던 북 왕국을 멸망시키고 여세를 몰아 남 왕국을 정복하기 위해 18만의 대군을 몰고 수도 예루살렘에 쳐들어와 성을 에워쌌다. 그리고 총사령관은 이렇게 선포하며 항복을 권유한다. 만약 응하지 않으면 당할 처참한 모습도 전하면서. 당시 남왕국의 왕 히스기야는 야훼가 자신들을 구원해 줄 것이라고 말하며 백성들에게 항전을 독려했는데 앗시리아군은 이러한 이스라엘국민의 믿음을 흔들기 위해 다른 나라의 민족신들이 아무런 도움이 되지 않았음을 선포함으로써 항전의지를 꺾으려고 하였다.

이 장면에서 우리는 일신교의 기원이 민족신임을 읽어낼 수 있다. 이스라엘 민족의 민족신은 야훼(또는 여호와)이고 그들은 자신들의 결속력을 다지는 수단으로 야훼에 대한 신앙을 간직하여 온 것이다. 구약성경에 자주 등장하는 블레셋 지금의 팔레스타인족은 바알신을 섬겼다. 바알이란 농사의 신이고 반면 이스라엘의 신 야훼는 목축의 신이다. 위의 연설에는 자신들이 멸망시킨 민족과 신들의 이름이 나열되어 있는데 이는 민족별로 민족신을 가지고 있었음을 알 수 있게 해 준다.

"그들의 신은 불타거나 파괴되었다."

사령관은 그렇게 호언한다. 즉 신이라고는 이름뿐 실제로는 그저 우상일 뿐이라고 하는 말이다. 너희도 그렇지 뭐 하는 의미도 내포하고 있다. 일신교의 출발이 민족신임을 알 수 있다.

왜 중동 지역은 민족마다 민족신이 존재했을까? 아마 이 지역이 민족끼리의 항쟁이 치열했기 때문이라고 여겨진다. 민족의 일체감을 만드는 데 종교만큼 좋은 것이 없다. 이스라엘의 역사를 보라. 그들이 이집트에서 노예생활을 하는 동안에도 민족적 정체성을 유지한 것은 야훼라는 민족신에 대한 신앙 때문이다.

"솔로몬 왕이 여러 나라의 공주를 아내로 맞이하자 야훼만을 믿는 그의 신앙이 흔들렸다. 각국의 공주들은 자기 민족의 신을 가져왔고 솔로몬은 그것을 모두 섬기게 하였다."

이 역시 성경의 내용을 재구성한 내용이다. 유명한 인물 다윗의 아들 솔로몬은 지혜로운 사람으로 유명하지만 그의 말년은 그리 행복했던 것은 아닌 듯하다. "헛되고 헛되고 헛되도다"라는 말을 담은 '전도서'가 솔로몬의 저작이라는 말을 믿는다면 그는 인생의 무상함을 느낀 것임을 알 수 있다. 극도의 부귀영화를 누린 결과는 허무함인가 보다.

그런 그가 여러 나라와 정략결혼을 하면서 그 나라들의 민족신을 수입(?)하였던 것을 알 수 있다. 그 수입 루트는 신부들 즉 상대 나라의 공주들이다. 그녀들은 혼수로서 자기 민족신을 수입하였던 것이다. 성경에 따르면 그 결과 이스라엘은 야훼의 노여움을 사 남과 북으로 분열되었다고 한다.

중동에 존재했던 많은 유일신 중에 야훼만이 오늘까지 숭배된 이유는 무엇일까? 그 이유는 세 가지이다. 하나는 유대인들이 전세계로 흩어지는 디아스포라를 겪으면서 자신들의 정체성을 야훼라는 신에 대한 신앙으로 지켰기 때문이다. 자신들의 거주지에 이른바 시나고그라는 회당을 짓고 그곳에서 야훼를 숭배함으로써 유대인이라는 민족의식을 지킨 것이 오늘까지 야훼가 숭배되는 가장 중요한 원인이다. 하지만 유대인들의 야훼는 신이라기보다는 상징이다. 그들은 구약의 기적을 글자 그대로 믿지 않는다. 하나의 자연현상 정도로 여긴다.

그들보다 야훼를 제대로 믿는 것이 기독교도이다. 그것은 예수라는 인물에 의해 만들어진 종교이다. 예수는 자신이 야훼의 아들이라고 주장하여 권위를 빌리고 가르침을 전파하였는데 그로 인해 유대교의 민족적 폐쇄성이 사라지고 보편적 종교로 거듭났다. "구원을 이스라엘에게"에서 이스라엘은 민족적 이스라엘이 아니라 예수를 믿어 거듭난 자를 말한다고 해석함으로써 성경이 인류구원의 메시지가 된 것이다.

그리고 기독교를 발전적으로 계승한 것이 이슬람교이다. 예수의 미션이 실패로 끝나 마호메트에게 인류구원의 사명이 내려졌고 이를 기록한 것이 쿠란이라는 이슬람교의 경전이다. 이 경우 야훼라는 이름은 사라졌고 대신 알라라는 이름이 대신하게 되었다. 이것이 야훼가 살아남은 세 번째 방법이다.

결국 오늘날 인류의 대표적 일신교 세 가지가 하나의 뿌리를 갖는 셈이다. 그렇게 생각하면 일신교란 보편적인 존재라기보다는 중동지역이라는 특수한 토양에서 만들어진 역사적 산물일 가능성이 크다. 그렇지 않다면 왜 다른 지역에서는 이에 버금가는 일신교가 태어나지 않았을까?

"너는 왜 하필 멀리 저 서양에서 온 야소귀신을 믿는고?"

한국을 대표하는 작가 김동리의 『무녀도』에서 을화가 말한 대사이다. 아들이 기독교를 믿게 되자 무당인 을화는 이에 대하여 이런 비난을 쏟아 붓는다. 이 말은 자신이 섬기는 무속신을 믿으라는 것이기도 하다. 사실 이런 모습이 보다 인류보편적인 것은 아니었을까?

결국 인류의 종교 문제는 야훼라는 이스라엘의 민족신을 중심으로 일어나고 있다. 일본은 그 어느 곳에도 속하지 않기 때문에 다신교에 머물고 있는 셈이고. 기독교가 왜 일본에서 마이너이냐는 물음에 대한 가장 중요한 답은 바로 다신교의 영향을 들어야 할 것이다.

## (2) 일본 근세의 기독교 탄압

"이것을 밟아라. 그럼 살려 주겠다."

"못 합니다."

"그럼 넌 기독교인이구나. 이 자를 죽여라"

성모마리아의 동판을 밟지 못한 사람은 그대로 사형을 당했다. '후미에(그림 밟기)'시험이었다. 기독교인을 가려내기 위하여 도쿠가와 막부가 고안한 방법이다.

일본에서 기독교가 늘 마이너였던 것은 아니다. 16세기 기독교는 70만의 신도를 자랑하는 제법 큰 종교였다. 당시 인구가 2천만 정도였다고 하면 3.5% 정도이다. 지금과는 비교가 안 될 정도로 큰 숫자가 아닌가? 강력한 권력을 가진 다이묘 중에는 기독교를 믿고 그것을 자신의 영지주민들에게 반 강제적으로 믿게 하는 일도 있었다. 그런 다이묘를 '크리스천 다이묘'라고 한다. 우리나라에 쳐들어 온 소서행장(고니시 유키나가)도 크리스천 다이묘였다. 이래저래 기독교는 당시에 힘차게 확대되고 있었다. 만약 그대로 유지되었다면 일본의 역사는 완전히 바뀌었을 것이다.

어째서 이런 현상이 나타난 것일까? '크리스천 다이묘'의 경우 서양과의 무역을 위해 개종했다는 설도 있다. 영지의 주민들은 자신들의 의사에 관계없이 개종을 한 것이고. 보다 더 중요한 것은 아마 착취와 억압에 신음하는 민중에게 희망을 준 것이 아닐까 싶다. 우리나라의 경우도 조선 말기 민중에게 '신 앞에서의 평등'이라는 교리가 민중에게 희망을 주었기 때문에 기독교가 퍼졌다는 설이 있다. 로마제국의 경우도 그렇지 않은가?

하지만 기독교는 결국 탄압을 맞이하게 되었다. 유교가 그다지 보급되지 않았던 일본에서 우리나라처럼 조상의 신주를 불태웠다거나 제사를 폐하였다는 것이 이유는 아니었을 것이다. 기독교를 주로 전파한 스페인 포르투칼이 기독교를 이용해 침략을 기도했다는 설도 있고 쇼군과 천황에 대한 경배를 거부하기 때문이라는 설도 있다. 혹은 무리를 지어서 반란을 기도할 수 있다는 의구심도 있었다고 하고. 이유는 어찌되었든 막부는 기독교에 대한 대대적인 탄압을 가하였다. 1636년 시마바라의 기독교도 반란은 탄압을 강화시키는 결정적인 이유가 되었다.

대대적인 기독교인 숙청 작업은 일본기독교의 역사에 엄청난 흑역사였다. 막부는 기독교도를 악한 자들이라고 여기고 이를 고발하도록 하였다. 이것이 기독교도들을 일종의 무뢰배로 여기게 하는 하나의 편견으로 남게 되었다.

아울러 막부는 테라우케 제도를 만들어 모든 일본사람들을 불교도로 만들었다. 테라우케 제도란 마치 호적 같이 모든 사람들이 특정한 절의 신도로 등록하게 의무를 지운 제도이다. 비록 강제적인 것이긴 해도 형식적이나마 모든 일본사람들은 특별한 절과의 인연을 가지게 되었으니 부지불식간에 불교도로 성장하게 되었을 것이다.

한국의 경우 이러한 조건이 결여되어 있다. 조선시대 우리나라는 불교가 억압되었다. 이른바 '억불숭유' 정책으로 인해. 그 때문에 대부분의 절이 산 속에 위치하게 되었다. 너무 당연시 된 이 사실이 실은 억불숭유의 정책의 결과라니 놀랍다. 일본의 경우 대도시에 절이 집중되어 있는 것과 대조적이다.

불교의 억압은 조선의 민중에게 일종의 종교적 공백을 가져왔다. 이는 일본의 근세에 모든 일본사람들이 불교도로 강제 개종한 것과 비교되는 사실이다. 조선에는 유교라는 종교가 장려되었지만 사실 유교가 인간의 종교적 욕구를 만족시키기 어렵다는 점은 명백하다. 공자가 말했지 않는가? "삶도 알기 어려운데 죽음을 말해 무엇하랴?"고.

하지만 근세 초기에 이토록 많은 기독교도가 존재했다는 것은 일본사람들이 체질적으로 기독교를 받아들이기 어려운 사람들은 아니라는 증거가 될 수 있다. 어느 것이나 마찬가지이지만 그 민족이기 때문에 무조건 이런 특징을 갖는 것은 아니다. 역사적인 배경이 있어 비로소 그렇게 된다고 봐야 정당한 평가가 아닐 수 없다. 너무 쉽게 민족성을 탓하는 것은 바람직한 자세가 아닐 것이다.

피의 숙청에 이은 흑색선전 그리고 불교의 강요 등은 아마도 일본기독교사를 어둡게 만든 역사적 조건이 되었을 것이다. 일본이 비기독교

국가가 된 첫 번째 역사적 조건이 바로 이것이다. 다신교국가라는 상수적 조건이라면 웬만한 나라들에게도 있으니까 이런 역사적 조건이 필요한 것이 아닐까 싶다.

### (3) 국가에 의한 신앙억제 효과

메이지 유신으로 일본은 근대국가의 변신을 이루게 되었다. 국민에 대한 전에 없는 각종 서비스를 공급한 것도 그에 따른 결과이다. 의무교육, 공중위생과 의료, 공공주택 등을 통해 국민은 이전보다 정부의 존재를 크게 느끼게 되었다. 달갑지 않는 것도 있다. 병역의무 같은 것이 그렇다. 심지어 의무교육도 부담스럽다. 한참 일해야 할 아이들이 책상 앞에서 공부나 해야 하다니 먹고 살기 어려운 일본의 가정에게는 부담이었다.

메이지정부가 들어서면서 일어난 변화 중 하나는 기독교가 공인된 것이다. 그로 인해 많은 선교사들이 입국하여 전도 활동을 전개한다. 그들을 통해 일본은 다시 기독교국가로 변화할 기회를 맞이한 것이다. 과연 근세 초처럼 급속한 신도의 증가가 일어날 것인가?

하지만 기독교도가 늘어나기에는 장애 요인이 있었다. 메이지정부가 추진하는 국가신도교육이었다. 의무교육을 통해 정부는 국가신도를 강요하였고 천황을 신격화시켜 숭배하도록 하였다. 학교에서 미처 다 배우지 못한 것은 군대라는 또 하나의 교육기관에서 받으면 되었다. 지역사회에도 국가신도를 세뇌시킬 여러 가지 수단이 강구되었다.

이에 비해 선교사들의 선교활동은 난관에 부딪혔다. 학교와 의료기관 등의 설립을 통해 선교를 하는 것이 제3세계에 대한 효과적인 방법인 것은 오늘날에도 마찬가지이다. 국가에 의한 교육과 의료서비스를 제대로 받지 못하는 나라에서 그거은 일종의 당근이다. 하지만 일본의 경우 그런 서비스에 의해 유혹시키기에는(?) 국가가 자신의 역할을 너무 잘 하고 있었다. 초등교육이 의무화되어 있는 상태에서 미션스쿨은 대부분 중학교 이상인데 그곳까지 학업을 이어가는 아이들은 매우 소수에 불과했기 때문에 광범위한 전도 수단이 되기 어려웠다. 그야말로 일부 상류층의 고급취미 정도로 여겨진 것은 아닐까?

이는 한국의 경우와 비교할 때 차이가 대조적임을 알 수 있다. 제대로 역할을 못한 조선정부는 의무교육이란 꿈도 꿀 수 없었다. 의료제공도 부실했다. 그러니 선교사들의 학교와 병원은 조선의 민중에게 희망을 제공하였다. 사상을 강요할 군대생활도 없었다. 오늘날 병역을 극도로 혐오하는 젊은이들에게는 부러운 이야기일지 모르지만 우리 민족에게는 비극의 역사임에 틀림없다. 하지만 기독교의 역사에게는 희극이었던것 같다.

나 역시 어려서 교회를 통해 갖가지 문화생활을 경험하였다. 연극, 노래, 춤, 그리고 동화 등. 그러니 조선시대라면 어땠을지 짐작이 간다. 헐버트 선교사처럼 조선 독립을 위해 싸운 사람도 있을 정도니 당시의 한국사람들에게 기독교란 얼마나 대단한 존재였을까?

식민지 시대가 되면 기독교의 비중은 더욱 커질 수밖에 없었다. 목자 잃은 양이 된 조선민중에게 교회와 선교사들 그리고 그들이 제공하는 서비스가 얼마나 큰 희망을 주었을지 짐작이 가고도 남는다. 야학이나 농촌계몽운동을 통해 민족의 미래를 열어 간 것도 기독교계 학교의 학생들이었다. 선교사들은 만류했지만 민족운동에 앞장선 것도 기독인들이었다. 1919년 민족의 정기를 폭발시킨 3.1운동의 민족대표의 절반 가까이가 기독교인이었음은 우연이 아닐 것이다.

한국기독교의 확대는 또 다른 흑역사를 쓰게 하기도 하였다. 민족운동을 한 기독교도들만 있었던 것은 아니다. 친일의 역사에 기독교가한 페이지를 장식한 것이다. 오늘날 한국의 기독교계가 반공에 집착하는 것도 친일의 흑역사를 감추기 위한 몸부림이라는 주장이 있다. 일리가 있다. 하지만 이것은 한국기독교의 비중이 얼마나 컸는지를 말해주는 살아 있는 증거이기도 하다.

노방전도를 여러 번 해 본 나는 그것을 확실하게 느꼈다. 가난한 동네일수록 전도가 잘 된다는 것. 그것은 가난한 동네 아이들일수록 삶의 무게를 더 느끼기 때문에 외부로부터의 접근에 호의적이라는 것 그리고 물질공세에 약하다는 것. 근대 조선과 일본에서 기독교가 차지하는 비중도 비슷한 이유로 그렇게 차이가 난 것은 아닐까 싶다. 국가가제대로 역할을 못해 민중에게 다가서기 쉬웠던 조선과 국가의 역할이확실하게 수행되어 민중이 마음을 쉽게 열지 않았던 일본, 이렇게 말이다.

## (4) 전시통제에 대한 반발

1931년 만주사변을 시작으로 한 장기적인 전쟁은 국민들의 생활에 엄청난 통제를 가하게 되었다. 특히 국가신도에 의한 세뇌는 날이 갈수록더해져서 그것이 대단한 스트레스를 주었을 것이 명백하다. 천화의 신격화와 전쟁에 대한 찬양 등으로 일그러진 국민들의 마음은 종교에 대한 일종의 트라우마를 갖게 하지 않았을까 생각된다.

결국 전쟁이 끝나자 일본사람들은 종교에 대한 거부감을 어느 정도

가지게 되었을 것 같다. 특히 전쟁에 협조적이었던 만큼 기독교는 일종의 범죄집단으로 여겨졌을지도 모른다. 일본의 근대기독교는 서양문물의 하나로 도입된 면이 있었고 그로 인해 제국주의 침략의 선봉에 서는 역할도 마다하지 않았던 것이다. 재일한인교회는 이러한 일본기독교의 공격에 시달려야 했다. 통제정책의 일환으로서가 아니라 일본기독교 자신이 그것을 적극 수행했기 때문이다. 이러한 사실들은 전후 일본의 기독교발전에 악영향을 미쳤을 수 있다.

내가 1990년대 후반 일본에서 유학을 할 당시의 일이다. 친한 한국인 목사와 대학에 가서 노방전도를 하였다. 그때 학생에게 들은 바로는 일본에서는 학교 내 전도가 불가능하다는 것이다. 전도가 불법이라니. 이야기를 해 보면서 이런 사실을 알게 되었다. 종교적 자유를 일본은 누구에게도 종교를 강요해서는 안된다는 소극적인 것으로 인식하고 있다는 것이다. 따라서 전도활동은 많은 제약을 받아야 했고 그것이 일본에서 기독교의 확대에 큰 지장을 초래하였던 것은 아닌가 하는 생각이 들었다.

전시체제가 되면 서양의 문물에 대한 공격이 시작되었음은 이미 언급한 대로이다. 그래서 야구같은 스포츠조차 적성국의 스포츠라고 해서 심한 규제를 받았다. 기독교도 마찬가지이다. 게다가 기독교의 보편지향성이 국가에 대한 충성을 약화시킨다는 의구심을 갖게 하였기 때문에 기독교도 역시 상당히 위축되었던 것이다.

전쟁이 끝난 시점에서 이른바 전후개혁으로 인한 자유로운 분위기가 고조되는 가운데 어쩌면 기독교가 좀 더 확대될 기회가 왔을지 모른다. 일종의 정신적 공백기를 메우는 방법으로 기독교 전파가 이루어졌다면 아마 큰 성과를 올렸을지 모른다. 하지만 현실은 달랐다.

그것이 만일 이러한 종교에 대한 소극적 자유론의 영향이었다면? 분명한 것은 일본은 종교에 대하여 관대한 국가이다. 하지만 그것이 만일 특정 종교의 전파를 종교적 자유라는 이름하에 방해하는 관용이라면 기독교같이 소수종교에게는 매우 불리한 관용이 아닐까 싶다. 노방전도가 기독교 전파의 유일한 방법은 아니겠지만 매우 중요한 수단이라는 점을 감안하면 더욱 그 의미는 크다 하겠다.

# 기독교도 응용하여 받아들인 일본

　일본교회와 한국교회는 그 분위기부터 완전히 다르다. 우리나라 교회는 열광적이고 일본교회는 침착하고 조용하다. 박수를 치고 큰 소리로 기도를 하는 한국교회에 익숙해진 사람이라면 일본교회의 분위기가 못마땅할지 모른다. 같은 한국에서도 그 차이는 매우 큰데 일본교회와의 차이보다는 못할 것이다.

　설교 역시 큰 차이를 보인다. 일본교회의 설교는 강연을 듣는 듯하다. 차분하게 내용을 설명하고 의미를 끄집어내는 것이 종교적 분위기보다는 아카데믹한 분위기를 느끼게 만든다. 하지만 우리는 모두의 공감을 끌어내며 종교적인 분위기를 강렬하게 느끼게 한다. 특히 부흥집회의 경우는 조금은 광적인 느낌마저 준다.

　그렇다면 미국교회는 어떨까? 미국교회를 비교하는 것은 우리나 일본이 모두 근대 기독교를 수용함에 있어서 미국선교사들의 힘을 빌렸기 때문이다. 직접 경험하지 못해 정확히는 알 수 없으나 미국교회는 열광적이라고 보는 것이 맞다고 생각한다. 1907년 평양대부흥의 뜨거움은 미국인 선교사에 의해 일어났기 때문이다. 우리나라에 온 미국인 선교사들은 일본과 마찬가지로 근본주의자들이었다. 근본주의교회는 매우 열광적인 분위기이기 때문에 우리나라나 일본이나 비슷한 영향을 받을 것이다.

하지만 우리는 미국근본주의교회의 모습을 그대로 옮겨 놓았고 일본은 그렇지 않았다. 국가의 역할이 잘 수행된 일본은 자기 자신의 정체성을 제대로 확립하여 갔기 때문에 기독교의 모습도 미국의 그것을 그대로 옮겨 오지 않고 '응용'을 통해 자신들다운 기독교로 변화시킨 것 같다. 하지만 우리나라는 국가의 역할이 보잘것없어 결국 미국 근본주의 교회의 모습을 복사한 것은 아닐까 싶다.

물론 과거로부터의 전통 역시 무시할 수 없을 것이다. '응용'을 주특기로 한 일본은 '응용'하였고 '복사'를 일상화시킨 우리는 '복사'를 할 수밖에 없었던 것은 아닐까 싶다. 서양문물을 자신의 전체성 안에 편입시킨 일본과 그대로 자신의 것으로 대체해 버린 우리와의 차이는 기독교의 수용 과정에서도 그대로 드러났다.

게다가 종교적 공백의 문제도 있다. 모든 절에 신도가 될 것을 강요당한 일본사람들에게 불교가 침투해 있었기에 기독교는 여전히 무수한 '카미사마'의 하나였지만 숭유억불정책으로 제대로 된 종교를 가지지 못한 우리는 기독교의 공세에 좀 더 약할 수밖에 없었고 그래서 기독교는 우리의 영적 공허감을 이용하여 민중 속으로 파고들었던 것이라 하겠다.

같은 다신교적인 전통을 가졌으면서도 우리와 일본은 역사적인 과정의 차이로 인해 기독교에 있어서 현격한 차이를 보이고 있다. 세계 최대의 교회를 여러 개 가지고 있을 정도로 성장·발전한 우리와 0.5%도 되지 않는 소수파에 머무는 일본. 양자의 비교를 통해 일본기독교의 현재에 대한 보다 정확한 이해가 될 수 있을 것이다.

이제는 일본사람들이 의식을 각각 다른 종교로 치룬다고 해서 이상하게 보지 않을 자신을 얻었는지 묻고 싶다. 특이한 현상은 결코 특이한 이유 때문이 아니라 일반적으로 설명할 수 있는 이유로 일어난다는 사실을 다시 한번 확인했다. 특이하다고 이상하게 보려는 습관은 이제 좀 버려야 할 것 같다. 생각을 거부하고 "이상한 인간들이야"라고 쉽게 포기하는 것은 결코 바람직하지 않기 때문이다.

그리고 거듭 말하지만 일본의 기독교 인구가 적다고 하여 그 자체를 문제시한다면 그것은 편견이라고 할 수밖에 없다. 세계에는 기독교를 믿지 않는 나라가 많다. 그 나라들이 다 이상한 것은 아니다. 기독교가 종교의 표준인 것도 아니고 문명의 상징인 것은 더더구나 아니다. 만일 누군가가 미국은 왜 불교를 믿지 않느냐고 한다면 과연 그것이 합당한 질문인지 묻고 싶다. 기독교를 믿지 않는다는 현상을 통해 일본의 특징을 찾아보는 것은 의미 있는 작업일지 모르지만 그것을 통해 일본의 특수성을 찾아내거나 심지어 문제점을 끄집어내겠다고 한다면 절대로 안 될 것이다. 일본은 특이해서 기독교를 믿지 않는 것이 아니라 납득할 이유가 있어 믿지 않는 것뿐임을 잊어서는 안 될 것이다.

기독교도로서 오랫동안 일본의 기독교가 부진한 것에 아쉬움을 가지고 있었기 때문에 많은 생각을 해 왔다. 그로 인해 일본의 다른 모습을 좀 더 이해했으니 헛수고는 아니었다고 생각한다. 바로 역사적 과정을 통한 이해의 중요성이다. 개인도 그렇지만 지나온 과거는 현재를 이해하는 데 큰 도움이 되는 것을 말이다. 결론을 내리자. 일본은 역사적 과정을 통해 쌓아 올린 특징 때문에 기독교를 믿지 않는 나라가 되었다. 바로 이것이다. 혹시라도 배타적이고 폐쇄적이기 때문이라는 생각은 아예 하지 말기 바란다.

# 제6장

# 일본은 왜
# 평화로운 나라가 되었나?

# 전쟁국가에서 평화국가로의 극적인 회심
# – 인생은 마음먹기에 달렸다?

어느 고등학생의 공부법에 대한 글을 읽었다. 그는 중학교 시절 거의 바닥을 헤매던 불량학생이었으나 고2인 현재 자신의 학교를 씹어 먹는 자타공인의 전교 1등이다. 그는 학교에 오면 화장실 갈 때 빼곤 자리에서 일어나는 법이 없이 공부에만 매달려 있다고 하여 껌딱지라는 별명도 가지고 있다. 심지어 급식도 먹지 않고 집에서 가져온 간단한 음식을 배고플 때 자기자리에서 간단히 먹어치우는 걸로 식사를 대신할 정도이다. 가히 '공부벌레'의 화신이 아닌가?

그에게 인터뷰어가 물었다. "중학교 때 그렇게 공부와 담을 쌓았다가 이렇게 바뀐 이유가 뭔가요?"라고. 그는 잠시 침묵을 지키더니 어느 날 엄마가 눈물로 자신에게 호소하였다고 한다. 아버지가 없어 엄마 혼자 가정을 꾸려 나가야 하는데 너라도 제대로 공부해야 하지 않냐고. 그 말에 그는 마음을 바꾸었다고 한다. 얼마나 독하게 마음먹었으면 전교 꼴찌가 최강의 전교 1등이 되었을까? 결국 마음 하나 바꾸면 인생이 바뀔 수 있음을 보여준 셈이다.

인간에게만 '의지'가 중요한 것은 아닌 것 같다. 국가나 사회도 집단의지가 있어 그에 따라 사회와 국가가 나아갈 길이 정해지는 것이 아닐까 싶다. 박정희의 쿠데타와 경제개발정책은 대한민국을 놀랍게 변화시켰는데 그것은 국민들의 의지의 변화에 힘입은 바 크다. "하면 된다"는 구호를 통해 자신감을 얻고 팔을 걷어부쳐 일한 결과가 대한민국의 변화의 가장 중요한 원인이었다. 박정희는 그것을 가지도록 동기 부여를 한 것뿐이라고 생각된다.

'패자근성(마케이누곤죠)'이란 일본어가 있다. "난 어차피 지게 되어 있어"라는 자포자기 의식이 그를 영원한 패자로 만든다는 의미이다. 역으로 말해 그 의식을 버릴 수만 있다면 승자가 될 수 있다는 뜻도 내포하고 있다 하겠다. 실제로 꼴찌들이 패자근성을 버리고 화려하게 승자로 변화된 사례는 무수히 많다.

일본 프로야구에서 실제 일어난 예를 들어 보겠다. 야쿠르트 스왈로즈라는 팀은 1976년인가 일본시리즈를 우승하고 1989년까지 리그에서 3위 이내에 든 적이 없는 약체 팀이었다. 하지만 일본의 전설적 스타 출신인 노무라 가츠야 감독이 취임하여 패자근성을 없애고 좋은 훈련 시스템을 도입한 뒤 노무라 감독이 퇴임하기까지의 구 년간 일본시리즈를 세 번, 리그 우승을 네 번 거두는 강팀으로 거듭났다. 그 후로 야쿠르트는 지금까지 리그의 강팀으로 남아 있다.

일본이 제2차 세계대전 이후 거둔 놀라운 변화들도 '의지'의 변화와 관계가 깊다고 생각한다. 민주주의의 완성, 경제대국에서 초경제대국으로의 발전, 계급사회에서 평등사회로의 변화 등등이 일어났다. 어느 것 하나만으로도 실로 기적 같은 변화라 할 수 있다. 하지만 가장 큰 변화는 뭐니 뭐니 해도 전쟁하는 나라에서 평화로운 나라로 바뀐 사실이 아닐까?

근대 일본은 제2차 세계대전에 이르기까지 전쟁으로 해가 뜨고 지는 나라라고 해도 과언이 아닐 정도로 전쟁의 나라였다. 1868년 보신 전쟁으로 메이지유신이 시작되어 1874년 대만출병, 1876년 서남전쟁 등 메이지유신은 전쟁의 와중에서 전개되었다. 1894년에는 청일전쟁이라는 엄청난 전쟁이 벌어졌고 이후의 전쟁은 이전과는 규모가 완전히 다른 것이 되었다. 1904년의 러일전쟁, 1914년 제1차 세계대전, 1931년 만주사변, 1937년 중일전쟁, 1941년 태평양전쟁… 이렇게 근대 일본의 역사는 실로 전쟁으로 점철된 역사였다.

특히 1931년 이후 십오 년간은 가장 극심하게 전쟁이 일어났기 때문에 이를 합하여 '15년전쟁'이라고도 한다. 우리는—심지어 일본사람들도—일본의 마지막 전쟁이 1941년 미국과의 사이에서 일어났다고 착각한다. 하지만 미일전쟁은 1937년 일어난 중일전쟁의 연속선상에서 일어난 전쟁이기에 두 전쟁은 끊을래야 끊을 수가 없는 전쟁이다. 중일전쟁으로 인해 곤란에 빠진 일본이 동남아시아를 손에 넣고자 하자 미국이 강력하게 이를 제재하여 일어난 것이 1941년 진주만 기습으로 시작된 태평양전쟁이다. 그리고 중일전쟁은 대륙에 대한 일본의 야심에 의한 것이니 1931년 만주사변은 그 시작이라 할 수 있다. 따라서 '15년전쟁'이라는 말은 그런 의미에서 비록 연속성은 떨어지지만 상당히 의미 깊은 호칭이라 하겠다.

그러나 1945년 종전 이후 칠십 년이 넘게 일본은 제대로 된 전쟁에 가담한 적이 없다. 가담이라 함은 '참전'을 의미한다. 간접적인 지원 등은 물로 있다. 하지만 우리가 보통 참전이라고 할 때는 병사들이 무기를 들고 적과 싸우는 것을 말하는 것인데 그런 의미의 참전은 없었다. 이는 전교 바닥이었던 학생이 전교 1등을 지키는 우등생이 된 것이나 야구팀이 우승을 밥 먹듯이 하는 팀으로 변한 것 이상으로 놀라운 기적이 아닐 수 없다.

생각해 보면 일본의 이러한 평화는 역사적으로 보면 예외라기보다는 도리어 일상이었다고 봐야 할 것이다. 일본이 대외적으로 전쟁을 벌인 것은 이 시기 말고는 도요토미 히데요시의 조선정벌, 663년의 백촌강 전투(금강 전투) 등이 있을 뿐이다. 고대 일본의 남한경영설이나 임나일본부설이 어느 정도 사실인지 모르겠지만 그래서 일본이 한반도에 대한 군사적 행동을 벌인 것이 사실인지 모르겠지만 적어도 우리가 제대로 확인할 수 있는 대외전쟁은 이 정도였다고 할 수 있다. 몽골고려 연합군과의 전쟁을 침략을 당한 것이니 제외해야 할 것이고(만일 이 전쟁에서 일본이 패했다면 우리는 일본에 대한 침략을 역사에 남기게 되었을까?).

말하자면 1868년에서 1945년 사이에 전쟁이 계속된 것은 일본역사에서 일종의 일탈이었고 그 후에 원래상태로 복귀한 것이라 할 수 있다. 일본이 근대라는 시대에 왜 전쟁을 그토록 하게 된 것인가는 이미 설명하였다. 힘의 집중에 의한 관성의 법칙, 제국주의적 환경에서의 모방심리, 아시아대륙에 대한 열등감 등등 일본이 전쟁으로 치달은 이유를 찾는 것은 그리 어려운 일이 아니다. 그렇다면 전쟁을 하지 않게 된 이유도 쉽게 찾을 수 있을 것이다. 역사적인 고찰에 의해서.

어느 전쟁이든 전쟁은 의식에 의해 일어난다. 일본의 전쟁도 의식의 변화로 일어난 것이다. 대륙에 대한 열등감이 어느 날 우월감으로 바뀌었다는 점은 좋은 예이다. 서양열강과의 교류로 선진문물을 받아들이자 자신이 이제는 동아시아의 변방이 아니라 선진국이 되었다는 일종의 오만함이 생긴 것이다. 그러한 오만함이라는 의식은 전쟁을 일으키게 하는 원인이 될 수 있을 것이다. "너 따윈 한 주먹 거리도 안 돼"

라는 생각을 하게 된다면 상대에게 싸움을 걸기가 훨씬 수월해지지 않겠는가?

그렇다면 전쟁을 그만 두게 된 것도 의식의 변화에 의한 것임에 분명하다. 열등생의 변신, 패배근성에 젖은 팀의 변화처럼 말이다. 단순히 연합국에게 무참히 패배했기 때문이라고 한다면 역사상 비슷하게 패배했던 나라들의 부활을 어떻게 설명할 수 있을까? 중국의 수나라는 백만 대군을 끌고 고구려를 침공했지만 무참히 패배하였고 특히 삼십만의 별동대는 살수에서 몰살하여 불과 천여 명 정도만이 돌아갔다고 한다. 그럼에도 수나라는 다시 고구려를 상대로 전쟁을 벌였다. 제1차 세계대전의 패자 독일은 베르사이유 강화조약으로 큰 타격을 입었지만 제2차 세계대전을 일으켰다. 단순히 패했기 때문에 전쟁을 영원히 멈춘 예가 있는지—아예 그 나라가 소멸된 경우는 제외하고—의문이다.

나는 불가피한 전쟁은 이 세상에 없다고 생각한다. 정의의 전쟁도 마찬가지이다. 한반도를 둘러싼 여섯 개국은 제각기 정의의 전쟁 또는 불가피한 전쟁을 이야기한다. 얼마 전 트럼프 미대통령은 북한에 대한 선제 타격론을 예고하여 긴장을 고조시켰다. 하지만 그것이 실현되었다고 한다면 그것이 정의의 전쟁도 불가피한 전쟁도 될 수 없음은 누가 봐도 명백하다. 다만 대북압박용 카드로 사용했음이 이미 드러난 이상 트럼프가 멍청이가 아닌 것만은 확실해졌다. 물론 그의 협박을 진심으로 믿을 사람들은 안보팔이에 바쁜 일부 정치세력뿐이겠지만. 아니 성조기 들고 태극기 집회에 나타난 사람들도 포함시켜야 하는 가?

일본이 전쟁을 멈추게 된 의식의 변화는 과연 무엇이며 그것이 발생한 원인은 무엇이었을까? 이 점을 제대로 알게 된다면 우리는 일본에 대한 이해를 더욱 깊게 할 수 있을 뿐 아니라 전쟁을 이 세상에 몰아내기 위한 길을 발견할 수도 있을 것이다. 이 세상에 전쟁을 진심으로 원하는 사람들은 그리 많지 않다. 전쟁으로 이익을 보는 소수의 무리만이 전쟁을 환영할 뿐이다. 하지만 막상 결정을 내려야 할 때 우리는 그들에게 선동을 당하여 자신들의 삶을 파괴할 수 있는 결정에 동참하고 만다. 일본의 극적인 변화의 과정은 우리에게 그러한 오류를 되풀이하지 않도록 해 줄 좋은 교훈을 제공할 수 있을 것이다.

'군국주의의 부활'을 시도 때도 없이 입에 담는 사람들에게 묻고 싶다. 그대들은 지난 칠십 년간 평화를 지켜 온 일본의 역사가 그냥 우연이라고 여기는가? 아니면 평화로운 일본을 지키기 위한 엄청난 노력의 결과라고 여기는가? 그러한 노력에 대하여 조금이라도 살펴본 적은 있는가? 그러한 노력을 하게 된 그들의 의식 변화의 깊이와 넓이를 조금이라도 고려한 적이 있는가? 아마도 없을 것이라고 생각한다. 왜냐고? 그런 '호들갑'을 통해 대중의 관심을 끌거나 이익을 보려는 사람들이기 때문이다. 언론은 긴장이나 충돌을 환영한다. 권력자들은 그런 것을 이용해 자신들의 힘을 강화시키고자 한다. 대중은 거기에 휘말려 전쟁을 정의라고 판단한다.

하지만 일본의 현재를 제대로 아는 사람이라면 감히 그런 말을 입에 담을 수 없을 것임을 안다. 그것은 말이나 선언이 아니라 일본이 걸어온 칠십 년의 역사가 증명하고 있다. 평화는 그냥 지켜지는 것이 아님을 우리는 안다. 일본의 민중이 평화를 지키기 위해 얼마나 노력했는지 그리고 지금도 그렇게 몸과 마음을 다해 싸우고 있음을 안다면 그들이 군국주의로 치달을 것이라는 경박한 예언으로 한국과 일본의 민중을 이간질하는 어리석음은 범하지 않을 것이다.

일본의 개헌 움직임에 매스컴이 다시 호들갑을 떨기 시작했다. 그들은 지난 칠십 년간 지켜 온 평화헌법에 대한 소개로 자신들의 지면을 메운 적이 있기나 한지 묻고 싶다. 우리도 저런 헌법을 갖고 싶다고 말한 적이 있는지도 묻고 싶다. 아니 인류의 역사에서 전쟁이라는 암을 떼어 내자는 생각을 해 보기라도 했는지 묻고 싶다. "분단국가의 현실"이라는 틀에서 한 걸음도 벗어나지 못하고 전쟁을 입에 담는 안보팔이들에게 그런 생각은 "나약한 좌파"의 헛된 망상쯤으로 보이겠지만 일본은 그 길을 걸어 왔고 그래서 전쟁국가의 오명을 벗는 데 성공한 것이다. 이상이 없으면 현실은 변하지 않는다. 평화로운 일본이 만들어진 과정을 살펴보고 '군국주의 부활' 대신 동아시아의 평화 나아가 세계평화를 입에 담을 수 있게 되기를 바란다.

# 평화헌법과 요시다의 선택
## – 군사대국이 아닌 경제대국의 길

"그래도 국가 방위를 위해서는 군대가 필요하지 않겠습니까?"

"우리나라 근자에 한 전쟁들이 실은 국가방위라는 명분으로 시작한 것입니다. 국가방위라고 하면 뭐든지 용서가 되는 것이 문제입니다. 그러니 아예 싹을 잘라야 합니다."

요시다 총리의 답변에 질문한 의원은 납득을 하였다. 이로서 새로 제정된 일본국헌법의 9조에 대한 이해가 일본 의회 내에서 이루어졌다. 일본의 역사가 새롭게 쓰여지는 순간이었다.

요시다 시게루가 평화주의자였다고 믿는 것은 어렵지만 평화헌법을 지지한 것은 사실이다. 1946년에서 1954년 무렵 다섯 번이나 내각을 조각하고 총리를 지낸 요시다 시게루는 전후 일본을 만든 주인공이라고 해도 과언이 아닐 것이다. 그가 1968년 사망했을 때 일본은 국장으로 그의 죽음을 애도했을 정도로 그의 영향력은 전후 일본에서 큰 발자취를 남겼다.

요시다는 왜 방위를 위한 전쟁마저 부인하는 헌법조항을 지지했을까? 외교관 출신의 요시다는 사실 행운으로 총리가 될 수 있었다. 그것은 두 가지, 일본이 전쟁에서 진 것 그리고 연합국이 전쟁에 책임이 있는 정치가들의 정치활동을 금지시켰다는 것이다. 전쟁에 대한 비판적인 견해로 그는 군부의 감시하에 놓인 채 쓸쓸한 노년을 보내고 있었다. 그러던 그에게 패전은 희망이었고 정치활동금지는 그의 입지를 강화시킨 것이다. 호랑이 없는 곳에 토끼가 왕이라고 해야 할까? 정치가로 변신한 그는 알고 보니 호랑이었다. 우리 속에 갇혀 있던 호랑이가 밖으로 나오자 그 포효 소리는 예상보다 크고 그 위용은 대단했다.

"매우 굴욕적이었다." 헌법안을 연합국측으로부터 전해 받았을 때 요시다의 소감은 이런 것이었다. 멀쩡한 독립국이 전쟁과 군대를 포기한다는 것이 상식적으로 말이 되는 것인가? 누구라도 그렇게 생각할 수 있기 때문이다.

〈일본국헌법 제9조〉
일본국민은 정의와 질서를 기조로 하는 국제 평화를 성실히 희구하고, 국권의 발동에 의거한 전쟁 및 무력에 의한 위협 또는 무력의 행사는 국제분쟁을 해결하는 수단으로서는 영구히 이를 포기한다. 이러한 목적을 성취하기 위하여 육해공군 및 그 이외의 어떠한 전력도 보유하지 않는다. 국가의 교전권 역시 인정치 않는다.

이 조항은 크게 세 부분으로 나뉘어 생각할 수 있다. 우선 일본은 국제 평화를 희구한다는 것이다. 전쟁의 참화에서 벗어난 일본으로서 평화에 대한 열망이 강하기에 이 부분은 큰 문제가 없을 것이다.

두 번째는 국제분쟁의 수단으로서 전쟁과 그에 유사한 행위는 영원히 포기한다는 것이다. 즉 전쟁을 포기한다는 것인데 이것이 전쟁 자체를 포기하는 것인지 "국제분쟁의 해결 수단"으로서의 전쟁만 포기하는 건지가 애매해 오늘날까지 논쟁의 대상이 되고 있다. 요시다는 이것을 적극적으로 해석하여 "방위를 위한 전쟁"도 포기하는 것으로 여긴 것이다.

세 번째는 군대를 소유하지 않고 국가의 교전권을 인정하지 않는다는 것이다. "이러한 목적을 성취하기 위해"가 역시 논쟁의 대상이 된다. 즉 앞의 논쟁과 서로 맞물려 "국제분쟁의 수단으로서 전쟁을 포기한 것이니까 그것을 위한 군대와 교전권은 포기하지만 그렇지 않은 군대와 교전권은 인정한다"라고 볼 것인지 아니면 무조건 포기한다고 하는 것인지를 두고 논쟁이 지금까지도 벌어지고 있다. "이러한 목적을 위하여"라는 부분이 적용되는 범위가 문제였다. 좁게 해석하면 적극적인 침략전쟁만을 포기하는 것이 될 것이고 넓게 해석하면 모든 전쟁을 완전히 포기하는 것이 되기 때문이다. 요시다의 경우는 이것을 넓게 해석해서 모든 전쟁을 포기하는 것으로 해석하였던 것이다.

"굴욕적"이라고 여기면서도 요시다는 왜 이렇게 적극적으로 해석을 하였던 것일까? 요시다는 이른바 '영미파' 관료였다. '영미파'의 반대는 '동맹파'라고 해야 할까? 1920년대까지 일본은 영국과 미국, 프랑스로 대표되는 대서양 국가들과 보조를 함께 하였다. 그래서 국제사회에서 높은 위상을 가질 수 있었다. 그런데 1930년대에 들어서 독주를 시작하게 되고 그것이 대서양국가들과의 충돌로 이어지자 독일과 이탈리아 등과 함께 가는 '동맹파'로 변신하게 된 것이다.

일본 내부에서도 '영미파'와 '동맹파'의 대립이 발생하였는데 요시다는 '영미파'였다. '영미파'란 평화주의자들은 아니다. 쉽게 말해 도둑질을 하는데 어느 쪽과 손을 잡는게 유리한가를 놓고 대립한 것일 뿐 '영미파' 역시 제국주의에 이의를 제기하는 것은 아니다. 하지만 '영미파'는 대륙에서의 전쟁과 미일전쟁에 아무래도 소극적이기 때문에 점차 주류에서 밀려나기 시작하였고 결국 요시다 자신은 군부의 감시를 받는 처지가 되고 말았다.

패전과 함께 돌아온 요시다는 '군부'에 대한 적대감이 남아 있었을 것이다. 그로서는 '군부'의 폐지와 전쟁의 포기가 일본의 미래를 위해 보다 바람직한 선택이라고 여겨졌을 것이다. 그것이 비록 '굴욕적'이라고 해도. "이름을 버리고 실리를 가진다"고 할까?

아울러 그는 새로운 일본에 대한 구상을 가지고 있었을 것이다. "군사대국 일본"이 아니라 "경제대국 일본"을 이루고자 하는 선택을 말이다. 물론 요시다가 일본이 고도성장을 거쳐 초경제대국을 이루리라는 예상을 했으리라 보기는 어려울 것이다. 그것은 일본은 물론 세계 누구도 예상하지 못한 결과이니까. 하지만 군부나 재계 정계의 '영미파'들은 이른바 '소일본주의'라는 구상에 비교적 공감하고 있었을 것이다. '소일본주의'란 제국주의적 영토확장이 일본의 국익에 도움이 되지 않기 때문에 식민지지배를 포기하고 실리를 취하자는 주장이다. '군부'의 폐지와 전쟁의 포기는 이런 생각에서 볼 때는 매우 바람직한 것인지 모르기 때문이다.

헌법9조와 함께 요시다가 선택한 것이 '미일안보조약'과 편면강화이다. 1952년 샌프란시스코에서 열린 제2차 세계대전의 강화조약에서 소련을 비롯한 동구권국가들은 내용에 대한 불만으로 강화조약을 보이콧하였다. 중국 역시 두 개로 나뉘어져 있어 결국 둘 다 참가하지 못했다. 이러한 불완전한 강화조약이지만 요시다는 참가하여 서명하였다. 이는 명백히 미국을 중심으로 한 서방세계와 손을 잡은 것이었다.

아울러 요시다는 '미일 안보조약'을 체결하여 일본의 안전을 미국에게 맡기는 결단을 내린다. 1950년 한국전쟁의 발발로 재일미군이 한반도로 파병되자 일본은 군사적 공백상태에 놓이게 된다. 이에 대한 대비로 맥아더는 일본에게 방위부대를 창설하도록 하고 이에 따라 창설된 방위부대는 나중에 자위대로 바뀌어 오늘날에 이르렀다. 하지만 자위대가 일본을 방위할 힘을 가지기까지는 상당한 세월이 걸렸고 당시 요시다는 일본의 방위를 미국에게 위탁하여 일본의 방위비를 가볍게 하고자 하였던 것이다.

이것이 나중에 일본의 방위비 '무임승차론'의 근거가 되었다. "방위를 미국에게 맡기고 일본은 경제에만 전념하여 경제초강대국이 되었다"고 하는 것이 미국의 주장이다. 사실 여부를 떠나 요시다의 의도는 잘 실현된 셈이다. '군사대국 대신 경제대국의 길' 말이다.

군사비 절감이 경제대국의 밑거름이었을까? 역으로 말해 미국이 경제적으로 힘을 잃은 것이 군사비의 높은 부담 때문일까? 사실 입증하기 어려운 일이다. 미국의 경쟁력 약화는 사실 군사비와 그리 관계가 없다. 그들은 제조업분야를 해외로 이전해 버렸고 기술의 개발보다는 단기적 이익에 치중하여 주가를 올리고 주주의 이익을 보호하는 데 급급하는 등의 잘못을 저질렀던 것이 사실이다. 자동차산업의 경우 석유가 많이 나오는 것에 안주하여 연비를 향상시키는 노력을 전혀 하지 않다가 석유위기를 맞이하여 연비가 좋은 일본자동차와의 경쟁에서 밀린 것도 이런 이유 때문이다. 이러한 사실은 군사비의 증가와 직접적인 연관이 없다.

그렇다면 일본이 군사비를 줄인 것이 경제발전에 끼친 영향은 어떻게 봐야 할까? 이 역시 직접적인 영향은 없다고 생각한다. 전시체제라면 모를까 평시에는 군사비 또는 군수생산이 민간의 생산을 위협하지는 않으며 도리어 생산을 자극하여 경제를 활성화시킨다는 것은 1930

년대에 어느 정도 증명되었다. 독일이나 일본은 군수산업을 키워 대공황에서 탈출한 좋은 예이다. 전쟁이 한창 진행되어 결국 민수산업을 축소시켜 가면서 전쟁을 수행하게 되는 단계가 되면 문제가 되지만 평소에는 서로가 서로에게 도움을 주는 관계인 것이다.

반대로 지금 일본은 그때와는 비교도 안 될 군사비를 쏟아 붓고 있지만 그것이 경제의 발목을 잡는 것은 아닌 것 같다. 북한처럼 국가가 아예 군사비에 모든 것을 걸 정도가 아니면 경제발전에 지장이 오는 것이 아닌 것이라고 믿는다. 국방산업도 경제적인 효과를 갖는 산업임에는 분명하니 말이다. 그 나라가 부담할 능력의 범위라면.

하지만 요시다의 선택은 단지 군사비의 문제는 아니다. 국가의 발전 방향을 군사가 아니라 경제에 집중한다는 그의 방침은 알게 모르게 일본의 전후의 모습에 큰 영향을 미쳤을 것이다. 국민의 관심은 더 이상 해외팽창이나 군사적 행위에 있지 않게 되었다. 그것이 결과적으로 '이코노믹 애니멀'이라는 오명을 가져다주었다고 해도 전력을 다해 경제발전에 집중하겠다는 마음가짐은 단순한 기분만의 문제는 아닐 것이다.

사실 헌법9조와 미일안보조약 사이에는 모순도 존재한다. 미국은 안보조약을 기반으로 재일미군을 둘 수 있게 되었다. 이는 미국이 재일미군을 통해 전쟁에 관여할 수 있는 여지를 남겼고 그렇게 될 경우 일본이 전쟁에 휘말릴 수 있다. 전쟁을 포기한 일본으로서는 미군에 의해 전쟁과 휘말리는 것은 결코 달갑지 않은 결과일 것이다. 이 때문에 진보진영은 안보조약에 반기를 들었다. 1960년 안보조약 개정을 반대하는 데모대가 국회의사당 앞을 점거하였는데 이때 시위 도중 동경대 여학생이 사망하는 사고가 발생하기도 하였다.

하지만 진보파의 생각과는 달리 헌법9조와 미일 안보조약은 보완관계였다고 할 수 있다. 만일 미군이 없었다면 헌법9조를 개정하자는 강경파의 목소리가 더 커졌을지 모른다. 그들은 끊임없이 '자주국방'을 명분으로 헌법9조 개정을 요구하였는데 그나마 미군의 존재는 그러한 주장을 봉쇄할 좋은 수단은 아니었을까 싶다. "미국이 지켜 주는데 왜 우리가 군대를 가져야 하는가. 우리는 경제발전에 총력을 기울이면 된다"라고 말이다.

요시다의 선택 그것은 그의 참된 의도와는 상관없이 일본이 전쟁하는 나라라는 과거의 모습에서 벗어나는 데 결정적인 역할을 하였다. 제도란 한 번 만들어지면 그것을 바꾸기란 쉽지 않다. 일본은 지난 칠십 년간 전쟁에 대한 유혹에 수없이 노출되었지만 헌법9조는 그것을 이겨 내는 좋은 수단이었다. 1990년의 걸프전쟁 때 미국을 위시한 서방국가들은 일본에게 재정적 지원만이 아니라(130억불) 군사적 기여를 하도록 압박했지만 헌법9조가 있어 결국 좌절되었다. 평화로운 일본은 그러한 과정을 거쳐 지켜진 것이다.

연합국의 점령이 끝나자 보수 세력들은 끊임없이 헌법의 개헌을 시도하였다. 그들은 일본국헌법이 점령 시에 강요된 것이기에 "억압상황에서의 계약은 무효"라는 법 이론에 의해 '자주헌법'을 제정할 것을 주장하여 왔다. 하지만 국민의 높은 지지를 받는 헌법은 오늘까지 유지되고 있다. 현재 개헌발의 의석수인 2/3를 보수파가 장악하고 있음에도 불구하고 곧 바로 개헌에 착수하지 못하는 것도 바로 이런 높은 지지를 의식하고 있기 때문이다. 보수파를 지지하는 사람들조차 헌법9조는 지켜야 한다는 의견이 상당히 많음을 그들도 알고 있는 것이다.

결국 요시다의 선택이 오늘날까지 유지된 것은 제도적인 장점도 있지만 그것을 지지하는 일본국민들의 선택과 일치하기 때문이라 할 수 있다. 그것은 평화에 대한 일본국민들의 열망이기도 하며 헌법9조는 그것을 실현할 훌륭한 수단이라고 여겨졌던 것이다. 최근에 헌법9조를 노벨평화상후보로 추천하고자 하는 움직임도 있었는데 이는 일본국민들의 헌법9조에 대한 뜨거운 열정을 보여준 증거라 하겠다. 노벨상은 단체나 개인에게만 줄 수 있기 때문에 그들은 '헌법9조를 지키는 일본국민'을 수상자로 추천할 것이라는 이야기를 했다.

일본국민이 헌법9조를 갖게 된 것은 대단한 행운이었다고 생각한다. 우리는 이것을 전 세계에 확산시키는 운동을 해야 한다고 본다. 그들이 헌법9조를 없앨지 모른다고 이를 비난하기 보다는 우리 헌법에도 이러한 조항을 추가하여 전쟁 없는 세상을 만드는 데 동참하면 어떨까? '분단국가'라서 안 된다고? 일본이 군대를 가지고 있듯이 우리도 가능하다. 하지만 이런 조항이 있다면 우리 국민들도 조금은 전쟁에 대한 생각을 다르게 가질 수 있을 것이고 무분별한 전쟁찬양은 하지 않을 것 같다.

분단시대를 살아오는 동안 우리는 알게 모르게 호전적인 사고에 젖어 있음을 알아야 한다. 이를 바꿀 결의를 다진다는 의미에서 헌법9조와 같은 조항을 추가할 수 있기를 기대한다. 그렇게 되면 일본에 대하여 조금은 더 당당히 헌법9조의 유지를 요청할 수 있지 않을까? 그렇지 않다면 우리에게 헌법9조의 폐지를 비난할 자격이 있는지 의심스럽다. 아울러 일본과 함께 헌법9조의 확산에 힘을 합한다면 세계평화에 공헌할 기회도 될 것이다. 너무 이상론이라고 비난하기 전에 우리 모두 고민해 볼 문제라고 생각한다.

# 약해진 권력 강해진 민중 - 역전된 힘의 균형

19세기 말 프랑스를 떠들썩하게 했던 한 사건, 이름 하여 '드레퓌스 사건'. 권력이 자신의 힘을 강화하거나 최소한 유지해야 한다는 목적으로 한 무고한 사람의 인생을 파멸시키려고 했던 음모, 이에 맞서 외로운 투쟁을 벌인 지식인 에밀 졸라의 양심 선언 '나는 고발한다', 이를 둘러싼 대중의 대립. 대학 시절 이 사건에 대한 책을 읽으면서 나는 당시의 우리나라의 상황과 어쩌면 이렇게 비슷한지 놀라지 않을 수 없었다.

1980년대 초 제5공 시절 우리나라는 북한과의 대치상황을 이용하여 개인의 권리와 보편적 인권의 침해를 당연시하였다. "우린 남북대치상황이니 정상적인 민주주의는 불가능하다"라며 '유신헌법'이라는 황당무계한 방법으로 독재권력을 옹호했던 시기를 지나 여전히 북과의 대치라는—지금도 통하는—안보팔이에 국민들이 놀아나던 시절이었다. "3.1운동과 4.19혁명의 빛나는 역사를 가졌음에도 여전히 권위주의적 독재를 해야 한다는 믿음과 민중의 잠재력에 대한 불신으로 가득하던 시대에 살며 희망을 가지지 못하던 나에게 드레퓌스 사건은 시공을 초월하여 큰 공감을 느끼게 하였다.

보불전쟁에서의 패배로 열패감에 사로잡혔던 프랑스 국민들은 인권이나 자유보다 독일에 대한 복수전의 열망에 불타고 있었다. 그러기에

'통합'을 위해 어느 정도 자유를 희생하는 것에 관대해진 상태였다. 마치 분단국가이기에 어쩔 수 없다는 우리의 모습과 겹쳐 보였다. '아 자유·평등·박애를 외친 혁명의 나라 프랑스에게도 이런 시절이 있었구나' 나는 도리어 마음이 놓였다. 마치 대단해 보이는 어른이 과거 어린 시절에 나와 비슷한 어리석음과 실수를 저질렀다는 이야기를 듣고 안도감을 느끼는 것과 같다고 할까?

드레퓌스라는 유대계 프랑스인 장교가 독일 대사관측에게 비밀문서를 정기적으로 넘기고 돈을 받았다는 혐의로 체포되면서 시작된 이 사건은 19세기에 축적된 프랑스의 혁명의 역사를 시험하는 무대였다. 권력의 선동과 그에 부화뇌동하는 대중 그것에 맞서는 소수의 저항자들 간의 공방은 결국 양심의 승리로 끝났다. 아마도 프랑스 국민은 이 사건을 통해 어떠한 이유로도 권력이 개인의 인권과 자유를 짓밟을 수 없다는 사실을 마음 속 깊숙이 새겨 두었을 것이다. 철옹성같았던 권력이 무너진 곳에 프랑스혁명의 정신은 우뚝 설 수 있었고 오늘날까지 자유와 인권대국 프랑스의 빛나는 전통은 이어졌다고 하겠다.

제2차 세계대전에서의 패배는 일본의 역사에 있어서 새로운 분열을 가져왔다. 외압으로 인해 만들어진 통합이 메이지유신에 의해 이루어진 이래 권력은 그 힘을 더해 갔다. 인권을 억압하는 갖가지 악법과 제도 기관들이 민주주의의 외피 속에 숨어서 권력에 대한 도전을 봉쇄하고자 날뛰었다. 아울러 이를 보다 확실하게 한 것은 끊임없이 이어지는 전쟁과 그에 따른 긴장감의 조성이었다. 우리나라의 남북대치에 대한 과장된 강조 프랑스의 복수에 대한 선동과도 유사하게 이것은 국민을 권력의 지휘 아래에 통합하도록 하는 힘을 가졌다. 또 그런 힘이 있기에 전쟁이라는 사지에 국민을 내모는 것도 가능했을 것이다.

패전은 순식간에 그러한 상황을 반전시켰다. 모든 악법은 폐지되었고 인권과 자유 그리고 사상을 통제하고 저항을 무력화시켰던 모든 기관들은 사라졌다. "국민의 권리는 법률에 의하지 않고는 제한받지 않는다"라고 한 유신헌법 조항을 연상케 하는 제국헌법은 그러한 단서 조항을 폐지한 신헌법으로 바뀌었다. 국민을 억압하는 권리는 더 이상 허락하지 않겠다는 결의가 헌법을 비롯한 모든 제도와 기관에서 넘쳐나고 있었다. 이러한 것을 합하여 '전후민주주의'라고 부른다.

전후 민주주의는 권력을 부정하는 정신을 가지고 출발했다. "권력이란 더러운 것이다", "권력이란 개선의 여지가 없는 구제불능적인 존재이니 저항해서 무력화시켜야 한다"라는 식의 권력 자체에 대한 부정이 일본사회에 공통된 믿음으로 자리잡은 것이다. 나는 일본에서 그러한 모습을 보고 엄청난 당혹감을 느꼈다. 권력과의 투쟁의 산 역사를 체험한 세대임에도 불구하고 권력 자체를 부정하는 것에는 거부감을 느끼지 않을 수 없었다. "그래도 선한 권력도 있지 않을까요?" 그러나 답은 "넌 아직도 권력이 뭔지 모르는구나"였다.

악을 행하는 권력이 나쁜 게 아니라 권력이니까 악을 행하는 것이라는 이 믿음은 일본 전후사를 저항으로 물들였던 것이다. "권력 내부에 들어가 권력을 개혁할 방법은 없을까요?"라는 나의 질문에 "꿈도 꾸지 마라. 미이라를 잡으러 간 사람이 미이라가 된다는 말처럼 권력 내부에 들어간 자는 반드시 권력과 하나가 될 것이야"라는 답이 돌아왔다.

권력이란 저항하여야 할 대상 그 이상도 그 이하도 아닌 것이라고 믿게 한 것은 바로 그들을 전쟁을 통해 끔찍한 희생을 강요한 역사의 추억이었다. 마치 이승만이 한국전쟁 초기에 결사항전을 주장하면서 자신과 정부요인들만 급히 서울을 빠져 나와 살 길을 찾았던 일이 오늘까지 권력에 대한 불신을 낳게 한 것처럼. 때론 반대를 위한 반대를 하는 한이 있어도 절대 권력의 뜻에 휘둘리지 않겠다는 결의 그것이 전후 일본 역사를 만드는 중요한 하나의 축이 되었던 것이다.

많은 제3세계 국가들이 오랫동안 민주주의를 제대로 실현할 수 없었던 것은 무엇일까? 바로 권력의 강대함이었고 그것의 기반이 된 것은 해방된 조국을 건설해야 한다는 과제였다. "우리민족의 나라를 다시는 빼앗기지 말아야 한다"는 위기감을 통해 권력은 힘을 더해간 것이다. 누구도 이 신성한 과제를 거스를 수 없다는 대의명분은 민주주의라는 방해요소(?)를 무력화시키기 좋은 구실이었다.

그것을 그들의 옛 지배자들은 또한 원했다. 비록 정치적 지배는 끝났지만 아직도 그들을 통해 이익을 얻으려는 옛 지배자들에게 민주주의는 자칫 그들의 음모를 방해하는 것이 될 수 있기 때문이다. 부패한 권력자들과의 공모로 식민지지배를 사실상 연장시키려는 음모는 여러 가지 형태로 권력의 강화를 가져왔던 것이다.

일본의 전후 민주주의의 성공은 이러한 제3세계와는 대조적인 전후의 권력과 민중의 관계에 의한 결과였다. 제국주의 국가를 만들었던 위기와 강대한 권력의 소멸 권력에 대한 혐오로 인한 저항의 일상화 이것은 전후민주주의를 지키는 양 날개였다. 약해진 권력 강해진 민중! 권력은 전쟁에 대한 책임이라는 트라우마를 가지고 있어 민중 앞에서 그 힘을 마음껏 발휘할 명분을 잃고 말았다. "저는 죄인입니다" 그들은 그렇게 고백해야 했다. 민중은 "너는 죄인이니까 나에게 명령할 권리가 없다"라는 의식을 무기로 더욱 격렬하게 저항을 했다.

평화헌법9조는 이러한 전후민주주의를 기반으로 실현되고 유지될 수 있었다. 제3세계의 민주주의가 제도적으로 아무리 훌륭하다고 해도 권력의 자의적인 행동을 통제할 수 없었기에 실패한 것과 달리 실질적인 민주주의가 실현되었다는 것은 평화헌법9조를 문서상의 조항이 아닌 현실의 모습으로 만들 수 있게 한 것이다. 만일 권력이 통합을 강요할 수 있었다면 사문화되거나 아예 자취도 없이 사라졌을지 모른다.

천황의 상징화는 그야말로 권력의 약화를 상징하는 것이라 하겠다. 그는 한때 일본의 최고 권력자로서 통합을 만드는 존재였으나 권력과 분리된 존재가 되었다. 메이지의 권력자들이 그를 앞세워 권력을 집중시키고 국민을 그 아래에 통합시키려고 했던 것에서 화려하게 국민의 앞에 등장했던 천황은 이제 과거의 모습으로 돌아가 제자리를 지켜야 했다. 그와 함께 그에게 집중되어 엄청난 힘을 과시하던 권력도 분열됨으로써 약화되었다.

'잃어버린 이십 년' 일본이 전후 맞이한 가장 큰 위기였을지 모른다. 위기는 권력을 키워 주는 자양분이 아닌가? 국민은 또 다시 통합을 열망하게 되었다. 오늘날 평화헌법9조가 위기를 맞고 있는 배경은 패전으로 약해진 통합에의 열망이 다시 강해지고 있다는 사실과 무관하지 않은 것이다. 경제적 위기와 함께 나타난 이른 '우클릭'은 불안을 이용하여 통합을 선동하는 권력과 그의 추종세력의 작품이 아닐까? '보통국가'라는 구호 역시 전후민주주의가 가져온 다양성과 개성 자유와 권리에 대한 불신과 함께 통합을 통해 보호받고 싶은 국민의 심리를 대변하고 있는 것인지 모른다.

# 근대 일본의 제국주의가 만들어 낸 평화주의, 전후 일본을 접수하다

"네 소원이 무엇이냐 하고 하나님이 내게 물으시면 나는 서슴지 않고 '네 소원은 대한독립이오'하고 대답할 것이다. 동포여러분! 나 김구의 소원은 이것 하나밖에는 없다. …독립이 없는 나라의 백성으로 칠십 평생에 설움과 부끄러움과 애탐을 받은 나에게는 세상에 가장 좋은 것이 완전하게 자주독립한 나라의 백성으로 살아보다가 죽는 일이다… 철학도 변하고 정치경제의 학설도 일시적이어니와 민족의 혈통은 영구적이다…"

_김구, '나의 소원'에서

"메이지 시대에 장 자크 루소의 사상을 일본에 소개한 자유민권운동가 나카에 조민(中江 兆民)이 1887년에 펴낸 '삼취인경론문답(三酔人経綸問答)'이라는 저서가 있습니다. 여기에는 논객 3명이 등장해 술을 주거니 받거니 하면서 일본의 국제 전략을 논합니다. …양학신사는 루소나 된 듯 자유, 평등, 박애 3원칙 확립을 외치며 군비 철폐를 주장합니다. 인간은 사해동포이며 만일 강대국에 침략당하더라도 도의에 입각해 호소하면 다른 열강들이 그냥 내버려둘 리없다고 말합니다. 그러자 아니, 그건 학자의 서재에서나 통할 논리라고 호걸군은 반론합니다. 현실 세계는 약육강식, 국가 간 전쟁을 피할 수는 없다. 침략을 감수하지 말고 군비를 정비해 대륙의 대국들과 맞서야 한다고 주장합니다."

_야마기와 주이치 교토대 총장의 2014년 졸업식 축사에서

두 사람의 말을 함께 인용하는 것이 공정한 것인지 모르겠다. 한 사람은 대한민국을 대표하는 위인이고 한 사람은 비록 교토대라는 일본 최고의 명문대를 대표하는 총장이기는 하지만 비중이 아무래도 떨어지는 사람이기 때문이다. 하지만 총장의 말을 인용하는 것이라기보다는 나카에 조민이라는 일본 근대사의 걸출한 사상가의 저서를 소개한다고 생각하면 그리 불공정하지는 않을 것이니 양해 바란다.

두 사람의 주장은 완전히 다른 성격을 가지고 있다. 김구는 전형적인 민족주의자의 논리를 펴고 있다. "피는 물보다 진하다"는 것을 바탕으로 민족의 독립과 자주, 번영을 최우선 과제로 삼고 있으며 그것을 바탕으로 인류평화로 나아갈 것을 주장한다(뒤에 나옴). 이에 비해 나카에 조민은 민족주의와 평화주의를 함께 소개하고 있다. 김구와 나카에 조민은 둘 다 기본적으로는 평화주의를 지지하고 있지만 김구는 민족주의를 우선으로 하고 있다는 점에서 둘의 입장은 다르다고 할 수 있다.

왜 이런 차이를 보이게 된 것일까? 김구가 폐쇄적 민족주의자이기 때문이라고 한다면 성급하다고 할 수밖에 없다. 둘의 차이는 결국 그들 개인의 문제를 넘어서 두 나라의 역사를 반영하고 있다 할 수 있다. 식민지화한 조선의 김구, 제국주의의 길을 걷게 된 일본의 나카에 조민은 서로 다른 사상을 가질 수 밖에 없었던 것이다.

"일찌기 평화가 없는 시대에 평화가 부르짖어졌다." 헨리 키신저의 말이다. 자신들에게 결핍된 것을 사람은 강조하게 마련이다. "성적 순결을 강조하는 사람은 실은 성적으로 타락한 사람이거나 적어도 그럴 마음이 강한 사람이다"라는 말이 있는데 그 역시 성적 순결이 부족하기 때문에 자신도 모르게 그것을 강조하게 된다는 의미에서 비슷한 이야기라 할 수 있다. 자신들에게 부족한 것이 다르면 서로 다른 이야기를 할 수밖에 없다고 할 때 두 사람의 차이에 대한 이해가 자연스럽게 이루어질 것이다.

제국주의 국가 일본의 사상가들은 제국주의를 옹호하거나 이를 비판하는 입장에 서야 했다. 그들은 식민지화의 아픔을 겪지 않았기 때문에 수비적인 민족주의에 빠지는 일은 없었다. 그만큼 사상에 있어서 여유를 가질 수 있었다고 하겠다. 비교가 적절할지 모르겠지만 부잣집 도련님은 생계문제를 고민하지 않기 때문에 보다 추상적이고 이상적인 사고를 할 수 있는 것과 같다. 그의 아버지가 사업을 하여 엄청난 부를 축적했지만 그 과정에서 많은 불법을 저질렀다고 한다면 그의 태도는 둘 중 하나일 것이다. '우리 가족을 위한 것이니 매우 좋은 일이다. 아니 최소한 부득이한 일이다.'이거나 '아버지 도대체 왜 그러셨어요? 지금이라도 재산을 사회에 환원하시고 사죄하십시오'라고 하거나일 것이다.

도쿠토미 소호라는 일본의 사상가는 두 가지 면을 동시에 보여준 사람이다. 기독교 학교인 도시샤에서 공부를 하고 세례까지 받은 기독교인인 그는 초기에는 「국민의 벗」, 「국민총서」, 「국민신문」 등을 발행하며 언론 활동을 통해 평민주의를 펼쳤다. 하지만 후기에 가면 군비 확장을 지지하는 등 제국주의의 옹호자가 되었고 조선에 건너와 「경성일보」를 발행하며 식민지통치를 돕기도 하였다. 결국 전후 A급전범용의자로 지목되는 불명예를 안아야 했다.

도쿠토미의 변신은 결코 예외적인 것이 아니었는데 이는 일본제국주의의 성장과 함께 자주 일어나는 현상이었다. 제국주의를 반대했던 사람들이 막상 일본의 연이은 성공에 열광하여 제국주의지지자로 돌아서는 일은 그리 드문 일은 아니었던 것이다. 국민들은 전쟁에 대하여 거부감을 승리의 열광에 의해 점차 버려갔다. 물론 전쟁에 희생된 자녀를 둔 사람들은 마음이 아팠지만 그것을 국가를 위한 고귀한 희생으로 여기고 칭송하는 분위기가 만들어지면서 적어도 표면적으로는 슬픔을 표현하기 어려워졌고 명예롭게 죽은 아들을 자랑스럽게 여긴다고 표현할 것을 강요당해야 했다. "승자가 정의다"라는 논리는 평화주의에 대한 기반이 약한 사람들에게 자연스럽게 스며들어 제국주의에 대한 지지자로 만들어 버린 것이다.

하지만 그렇다고 그것이 전부가 아님을 우리는 알아야 한다. 우리와 달리 일본은 서양의 문물을 보다 다양한 루트로 받아들였고 그것이 사상에 있어서도 그대로 나타났다. 그러한 일본이기에 반전적 평화주의는 민족과 국가를 초월한 귀중한 가치를 가진다는 생각이 보다 뿌리 깊게 자리 잡을 수 있었다. 이러한 뿌리는 오늘날까지도 일본의 평화주의를 성장, 발전시키는 하나의 원동력이 되고 있다 하겠다.

이에 비해 식민지국가로서의 흑역사를 가지게 된 조선에게 인류란 사치스러운 개념일지 모른다. 당장 먹고 살기 위해 몸부림치던 가족에게는 가족의 안위와 행복만이 지상과제일 수밖에 없는 것과 마찬가지가 아닐까 한다. 그러기에 절대적인 가치를 추구하려는 모습보다는 오히려 생존을 위한 민족적 생존을 위한 폐쇄적 민족주의가 훨씬 지지를 받을 수밖에 없었을 것이다. 따지고 보면 그것은 제국주의의 약소국 버전이라고 해야 할 것이다. 과거에 일본의 언론인 구로다 가쓰히로는 "한국에서는 민족이라고 하면 뭐든지 용서된다"고 하였는데 이는 지나친 면이 없지 않지만 어느 정도 긍정해야 할 현실이라고 생각한다.

게다가 한국은 남북분단으로 인해 더욱 폐쇄적인 민족주의로 치닫게 되었다. 사실 말이 반도이지 사실상 섬이나 다름없는 나라가 된 것이 한국의 현실이다. 이탈리아 반도나 이베리아 반도처럼 넓은 대륙을 향해 나아갈 수 있는 길이 없는 상황에서 오로지 자민족의 이익을 추구하는 제국주의의 약소국판 민족주의가 팽배한 것은 어쩔 수 없는 결과일지 모른다. 이는 개개인의 가치관에도 반영되어 극단적인 가족주의 내지 동족주의를 낳기도 하였다.

「내일이 오면」이라는 드라마가 있다. 사업에 모든 것을 걸고 살아온 여주인공 손정인은 수단과 방법을 가리지 않고 사업을 확장하는 과정에서 온갖 불법과 뇌물공여 등을 일삼았다. 그런 그녀가 어느 날 자신의 수족인 여비서에게 배신을 당하고 감옥에 가게 되었다. 여비서는 손정인의 남편과 불륜관계에 빠져 아이를 낳아 기르고 있었기에 손정인은 이중의 배신을 당한 셈이었다. 그녀는 가석방으로 출옥한 후 방황하다가 자신을 도와줄 사람을 만나 결국 화려하게 재기하였고 그녀를 배신한 여비서는 몰락하여 감옥에 가게 되는 걸로 드라마는 끝난다.

여기서 주목해야 할 것은 손정인의 불법과 뇌물공여 등에 대하여는 어떠한 심판도 내려지지 않았다는 점이다. 물론 감옥에 가고 회사가 부도를 맞이하여 남의 손에 넘어갔다는 점은 그녀에 대한 심판이라고 할 수는 있으나 그녀는 드라마의 시종 그 점에 대한 진실한 반성도 참회도 하지 않았다. 더구나 여비서에게 남편에게 행한 횡포에 대한 사과도 전혀 하지 않았다. 이 드라마가 지키고자 했던 가치란 결국 가족이란 신성불가침한 것이고 그것을 해치는 존재는 누구라도 용서되어서는 안 된다는 것이었다.

보편적인 선이 아니라 가족의 행복과 안전이 모든 가치에 대하여 우위에 선다는 것은 한국적인 가치관을 잘 보여주었다고 하겠다. 예전에 정부고위관료들에 대한 성접대 사건이 떠들썩하게 보도되었을 때 "백억을 받은 건 용서하겠지만 성접대는 용서할 수 없다."고 한 어느 아내의 고백이 들려왔다. 이 이야기의 핵심은 사실은 이렇다. "가족을 위한 불법은 뭐든 용서할 수 있다"라는 것이다. 백억을 받는 것은 가족을 위한 것이지만 성접대는 남편 한 사람의 이익일 뿐 아니라 아내에게는 나아가 가족에게는 일종의 위협이 되는 것이 아니겠는가? 하지만 사회적으로 보면 두 가지는 모두 같거나 백억을 받는 것이 결과적으로 더 악한 행위일 수 있다. 하지만 이 이야기에 대하여 누구도 그런 점을 지적하지 않았던 것은 모두가 그것에 공감하고 있기 때문이다. "가족을 위해서라면 뭐든지 용서된다."라는 가치관의 공유.

하지만 가족이 우리나라에서 굳건하게 자리 잡고 있는 것은 절대 아니다. 가족이 존재하는 동안은 가족이 지상과제이지만 그것은 가족을 위해서가 아니라 가족이 자신에게 주는 이익을 위한 것임인 것은 누가 봐도 명백한 사실이다. 가족이 자신에게 도움이 안 된다면 가족 자체를 해체시키는 것도 이제는 그리 비난받을 일은 아닌 것이다. 가족이란 나의 이익에 기여하는 한에서만 그 가치를 인정받을 수 있는 존재에 불과한 것이다. 과거처럼 가족 자체가 목적인 시대는 이미 지났다. 물론 이러한 현상은 한국에서만의 현상은 아니겠지만.

이런 한국사람들의 보편적 가치에 대한 무관심과 자신의 집단에 대한 이기적인 사고는 바로 식민지와 분단 한국전쟁이라는 경험에서 온 불안과 공포에서 비롯된 것이라고 나는 생각한다. 외국으로부터의 공격은 민족적 이기심을 그러한 공격이 가져다준 개인적 공포는 가족이나 집단의 이기심을 만들었다고 할 수 있다. 이러한 상황에서 평화주의를 기대하는 것은 매우 곤란하다고 할 수 있다. 역사가 남긴 트라우마를 안고 사는 민족에게는 말이다.

그런 점에서 볼 때 유관순열사는 매우 특이한 성격의 인물이었다.

그녀는 누가 봐도 민족주의의 화신이지만 그것은 배타적이고 폐쇄적인 의미에서가 아니라 보편적 가치관에 입각한 것이었기 때문이다. 즉 우리 민족이 독립해야 하는 이유는 식민지지배가 가지는 죄악이 사라져야 한다는 보편적 비판에 따른 것이기 때문이다. 안중근 의사의 경우도 마찬가지이다. 그녀는 어렸을 때—사실 죽었을 때도 어리다고 하면 어리지만—이웃집 아이와 싸운 동생이 잘못을 했다는 이유로 편들지 않다가 아버지에게 혼이 난 적이 있다. 그녀는 이렇게 말했다. "아무리 동생이라도 잘못을 했다면 편을 들어줄 수 없어요"라고. 하지만 이런 생각은 한국에서는 그리 일반적인 것은 아니다.

한국사람들이 일본에 대하여 '군국주의의 부활'을 함부로 입에 담는 것은 바로 자신이 군국주의적 사고를 하고 있기 때문일 수 있다. 분단과 전쟁, 식민지 경험이 준 공포로 인한 공격성은 전쟁을 용인하고 심지어 찬양하는 경향마저 띠게 되었는데 그것은 양심적 병역거부를 절대 허용할 수 없다는 다수의 생각에서도 엿볼 수 있다. 이스라엘같이 우리보다 훨씬 전쟁의 위협이 강한 나라에서조차 허용되는 양심적 병역거부를 "분단국가라서 안 돼"라고 치부하는 것은 우리가 어느덧 전쟁을 필요불가결한 것으로 여기게 되었음을 의미하며 그것을 이용한 안보팔이들은 오늘도 긴장을 고조시켜 자신들의 영향력을 확대시켜 가고 있는 것이다.

이런 마음의 소유자들이 상대에게 자신들의 마음을 투영하는 것은 너무나 당연한 것이 아니겠는가? "너희도 그렇겠지?"라고. 무학대사와 이성계의 일화가 생각난다. 이성계가 "내 눈에는 대사께서 돼지로 보입니다" 그러자 무학대사는 "제겐 전하가 부처님으로 보입니다"라고 하였다. 그리고 이어서 "사람은 그 마음에 의해 세상을 봅니다"라고 덧

붙었다. 이는 자신은 부처님의 마음을 가지고 있기에 이성계가 부처님으로 보이지만 이성계의 마음은 돼지와 같은 마음이기 때문에 자신이 돼지로 보인다는 비아냥이었다.

생각해 보면 일본의 평화주의는 결국 일본 제국주의가 만들어낸 것이었다고 해도 과언은 아닐 것이다. 제국주의라는 죄악을 자신들의 동포가 저지르고 있고 그것을 몸과 마음으로 느끼는 가운데에 자연스럽게 보편적인 이류의 가치를 추구하려는 사람들이 나타난 것이다. 가해자의 여유라고 하면 할 말이 없지만 그것이 전후에 빛을 발하게 된 점을 생각하면 매우 귀중한 존재였다고 할 수 있다.

1945년 일본의 마지막 전쟁이 끝났을 때 비로소 일본의 모든 대중들은 전쟁의 공포를 체험할 수 있었다. 자신들이 한때 열렬히 지지했던 제국주의에 대한 의문도 함께 제기되었다. 패전이라는 충격 속에서 그들은 자신들이 전쟁의 가해자인 사실을 망각하였고 피해자로서의 상처만을 돌아보게 되었다. 하지만 그것이 평화주의라는 귀중한 가치를 받아들일 기반이 되었다는 점에서는 전혀 무의미한 것만은 아니었다고 하겠다. 평화주의는 이제 패자에서 승자로 그 자리를 이동하게 되었다. 대중의 열렬한 환영 속에서 말이다.

전후 개혁과 헌법9조 등에 의해 완성된 '전후민주주의'의 기반 위에 일본의 평화주의는 풍성한 열매와 화려한 꽃을 피우게 되었다. 국민들은 선거를 통해 헌법9조를 지지하는 정당들을 의회로 보내 개헌을 원천 봉쇄하였다. 오늘날 의석수가 이미 헌법개정을 할 수 있는 수준임에도 망설여야 하는 개헌파에게 평화주의는 눈에 가시일 것이다. 하지만 법과 제도를 떠나 평화를 열망하는 일본의 평화주의는 칠십 년간의 평화를 일본에게 선물한 일등공신이기에 국민들의 사랑을 받고 있는 것이다.

　아쉽게도 우리는 이러한 일본의 평화주의에 대한 이해가 전무하다. 아니 의도적으로 무시해 온 것일 수도 있다. "일본이 평화를 사랑하는 민족이 되었기 때문에 이제 더 이상 우리에게 위협이 아닌 것 같다"라고 하면 일본에 대한 적대심을 통해 존재가치를 높이려는 집단에게는 매우 바람직하지 못한 것일 수 있다. 문제는 그런 집단이 오랫동안 우리사회를 지배하여 왔다는 것이다. 북한만큼은 아니지만 대외적 위기를 강조하여야 국민이 자신들의 통제에 순순히 따라 줄 것이라고 여겼기 때문이 아니겠는가? 게다가 또 하나의 전쟁국가 미국의 이념적인 세례를 받고 있는 한국의 지식인들 역시 같은 시각으로 일본을 바라보는 것을 정당하다고 여기고 있으니 말이다.

# 평화를 사랑하는 민족성
## - 사무라이정신은 잊어라

"말도 안 돼. 일본사람들이 평화를 사랑하는 민족이라고? 지나가는 소가 웃겠다."

이렇게 항의를 들어도 당연할 것이다. 적어도 우리에게 그들은 평화와는 인연이 멀어 보이니… 게다가 사무라이의 나라라는 것 때문에 당연히 폭력적이라고 생각할 것이다. 무리는 아니다.

그리고 우리나라를 적어도 두 번은 유린했던 역사를 가진 나라이니 더욱 그렇다. 평화를 사랑하기로 치면 우리민족만큼 평화를 사랑한 민족이 있겠냐고 따지고 싶을 것이다. 오해 마라. 난 우리민족이 평화를 사랑하지 않았다고는 하지 않았으니까. 평화사랑은 우리민족의 독점물은 아니니까 같이 공유해도 되지 않겠는가?

다시 한번 역사를 더듬어 보자. 일본이 외부로 침략을 벌인 것은 고대사에서 논쟁거리가 되는 임나일본부관계 말고는 공식적으로는 두 번이다. 그럼 중국은? 무수히 많다. 한사군 설치부터 병자호란까지… 그점은 인정할 것이다. 게다가 우리와 일본이 관계가 가장 깊었던 고대의 경우 기마민족 정복 왕조설 등이 만일 사실이라면 일본은 대대적으로 대륙의 침략을 받았다고 할 수 있다. 일본 천황은 백제왕실의 후손이라고 하는 말도 있다. 현 아키히토 천황이 직접 언급했다니 무시할 수 있는 말은 아닌 거 같다. 야요이인이 한반도나 대륙 출신인 것은 이미 공인된 사실이다. 그러니 고대 일본은 침략은커녕 침략당하는 가련한(?) 처지였다고 해야 하지 않을까? 물론 그걸 인정 안하면 임나일본부를 인정해야 할지 모르니 난감할 걸…

그건 인정한다고 쳐도 왜 일본은 평화를 사랑하는 민족이라고 할 수 있을까? 그것에 대한 근거를 대야 하지 않을까 싶다. 침략의 횟수가 적더라도 다른 이유가 있을 수 있지 않는가? 국력이 약하다거나 주변에 강대국이 많아서라든지… 그런 이유도 있을 수 있다.

먼저 생각할 수 있는 것은 농경민족이라는 것이다. 농경민족이라는 것이 평화를 사랑하는 민족이 될 이유가 되는가? 된다. 농경민족은 먹거리가 안정적으로 확보되기 때문에 비교적 평화지향성이 강하다. 결코 선천적으로 평화를 사랑해서가 아니라.

중국이 우리를 침략한 적이 무수히 많다고 했는데 엄밀히 말하면 북방유목민족의 침략이 많았다고 해야 할 것이다. 역사를 보면 거란족, 여진족, 만주족, 말갈족, 몽골족 등 유목민 또는 반농반유민족들이 우리의 국토를 유린했다. 중원의 한족의 침입도 없지는 않았다. 한나라 무제의 침략 수나라 문제와 양제, 당나라 태종과 고종 등등… 하지만 이들 나라의 침략은 북방민족의 침략과는 조금 다른 점이 있다. 한족의 침략은 주로 자존심을 상해서 일어나는 경우이다. 중화적 세계질서를 무시당했을 때 쳐들어왔다. 일종의 길들이기나 손 봐주기 수준이다. 그러다 영토에 욕심을 내기도 하였던 것은 사실이지만. 이에 비해 북방민족의 침입은 글자 그대로 우리나라의 영토와 자원에 대한 욕심을 어느 정도 동반한 침략이다.

북방민족들은 따듯하고 기름진 중원이나 한반도를 탐내기 마련이다. 그들은 유목생활을 하기 때문에 상무정신이 투철한 민족이다. 매일 말을 타고 사냥을 하거나 이동을 자주 하니 보다 호전적인 기질을 가질 수밖에 없다. 그러니 그들이 통합을 이루면 북방에서부터 말발굽 소리가 요란히 들려오는 것이다.

우리나라의 고구려를 보면 알겠지만 혈통보다 환경이 그 나라의 성격을 정하는 것이다. 고구려는 우리 민족이지만 호전성을 가졌던 국가이다. 그런데 그 나라가 한반도의 평양에 수도를 정하고서부터 확장이 멈춰졌다. 천도를 단행한 장수왕 때까지는 확장기였으나 그 후로 이렇다 할 확장을 했다는 이야기가 없다. 대개 광개토왕과 장수왕까지를 전성기로 보고 있지 않는가? 대륙 국가를 지향하던 고구려가 반도국가로 변해간 것이다. 따듯한 남쪽나라를 손에 넣고서부터 말이다.

어떤 사람은 북방에서 일어난 나라 중에 중원을 손에 넣지 못한 나라는 고구려가 유일하다고 한다. 사실 여부는 나도 모르지만 그럴듯한 이야기 같다. 조금은 아쉽기도 하다. 역시 헝그리 정신이 중요한 것일까? 확장이 멈춰지니 공격에 시달리게 되고 결국 망하고 말았다는 것도 우연은 아닐 것 같다. '공격은 최고의 수비'라고 했던가?

유럽의 바이킹도 마찬가지이다. 그들의 거주지 스칸디나비아 반도는 춥고 거칠어 농사에 적합하지 않다. 그래서 바다로 나가 해적질을 자주 하였다. '생계형 해적'이라고 해야 하나? 거기에 비하면 영국의 엘리자베스 여왕이 지원한 국가 공인 해적들은 뭐라고 해야 할까?

우리민족은 농경민족은 침략을 하지 않는다는 것을 제대로 보여준 예이다. 고구려가 북방에서 영토를 넓혔지만 이미 말한 대로 고구려는 농경민족이라고 보기 어렵다. 고려 조선 모든 시대를 통틀어 대마도정벌 외에 남의 나라를 유린한 적이 없다. 몽골군의 일원이 되어 일본을 침략하긴 했는데 이는 어디까지나 강제동원이니 침략이라고 하기도 뭐하다.

그럼 유럽의 팽창은 어떻게 보아야 하는가? 그들은 농경과 목축을 함께 하는 민족이 아니던가? 삼포경작이라고 들어 보았을 것이다. 땅을 세 등분하여 농사와 목축을 하고 하나는 휴경지로 삼았다고 세계사 시간에 배웠을 것이다. 요즘엔 세계사 모르는 학생들이 너무 많아 생소할지 모르지만 중학교 때 배운 것까지 기억하면 될 것이다.

그리고 유럽이 해외침략을 일삼게 된 것은 산업혁명 이전이다. 그 전에는 침략이라고 할 정도의 행위는 중남미 정도였다. 산업혁명에 의한 제국주의의 발생은 조금 역사적으로 특별하게 생각해야 할 것이니까 농경민족이니 하는 차원에서 해석할 수 있는 문제는 아닐 것이다. 일본이 근대에 침략국가가 된 것과 마찬가지로. 상황에 따라 아무리 착한 사람도 난폭해질 수 있는 것 같이 유럽과 일본의 근대사에 있어서의 침략행위는 이미 말한 것처럼 여러 가지 요인이 얽혀서 이루어진 결과라 해야 할 것이다.

일본이 평화를 사랑한 민족이라고 생각하는 더 중요한 근거는 일본 민족의 상징인 와(和)의 정신에서 찾을 수 있다. 영국과 일본은 섬나라라는 특징을 공유하고 있는데 또 다른 공통점은 지금도 왕을 가지고 있다는 것이다. 일본의 경우 천황은 만세일계라고 호언장담할 정도로 긴 역사를 가진 왕실의 후손이다. 영국은 왕조의 교체는 있었지만 오늘도 "군림하되 통치하지 않는다"는 정신을 유지하며 영국의 상징으로서 빛을 발하고 있다.

이들 양국의 왕이 존속한 것은 그들이 급격한 혁명 대신 온건한 변화를 추구해 온 결과이다. 섬나라란 유한성이 명백하다. 그들은 저 멀리 뻗어 있는 육지를 향해 도망갈 수 없는 한계를 늘 인식하며 살아야 한다. 그러기에 그들이 대립은 늘 한정적이었다. 이웃나라 프랑스의 혁명이 단두대에서 많은 사람들의 피를 흘리게 했지만 영국은 그런 피의 역사를 보지 않았다. 일본 역시 마찬가지이다.

그럼 그 많은 내전은? 이미 설명하였다. 내전은 중앙권력의 약함으로 인한 혼란이라는 사실 그래서 일본이 사무라이의 나라가 되었음을 잊지 말기 바란다. 일본의 중요한 내전에서 상대를 철두철미하게 응징하여 속된 말로 삼족을 멸한 것과 같은 사례는 찾아볼 수 없다.

세키가하라 전투의 결과를 생각해 보자. 많은 다이묘들이 적대세력이었다는 이유로 처벌을 받았지만 목숨을 잃거나 가문이 몰락하는 경우는 생각보다 적었다. 가장 핵심적 다이묘들은—이시다 미츠나리, 고니시 유키나가 등—처형과 멸망을 면하지 못했지만 많은 다이묘들이 영지를 삭감당하거나 이전하는 걸로 끝났고 시마즈가의 경우 원거리라는 이유도 있어서 별다른 처벌도 처벌 없이 그저 머리 숙이고 충성을 맹세하는 걸로 끝났다.

이런 사례를 세계사에서 찾아보기는 쉽지 않을 것이다. 중국의 경우를 보라. 명나라 태조 홍무제는 반역의 혐의를 씌워 수십만의 신하와 그의 측근들을 살해하였다. 우리나라의 경우도 사화와 당쟁의 와중에 얼마나 많은 사람들이 죽어갔는가? 그들은 무기를 들고 반란을 일으킨 사람들도 아닌데 말이다.

1868년의 보신전쟁의 경우는 더욱 와의 정신이 빛났다. 적의 수장 도쿠가와 요시노부는 순순히 항복했다고는 하나 새 정부 하에서 공작이라는 작위를 받고 영화를 누렸다. 일본의 최초이자 최후의 공화국을 세우며 저항했던 에노모토 다케아키는 그의 뛰어난 능력을 높이 평가받아 새로운 정부의 요직에 발탁되었다. 자기들의 정부까지 세워 가며 저항한 무리의 우두머리를 그저 유능하다고 살려 주는 것만이 아니라 요직을 주다니 이해하기 어려운 일이 아닐 수 없다. 일본이 아니면 일어나기 어려운 일이다.

일본의 장기는 매우 중요한 특징이 있다. 상대의 말을 잡으면 자기 편으로 사용할 수 있다는 것이다. 이것은 곧 상대에 대한 관용을 뜻한다. 물론 역사상 그런 예가 일본에만 있는 것은 아니다. 하지만 일본은 그것이 일상이 된 것이다. 그것을 장기라는 게임은 반영하여 룰을 정한 것이 아닐까 싶다.

이러한 일본의 와의 정신이 늘 좋은 것은 아니다. 제2차 세계대전 후 처벌받은 전범들을 사형당한 자들을 제외하고 모두 석방하여 버렸던 것은 전쟁 책임에 대한 애매함을 드러냈다. 게다가 그들을 합사한 야스쿠니신사에 참배를 하고 있으니 국제적 비난을 받아 마땅하다. 이 역시 와의 정신에서 비롯되었지만 바람직한 모습은 아니다. 모든 게 좋기만 한 것은 아닌 것 같다.

일본에서 일 년이라도 거주해 보면 느낄 것이다. 그들이 와를 중시하는 민족이라는 것. 그들은 대립을 해도 극단적인 상황을 만들지 않도록 최선을 다한다. 그것이 최고의 모습인 것은 아니다. 사람들은 때로 대립과 싸움을 거쳐 보다 나은 결과를 만들어내기도 한다. 그러니까 일본인들이 와를 중시한다고 해서 무조건 칭찬만을 할 수는 없다. 잘못된 것까지 덮고 넘어가는 것은 비난받아 마땅할 것이 아닐까 싶다. 하지만 분명한 것은 그들이 평화를 원하고 있다는 사실이다. 질서와 조화를 정의보다 더 사랑하는 사람들이라는 점은 인정해야 할 것이다.

일본이 평화를 사랑하는 민족이 된 또 하나의 이유는 그들 스스로 겪은 전쟁의 트라우마이다. 일본은 근대사를 거치면서 많은 전쟁을 겪었다. 하지만 대부분의 전쟁은 그들에게 영광으로 여겨졌다. 왜냐하면 모두 승리를 거두었을 뿐 아니라 상처는 생각보다 매우 경미했다. 가장 큰 상처를 둔 러일전쟁조차 국민 모두에게 아픔을 준 것은 아니었다. 대부분의 국민에게는 약간의 고달픔을 안겨 준 추억이 되었다. 그나마 러일전쟁 후에 맺어진 포츠머스 조약에서 배상금을 제대로 받지 못한 것에 불만을 가지고 폭동을 일으킨 것이 예전과 다른 고통을 말해주기는 했다. 그렇지만 그것도 그 누군가의 전쟁이었을 뿐이다.

하지만 1937년부터 시작된 마지막 전쟁은 더 이상 추억만으로 남을 수 없었던 큰 아픔을 주었다. 전쟁이 곧 승리라는 믿음은 깨졌다. 그 누군가의 전쟁이라는 의식도 허구임을 느껴야 했다. 우리 모두의 전쟁이었고 우리 모두의 아픔이었던 것이다. 비록 본토에 적군이 발을 들여 놓았던 적은 없지만 매일밤 그들은 악몽에 시달려야 했다. 그리고 터진 원자폭탄은 피폭자만이 아니라 일본국민 모두를 경악하게 만들었다. 어쩌면 우리 모두가 이 지구상에서 사라질 수도 있을 것이라는 공포에 떨어야 했다. "우린 전쟁을 너무 쉽게 생각했구나."

특히 세계 유일의 핵무기의 피폭 경험은 결정적인 트라우마를 안겨주었다. 자신들의 패배가 문제가 아니라 인류의 생존이 달린 문제임을 깨달았다. 시바 료타로가 메이지의 일본은 좋았다는 식의 의식을 그들은 버려야 했다. "승리하면 정의"가 아닌 것이다. 일본식으로 표현하면 "이기면 관군"이라는 생각을 청산해야 함을 절실히 느낀 것이다.

"일본사람들은 피해자 의식만 갖고 있지 가해자 의식이 없다"고 비난하는 사람들이 많지만 과연 그럴까? 그들에게 피해자 의식만 있다면 가해자에 대한 원망이 들려와야 할 것인데 그런 소리를 나는 들어보지 못했다. 극히 소수의 철부지들을 빼고는. 차라리 피해자 의식만 있다면 가해자를 원망해서 도피했을 것인데 그게 아니니까 더욱 고통스러운 것이다. 그들은 전쟁 자체에 피해 의식을 가지고 있을 뿐 다른 누구에게도 피해자 의식은 없다. 왜냐하면 그 모든 것이 자신들이 자초한 것을 너무나 잘 알고 있기 때문이다.

한국사람들은 한국전쟁에도 불구하고 평화주의자가 될 수 없었는데 그것은 피해자 의식이 심하게 뇌리에 박혔기 때문이다. '빨갱이'에 대한 증오가 그 자리를 대신하였다. 전쟁이 아니라 빨갱이에게 모든 책임을 돌려 버렸으니 전쟁 자체를 미워하거나 혐오할 이유는 없어진 것이다. 베트남 전쟁에서 패한 미국이 반전의식을 그나마 갖게 된 것이 자신들이 가해자라는 점을 인정하였기 때문인 것과도 대조적이다. 우리가 한국전쟁 이후 주구장창 부른 노래는 '평화의 노래'가 아니라 '빨갱이에 대한 복수'뿐이었던 것은 바로 이 피해자 의식 때문이다. 한국전쟁을 주제로 한 영화나 드라마 중에 반전을 그린 작품이 없는 것도 마찬가지 이유에서다. 한마디로 번지수를 잘못 찾은 분노이고 피해자 의식이다.

마지막 전쟁에 의해 생긴 트라우마는 이미 존재했던 평화주의 또는 좌파적 반전의식과 결합하여 일본국민을 평화를 사랑하는 사람들로 만들었다. 경험보다 확실한 깨달음의 원인이 어디 있겠는가? 하지만 평화주의사상이나 좌파적 반전의식이 없었다면 이토록 철저히 평화를 사랑하는 국민으로의 변신은 불가했을 것이다. 그들의 경험은 그로 인해 경험 없는 세대에게도 전해져 오늘에 이르렀다. 오늘날 일본국민의 대다수는 전쟁을 경험하지 않은 사람들이지만 그들은 부모나 조부모들이 겪은 경험을 여러 가지 형태로 이어받고 있는 것이다.

이와 대조적인 예도 있다. 미국은 베트남 전쟁 후 잠시 전쟁에서 멀어졌지만 1990년 걸프전쟁을 계기로 다시 전쟁하는 나라가 되었다. 그들은 왜 베트남전쟁의 아픔을 그토록 쉽게 잊었을까? 이유는 모병제에 있다. 모병제로 미국의 지배계급은 전쟁에 동원될 위험에서 벗어났다. 그러니 그 후의 전쟁은 그 누군가의 전쟁이 되고 말았다. 우리나라에서 안보팔이를 하는 사람들의 대부분이 병역미필자라는 점과도 비슷한 상황이 아닐 수 없다. "전쟁이 나도 우리가족은 무사하니까"라는 믿음을 갖고 있으니 쉽게 전쟁을 입에 담는 것이 아닐까?

일본의 평화주의는 그 뿌리가 매우 깊고 강인하기 때문에 쉽게 뽑히지 않을 것이다. 농경민족으로서 평화를 실현해 오면서 섬나라이기에 자연스럽게 익힌 와의 정신, 그리고 끔찍한 원폭을 비롯한 전쟁의 트라우마, 이 모두가 하나가 되어 일본사람은 평화의 소중함을 세계 어느 민족보다 잘 알게 되었다. 나는 믿는다. 비록 독일처럼 확실하게 보여주지는 못했어도 일본사람들이 가지고 있는 평화에 대한 열망을 말이다.

# 양심적 병역 거부자를 수용할 수 있을까?
## - 준비된 평화를 위하여

대한민국의 네티즌들은 젊은이들이 많아서인지 몰라도 대체로 진보적인 것 같다. 인터넷을 달구는 여러 가지 이슈에 대한 그들의 의견은 대부분 진보적인 쪽으로 기울어져 있다. 오죽하면 다음을 좌음이라고 할까? 네이버나 네이트 같은 사이트라고 해서 그렇게 다르진 않을 것 같다. 좌이버나 좌이트라고 해도 좋을 만큼 진보적인 의견이 대세를 이루고 있는 것 같다.

하지만 그렇지 않은 이슈도 있다. 갑자기 모두가 하나가 되어서 보수적인 의견을 지지하는 것, 그것이 바로 동성애 문제와 양심적 병역 거부라는 이슈이다. 남녀 간의 문제도 보수적인 의견이 많지만 그렇다고 모두가 그런 것은 아니다. 어느 정도 치열한 의견대립을 보이고 있을 뿐 총체적 보수화현상은 일어나지 않는다. 남자라고 해서 남자 편을 드는 것도 여자라고 해서 여자 편을 무조건 들지는 않기 때문에 나름 재미있는 논쟁이 전개된다.

지난 번 대선후보토론회에서 동성애가 이슈가 되었을 때 진보로 분류된 후보가 반대를 해서 문제가 되었던 적이 있다. '진보=동성애 옹호'라는 공식이 있는데 막상 그가 반대를 하니 상당한 충격을 준 모양이다. 얼마 후 어느 보수일간지에서 이것을 문제로 삼았다. 내용은 이렇다. "연예인도 잘못하면 팬덤을 버리는데 왜 동성애를 반대한 그 후보에 대한 지지는 여전한가?"라고. 일단 보수 신문에서 동성애 반대를 문제시한 것 자체가 우습다. 오히려 지지해야 하는 것 아닌가? "용기가 가상하다"고. 물론 이유는 뻔하다. 진보 후보를 폄하하기 위한 것이라는 것쯤은 세 살 먹은 아이라도 알 것이다. 필자는 대한민국 국민 대다수가 동성애를 반대하고 있다는 사실을 모르거나 알지만 그 후보를 폄하하기 위해 일부러 모르는 척하고 있는 것이라고 생각된다. 동성애 반대로 지지율이 떨어지는 일은 대한민국에서는 없다.

동성애 문제가 불거질 때 한 가지 이해가 가지 않는 것은 남성동성애만 집중 비난을 받는다는 사실이다. 동성애 문제에 민감하게 대응하는 사람들은 동성애자들을 빼면 여성계이다. 아마도 여성동성애자들이 사회적으로 더 힘들다고 생각해서인지 몰라도 여성문제와 함께 다뤄지는 경우가 많다. 그런데 막상 네티즌의 비난 또는 교회에서의 동성애 비난은 주로 남성 동성애들에게 향한다. 항문성교에 대한 혐오감이 그것이다. 항문성교가 주는 건강상의 문제 에이즈 감염, 이런 것에 비난을 쏟아 붓는다. 그래서인지 어느 진보 잡지에서는 이런 말이 나왔다. "그럼 여성동성애는 상관없나요?"라고. 그럴 듯한 반론이 아닌가? 그들이 어떤 답을 할지 궁금하다.

양심적 병역거부에 대한 여론도 그리 좋지 않다. 이번 대선에서는 아예 거론도 되지 않았다. 아마도 너무나 민감한 이슈이기 때문인 것 같다. 더구나 트럼프의 도발로 안보가 갑자기 탄핵문제를 묻어 버린 가운데 치러지는 대선이라 그런 것 같다. 보수후보가 이걸 제기했다면 꽤나 표가 올라갈 이슈인데 왜 안 끄집어냈을까 의문이다. 사형제도 마찬가지이다.

진보진영에서는 군대문제에 대한 남성들의 주장을 여혐으로 몰아세우지만 사실은 다르다. 그들은 여성들의 병역문제만 비난하는 것이 아니라 모든 사람들에게 그렇게 하고 있다. 유승준의 문제만 봐도 그렇다. 그가 간절히 한국에 들어오고 싶어 하지만 네티즌은 절대 그것을 용납하지 않는다. 유승준은 물론 남성이다. 공직자의 병역문제 연예인이나 스포츠스타의 병역비리에 분노하는 것은 남성들이다. 그들은 병역 자체를 절대 신성시 하고 있으며 이를 제대로 수행하지 않으려는 상대는 누구라도 공격한다. 병역문제를 놓고 여성들을 비난하는 것은 그러한 공격의 한 면을 보여주는 것일 뿐이다.

양심적 병역거부에 대한 비난도 마찬가지이다. 여성들이 양심적 병역 거부자들을 비난할 일은 그다지 없을 것 같다. 이 역시 결국은 남남문제이다. 대한민국 남성들은 노소를 불문하고 다음과 같은 낡은 논리를 칼같이 암기하고 있어야 한다. "대한민국은 분단국가이다. 그러기 때문에 국방과 안보는 최우선 과제이다. 군대는 신성불가침적인 존재이다. 국방의 의무도 그렇다. 모병제는 평화로운 나라에서 생각할 수 있는 한가한 소리다. 더구나 우리는 모병제를 할 만큼 부유하지도 못하다." 양심적 병역거부자에 대한 네티즌들의 댓글을 읽다 보면 그들의 비난은 대략 이런 내용으로 정리될 수 있다. 나 역시 외운 것 같다.

대한민국의 보수들은 이런 점에서는 큰 성공을 거두었다. 전쟁하는 나라로 대한민국을 만들기 위한 세뇌공작, '전쟁은 꼭 필요한 거다. 군대는 신성한 것이다' 물론 미국에 비하면 많이 모자라지만. 국민들은 군대가 전쟁이 세상에서 사실은 가장 불필요한 존재일 수 있다는 사실을 고민하지 않게 되었다. 의사도 법관도 농부도 인간사회가 사라지지 않는 한 필요한 존재이지만 군대란 마음 하나로 없어질 존재인 것을 절대 생각하지 못하게 만들었으니 한국의 보수는 참으로 대단한 능력자들이다.

양심적 병역거부에 대한 셀프 해결은 그러한 대한민국 보수의 성공을 상징한다. 국방부가 만들려고 해도 민초들이 알아서 없애 주었으니 얼마나 고마운가? 한국 기독교계는 특정 종교에게 악용될 우려가 있다고 측면지원을 아끼지 않았으니 하나님께 감사해야 할 것 같다. 예수는 "화평케 하는 자에게 복이 있다"고 선언했지만 예수의 제자를 자처하는 사람들은 "전쟁을 준비하는 자는 복이 있다"쯤으로 오독하고 있으니 그들이 천국에 가기는 글러 먹은 것 아닌지 모르겠다. 하지만 그게 문제인가? 자칫 자기들 밥그릇이 위험한데 말이다.

그런 주제에 일본이 평화헌법9조를 바꾼다고 하면 쌍심지를 켜고 덤벼든다. 아니 사실은 이게 대한민국 보수의 진심이다. 그들은 안보팔이로 연명하는 무리이니까 일본의 재무장=군국주의의 부활=대단한 위기=좌파척결의 찬스 뭐 이런 식으로 해서 영향력을 발휘하고 싶은 것은 아닐까 싶다. 나 역시 친일파로 매도하여 척결될 대상이 될지도 모른다. 자신들이야말로 진짜 친일파들에게 충성을 다한 주제에.

전후 일본이 보여준 평화주의의 실현은 전쟁논리에 물들어 이성적 판단력이 마비된 우리에게는 매우 귀중한 교훈을 주고 있다. 그들이 전쟁을 회피할 수 있었던 이유를 단지 연합국에 의한 군대해산과 미일안보조약에 의한 안전보장에서만 찾는다면 매우 중대한 것을 보지 못하게 될 것이다. 헌법9조라는 조항도 그 자체에만 의미를 두어서는 안 된다는 것 역시 전후 칠십 년 일본의 역사가 말해 준다. 전쟁은 무기도 군대도 아니고 의지를 가질 때 하게 된다는 것, 따라서 전쟁의 여부는 의지에 좌우된다는 사실 말이다.

평화의 나라를 만들겠다고 한 그들의 의지는 오랫동안 쌓아올려진 기반 위에 굳건히 설 수 있었다. 도요토미의 침략과 사무라이들의 내전 그리고 근대사에 있어서의 침략과 지배 그것은 역사상의 일탈이었다. 긴 역사를 살펴보면 일본은 평화를 추구하는 나라였음을 알 수 있다. 그러한 역사적 배경이 있기에 전후 칠십 년간의 평화로운 시대를 펼쳐 갈 수 있었던 것이다. "콩 심은 데 콩 나고 팥 심은 데 팥 난다"고 하지 않던가? "뿌리 깊은 나무 바람에 안 흔들린다"라는 용비어천가가 생각난다. 일본의 평화주의의 뿌리는 그만큼 깊다.

우리 역시 오랫동안 평화주의를 추구했던 역사를 가진 나라이다. 따지고 보면 지금의 우리는 정상이 아니다. 일탈인 것이다. 근현대사의 비극이 심어 놓은 트라우마가 분단이라는 폐쇄적 상황을 만나 집단적인 공격성을 낳은 것이다. 그것을 부추겨 영향력을 강화시키려는 전쟁국가 미국과 그들의 힘으로 권력을 유지하려는 안보팔이들의 선동에 우리는 어느덧 그렇게 변해 온 것이다. 우리는 거울을 보며 자신들의 민낯에 대한 슬픈 반성을 해야 할 때이다.

일본군국주의의 부활이라고? 역사상 남의 나라를 제대로 침략한 역사라고는 삼천 년 동안 겨우 두 번뿐인 나라가 길어야 백 년도 되지 않는 동안 남의 나라만 넘보았던 나라에게 할 이야기는 아닐 것 같다. 더구나 한일관계는 한중관계보다 더 역사적으로 우호적이었음이 명백한데도 감히 그런 이야기를 하는 저의가 무엇인지 궁금하다. 일본판 안보팔이인가? 그렇게 해서 한일의 민중을 이간질해서 얻고자 하는 것이 무엇인가 묻고 싶다.

시진핑은 전쟁을 원할까? 아베는? 아니라고 할 것이다. 트럼프는?

그도 아니라고 할 것이다. 심지어 우리가 전쟁광이라고 할 김정은조차 진심으로 전쟁을 원하지는 않을 것이다. 그것이 체제 유지 때문이라 할지라도. 그런데 모두가 동아시아가 위험하다느니 전쟁의 위기라고 떠들며 엄청난 군대와 무기를 준비하고 있다. 그들은 누구를 향해 미사일과 대포 비행기를 보내려고 하는 것일까? 아무도 원하지 않는 전쟁을 왜 상대는 원한다는 명분으로 말이다.

1990년의 일을 다시 한번 떠올리고 싶다. 걸프전쟁의 와중에 일본이 끝내 군대를 파견하지 않고 견뎠던 일을. 그 일등공신은 평화헌법이겠지만 그것을 실질적으로 이룬 것은 평화에 대한 일본의 대다수 국민의 열망이었다. "전쟁만은 무슨 일이 있어도 안 돼"라는. 분단논리에 아직 젖어 있던 나로서는 이해가 되지 않는 결과였다. 하지만 이제는 그때의 일이 감동으로 다가 온다. "우리도 전쟁을 근본적으로 막을 길이 있다"라는 자신감이 생겼다. 무기가 아니라 군대가 아니라 우리 모두의 의지로 말이다. 그들은 그런 용기를 나에게 준 것이다.

평화에 대한 열망은 우리라고 다르지 않을 것이다. 우리의 역사와 전통은 그것을 말해 준다. 유사 이래 한 번도 외국에 군대를 보내 남의 나라를 짓밟은 적이 없었던 나라 아닌가? 적어도 자의적으로는. 일본의 평화주의의 승리를 교훈 삼아 우리 안에 침투해 들어온 전쟁주의를 몰아내는 고통을 기쁘게 감수하도록 하자. '양심적 병역거부'문제는 우리의 가능성을 시험해 볼 좋은 기회를 주고 있는지 모른다. 대한민국의 평화원년을 기다린다!


우리는 전쟁을, 침략을, 제국주의를 심판하지 않았다. 우리는 악당몇을 심판했다. 독일과 일본이라는. 악당이 사라지면 세상이 좋아질 거라고, 선해질 거라고 믿는다. 삼류드라마처럼. 하지만 그렇지 않았다. 여전히 전쟁은, 침략은, 제국주의는 모습을 바꾸어 오늘날에도 세계를 더럽히고 있는 것이다. 우리들의 마음에 그것을 옹호하고 원하는 마음이 있는 한 절대 사라지지 않는다. 우리는 그것과 싸워야 했고 그래야 한다. 제국주의와 전쟁과 침략 그 자체에 대한 싸움을 해야 했고 그래야 한다. 정의의 사도를 가장한 악당들은 오늘도 세상을 어둡게 하고 있지만 우리는 그들의 존재를 알고나 있는 것일까?

# 제7장

# 일본은 왜 기업이 지배하는 나라가 되었는가?

## 다 살자고 하는 일인데 죽도록 일해서
## 결국 죽어 버린 사람들

"과로에 시달리다 스스로 목숨을 끊은 이십대의 청년. 그는 왜 그런 선택을 했을까?"

매우 자극적인 제목이 내 눈을 끌었다. '아니 그렇게 힘들면 차라리 사직을 하지 왜 자살을?' 그렇지 않은가? 과로로 쓰러져 어느 날 갑자기 유명을 달리 했다면 몰라도 자살이라니 도저히 이해가 가지 않는 일이다. 그래서 책을 구입해서 읽기 시작했다.

1990년 일본에서 유학하던 시절의 일이다. '과로사'가 사회적 문제가 된 지 오래되었던 시기, 내게 과로사는 더 이상 남의 일이 아니었다. 내가 다니던 일본인 교회에 친하게 지내던 과부 할머니가 계셨다. 그 할머니는 남편이 일찍 세상을 떠나 일을 하기 시작했다고 한다. 중년 여성의 취업률이 매우 낮은 시대라 조금은 안됐다는 생각이 들었다. 그런데 수년 후 그 할머니의 딸이 또 다시 남편을 먼저 보내고 과부가 되어 친정으로 아이들을 데리고 돌아왔다. '웬일이야… 무슨 저주라도 받은 건가' 라는 생각에 가슴이 아팠다. 그런데 나중에 놀라운 사실을 알았다. 아버지와 사위의 사인이 모두 과로사라는 것이었다. 과로사 과부 모녀가 된 셈이다. '어이가 없네. 어떻게 모녀가 함께 이런

일을 당하다니…'

내가 유학하던 대학에 '와타나베 오사무'라는 제법 유명한 교수가 있었다. 그는 일본에서 제일 들어가기 어렵다는 동경대, 그중에서도 최고인 법대를 졸업하고 법관이나 고급공무원이 아닌 학자의 길을 걸었던 사람이다. 그를 처음 만났을 때 와타나베 교수는 동경대 교수였다. 그런 그가 내가 재학하던 학교의 수업에 와서 토론을 벌인 일이 있었다. 그 후 그는 동경대를 그만두고 우리 학교(히토츠바시 대학)에 부임하였다. 제국대학의 분위기가 남아 있는 동경대보다 자유로운 학풍을 가진 히토츠바시는 출신과 관계없이 인재를 영입하는 데 열심이라 그런지 동경대를 비롯한 명문대 출신들이 다수 모여들었다.

와타나베 교수의 저서 『풍요로운 일본의 구조』라는 책을 놓고 토론하던 그 시간 나는 '하룻강아지 범 무서운 줄 모른다'고 그에게 도발을 하는 무모함을 보였다. 그의 저서는 일본이 충분히 잘 사는 나라가 되었음에도 불구하고 사람들이 그것을 느끼지 못하는 이유는 더 많은 돈을 벌어야겠다는 욕심에 사로잡혀 지나치게 일에 매달리기 때문이며 그로 인해 기업의 지배력만 더 커졌다는 것이다. 하지만 나는 이해가 되지 않았다. "그럴 기가 없다. 아직 그렇게 잘 살지 못하니까 일을 더 하려는 거 아니냐?"라고 이의를 제기했다. 우리의 논쟁은 시간이 지나도 수습이 되지 않고 결국 수업은 그대로 끝나고 말았다.

"해외여행객 천만 명 시대, 그런데도 아직 자신들은 충분하지 못하다고 생각하는 일본사람들" 그의 저서 맨 앞에 있는 이 문구가 그 후로도 내 머리 속에 맴돌았다. '그럴 리가 없어. 어떻게 잘 사는데 죽도록 일을 한다는 거야…' 나는 그것을 부정하고자 하였다. '일본도 좀 더 잘 살게 되면 아마 달라지겠지' 그런 반론을 되풀이해 보았다.

하지만 그건 자기기만에 불과했다. 일본은 1990년 전후해서 국민소득이 세계 톱 수준이었다. 버블경제가 한창일 때는 일본이 미국을 제치고 세계제일의 경제대국이 될 거라는 예상도 쏟아져 나왔다. 이런 나라가 더 잘 살아야 된다는 것 자체가 말이 되지 않는 일 아닌가? 이해가 안 가는 것은 이런 나라에서도 주5일 근무를 도입하려고 하자 기업들은 "시기상조입니다"라고 반대하는 것인 아닌가? '아니 국민소득이 세계에서 최고 수준인 나라에서 시기상조라면 도대체 그렇지 못한 나라는 어떻게 하라고' 나는 고개를 갸웃거려야 했다.

유학생활이 정신없이 지나가다가 조금씩 여유를 갖게 된 시기가 왔을 때 과로로 인해 자살한 청년에 대한 책을 접하게 되었다. 명문대를 나와 원하던 광고 회사에서 일하던 청년은 부모에게는 효성스럽고 성실하게 일하던 훌륭한 사람이었다. 외모도 제법 멋져서 여자친구도 있었던 그가 어느 날 스스로 목숨을 끊고 말았다는 것 자체가 충격이 아닐 수 없었다. 그에 대해 배상을 요구하는 부모와 회사의 소송전이 이어졌고 결국 법원은 10억 원이 넘는 배상금을 지불하도록 판결하였다. 청년의 자살과 과로가 직접적 관련이 있다는 원고의 주장을 거의 전면적으로 받아들인 결과였고 이 액수는 일본 '과로사' 소송역사상 가장 컸기 때문에 사회적 파장이 컸기에 책으로 그 과정이 자세히 소개된 것이다.

자살 직전의 그의 노동시간은 살인적이었다. 보통 4, 5시 정도나 돼서 택시를 타고 귀가하여 잠깐 눈을 붙이고 다시 출근하는 나날이 계속되었던 것이다. 보통 사람들이 상상할 수 없는 정도의 장시간 노동은 그를 정신적, 육체적으로 피폐하게 만들었고 결국 견디다 못해 극단적 선택을 했다는 것이다. 책임감이 강한 그로서는 사직이라는 선택지를 생각하지 못했을 것이라고 그의 부모는 증언했다. 민폐를 끼치는 것이 가장 수치스러운 일이라고 여기는 일본사람들의 사고방식을 생각하면 이해가 안 가는 것도 아니었다.

하지만 회사 측은 그의 자살의 원인이 과로에 의한 것이라고 인정하지 않았다. 그보다는 여자 친구와의 문제를 들먹였다. "아마 연애가 잘 안 돼서 비관한 끝에 자살한 것이 아닐까 생각됩니다." 그들은 재판부에게 이렇게 변명을 하였다. 하지만 그의 여자 친구와 가족은 이를 단호히 부인했다. "둘은 사이가 좋았어요", "전 남자친구를 무척 사랑했고 그도 그랬습니다" 부모와 여자친구는 이렇게 증언했다. 그럼에도 불구하고 회사 측은 이를 인정하지 않았다. 둘 사이의 트러블을 조목조목 이야기하며 반박했다. 하지만 연애하는 사이가 늘 좋은 것은 아니지 않는가? 그런 불평을 이따금 늘어놓았다고 둘 사이가 파탄에 이르렀다고 할 수는 없는 것이다. 다행히 부모와 여자친구의 주장을 재판부가 더 신뢰하였던 모양이다.

나는 이 책을 읽으면서 내내 '왜 이렇게까지 일에 매달려 살아야 하는가. 우리나라에서도 과로사 문제가 없지 않지만 우린 아직도 선진국이라 할 수 없으니 그럴 수도 있다고 치자. 일본은 국민소득이 세계 톱 수준이 아닌가? 그런데 왜?'라는 의문이 머리 속을 떠나지 않았다. 그리고 와타나베 오사무 교수의 저서가 다시 생각나 그 책을 끄집어내서 읽어 보았다. 예전에 부정했던 내용들이 사실이라는 생각이 들기 시작했다. '이들은 왜 충분히 잘 살게 되었는데도 이렇게 죽도록 일을 하다가 결국 죽어버리는 걸까?'

이러한 의문은 유럽 사람들의 여유로운 삶에 대한 공부를 하면서 더욱 나를 괴롭혔다. '경제가 발전하면 저절로 좋은 삶을 살게 될 줄 알았는데 그게 아닐 수도 있구나… 결국은 어떤 길을 선택하느냐에 달려 있는 것 같은데… 과연 우리나라는 어느 길을 가게 될까?'라는 생각을 하게 되자 이것이 결코 남의 문제가 아님을 느끼게 되었다. 여러 가지 상황으로 봐서 대한민국은 유럽이 아닌 일본의 길을 갈 가능성이 커 보였기 때문이다.

그렇게 생각하는 근거는 우리나라도 점차 기업국가가 되어 가고 있다는 점에서 일본과 닮은꼴이라는 사실이다. 사생활과 휴식 여가를 중시하며 살아가는 유럽국가들과 달리 일과 출세에 매달려 사는 우리나라의 상황은 일본과 비교할 때 너무나 유사하다고 할 수 있기 때문이다. 우리나라에 있을 때 나는 이렇게 생각했다. '이렇게 열심히 일하면 언젠가 우리도 유럽사람들처럼 될 거야… 그러니 지금은 참고 열심히 일해야지' 이런 생각을 했기 때문에 그런 현실에 그다지 의문을 느끼지 않았지만 이젠 달라졌다. '어쩌면 영원히 이런 삶을 살게 될지도 몰라.' 마치 지옥으로 달리는 것 같은 공포를 느꼈다.

그로부터 이십 년이 지난 지금 나의 예상은 불행히도 그대로 실현되고 있는 것 같다. 세계적인 장시간 노동, 비정규직의 증가 등 우리는 여전히 과로사의 위험을 안고 살고 있는 것은 아닐까? 그 배경에 기업에 의해 지배되는 사회라는 사실이 있음 또한 부인하기 어려울 것이다. 왜 우리는 이런 나라가 되었을까? 왜 유럽처럼 여유와 풍요로움을 함께 느끼는 나라가 아니라 일본처럼 여유 없는 나라가 되어야 했는가? 이 점에 대하여 여러 가지 의견이 분분하다. 하지만 나는 이를 일본의 역사를 통해 분석함으로써 비슷한 나라가 되어 버린 우리나라의 현실을 이해하는데 도움이 되고 싶다. 우리의 미래가 더 이상 어두워지지 않도록 하기 위해서라도 꼭 필요한 것이라 믿는다.

# 산업별 노조와 기업별 노조 연대와
# 분열 사이에서

　일본은 오랫동안 기업별 노조의 전통을 지켜왔다. 그에 비해 유럽은 산업별 노조가 일반적이다. 기업별 노조라고 해도 물론 산업별 노조가 아예 없는 것은 아니다. 우리나라에도 전교조 같이 산업별 노조가 존재하듯이 일본에도 일본교원노동조합, 줄여서 일교조와 같은 산업 노조가 있다. 하지만 기본적으로는 우리나 일본이나 기업별 노조가 중심인 것은 사실이다.

　산업별 노조와 기업별 노조의 차이는 조합원의 소속문제이다. 기업별 노조에서는 조합원은 일단 기업의 노조에 소속된다. 기업 노조원의 자격은 해당 기업의 노동자이어야 한다는 것이다. 해고나 사직을 하면 그것으로 조합원 자격을 상실한다. 하지만 산업별 노조는 기업의 소속 여부는 절대적이지 않다.

　최근 전교조의 법적 노조자격을 두고 정부와 전교조 간에 대립이 발생한 것을 알 것이다. 현직 교직원이 아닌 사람이 조합원이라는 이유로 정부는 전교조를 법외노조로 판단했고 그래서 전임노조원의 학교에의 업무복귀를 명하였다. 이에 불응한 교사에 대하여 각 시도 교육청에 해고를 지시했으나 진보교육감들이 이를 적극적으로 시행하지 않아 문제가 더욱 커지고 있다.

하지만 산업노조가 무엇인지 제대로 이해한다면 정부의 조치는 부당한 것임을 알 수 있다. 산업별 노조란 해당 산업에 종사하는 노동자들이 결성한 조직으로 기업의 채용 여부와는 직접적 관계가 없다. 노동조합은 아니지만 일본에는 이·미용업자들의 동업자 조합이 있었다. 그들은 이·미용 요금을 담합하여 일정액으로 결정하여 업자들 간의 경쟁을 최소화하였고 높은 회비를 납부하는 대신에 병이나 다른 사정으로 영업을 못하게 된 조합원들에게 생계를 보장해 주었다. 영업을 못한다는 것은 노동자로 치면 사직이나 해고에 해당된다. 이는 사직이나 해고에 관계없이 일단 조합원이 된 사람은 본인이 탈퇴를 하지 않는 한 계속 자격을 유지할 수 있다는 것을 의미한다. 산업별 노조란 바로 이러한 조직인 것이다.

산업별 노조는 지금과는 달리 노동자들이 기업에 비교적 오랫동안 근무하지 않고 여기저기의 공장이나 작업장을 떠돌던 시절에 만들어진 조직이다. 그러니 채용 여부와는 상관없이 노동자들의 가입을 받아 조합원의 자격을 부여한 것이다. 애초에는 주로 숙련공들이 조합을 만들었고 그것이 활성화되자 비숙련 노동자들도 조합에 가입하게 되었다. 일본의 이·미용조합처럼 그들도 조합원들에게 조합비를 징수하는 대신에 취업과 노동조건의 안정 그리고 질병이나 사고, 실업 등 사태가 발생하면 이에 대한 지원을 하는 조직이었다. 어디까지나 기업과 상관없이 노동자들이 자치적으로 만든 조직이니 기업에 소속 여부는 조합원자격과는 관계가 없었던 것이다.

미국의 대표적 프로야구 리그인 메이저리그의 노조도 전형적인 산업별 노조이다. 선수들은 메이저리그에 입성하면 모두 노조원이 된다.

그리고 각 팀에는 노조의 지부가 있다. 즉 전체노조가 있고 그에 따른 팀별 지부가 있는 것이다. 그들은 1994~5년에 전면파업을 단행하여 승리를 거둔 일이 있다. 물론 그로 인해 큰 금전적 손해를 보았지만—킹그리피 주니어라는 선수는 파업 당시 마흔 개의 홈런을 치고 있었고 이는 당시 메이저리그 일 년 홈런 기록 예순한 개를 깰 수 있는 페이스였지만 파업으로 무산되었다—메이저리그 선수들의 이익은 향상되었다. 메이저리그에서 몇 년간 뛰면 상당한 액수의 연금도 받을 수 있는데—우리의 찬호박도—이는 메이저리그 노조의 존재 덕분이다. 이는 메이저리그 노조가 한번 노조원이면 본인이 탈퇴하지 않는 한 노조원으로 인정하는 조직임을 보여주는 증거라 하겠다.

산업별 노조는 노동자들을 기업에 종속시키지 않게 해 준다. 기업별 노조에서는 해고가 곧 노조원으로서의 자격상실을 의미하기 때문에 더 이상 노조의 보호를 받을 수가 없다. 하지만 산업별 노조라면 이야기가 다르다. 전교조의 이번 사태가 그것을 증명한다. 하지만 정부는 이를 인정하려고 하지 않았다. 산업별 노조에서는 파업은 기본적으로 산업 전체가 참가하여 일어나게 되어 있다. 그렇기 때문에 파업은 개별기업의 노조원들에게 불이익을 주지 않기 때문에 보다 대담하게 파업을 강행할 수 있다. 하지만 기업별 노조는 파업이 해당 기업에 불이익을 주기 때문에 쉽게 할 수 없다. 산업별 노조가 기업에 대하여 보다 강경한 자세를 보일 수 있는 것은 이렇게 기업에 대하여 어느 정도 독립적인 존재이기 때문이다.

이에 비하여 기업별 노조는 기업에 대하여 종속적인 입장이 될 수밖에 없다. 자칫 해고라도 당하면 조합원 자격도 잃는다. 게다가 파업을 해서 손해가 날 경우 고스란히 조합원들의 급여 삭감 등으로 이어질 수 있다. 물론 기업의 입장에서 때론 노동자의 입장에서 협조가 잘되어서 도리어 이익이 될 수도 있지만 어차피 대립관계에 있어야 할 노사가 지나치게 협조적인 것은 약자인 노동자에게 절대 유리한 조건은 아니다.

"그들과 우리" 산업별 노조의 조합원들은 노사관계를 이렇게 표현한다. 그 놈들이란 바로 자본을 말하며 우리란 노동자들을 가리킨다. 그들에게 노사관계란 어디까지나 대립하면서 이익을 쟁취하기 위한 수단일 뿐이다. 그것은 노사협조를 내세우는 기업별 노조와는 전혀 다른 산업별 노동조합의 가장 두드러진 특징이다.

유럽의 산업별 노조는 '그놈들'과 계급적인 구분을 확실히 하고 있다. 그들은 화이트컬러들과 함께 어울리지 않는다. 식사도 따로 하고 놀이도 따로 한다. 그들은 노동자의 삶과 문화를 견지하여 왔다. 자식을 대학에 보내 화이트컬러를 만들려는 생각도 거의 없었다.

유학 시절 만난 어느 일본교수는 영국에 연구조사차 갔다가 이런 이야기를 들었다고 한다. "우린 자식이 대학 가는 것을 바라지 않고 오히려 반대합니다. 그렇게 되면 그와 우리가 다른 계급이 되니까요"라고 한 어느 노동자의 말이었다. 우리나라에서는 상상도 하기 어려운 말이 아닐 수 없다. 우리 같으면 노동자라도 자식은 대학에 보내 화이트컬러를 만들려고 하지 않는가? 일본도 비슷하다.

'계급'이라는 말을 우리는 오해하기 쉽다. 계급 하면 상하관계를 연상하지만 실은 수평적인 개념이다. 이 경우 영어로 계급은 class이다. 클래스에는 상하관계만 있는 게 아니라 학급처럼 수평적 개념도 있다. 노동자 계급 자본가 계급이라고 할 때의 계급은 수평적 개념인 학습과 같은 의미의 클래스인 것이다. 즉 노동자 계급과 자본가 계급은 수평적 개념이지 상하관계가 아닌 것이다. 따라서 노동자계급이 화이트컬러와 다른 삶을 산다고 해서 비굴해 할 일도 부끄러워 할 일도 없는 것이다. "우리에겐 우리의 삶이 있다" 그것이 유럽의 산업별 노조를 이루는 노동자들의 계급적 자부심이다.

그들은 계급으로서의 이익을 최대화하는 것을 목표로 싸운다. 노동자의 정당을 만들거나 지지하고 자본가들의 정당을 비난한다. 노동자 정당이 들어서면 파업조차 자제하려고 하지만 자본가정당이 들어서면 이야기가 다르다. 사회복지를 충실하게 하여 자신들의 삶을 보장받도록 노력하지 개별적인 노력을 하여 회사에서 출세하기를 바라지 않고 따라서 동료들과 불필요한 경쟁을 하지 않는다. 출세 대신, 높은 급여 대신 노동자 전체의 이익을 확대시킴으로써 자신들의 삶을 행복하게 만들어 온 것이다. '과로사'가 발생할 여지는 절대 없다. 정해진 노동시간보다 더 일해서 회사의 사랑을 받겠다는 생각 따위는 있을 수 없기 때문이다. 정해진 시간이 되면 그들은 함께 퇴근해서 가정에서의 평안과 여유를 즐기며 휴식을 취하는 것 그것이 그들의 행복인 것이다.

하지만 기업별 노조의 노동자들은 그런 행복을 누릴 수 없다. 그들은 회사와 운명을 같이해야 한다. 회사의 발전이 나의 발전이라고 믿기 때문이다. 현실적으로도 그렇다. 그들에게 노동자전체의 이익에 대한 관심은 그리 크지 않다. 내 회사가 잘 돼서 많은 이익을 얻으면 그것을 얻는 것이 훨씬 현실적으로 유리하기 때문이다. 정부가 세금을 더 내라고 한다면? 당연히 반대이다. 그보다는 세금을 덜 내고 그것을 투자해 이윤을 확대시키거나 자신들의 급여를 올려 주길 바랄 것이다.

하지만 아무리 거대기업에 다닌다 해도 그들은 안심할 수 없다. 해고가 곧 죽음이다. 쌍용차 사태에서 여러 명의 노동자들이 자살을 한 것도 그들에게 대기업이라는 환경에서 밀려나는 것이 어떤 의미인지 잘 알기 때문이다. "회사가 전쟁터라고? 밖은 지옥이야" 드라마 「미생」
에서 나오는 '장그래'의 이 대사는 현실인 것이다. 회사 밖에서 그들을
지켜주고 보호해 줄 존재는 없다. 그러니 죽어도 회사에 머물러야 한
다. 개처럼 기어서라도. 기업별 노조는 이렇게 노동자를 기업에 종속
시킨다.

"아아 억울하면 출세를 해라"(노래 「회전의자」 중에서) 기업에서 출
세하는 것만이 자신들의 삶을 향상시키는 유일한 길이기도 하다. 그러
니 동료와 치열한 경쟁을 벌인다. 그것을 기업은 흐뭇한 시선으로 쳐
다본다. "그래 이겨라. 이기는 자를 우리는 원한다."고. 어느 드라마에
서 재벌의 딸이 이렇게 말했다. "필요한지 아닌지는 우리가 정한다. 너
희는 그저 자신이 필요하다는 것을 보여주기 위해 죽어라 노력해야 한
다."라고.

그러니 기업별 노조는 필연적으로 장시간 노동, 과로사를 초래한다.
남보다 앞서가야 한다는 초조감, 압박감은 자발적 야근으로 이어진다.
때론 야근수당도 받지 않는 '서비스야근'을 마다하지 않는다. 기업은
그것을 이용하여 더 많은 노동을 강요한다. 예전에 미국에서 이런 일
이 있었다. 재미교포가 하는 야채가게 근처에 다른 재미교포가 야채가
게를 벌였다. 그들은 영업시간을 경쟁적으로 늘여갔다. 결국 24시간
영업을 하게 되고 마침내 한쪽의 남자가 쓰러져 사망하고서야 그 무모
한 경쟁은 끝났다. 이러한 일이 기업별 노조하의 기업에서 충분히 일
어날 수 있는 것이다.

# 사회복지 대 기업복지
## - 기업에게 삶을 맡겨도 좋을까?

기업이 노동자의 삶을 책임지는 나라, 사회가 구성원의 삶을 책임지는 나라 어느 쪽이 바람직할까? 그에 대한 답은 이미 나왔다. 1990년대 일본의 노동자들은 기업에게 버림받기 시작했다. 이유는 계속되는 업적부진이고 버블경제 붕괴로 인한 불황이었다. 기업은 노동자들을 해고하는 구조조정을 하거나 임금을 삭감하였고 보다 저렴하게 재료나 설비를 구입할 수 있는 곳으로 거래처를 변경하였다. 이런 노력은 그러나 별다른 효과를 보지 못했다. 도리어 국가 전체 노동자들의 급여와 소비를 축소시켜 그로 인해 수요가 줄어 불황은 심화되고 말았다. 그러자 노동자들은 더 기업에서 버려졌다.

미국에는 국민건강 보험이 없다. 최근 오바마케어가 생겼지만 우리에 비하면 턱없이 부족하다. 그나마 트럼프케어로 대체되게 생겼다. 오바마케어 이전에 미국국민들에게 실업은 곧 의료보험의 상실을 의미했다. 의료보험이 생명보험이나 자동차 보험처럼 민영화되어 있고 게다가 직장을 통하지 않으면 가입이 불가능한 나라에서 그것은 현실이다. 그것이 가져온 결과는 미국내 파산의 과반이 의료비에 의한 것이라는 사실이다. 의료보험 자체도 민영이기에 보험료는 우리와는 비교가 되지 않을 정도로 높고 보장은 형편없다.

일본의 경우 의료보험은 미국에 비하면 월등히 낫다. 우리의 국민건강보험과 비슷하거나 더 좋은 제도를 가지고 있다. 하지만 연금은 다르다. 직장인들의 연금은 자영업자의 그것보다 훨씬 좋다. 우리로 치면 거의 공무원연금이나 교원연금 뺨치는 수준이다. 반면 국민연금의 급여수준은 우리보다 훨씬 나빠서 글자 그대로 용돈연금이다. 그러니 기업 밖으로 쫓겨나면 엄청난 불이익을 당한다.

기업복지란 기업의 사정에 따라 이렇게 바뀔 수 있는 것이다. 또한 대기업인가 중소기업인가에 따라서도 달라진다. 사회의 구성원이라면 누구나 보장받는 사회복지에 비하여 불안정하기 짝이 없다.

게다가 기업에 대한 종속을 강화시킨다. 좋은 기업에 가야 한다는 경쟁에서부터 기업에 대한 종속은 이미 시작된다. 독일에서 유학한 어느 교수에게 들은 바로는 독일에서는 학비가 무료라도 진학률이 매우 낮은데 그 이유는 학력에 의한 임금격차가 적은 것도 있지만 사회복지가 잘 되어 있기 때문이기도 하다고 한다. 굳이 대학을 가거나 인기 있는 직업에 종사할 필요가 없거나 그다지 느껴지지 않는다고 한다. '요람에서 무덤까지' 기본적인 생활이 보장되는 것이 기업에의 종속을 없애고 나아가 대학진학률에도 영향을 미친다.

대학진학률 80%인 우리나라가 행복지수가 낮은 이유를 이해할 것이다. 그 많은 사교육비 역시 사회복지의 부재와 무관하지 않다. 오늘날 사교육비가 늘어나는 것은 자녀가 호의호식하고 출세하기를 바라는 것보다는 기본적인 생활을 보장받는 직업에 종사하기를 바라기 때문이다. 공무원이나 교사의 인기가 높은 것도 그런 이유에서이다. 그러니 사회복지가 제대로 되어 있다면 아마 우리나라도 대학진학률과 사교육비에 획기적인 변화가 생길 거라고 믿는다. 사회복지란 국민의 삶에 이토록 엄청난 영향을 끼친다.

사회복지와 기업복지의 차이는 어디서 비롯되었을까? 기업별 노조와 산업별 노조의 차이에서 비롯된다. 기업별 노조는 기업에의 종속을 강화시킨다. 모든 것을 기업을 통해 얻고자 하는 경향이 그래서 더욱 강해진다. 그러니 사회복지에 그다지 관심이 없거나 오히려 저항적이다. "기업이 잘해 주는데 왜 세금을 더 내고 그런 걸 만들 필요가 있나" 하기 쉽다. 하지만 산업별 노조는 다르다. 그들은 노동자의 권익을 위해 기업에 더 많은 세금을 내게 하더라도 사회복지를 향상시키고자 한다.

유럽에는 사회민주당 또는 사회당 그에 유사한 정당들이 많다. 그들은 자주 정권을 잡는다. 스웨덴의 경우 사회민주당은 지난 백 년간 대부분 여당이었다. 그것이 오늘날 세계 최고 수준의 복지를 자랑하는 스웨덴을 만들었던 것이다. 우리나라에서도 노조가 잘 되어 있는 기업의 노동자들은 진보정당을 지지하는 성향이 강하다. 노조가 있으면 그들은 자신들의 이익을 대변해 줄 정당이 어느 것인지를 잘 이해하는 것이다.

하지만 일본에서 노동자들이 보수정당을 지지하는 경향이 있다. 그들은 사회민주주의 정당의 승리를 자본주의의 붕괴로 오해한다. 그렇게 세뇌당한 것이다. 자민당의 장기집권은 이러한 오해에서 비롯된다. 게다가 세금이 늘면 기업의 이윤이 적어져 급여가 삭감될지 모른다고 생각한다. 세금이 자신들의 생활을 보장해 줄 거라는 믿음은 거의 없다. 왜냐하면 기업이 주는 복지에 의지하려고 하고 또한 기업에 종속되는 편을 택하기 때문이다.

그 결과 일본은 사회복지 수준이 유럽에 비하여 한참 뒤지게 되었다. 물론 미국보다는 낫다. 국민건강보험은 좋은 예이다. 국민연금은 직장연금에 비하여 턱없이 적은 액수이다. 공공주택은 극히 일부에게만 주어진다. 의료보험료는 높고 혜택은 훨씬 적다. 기업복지에 의존하여 사회복지를 소홀히 한 것 때문이다. 하지만 그것이 어떤 결과를 가져왔는지는 이미 설명한 대로이다.

일본은 우리만큼은 아니지만 입시경쟁과 사교육비문제가 매우 크다. 좋은 기업에 들어가야 제대로 된 복지를 받으니 입시가 치열하고 그로 인해 사교육비가 높아진 것이다. 우리와 기본적으로는 같다. 기업에의 종속은 기업에 들어가기 전에 이미 시작된다. 자발적인 종속이라고 할 수 있다. 유치원 때부터 시작된 대기업에 대한 사랑을 이룬 사람들은 밤이 맞도록 일에 매달린다. '어떻게 얻은 직장인데'라고… 초장시간 노동은 이렇게 해서 탄생하였다.

## 왜 그들은 기업별 조합을 택한 것일까?

### (1) 동족단과 직인조합

일본어에 이에(家)라는 단어가 있다. 집 가를 사용하니 가족이나 집안을 의미하는 것 같지만 그렇지만은 않다. 우리에게 가족이나 집안은 혈연집단을 말한다. 과거에는 그것이 좀 더 넓은 범위에 걸쳐 있었지만 지금은 좁아졌다. 하지만 기본적으로 혈연이라는 점은 변하지 않았다. 하지만 일본의 이에는 혈연만을 의미하지는 않는다. 마치 우리의 집안이나 가족 같이 보이지만 비혈연적 구성원을 다수 포함시킨다. 이것이 일본의 동족단으로서의 이에이다.

동족단으로서의 이에의 기원은 사무라이의 형성과 관련이 깊다. 지방에서 성장하기 시작한 사무라이의 집안은 가신들을 거느린 집단이다. 그들은 혈연은 아니나 하나의 집단이 되어 동고동락한다. 사무라이들을 이끄는 수장에게 가신들은 혈연 이상의 가치를 갖는 무리들이다. 그러니 가족이라고 해도 큰 문제는 없을 것이다. 이런 사무라이의 집단이 동족단의 시작인 것이다. 혈연은 물론 중심에 있다. 수장의 지위는 자식들에게 물려주는 것이 일반적이다. 그러나 능력과 충성이 뛰어난 가신들은 가족에 못지 않은 지위를 차지한다. 경영과 소유의 분리가 나타나기도 하는 것이다.

그러한 동족단의 특징은 다른 집단에게도 확산되었다. 대표적인 것이 상인들의 집단이다. 주인가족을 중심으로 종업원들을 포함한 집단인 상가는 무사들의 동족단처럼 혈연적이지 않지만 혈연 이상의 관계로 뭉쳐진 집단이다. 그들 역시 동고동락을 하면서 결속을 다진다. 경영과 소유의 분리도 일반적이다. 주인이라도 경영을 함부로 할 수 없게 정해진 가법의 통제를 받게 되어 있다. 수입은 일괄해서 재정담당 종업원에 의해 관리된다. 오너가족의 재산과 사업체의 재산도 분리되어 있다. 오늘날의 회사조직에 버금가는 치밀한 조직이다.

사무라이든 상인이든 동족단 내의 구성원들은 수장의 보호를 받고 살아간다. 질병이나 사고에 대한 보장도 해 준다. 분가를 통해 자신들도 독립할 수 있는 기회를 주기도 한다. 오늘날의 일본기업의 축소판이라고도 할 수 있다.

하지만 우리나라는 이러한 동족단이 발달하지 않았다. 우리는 동족단이 혈연집단이다. 이는 오늘까지 그렇게 이어진다. 혈연에 대한 집착이 우리처럼 강한 나라는 없을 것이다. 아무리 못난 자식이라도 그를 제치고 종업원들 중에서 후계자를 정하기보다는 나을 것이라고 생각한다. 일본처럼 훌륭한 능력의 종업원을 양자입적해서 후계자로 삼는 일은 거의 생각하기도 어렵다. 일본의 동족단은 유지발전이 최우선 과제이지만 우리의 동족단은 혈연이 최우선인 것이다. 과거 일본의 재벌이 경영과 소유가 분리되어 있었지만 우리는 지금도 그것이 제대로 이루어지지 않는 것도 따지고 보면 혈연에 대한 집착과 관련이 깊을 것이다.

왜 이런 차이가 나타났을까? 일본의 동족단은 사무라이가 중심이다. 그들은 전쟁을 위한 집단이니 최고의 실용성이 요구된다. 혈통이 승리를 가져오지는 않기 때문이다. 따라서 혈연은 엷어질 수밖에 없다. 상인도 마찬가지이다. 그들도 고도의 효율을 요구한다.

하지만 우리나라 동족단은 농업을 주로 한다. 농업이란 전쟁이나 상업에 비하여 높은 효율을 요구하지는 않는다. 사업경영보다 부동산관리가 훨씬 수월하지 않은가? 사업가는 바빠도 지주나 부동산 부자는 한가하다. 건물주의 주된 업무는 수금이다. 혈연보다 효율을 더 중시할 이유가 별로 없다. 수금이야 웬만하면 할 수 있는 일 아닌가? 그러니 혈연중심이 될 수밖에 없었던 것이라고 생각된다.

일본의 사무라이와 우리의 선비의 차이도 이런 것에서 비롯되었다. 사무라이는 전투를 연습하고 무예를 연마하기 바쁘다. 그러나 우리의 선비는 한가한 시간을 이용해 고전을 익히고 문장을 닦았다. 게다가 과거시험이 있으니 문학적 능력을 열심히 배웠을 것이다. 일본에서는 그러한 역할을 할 귀족들이 몰락의 길을 걸었다.

유럽은 어떤가? 그들도 동족단이 그다지 발달하지 않았다. 대신에 그들은 비슷한 일을 하는 사람들끼리 조합을 만드는 일에 열중했다. 직인조합은 그 대표적인 예이다. 그들은 노동자끼리 업자끼리 수평적인 조합을 만들어 이익을 도모했다. 이는 일본의 동족단과도 우리의 그것과도 다르다. 혈연은 거의 의미가 없다. 뜻과 이익만 맞으면 되는 것이다. 유럽에서 오늘날과 같은 대학이 생길 때도 학생조합이 그 중심에 있었다.

한국과 일본 그리고 유럽의 차이는 왜 생겨난 것일까? 이것은 세 지역의 역사적 차이 때문이라고 생각한다. 일본과 우리는 오랫동안 한 곳에서 살아온 민족이다. 농사를 짓는 농경민족으로서 정착생활의 역사가 매우 길다. 그래서 동족들의 결속이 강했다. 지금도 농촌에서는 그렇지 않은가? 이에 비하여 유럽은 로마제국이 멸망한 후 게르만족이

유럽 전역에 흩어져 살게 되었다. 정착지가 아니라 새로운 곳에서 새롭게 살게 된 것이다. 동족끼리 결속할 시간이 없었다. 당장 살아가기 위해 이웃과 연대가 필요하다. 낯선 타인과의 수평적 협력을 통해 그들은 정착을 이루었다. 그것이 전통이 되어 조합이 그들의 삶에 자리 잡았다고 할 수 있는 것이다.

나의 경험담은 이러한 이야기를 뒷받침한다. 국내에서 대학을 마칠 때까지 나는 가족과 학교 외에서 친한 사람들을 만들지 못했다. 대부분은 나의 가족과 친척들이 나의 삶의 주위를 맴돌았다. 혈연중심의 동족단이라 하겠다. 하지만 유학을 가자 이야기가 달라졌다. 혈연은 주위에 없다. 우리 가족끼리 뭉친다 해도 살아가려면 부족하다. 역시 이웃과 주위 사람들과 협력이 필요하다. 그러니 모르는 사람들과 연대가 이루어졌다.

그중 가장 나의 삶을 지탱해 준 것이 교회였다. 교회는 가족처럼 따듯한 환경을 제공했다. 하지만 혈연은 우리 가족 말고는 없다. 무슨 일이 생겨도 그들이 달려와 주니 안심이 되었다. 그래서 더 교회에 열중하고 그것이 교회와 나를 하나가 되게 하였다. 일본식 동족단과 유럽식 조합의 혼합인 셈이다. 이 정도면 조금은 입증이 될까?

이러한 차이들이 어떤 결과를 만들었을까? 노동조합의 결성에 차이를 가져왔다고 생각된다. 유럽은 같은 일을 하는 사람들끼리 뜻을 함께 하는 조합에 익숙하니 같은 업종의 노동자들끼리의 결속을 이루기가 쉬웠다. 그러니 산업별 노조를 만들게 되었다.

하지만 우리와 일본은 그런 식의 결속보다는 동족단적 결합이 익숙하다. 산업혁명시기에 과거의 동족단은 더 이상 의미가 없어진다. 그럼 새로운 의미의 동족단은 무엇일까? 바로 기업이다. 각 기업은 근대와 함께 등장한 동족단이다. 일본과 우리의 기업은 '회사를 가족처럼'이라는 구호로 단결을 요구하였다.

그러기 위해 보다 세심한 보호를 제공하였다. 기업복지의 시작이다. 물론 그런 것을 제공한 이유는 보다 열심히 일해 줄 것과 되도록 오랫동안 정착해 주기를 바라는 마음에서였다. 우리나라나 일본은 초기 급작스러운 산업화로 노동력이 많이 부족했다. 그래서 기업이 노동자들의 정착에 많은 힘을 기울였다.

이는 미국같이 이민에 의존했던 나라에서도 나타난 현상이다. 미국의 사회복지가 부족한 것은 이러한 기업복지의 발달과 무관하지 않고 그것은 노동력 부족과 잦은 이동에 대한 대책이었던 것이다. 반면 유럽은 산업혁명이 기존의 수공업을 궤멸시켜 노동력은 남을 정도로 풍부했기 때문에 그러한 기업복지는 애당초 필요하지 않았다.

기업이 복지를 실시하고 정착을 유도하면서 일본과 우리나라의 동족단은 기업으로 대체되기 시작했다. 아울러 그것은 기업별 조합을 탄생시키는 배경이 된 것이다. 동족단으로서의 전통은 그들이 기업을 운영하고 노동자를 관리하는 데에 응용되었을 가능성이 매우 높다.

반면 유럽은 직인조합의 전통을 이어 받아 동종노동자들이 단결하여 노조를 만들어 갔을 것이다. 처음엔 숙련공들이 그리고 보조노동자들이 차차 산업별 조합에 구성원이 된 것이다.

기업복지를 비교하면 우리보다 일본이 훨씬 훌륭하게 정비되어 있다. 이유는 뭘까? 일단 기업별 조합의 전통이 비교가 되지 않을 정도로 길다. 우리나라는 1980년대 중반까지도 노조활동을 하는 사람들을 빨갱이로 몰아 처벌하기도 하였다. 일본은 1945년 합법화되었지만 그 이전에도 어느 정도 존재했다. 게다가 혈연이 아닌 이익을 위한 동족단

결성과 운영이 익숙한 그들이 기업별 조합을 유지·운영하기가 좀 더 용이했을 것이다. 하지만 유럽과 달리 동족단 전통이 있는 나라들이니 기업별 노조가 어느 정도 필연적이었을 것이라는 점에서는 공통점을 갖는다고 하겠다.

## (2) 계급적 연대를 할 여유가 있었는가?

철도파업을 바라보는 대중의 시선은 싸늘하다. 그들은 파업이 노동자의 권리를 향상시켜 준다고 생각하지 않는다. 도리어 특권노조의 횡포라고 여겨 자신들의 삶에 불편을 준 그들을 비난한다. 왜 우리는 그들의 파업에 공감을 느끼지 못하는 걸까?

이유는 간단하다. 노동자계급으로서의 연대의식이 없기 때문이다. 다른 노동자의 삶이 좋아지면 나에게도 좋은 영향을 미친다는 믿음이 없다. 그들은 그들이고 우리는 우리일 뿐이다. 모두가 직장에서 성공하는 것이 노동자 전체의 이익 향상보다 훨씬 중요하다고 생각한다. 그러니 증세에는 기를 쓰고 반대하고 사회복지에도 냉담하다. "내 월급에서 세금을 가져가겠다고? 어림없는 소리 말아…."

복지란 무엇인가? 공짜로 퍼 주는 것일까? 절대 아니다. 일종의 사회공조이다. 모두가 함께 돈을 내서 함께 서로에게 도움을 주는 것이다. 내가 힘들 때 네가 돕고 네가 어려울 때 내가 돕는 일종의 공공부조이다. 결혼식 때 부조금을 내는 것과 같은 원리이다. 혼자 준비하면 어려우니 십시일반 하자는 것이다. 그것이 사회복지이다. 부담은 능력이 있는 사람이 좀 더 내고 그렇지 않은 사람들은 조금 내는 것이다. 그게 공평하지 않은가?

하지만 우리들의 노동자들은 그렇게 생각하지 않는다. 내 월급으로 내 미래를 보장하려고 한다. 그러려니 내 월급에서 조금이라도 더 많은 액수를 남겨야 한다. 그러니 세금이 느는 것은 싫다. 마치 팔을 묶어 둔 천국과 지옥을 연상케 한다. 자기가 자기 먹을 것을 묶인 팔로 먹으려면 불가능하지만 서로에게 먹여 주면 먹을 수 있다. 우리 노동자들은 자기 손에 있는 먹을 것만 먹으려고 하니 먹지 못하는 꼴이다. 나 혼자 나를 보장하려니 잘못되면 그대로 폭망인 것이다. 하지만 서로 먹여 주려고 하지 않는다. 이것이 우리의 현실이다.

유럽은 산업혁명의 진전이 우리나 일본보다 느리게 진행되었다. 거의 한 세기에 걸쳐 이루어졌다. 많은 노동자들이 오랫동안 비참한 삶을 강요당했다. 그들은 살기 위해서라도 노동자의 이름으로 뭉쳐야 했다. 노조도 만들고 노동자의 정치적 참정권을 위해 투쟁했다. 그러는 동안 계급적 연대를 이룰 수 있었다.

만국의 노동자들이여! 단결하라! 마르크스의 공산당선언은 이런 배경에서 선포된다. 노동자들은 열광했다. 그들은 자본가를 타도하고자 뭉친다. 노동자정당도 결성되었다. "자본가들이 착취한 분을 도로 환수하자" 이런 투쟁은 사회복지를 위한 증세를 용이하게 한다. 어차피 자기들은 소득이 낮아 세금을 낼 일도 별로 없다. 나의 일본인 지도교수는 이렇게 말했다. "아버지가 소득세를 내게 되자 무척 기뻐했다. 우리도 부자가 됐다고." 소득세를 내는 것이 사치였던 시절이었다. 그만큼 빈부차가 심했던 것이다.

이렇게 해서 결성된 계급적 연대는 오늘까지 이어지고 있다. 산업별 노조는 이러한 노동자들의 계급적 연대를 빼고는 생각할 수 없다. "우리는 노동자들이다"라는 광범위한 공감대가 그것을 가능케 한 것이다.

하지만 일본이나 우리는 이러한 계급적 연대를 이루기 전에 산업혁명이 완성되었다. 대학진학률이 높아지고 자식들을 화이트컬러로 만들기 위해 혈안이 되는 시대가 되었다. 계급으로서의 단결보다는 각자가 입신출세하는 것이 유리하다고 느끼는 상황이 온 것이다. 1970년 전태일 열사의 분신으로 폭발하기 시작한 노동운동은 1970년대와 1980년대에 놀랄만큼 성장했지만 연 10%에 가까운 성장률은 우리 사회를 급속히 풍요롭게 만들어 버렸다. 그 결과 각자 입신출세와 신분상승이 훨씬 중요해진다. 노동자계급의 연대가 아니라 노동자계급에서의 엑소더스(탈출)가 진행된 것이다. "난 노동자가 아니다"라는 의식이 발달하면서 노동자의 연대란 물 건너가기 시작했다. 일본의 경우도 우리와 크게 다르지 않다.

"비 온 다음에 땅이 굳는다"고 하지 않나? 유럽의 노동자들이 사회주의 무정부주의 사상 등을 스스로 경험하면서 몸부림치는 동안 계급적 유대를 견고히한 데 비해 우리는 너무나 빠른 경제발전에 각자 도생의 길을 가게 된 것이다. 노동자의 문화 연대 대신에 신분상승이 시도된 것이다. 산업별 노조를 만들 기반이 사라져 간 것이다.

# 소비와 소유에 대한 의식의 차이
- 병적인 집착이 가져온 끔찍한 결과

사람들이 삼삼오오 모여든다. 그들의 손에는 와인이나 맥주 같은 술과 집에서 만든 음식이 들려져 있다. 그들은 함께 모여 음식과 술을 나누며 담소를 나눈다. 노래도 부르고 때론 춤을 추기도 한다. 그들은 근처 공장에서 일하는 노동자들이다. 오늘은 불금이라는 금요일 밤 함께 모여 시간을 보내며 즐거워한다. 이런 모임은 그다지 돈이 들지 않는다. 음식도 집에서 준비했고 술도 비교적 저렴한 것들이다.

어렸을 때 사람들은 집에서 자주 모였다. 술도 마시고 음식도 먹었다. 하지만 지금은 그런 문화가 사라졌다. 집은 철옹성이다. 외인의 출입은 금한다. 음식은 배달해서 먹는다. 술도 스스로 조달한다. 함께 모여도 집이 아니라 술집이나 음식점을 이용하니 비용이 만만치 않다. 이웃끼리 저녁을 나눠 먹는 문화는 사라졌다. 모든 것은 돈으로 조달한다.

유럽의 노동자들과 서민들은 그들의 문화를 가지고 있다. 그들은 파리에 있는 명품숍에 몰려와 명품을 대량으로 구입하는 일본이나 중국, 한국의 관광객들을 신기하게 여긴다. "도대체 저 사람들 얼마나 돈이 많길래" 하지만 생각보다 관광객들은 부자가 아니다. 있는 돈, 없는 돈을 털어서 명품을 사냥한다. 게다가 남이 부탁한 것까지 사 간다. 두

손이 모자랄 지경이다. 왜 그들은 그토록 명품에 매달리는 걸까?

　예전에 「달동네 사람들」이라는 드라마가 있었다. 우리나라는 가난한 사람들이 주로 높은 곳에 살았다. 그곳에서 벌어지는 아름답고 아픈 이야기를 다룬 그 드라마는 많은 이들의 공감을 사서 큰 인기를 모았다. 그들의 행복은 돈이 아니었다. 명품도 아니었다. 오순도순 오가는 훈훈한 인정과 배려였다. 나는 어렸을 때 그런 것을 느낀 기억을 가지고 있다. 우리집 셋방에 살던 아저씨, 아줌마들과 나눴던 대화를 생생히 기억한다. 그곳의 아이들과 재밌게 놀던 추억도 남아 있다. 하지만 지금은 아파트 이웃과 대화조차 하지 않는다. 뭔가 서운하고 아쉽다.

　이미 소개한 대로 영국의 노동자들은 억지로 자녀를 대학에 보내지 않는다. 그들의 자녀들은 중고등학교를 무상으로 마치고 취업한다. 그리고 노동자들의 문화와 삶을 즐긴다. 삼삼오오 모여 술과 음식을 나눈다. 아니면 펍에서 잔을 들고 축구이야기에서 세계정세까지 이야기를 나눈다. 가정에서 자녀들과 연예인 이야기를 하며 행복한 저녁시간을 보내기도 한다. 야근, 특근이 없으니 주말도 함께 들로 산으로 가서 가족의 정을 나눈다. 자동차? 그다지 신경 쓰지 않는다. 좋은 차? 그런 게 왜 필요한데. 그저 안전하게 우리 가족을 운반해 주면 된다. 큰 집? 왜 필요한데. 그냥 오순도순 살 수 있으면 되는데…

　그들에게는 돈이 그리 필요하지 않다. 죽도록 일할 필요가 전혀 없다. 살 만큼 일하면 된다. 결혼식을 고급호텔에서 하지 않는다. 그냥 교회에서 집 마당에서 모두가 함께 춤추고 노래하며 즐기면 된다. 예물? 그저 소박한 반지를 주고 받으면 된다. 반지 좋다고 행복한 것도 아닌데 그런데 왜 돈을 쓰나? 가구? 중고매장에서 구입한 것도 좋다. 가구 좋다고 삶이 달라지나? 옷만 잘 들어가면 되지. 옷도 그렇게 많지 않은데.

그들에겐 삶의 여유가 넘친다. 질병, 노후, 기본적 교육, 주택, 고용이라는 기본적인 것은 사회복지가 책임지니 돈을 악착같이 벌 이유도 모아둘 이유도 없다. 노동자의 문화와 삶은 소박하지만 그래도 행복하고 여유롭다. 매일 새벽에 나가 별 보며 돌아올 일도 없다. 과로사? 미친거 아냐? 다 살자고 하는 일인데 왜 죽도록 일해?

우리는 일본과 그 점에서 다르다. 집은 넓게 가질수록 좋다. 차는 크고 성능이 좋고 비싸야 된다. 명품도 있어야 한다. 자녀는 학원을 보내야 하고 좋은 대학에 가서 급여가 높은 직장에 취업하도록 해야 한다. 결혼식에는 물방울 다이아가 필요하고 고급호텔에서 수천만 원은 들여야 행복한 결혼이다. 가구는 최고급이어야 하고 삶의 보장을 위해 저금과 투자도 해야 한다. 서민 문화, 노동자 문화? 그런 거 없어진 지 오래다. 체면과 허영심이 얼마나 중요한데. 보여주기가 삶의 목적인 것 같다. 이래저래 돈이 너무 많이 든다. 그러니 죽도록 일해야 죽지 않는다. 아니 죽으면 할 수 없다. 죽기 아니면 살기로 일하라.

가족이 가족이 아니다. 아이들은 밤늦게까지 학원에 있고 부모는 밤늦도록 일한다. 주말이면 녹초가 되어 버린 몸을 쉬기도 바쁘다. 가족의 대화는 단조롭다. "성적(월급)은 올랐어?", "숙제 했니?", "컴퓨터 그만 해라…" 우리나라나 일본이 황혼이혼이 유행이다. 돈 버느냐 바빠 대화조차 하지 않았던 부부가 매일 하루종일 같이 있으니 싸움이 안 나는 게 이상하겠지? 유럽도 이혼이 많지만 젊었을 때 주로 하는데 우린 늙어서 얼굴 보기 민망해한다.

경제발전이라는 미명하에 우리와 일본은 너무나 많은 것을 희생했다. 소비와 소유를 위해 삶을 버렸다. "언젠가는 우리도 문화적인 삶을 즐길 날이 올 거야" 하며 일했는데 갈수록 심해진다. 일만 죽어라 하는 삶이 끝날 기색이 안 보일 뿐 아니라 막상 놀려고 해도 돈이 없으면 안될 정도로 놀 줄 모르는 사람들이 되었다. 그러니 돈을 더 벌려고 몸부림치고 그럴수록 인간적인 삶과는 거리가 멀어진다. 악순환이다.

'저녁이 있는 삶' 2012년 어느 대선후보의 구호이다. 그런데 왜 저녁이 없는 삶이 되었는지 그도 모르는 것 같다. 나는 이렇게 생각한다. 노동자 문화, 서민 문화는 저버리고 돈으로 삶을 채우는 데 익숙해진 것 때문에 돈 벌기가 더 필요해진 것이 원인이다. 그것은 삶을 피폐하게 만들어 다시 돈의 중요성을 크게 한다. 돈벌이의 체인에 들어간 이상 벗어나기 어렵다. 그러니 더 기업에 매달려야 한다. 결국 우리는 기업의 지배하에 들어가게 된 것이다.

## 스포츠도 예술도 기업이 책임진다
## - 우리는 관객이면 충분한가?

미국에는 기업이 홍보를 위해 운영하는 스포츠팀이 있을까? 답은 'No'이다. 애플 스마트폰즈 야구팀? 마이크로소프트 라이온즈 농구팀? 그런 팀은 절대 없으니 걱정 마라. 로스앤젤레스 다저스 뉴욕 양키스, 시카고 불스, 골든 스테이트 워리어스. 모두가 지명이 앞서지 않는가? 그런데 우리는 프로나 아마추어에 기업 이름이 붙는 경우가 흔하다. 롯데 자이언츠, 흥국생명 핑크스파이더스, 신한은행 에스버드 등이다.

일본에는 사회인 야구팀도 수백 개 있다. 사회인 야구란 한강둔치에서 하는 아마추어들의 팀이 아니라 기업에서 선수를 선발해 만든 세미프로팀이다. 급여도 받고 은퇴 후에는 기업에 남아 일을 하는 엄연한 직업인이다. 과거 프로선수가 국제대회에 참가할 수 없었던 시절에는 사회인 야구팀 선수들이 국가대표팀의 주축이었다. 대학선수들과 함께. 이것은 비단 야구에 한한 것은 아니다. 농구, 배구 등도 프로화 이전에는 사회인 팀들이 중심이 되어 이루어졌다. 한때 '동양의 마녀'라고 불리며 세계 여자배구를 석권했던 여자배구는 토요보(섬유회사) 히타치(전자회사)같은 실업팀에 의해 성장하였던 것이다.

우리도 프로가 생기기 전에는 사회인 스포츠팀이 그런 역할을 했다. 프로야구가 시작된 것은 1982년. 축구도 비슷한 시기에 시작되었다. 그나마 기업이 중심이 되기는 했지만. 그 이전에 우리나라 스포츠는 기업홍보의 수단이었다. 실업야구, 실업축구, 실업농구, 실업배구 이런 식으로 기업이 순수하게 홍보를 위해 운영하는 실업스포츠팀은 대한민국 스포츠 발전의 중추적 역할을 하였다. 만일 우리가 미국이나 유럽처럼 지역클럽팀의 발전을 기대하고 있었다면 오늘날 우리 스포츠는 훨씬 뒤졌을 것이다.

스포츠만 그런가? 아니다. 일본 동경에는 산토리 홀이라는 공연장이 있다. 한 번 가본 적이 있는데 정말 엄청나다. 산토리홀의 산토리는 산토리 위스키로 유명한 회사의 이름을 딴 것이다. 산토리홀이니 당연히 산토리 회사에서 만든 것이다. 김영란법 때문에 우리나라 예술계가 흔들린다고 한다. 기업이 접대용으로 티켓을 대량 구매했는데 그게 불가능해지니 타격을 받았다는 것이다. 일본도 기업이 접대용으로 티켓을 대량 구매하는 것은 마찬가지이다. 일본이나 우리나 기업이 예술의 발달에 큰 기여를 하고 있나 보다.

미국이나 유럽은 스포츠나 예술이 지역적 기반을 가지고 발달했다. 우리가 즐기는 스포츠 예술은 거의 전부 서양에서 만들어졌다. 대부분 유럽이고 미국제가 약간 섞여 있다. 그래서 곳곳에서 이를 즐기기 위한 조직과 시설들이 만들어진다. 베를린 필하모니 오케스트라는 국가나 지방자치단체가 만든 것이 아니라 민간단체이다. 유럽의 축구팀들은 FC, 즉 풋볼 클럽이라는 이름이 많이 붙어 있는데 취미삼아 시작한 클럽이 프로팀으로 바뀐 것을 의미한다. 윔블던 테니스라고 불리는 전 영국 오픈 테니스대회는 사실은 민간클럽의 대회이다. 미국의 마스터스 대회 등을 비롯한 메이저 골프대회도 마찬가지이다.

그러니 심지어 학생들의 스포츠도 지역클럽이 중심이다. 오히려 학교팀은 소수인 것 같다. 우리나라에서도 이런 지역 클럽팀이 생기기 시작했지만 여전히 학교가 학생스포츠의 중심이다. 그 점은 일본도 마찬가지이다. 다른 점은 우리는 정예선수만 뽑아 운영하지만 일본에서는 동아리 개념의 학교 팀이 많아 원하는 사람은 누구라도 참가할 수 있다는 것이다.

우리는 급속한 서구화를 이루는 과정에서 기업이 문화와 예술의 주인공이 되었다. 어차피 우리에게 그것을 발달시킬 기반이 없는 상태에서 막대한 비용과 시간이 드는 문화의 이식에 자금력과 조직력이 있는 기업이 앞장선 것은 자연스러운 결과일지 모른다. 그러다 보니 문화에 있어서 대중은 관중에 머무는 경향이 없지 않다. 김영란법이 예술공연에 차질을 준다는 것 자체가 대중의 수동적인 성격을 잘 말해 주고 있지 않은가?

대중문화에서 우리와 일본의 특징은 이른바 기획사 시스템이 발달했다는 것이다. 이 역시 기업이 문화를 지배하는 하나의 방법일 것이다. 마치 대량생산하듯이 획일적인 대중예술가들을 양산해 내는 오늘의 이른바 '아이돌 문화'는 양적인 대중문화의 발전을 가져왔으나 질적으로는 대단히 의구심을 느끼게 만든다. 획일적인 모습에 대중의 입맛에 맞는 무난한 작품을 가지고 등장하는 아이돌들이 과연 문화를 질적으로 발전시키는 것인지 모르겠다. 과거의 개성 넘치는 스타들이 만들었던 대중문화에 비하여 상업적인 흥행만을 앞세우는 아이돌 문화를 만든 기획사 시스템에 대한 의문을 느낄 때가 많은 것은 지나친 것일까? 아니면 낡아 빠진 선입견 내지 편견일까?

문화에 대한 기업의 지배는 쉽게 바뀔 수 없을 것 같은데 그 이유는 아이러니하게도 기업이 지배하는 사회이기 때문이다. 모두가 죽도록 일해야 하는 사회이니 언제 스스로 문화 활동을 할 수 있겠는가? 기업에서 일하느라 지친 몸과 마음을 풀어 주는 문화 역시 기업이 제공해 주는 것이 될 수밖에 없는 것이 현실인 것 같다. 한국이나 일본의 민중은 결국 이렇게 기업이 만들어 놓은 세계에서 태어나 살다가 죽어야 하는 것일까?

## 문제는 정치야 바보야! 기업사회를 인간사회로 바꾸기 위한 길

HALT! 이 말이 무슨 뜻인지 아는가? 독일어로 '멈추다'이다. 하지만 이것은 알콜중독자가 중독에서 벗어나기 위해 주의해야 할 조건이 되기도 한다.

H: Hungry

A: Angry

L: Lonely

T: Tired

술꾼들은 배가 고프면 술 생각이 난다고 한다. 화나니까 술을 마시고 외로우니까 마시고 피곤하니 한 잔. 이런 것이 술과 친해지는 조건이니 피하라는 말인데 멈추다는 그런 것을 멈추라는 것이 되니 우연치곤 참으로 교묘하다 할 것이다.

우리의 기업중독, 어떻게 벗어나야 할 것인가? 마찬가지이다. 우리도 기업중독에 빠질 조건을 벗어나면 되는 것이다. 우리는 왜 기업중독에 빠질까? 일단 돈에 필요 이상으로 집착하기 때문이다. 그러니까 죽도록 일하다가 일부는 죽기도 한다. 그러니 돈에 대한 집착이 안 생기도록 해야 한다. 그럼 왜 돈에 대한 집착이 생길까? 두 가지 이유이다. 삶이 불안전하니까 돈을 필요로 한다. 그리고 소유와 소비에 목숨을 거니 돈이 중요해진다. 그럼 삶을 안전하게 하고 소비와 소유에 대한 집착을 버리면 된다. 그럼 삶을 안전하게 하고 소비와 소유에 집착하지 않는 방법은 무엇일까?

그것이 바로 정치문제이다. 경제발전을 위해 모든 것을 희생하는 바람에 우리는 정치에 대하여 무관심했다. 정치에 관심을 둔다는 것은 그저 선거 때 투표를 하는 것으로는 절대 부족하다. 정치뉴스에 보다 관심을 가지고 또한 정치가들의 행동이나 언행도 주의깊게 살피고 되도록 자신과 뜻을 함께하는 정치단체를 후원하거나 가입하여 활동을 해 보는 것이다.

정치에 관심을 갖고 무엇을 이루어야 할까? 삶의 안전과 소비소유는 동전의 양면과 같다. 삶이 안전하지 않으니 돈을 많이 소유하고 또 돈을 많이 소유하려니 일반적인 행복을 잃어 버려 결국 행복을 소비에서 찾게 된다. 그러니 삶의 안전이 최우선 과제가 된다 할 수 있다. 따라서 우리는 삶의 안전을 위해 정치를 변화시켜야 한다.

삶의 안전문제를 일본이나 우리는 모두 기업이 책임져 왔다. 기업이라는 틀 안에 모든 것을 의지한 우리가 기업에 종속되는 것은 당연하다 할 것이다. 기업의 지배에서 벗어나려면 기업이 제공하던 안전을 다른 방법으로 확보할 필요가 있다. 유럽이 기업에게 지배당하지 않게 된 것은 무엇보다 이 점을 확실히 했기 때문이다.

그것을 해 줄 수 있는 것이 바로 정치이다. 유럽은 사회가 개인의 안전을 보장해 주는 시스템을 만들었기 때문에 기업의 지배를 벗어날 수 있었다. 그것은 노동자계급의 단결과 산업별노조 그리고 사회주의 같은 진보적 사상이 결합하여 만들어낸 기적이었다. 기업에 의존하지 않은 안전보장 시스템은 정치를 통해 실현되었다. 즉 정치가 모든 것의 열쇠를 쥐고 있다고 해도 과언이 아니다.

사회가 안전을 보장하는 시스템에는 그만큼의 고통과 부담이 따른다. 일단 증세는 불가피하다. 그런데 지금처럼 소비와 소유에 중독된 상태에서 증세를 말하면 엄청난 부담을 느낄 것이다. 현재의 삶은 기업에 의존해야 하기 때문에 소비와 소유가 과도하게 필요했지만 그것을 벗어나는 순간 생각보다 훨씬 적은 소유와 소비로 충분하게 될 것이다. 큰 결단이 필요하다. 과연 가능할까? 누구도 장담하지 못한다.

현재로서는 지금의 시스템에 일본이나 우리나 너무나 깊이 빠져 있고 그러기에 더욱 새로운 시스템으로의 이전이 어렵다. 정치에 관심을 가지려 해도 '저녁이 없는 삶'이 계속되니 시간적으로나 육체적으로나 여유를 가지기 어렵다. 문화의 경우에도 그저 수동적으로 화면을 바라보거나 하는 것에 만족하는 것도 기업의 지배 때문이지만 그렇다고 하루아침에 바꿀 수 있는 것도 아니다. 머리가 아파진다. 기업의 지배로부터 벗어나려면 기업의 지배에서 벗어나야 한다는 동어반복을 해야 할 것 같다는 생각이 든다.

게다가 4차산업혁명이 진행된다고 하니 이 문제는 더 이상 미룰 수도 없다. 인간을 인공지능이 대신하게 되면 고용의 감소는 불을 보듯 뻔하다. 그렇다면 우리는 적어지는 일자리 때문에 더욱 기업에 목을 매야 할지 모른다. 그러면 과연 우리의 삶이 온전하게 영위될 수 있을까? 감소되는 고용, 줄어드는 일자리, 낮아지는 분배율 이런 것을 제대로 대처하기 위해서는 인간의 안전한 삶이 보장되는 사회적 시스템을 만드는 것이 시급하다.

일본의 시스템을 '일본적 경영'이라고 해서 칭송한 적도 있다. 제2차 세계대전 후 재벌해체와 기업의 분할로 생긴 노사협조체제를 바탕으로 한 일본기업의 시스템인 '일본적 경영'은 노동자의 고용과 소득을 최대한 보장하는 시스템이었기에 일본이 고도성장을 하였다는 믿음이 있었고 그것은 과히 틀린 것은 아니라고 생각한다. 하지만 일본적 경영은 이제 붕괴되어 가고 있으며 새로운 시대에도 적용시킬 수 있을지 의문이 아닐 수 없다.

기업이 소득의 분배를 담당하는 시스템은 이제 제대로 기능하기 어려운 시대가 온 것이다. 아무리 좋은 시스템도 시대와 환경이 바뀌면 부정적인 면이 커질 수 있음을 일본적 경영은 보여주고 있다. 이제 정치를 통해 새로운 재분배시스템을 만들어가야 할 것이다. 그것을 통해 기업에 의해 삶이 지배되던 시대 역시 역사적 유물로 만들어야 할 것이다.

일본과 달리 우리는 재벌이라는 존재가 그대로 남아 있어 또 다른 과제를 안고 있는 셈이다. 그들은 제2차 세계대전 후의 개혁을 통해 재벌을 해체하였지만 우리는 그것이 쉽게 이룰 수 있는 것은 아니다. 다시 한번 5.16쿠테타를 일으킬 수는 없지 않는가? 그런 점에서 일본의 전후개혁은 실로 전화위복이었다. 아무리 오늘날 그것이 문제의 근원이라 할지라도.

인간은 죽도록 일하기 위해 사는 것은 아니다. 일이 아무리 보람이 있다 해도 그것이 인생 전체를 채운다면 얼마나 불행한 일인가? 그러기 위해서는 기업이 제공하는 달콤한 선물을 단호히 뿌리칠 결의가 필요하다. 술의 즐거움을 뿌리쳐야 알콜중독에서 벗어나듯이.

'저녁이 있는 삶'은 가족의 사랑과 행복을 회복하는 데 꼭 필요하다.

저녁을 함께 하는 가족, 그것에 의해 서로를 이해하고 아껴 줄 마음이 더욱 커지고 그렇게 되면 돈에 대한 집착도 사라질 것이고 진정한 마음의 행복을 누리는 사회 '인간사회'를 회복하게 될 것이다. 일본의 '기업사회'가 만들어진 역사에서 우리는 '인간사회'로의 길을 발견할 수 있었다고 믿는다. 익숙해진 것과의 이별은 고통스러우나 그 열매는 달콤할 것이다.

# 일본은 왜
# '이상한' 나라가 되었는가?

# 고립된 두 나라의 자기 기만적 생각

일본사람과 미국사람의 가장 큰 생각의 차이는 무엇일까?

**미국사람:**

"우리 미국사람들의 삶과 생각은 세계 표준이다. 모두가 우리처럼 살아야 한다. 그리고 살고 있을 것이라고 믿는다. 안 그러면 두들겨 패서라도 그렇게 하게 해야 한다. 왜냐고? 우리는 가장 올바르고 보편적인 생각을 가지고 살기 때문이다. 좋은 말로 할 때 들어라."

**일본사람:**

"세계에서 우리처럼 생각하고 사는 사람들은 절대 없을 것이다. 왜냐하면 우리는 세계에서 유례를 찾을 수 없는 독특한 생각으로 살아가니까. 우리와 같은 삶을 살겠다는 나라가 있으면 도시락을 싸들고 가서라도 말려야 한다. 우리 방식은 우리만이 가능하기 때문이다."

이들 두 나라 사람들은 상반된 생각을 가지고 있다. 하나는 자신들의 방식에 대한 무한한 신뢰를 가지고 있고 다른 하나는 독특함에 대한 과도한 집착이다. 그런데 두 나라는 한 가지 공통점이 있다. 그것은 둘다 고립되어 있다는 것이다. 자신의 생각이나 삶을 제대로 비교하여 객관화시킬 이웃을 가지고 있지 않다는 것이다.

"그럴 리가. 일본이야 그렇다고 쳐도 미국은 옆에 캐나다도 있고 멕시코도 있는데."

물론 미국은 섬나라가 아니다. 오스트레일리아처럼 말이 대륙이지 실질적으로는 섬이나 다름 없는 고립된 나라도 아니다. 하지만 과연 미국이 멕시코나 캐나다를 자기들의 비교 대상으로 여기고는 있는지 의문이다. 마치 일본이 이웃나라 한국이나 중국을 예전에 무시했던 것처럼 미국도 이들 나라들을 무시하고 있는 것은 아닐까? 그러니 사실상 고립되어 있는 것이나 마찬가지라 할 수 있다.

그러니까 자신들에게 대하여 멋대로 판단하게 되었던 것이다. 한 쪽은 "우린 남과 달라도 너무 달라." 다른 쪽은 "우린 정의로운 나라야." 라고 하며. 남과의 객관적 비교가 되어 있지 않은 상태에서 인간이 빠질 수 있는 편견을 두 나라는 고스란히 갖게 된 것이다.

미국의 역사를 살펴보면 그들이 독선에 빠진 이유를 알게 될 것이다. 제1차 세계대전이 끝날 무렵 미국의 대통령 윌슨은 '민족자결주의'라는 것을 주장했다. 우리나라의 3.1운동을 일으킨 계기가 되었다는 이 주장은 유럽의 열강들이 식민지지배를 하는 것에 대한 비난을 포함하고 있는 것이었다. 대학교수 출신의 이상주의자 윌슨의 이 주장은 우리나라를 비롯한 약소국가에게 희망을 주기는 했지만 결론적으로 말하면 거의 무시당했다. 미국의 정치적 입지도 지금과는 비교가 안 될 정도로 약했고 게다가 승전국들이 식민지지배의 선두주자들이니—영국과 프랑스—이런 말이 어디 삶은 호박에 이나 들어갈 소리였겠는가?

결국 미국은 다시 먼로주의로 복귀하여 버렸다. 그들은 이렇게 생각하지 않았을까? "더러운 유럽 놈들하고는 상대를 안 하는 게 좋아." 우리로 치면 "까마귀 노는 골에 백로야 울지 마라"라고 해야 할까? 기껏 만들려고 애쓴 국제연맹의 가입도 의회의 반대로 무산되고 말았다. 1940년 프랭클린 루즈벨트 대통령은 미국 역사상 최초의 3선에 도전하면서 이렇게 선언했다. "여러분들의 아들들을 유럽의 전쟁에 보내는 일은 절대 없을 것입니다" 미국의 여론은 유럽에서 벌어지는 전쟁에 개입하는 것에 극렬히 반대했고 루즈벨트는 자신의 마음과는 달리 이런 식의 공약을 내걸고 3선에 성공했다. 미국의 고립주의가 얼마나 강했는지를 알 수 있는 증거들이라 할 수 있다.

미국은 제2차 세계대전을 계기로 자신이 믿는 정의를 실현한다는 명분을 내세워 오지랖을 부리기 시작했다. 그들은 제2차 세계대전을 파시즘과 군국주의의 척결을 위해 싸웠다고 믿는다. 베트남 전쟁에서의 좌절은 뼈아팠지만 소련을 비롯한 공산주의 세계와의 자유를 둘러싼 전쟁을 벌인다는 믿음으로 자기 최면을 걸어 온 것이다.

냉전이 끝나자 그들이 내건 명분은 '테러리즘과의 싸움'이다. 걸프전쟁, 아프카니스탄전쟁, 이라크전쟁 등등… 게다가 베트남전쟁을 제외하면 모든 전쟁에서 승리하였다. 미국의 독선은 극에 달할 수밖에 없다. 마치 제2차 세계대전 패망 전의 일본이 조선의 독립이니 대동아공영권이니 하며 끊임없이 전쟁을 벌이는 동안 승리에 취해 자신들의 과오에 전혀 눈을 뜨지 못한 것처럼 말이다.

미국이 진정한 정의를 추구했다고 믿는다면 그건 물론 오해이다. 미국이 정의를 실현하기 위해 전쟁을 한 것이 아니라 실은 전쟁을 하기 위한 명분으로 정의를 내세운 것뿐이기 때문이다. 정의란 해석하기 나름이다. "코에 걸면 코걸이이고 귀에 걸면 귀걸이"라고 하지 않나? 게다가 결과적으로 정의를 실현한 것처럼 보여도 진짜 목적은 정의가 아닐 수 있다. 이라크전쟁, 아프카니스탄 전쟁, 걸프 전쟁은 표면적으로 보면 분명히 정의의 전쟁처럼 보이나 숨겨진 목적은 석유문제임을 아는 사람은 다 알고 있다.

하지만 미국 같은 민주주의 국가에서 명분 없는 전쟁을 하기는 곤란하기 때문에 그들은 정의를 내세워 국민을 기만하는 것이다. 북한 같이 철저한 독재국가조차 핵무기를 만들고자 할 때 대중에 대한 선전활동을 통해 이해를 얻고자 하는 걸 보면 당연하다 하겠다. 그런 기만이 미국인들의 마음에 "미국의 가치는 가장 보편적이고 올바른 것이다"라는 신념을 심어 준 것이다. 거기에 독립전쟁의 명분인 자유주의의 수호도 그들에게는 미국의 훼손할 수 없는 가치로서 철저히 세뇌되어 있으니 금상첨화라 할 수 있다. 정의와 자유를 지키는 나라 미국은 지구상에 유일무이한 가치를 지닌 존재라는 믿음을 갖게 된 것이다.

이는 일본의 '대동아 공영권'과 '신국사상'에 대한 믿음과도 통한다. 미국이 보편적 가치를 지킨다고 생각하는 것에 비해 일본은 자신들은 '신이 내린 나라'로서의 독특성을 무기로 하고 있다. 미국은 자신들이 갖고 있는 가치를 수출하려고 하지만 일본은 동아시아의 나라를 자신들만이 통합할 수 있는 사명을 신에게 부여 받았는데 이는 '만세일계'의 천황이라는 고귀하고 유일무이한 국체를 가진 나라이기 때문이라는 것을 주장한다. 둘 다 메시아적 사명감에 불타고 있지만 미국과 달리 일본은 "우린 너희들이 감히 따라올 수 없는 경지에 있기에 너희를 다스릴 권리가 있다"는 우월의식에 가득 차 있는 것이다. 하지만 결과는 그리 다르지 않다.

사람은 다른 사람과의 교류를 통해 자신의 장단점을 파악하고 그것을 통해 자신을 제대로 알게 된다. 한 사람으로서의 정체성이나 개성, 특징 등은 결국 타자와의 비교를 통해야 객관적으로 드러나게 되는 것이 아니겠는가? 그것은 국가와 민족도 마찬가지일 것이다. 내면의 세계를 들여다보면서 자신을 파악하는 것도 한 나라와 민족의 고유한 특징을 알아내는 것도 그것이 비교를 통해 분석될 때 정확한 이해에 도달할 수 있다. 고립된 개인이나 국가는 그러한 면에서 올바른 자기 이해를 하기 어렵다 하겠다.

일본은 그런 점에서 비교를 할 기회를 가지기는 했다. 오랜 고립을 깨고 서양열강과 교류를 하게 되었다. 아울러 한반도와 중국과의 만남도 고대 국가 시대 이후 거의 천 년이 넘는 시간을 두고 새롭게 이루어졌다. 하지만 두 가지 서로 다른 만남은 미국의 그것과 그다지 다르지 않았다. 중국과 조선은 제대로 된 비교대상으로 여기지 않았고 서양은 머나먼 지역이니 너무나 달랐던 것이다. 그로 인해 그들의 독선은 구체성을 더하게 되었다.

"한국은 중국의 일부 아닌가요?"

"한국에서도 쌀을 먹는다고? 정말?"

"바둑이 중국에서 만들어졌다고요? 우리 일본의 고유문화로 알고 있는데요."

유학 시절 일본사람들이 우리나라에 대하여 너무나 무지한 것에 놀랄 때가 한두 번이 아니었다. 우리뿐 아니라 중국에 대하여도 마찬가지이다. 그러니까 그들은 서양과 다른 문화는 무조건 일본 고유의 문화로 착각하고 있었다. 더 울화가 치민 것은 그러한 사실을 서양 사람들이 그대로 믿는다는 것이다. 마치 김치를 기무치로 알려 마치 자신들의 음식인 것처럼 믿게 하려고 한 것과 같은 일이 비일비재했다. 동아시아 문화에 대한 무지와 서양과의 단순 비교를 통한 자기정체성의 조작. 한 마디로 말하면 이것이 된다.

생각해 보면 우리도 이러한 함정에 빠지기 쉽고 실제 그렇다. 서양 사람만 보면 다 미국사람으로 여기거나 미국문화가 서양을 대표한다는 식의 생각을 과거에는 당연시 하였지 않았는가? 나는 부끄럽지만 벨기에나 네덜란드에 따로 언어가 있는 줄 몰랐다. 거긴 독일어나 프랑스어를 쓰지 않을까 하고 막연히 생각한 것이다. 마치 우리나라가 중국과 일본 사이에 있으니 일본어나 중국어를 쓰지 않을까 멋대로 생각하는 것과 비슷하다. 같은 백인이라도 이탈리아 사람과 독일 사람이 다른 외모를 갖고 있다는 것도 비교적 최근에야 알았다. 아마 이런 식의 편견은 나만의 일은 아닐 것 같다.

'대동아 공영권'의 근거는 이렇게 만들어진 것이다. 일본은 서양의 문물을 훌륭하게 소화하여 자기 것으로 만들었다. 그러니 서양에게 뒤질 것이 없다. 아시아의 국가는 미개하니 우리가 지도하고 이끌어야 한다. 우리는 서양과는 다른 국체와 역사를 가진 신국이니 세계에서 가장 고귀한 민족이다. 바로 서양의 지배에서 아시아를 구출할 메시아적 사명을 신은 우리에게 주었다. 서양과 아시아의 사이를 오가면서 끝내 자신에 대한 객관화를 이루지 못하고 자기기만에 빠진 괴이한 논리를 만들어 낸 것이다. 미국이 세계에 대한 잘못된 논리로 메시아를 자처하고 나서 전쟁을 합리화시킨 것과 같이 말이다.

하지만 전쟁이 끝나고 많은 시간이 흘렀어도 세계는 일본의 기만적 주장을 무비판적으로 수용하고 있다. 일본은 매우 특이한 나라이다. 왜냐고? 서양과 다르기 때문에. 하지만 그들은 아시아를 제대로 모른다. 특히 일본에 관심이 있는 학자나 언론인들은 일본만 알고 있다. 그러니 자신들과 다른 것이 있으면 "일본은 특이하네"라고 규정지어 버리는 것이다. 일본의 문화 속에 있는 일본의 독특성과 아시아와의 공통점에 대한 구분을 제대로 할 수 없기 때문이다. 일본이 자신들 문화의 뿌리인 아시아에 대하여 무지한 것처럼 그들도 무지한 것이다.

"서양에는 중국전문가들도 많은데 그럴 리가?" 하지만 중국전문가와 일본전문가가 그렇게 교류를 하며 잘못된 점을 고쳐갈 가능성은 그리 크지 않다. 아니 전문가라면 차라리 낫다. 어줍지 않은 사이비 전문가—일본에 대한 책을 좀 읽어 보거나 여행 거주 등으로 좀 알게 된 사람—들이 활약하니 문제이다.

# 세계에서 독특하지 않은 나라나 민족이 있을까?

『추악한 한국인』인가 하는 책이 1990년대에 화제가 된 적이 있다. 한국사람이 일본에서 출판했다고 알려진 이 책은 사실은 반한적 생각을 가진 일본인이 썼다는 주장이 제기되기도 하였다. 한국에서도 출판되어 소동이 일어날 정도로 문제가 된 이 책은 그야말로 한국에 대한 악의적 비난이 가득 차 있었다.

이 책에 '한국은 무덤에게 지배받는 나라'라고 하는 내용이 있다. 한국의 제사와 성묘 등에 대한 자세를 비판하는 글이다. 사실 우리나라가 과거에 제사와 장례 등에 지나치게 열심이었던 것은 부인하기 어렵다. 그것이 아마 일본사람들에게는 너무나 특이하게 보였을 것이다. 내가 유학시절—당시에 아직은 남아선호사상이 강했을 때—왜 아들이 필요하냐고 논쟁을 동료 한국유학생과 한 적이 있다. "그래도 제사를 지내 줄 아들이 필요하지." 그의 결론은 제사였다. 다른 것은 딸이 좋은데 제사만큼은 어쩔 수 없지 않느냐는 말이다. 그 정도로 제사는 한국인의 삶을 좌우할 정도로 중요한 것이었다.

어떻게 생각하는가? 제사 때문에 꼭 아들이 필요하다는 생각? 오늘날에는 이런 생각이 그다지 우리사회에서 지지를 얻지 못하고 있다. "딸이 최고야" 하는 말이 공공연하게 오가는 지금 제사는 더 이상 아들을 필요로 하는 이유로 여겨지지 않는다. 왜냐하면 제사에 대한 생각도 바뀌었지만 실질적인 도움에 대한 관심—딸이 주는 도움—이 제사 같은 막연한 도움에 대한 기대보다 커졌기 때문이다.

하지만 분명 우리에겐 그런 시절이 있었고 지금도 제사문제는 가끔 이슈로 제기되고 있다. 여전히 우리는 제사문제를 버리지 못하고 있다. 그럼 우리는 잘못된 민족일까? 그렇지 않다고 나는 생각한다. 다만 우리의 역사가 그런 생각을 가지게 했을 뿐이라고 믿는다. 그냥 우리나라의 문화일 뿐인 것이다.

이렇듯 민족마다 독특한 문화는 어디나 있게 마련이다. 그런데 만일 이것을 빌미로 싸잡아 비난하게 된다면 그대로 인정할 수는 없을 것이다. 『추악한 한국인』이라는 책은 한국인의 제사나 장례에 대한 집착을 비난해서 문제가 아니라 그 점을 들어 한국사람을 싸잡아 추악하다고 비난한 것이 잘못인 것이다.

제사나 장례는 하나의 종교의식이라 할 수 있다. 종교가 무엇인가? 살아서 복을 받고 죽어서 극락왕생하고 싶어 하는 또는 내세에 좋은 모습으로 태어나고 싶은 열망을 만족시켜 주는 것이 아닌가? 장례와 제사란 그러한 욕구를 만족시키는 의식이다. 다신교의 나라 한국에서는 조상을 신으로 받들었고 그래서 이러한 의식이 매우 중요하게 생각된 것이다.

그런데 그것을 오늘날의 관점에서 비난한다면 과연 정당할까? 교회나 절에 가서 종교의식을 행하는 것을 어리석다고 비난하는 것과 그리 다르지 않다. 지나친 종교에 대한 집착을 비난하는 것은 좋으나 그것을 이유로 종교의 존재 자체를 부정하거나 종교를 믿는 것을 비난하는 것은 그리 정당하지 않을 것이다. 그렇다면 제사나 장례에 대한 집착도 도가 지나치니 문제가 있다고 하면 그만이지 그걸 가지고 '추악'의 근거로 삼는 것은 절대로 용납할 수 없는 중상모략에 불과할 것이 아닐까? 기독교나 이슬람교 같은 일신교 중심의 사고방식에 사로잡힌 편견이라 하겠다.

우리에게는 오랫동안 자연스러운 의식으로 여겨진 제사도 다른 나라 사람들이 보면 이토록 독특하거나 심지어 이상하게 보일 수 있다. 개인에게 그 사람만의 독특한 개성이나 습관, 가치관 등이 있듯이 국가나 사회도 마찬가지이다. 그런 것에 대하여 의문을 갖는 것은 있을 수 있지만 자신의 잣대로 함부로 비난하는 것은 바람직한 태도는 아닐 것이다.

어느 나라든 민족이든 그 나라에 관심을 가지고 주의 깊게 관찰하면 독특함이 넘치는 것을 알 수 있다. 우리에게 독특함이 제사와 장례에 대한 집착적인 태도만이겠는가? 효의 가치를 우리처럼 강조하는 나라도 그리 흔하지 않을 것 같다. 같은 유교국가라도 중국이나 일본과는 비교가 되지 않는다. 성에 대하여 우리처럼 폐쇄적인 나라도 드물지 모른다. 우리처럼 사회주의 사상에 적대심을 갖고 있는 나라도 없을 것이다. 선거 때마다 빨갱이 논쟁이 벌어지고 진보적인 생각을 가진 사람을 '빨갱이'라고 싸잡아 비난하는 것은 다른 나라에서 찾아보기 어려운 우리만의 관습(?)일지 모른다.

이 정도만 나열해도 우리나라가 얼마나 독특한 나라인지 동의할 것이다. 이렇게 독특한 나라들이, 민족들이 모여 사는 곳이 바로 지구촌이다. 따라서 독특함은 바로 보편적인 것이고 평범한 것이다. 독특함이 없다면? 그것이야말로 독특함이 아니겠는가? "독특함이 없다는 독특함"이라고 해야 할까? 어느 누구도 독특함의 전매특허를 취득할 수는 없다.

일본이 독특한 나라로 여겨지게 된 또 하나의 중요한 이유는 일본처럼 전 세계의 관심을 모은 나라도 그리 많지 않다는 사실과도 관계가 있다. 일본은 서양 국가들에게는 아시아를 대표하는 존재였다. 중국에 대한 관심이 꾸준하게 존재했다면 일본은 어느 순간 갑자기 세계의 주목을 받았다. 경제적인 발전과 군사적인 성공을 통해 일본은 서양열강에게 두려움의 대상이 되기도 하였다. '일본 때리기'나 '황화론(황인종 공포증)'제기는 일본에 대한 두려움을 구체적으로 보여준 사례라 할 수 있다.

관심의 집중은 그 나라의 독특함을 대대적으로 찾아내는 기회를 제공하였다. 특히 서양인들의 눈에 동양의 한 국가에게 호기심을 느끼는 것은 당연하다 할 수 있다. 식생활부터가 다르다. 빵과 고기를 주식으로 하는 그들과 달리 쌀밥과 야채를 주로 먹는 일본인의 모습에서 독특함을 발견하는 것은 그들에게 너무 쉬운 일이었다. 바닥에 앉아 생활하는 이른바 '좌식생활'도 우리에게는 당연한 것인데 그렇게 해서 '일본식'이라는 이름으로 알려지게 되었다. "일본식이라니 우린 그럼 뭐란 말인가?"라고 항의하고 싶은 심정이다.

## 일본은 성진국이라고?
## 글쎄, 우리 삼자대면 해 볼까?

"왜 한국사람들은 같은 이불을 덮고 자죠?"

"그게 뭐가 이상합니까? 가족이니까 그러는 게 당연하지 않나요?"

"하지만 우리 일본사람들은 절대 그렇게 하지 않아요. 아기라도 이불은 따로따로 덮어요."

"부부라도 그렇습니까?"

"그럼요. 어떻게 한 이불을 덮고 자요, 답답하게…"

일본에서 한국어를 가르칠 때 수강생들이 한 이야기이다. 나는 뜻밖의 이의제기에 할 말을 잃고 말았다. 우리는 흔히 부부를 이야기할 때 한 이불 덮고 자는 사이라고 한다. 피부를 맞대고 산다는 말도 있는데 이것은 한 이불을 덮으니까 자연스럽게 그렇게 되니까 나온 말이 아니겠는가? 그런데 부부라도 이불은 따로 덮고 잔다니 이해가 되지 않았다.

'뭐야… 너무 냉정한 거 아냐?'

"전 그게 나쁘다고 생각하지 않아요. 이불을 같이 덮으니까 서로 더 정이 들고 그러죠."

이렇게 항의를 했지만 석연치 않았다. 사실 이런 식의 대화는 자주 있었다.

"한국남자들은 마마보이가 많은 거 같아요."

"왜 한국사람들은 스킨십을 잘하죠? 우린 거의 안 하는데."

"한국사람들은 외국인과의 결혼을 무조건 반대한다고 하는데 그건 나쁘지 않나요? 외국인이 어때서 그러나요? 차별이잖아요."

내가 미처 소화하기 어려운 질문들이 쏟아져 나올 때는 머리가 지끈지끈 아프기까지 했다. '내가 뭐 한국대표선수도 아닌데 이런 걸 물어보는 거야' 하는 생각에 짜증이 날 때도 있었지만 새삼 우리나라 문화에 대하여 생각해 보는 기회가 되기도 하였다.

'한국과 일본이 생각보다 많이 다르구나.'

그들은 우리가 독특한 거 아니냐고 하는데 내겐 그들이 독특해 보인다. 과연 어느 것이 독특한 것일까? 객관적인 평가를 위해서는 한국과 일본 말고 다른 나라의 사례가 필요하다.

"미국에서는 부부가 한 이불을 덮나요?"

"예. 그렇게 안 하면 이혼할 위기에 놓인 부부라고 봐야 돼요."

미국교수와 결혼한 일본여자의 이야기이다. 나는 그 말을 듣고 마음이 놓였다.

'우리가 이상한 게 아니구나… 그럼 그렇지. 아무튼 일본은 이상한 나라야'

그때가 일본에 온 지 육 년째였다. 아직은 일본문화를 제대로 이해하지 못해 놀라거나 당황하는 일이 많았을 때이니 이불에 대한 질문이 마음에 남아 기어코 같은 기숙사에 사는 국제결혼커플에게 이런 질문을 들이댔던 것이다.

"제가 미국인과 결혼한 일본여성에게 물어 봤는데요."

나는 다음 수업시간을 기다려 통쾌한 마음으로 이렇게 말했다.

'거봐 너네가 이상한 거야… 부부가 따로 이불을 사용하는 게 말이 되니?'

나는 속으로 쾌재를 부르면서 이야기했다. 그들은 당혹한 기색이 역력했다. 미국이 그렇다고 하니 뭐라 할 말이 없었던 모양이다.

하지만 그 후 이 년이 지나 나는 그 한국어 교실을 그만 두게 되었다. 그때쯤 되었을 때는 일본문화를 좀 더 긍정적으로 이해하게 되었다. 이불을 따로 쓰는 것이 편리할 수도 있겠구나 하는 생각이 들 정도로. 그래서 나는 작별의 인사를 하며 이런 말을 했다.

"각 나라마다 그 나라의 고유한 문화가 있으니 서로 존중해야 하지 않겠습니까? 이제 이불을 따로 덮느니 마느니로 다투지 말도록 합시다."

그들은 뜬금없는 내 이야기에 다소 어리둥절한 표정을 짓더니 갑자기 웃음을 터트리고 말았다. 아마 자기들도 조금은 미안했던 모양이다.

수사드라마를 보다 보면 '삼자대면'이라는 말을 듣게 된다. 두 명의 사건 관계자가 서로 다른 말을 할 때 그것을 판단해 줄 제3의 인물을 함께 앉혀 놓고 말을 맞추어 보는 것이다. 제3자에 의해 진실성이 판단되는 것이다.

한국과 일본의 차이를 두고 어느 쪽이 특이한 것인가를 판단할 때도 '삼자대면'이 필요하다고 느껴질 때가 있다. 일본사람들은 자신들이 독특하다는 것에 목숨 거는 사람들인데 이상하게 한국과 다른 특징을 발견하면 자신들이 보다 보편적인 거라고 우기는 경우가 종종 있다. 그들이 말하는 보편성이란 물론 서양을 염두에 두고 하는 말이다. 자신들이 서양과 닮았다는 것이 보다 가치 있는 것인 양 생각하는 것 같았다. 우리도 서양에 대한 사대사상이 없지 않지만 일본은 거의 병적이라 할 수준이다.

하지만 삼자대면이 무의미한 것은 아니다. 서로의 특징을 객관화하려면 제3의 기준이 필요하기 때문이다. 좋고 나쁨을 떠나서 객관적 평가를 하는 것은 보다 상대를 제대로 이해할 수 있는 방법이기 때문이다.

우리나라에서는 일본을 '성진국'이라고 부른다. 선진국에서 나온 말인 '성진국'이란 성이 앞서 간 나라라는 뜻인데 다른 말로 이야기하면 성에 대하여 무척 개방적이라는 의미이기도 하다. 일본은 아시아 국가 중에 포르노를 합법적으로 찍는 거의 유일한 나라일지 모른다. 그런 일본이기에 우리는 '성진국'이라고 부르는 것이고. 물론 이것은 긍정적인 의미를 가지지는 않는다. 일본사람들의 성이 문란하고 특히 일본여자들이 쉽게 성관계를 허용한다는 비아냥을 담고 있다고 할 수 있다.

하지만 과연 이것이 합당한 표현일까? 일본의 포르노는 유럽이나 미국의 그것에 비해 노출도도 떨어지고 과격함도 약하다. 유럽의 경우 수간포르노도 있지만 일본에서 그런 포르노가 있다는 이야기는 듣지 못했다. 아울러 일본여성들은 생각보다 성에 대하여 보수적이다. 물론 우리보다는 개방적일지 모르지만 적어도 서양여자들처럼 그렇지는 않다는 사실을 나는 자신 있게 말할 수 있다.

일본을 성진국이라고 부르는 것은 나에게 한국어를 배우는 사람들이 한국에 대하여 이상하다고 말하는 것과 같은 것이다. '너희 나라가 우리와 다르니 이상한 거야' 하는 심리 말이다. 하지만 일본이 성진국이라기보다는 우리가 성후진국이라고 봐야 옳지 않을까? 예전에 우리나라는 혼전순결이니 뭐니 하는 것을 지나치게 강조했다. 여자들은 은장도를 지니고 다니며 순결을 잃으면 자살하라는 무서운 가르침을 지키도록 강요당했다. 물론 실제로 그렇게 해서 자살한 여자는 그다지 없지만 그런 것을 강요할 정도로 우리나라는 성에 대하여 보수적인 나라이다. 그것이 세계적으로 보면 도리어 '이상한' 것이다. 즉 일본은 정상이고 우리는 특이하다는 것이다.

　일본이 우리에게 그러듯이 우리 역시 일본과 우리의 차이를 접할 때 일단 욕하고 보자는 심리가 있는 것 같다. 일본이 우리를 그렇게 볼 때는 아시아에 대한 그들의 편견이 작용하는 것처럼 우리는 일본에 대한 역사적인 적대감이 영향을 미치는 것 같다. 다름에 대한 보다 객관적이 판단이 아쉬운 대목이다. '성진국' 이야기는 하나의 좋은 예라 하겠다. 물론 '성진국'이라는 표현이 그렇게 진지한 의미로 쓰여진 것이 아니라 농담 수준에서 나온 것임은 충분히 알고 있지만 비슷한 의미의 편견은 생각보다 많기 때문이다.

# 역사가 애정인(애매한 것을 정리해 주는 사람)이 될 것이다

　E.H.카의 명저 『역사란 무엇인가?』는 역사에 때한 생각을 바꾼 혁명적 작품이다. 역사를 사실의 발견과 나열로 여겼던 역사가들에게 그는 역사는 해석과 의미에 있다고 하여 파문을 일으켰다. 하지만 그 후로 역사연구는 카의 생각에 가깝게 변화되어 갔다. 카가 이렇게 주장한 것은 그가 역사의 진보를 믿었기 때문이다. 역사를 통해 미래에의 길을 찾고자 한 카는 방대한 인류의 삶의 기록 가운데에서 원하고자 하는 것을 얻고자 한 것이다. 목적이 있는 역사연구라고 해야 할까?

　그가 말한 유명한 말 중에 하나가 "역사는 현재와 과거의 대화이다"라는 것이 있다. 여러 가지 의미로 쓰여졌지만 과거는 현재를 위해 소환되는 것이고 과거를 통해 현재는 길을 찾을 수 있다는 의미가 있다고 할 수 있다. 개인적으로도 과거의 경험은 현재의 삶에 유용할 때 되살려지고 그 경험을 바탕으로 우리는 지금 해야 할 중요한 결정을 할 수도 있다. 개인의 경험이란 곧 개인의 역사인 것이다. 그것이 사회나 국가라도 마찬가지일 것이다.

　토마 피케티라는 경제학자가 쓴 『21세기 자본』은 과거와 현재의 대화라는 역사의 정의를 잘 실현시켜 준 명저이다. 2008년 미국발 금융

위기가 터지면서 소득불평등과 경제위기에 대한 관심이 고조되었다. 피케티의 저서는 이러한 '현재'에 대하여 '과거'를 소환하여 답을 제시하고자 한 것이다. 2~3세기에 걸친 기간의 성장과 소득불평등 그리고 역사적 상황을 종합하여 분석한 결과 그가 제시한 답은 높은 세금을 통해 소득과 자산의 불평등을 완화시키면 성장이 이루어져 경제는 원활하게 돌아간다는 것이다. 소득과 자산의 불평등이 경제성장의 걸림돌임이며 반대로 그것이 세금으로 완화되었을 때 높은 성장을 보였음을 역사라는 '과거'를 통해 증명한 것이다. 세금에 대한 반감을 가진 보수세력도 그가 제시한 역사적 증거를 부인할 수는 없었고 진보진영은 그의 저서를 21세기 최고의 명저라고 찬양하기도 하였다.

따지고 보면 경제학이란 경제학자들이 경제의 역사를 연구하고 얻은 결론을 원리로 재구성한 것이 아닐까 한다. 자연과학과 달리 실험을 통해 사실 여부를 판단할 수 없는 사회과학에서는 사회가 겪은 경험이 하나의 실험이 될 것이기 때문이다. 그 실험의 결과를 모아 분석하면 일정한 원리나 법칙이 발견되고 이를 일반화시키면 학문이 성립되는 것이다. 인문과학은 인간의 경험을 재료로 한 학문일 것이고. 그러니 모든 학문은 역사를 바탕으로 이루어질 수밖에 없다고 해도 과언은 아닐 것이다.

하지만 오늘날 역사는 그 중요성을 잃어 가고 있는 것 같다. 역사학 자체가 독자적으로 발달하여 하나의 분야가 되고 보니 다른 학문들은 역사적인 면을 그다지 중요시하지 않게 된 것이다. 물론 그 학문의 성과가 어느 정도 축적되었으니 더 이상 역사에서 재료를 찾지 않아도 된다고 생각하는 것 같다. 하지만 피케티의 저서에서 알 수 있듯이 새로운 상황에 부딪히면 여전히 역사처럼 명쾌하게 답을 얻을 방법은 그리 많지 않은 것 같다. 그럼에도 불구하고 역사는 무시당하는 경우가 비일비재하다.

　일본의 독특성에 대한 집착과 편견 그리고 어정쩡한 비교로 인한 왜곡도 역사를 통해 해결할 수 있을 것이다. 일본의 역사라는 과거를 통해 분석하고 종합하면 그러한 문제에 대한 애매함은 그리 어렵지 않게 해결될 수 있음을 증명하고자 하는 것이 이 책의 목적이기도 하다. 그것을 여기서 다시 한번 정리해 보자.

　일본과 한국의 관계는 한마디로 말하면 "긴 우호관계, 짧은 대립"이라고 할 수 있다. 역사상 우리와 일본은 우호적인 관계를 유지하였다. 일본이 다른 나라와의 관계를 단절하던 시절에도 우리에게 문호를 열어 놓고 있었다. 특히 17세기에서 19세기에 걸쳐 불규칙적이긴 하지만 통신사가 일본을 찾아가 양국 간의 우호를 다진 것은 주목할 수 있는 일이다. 당시 일본이 교류를 허용한 나라는 중국과 네덜란드 그리고 조선, 거기에 훗날 일본에 편입되어 오키나와가 된 류큐 왕국, 단 네 나라였다. 고대로 올라가면 한국은 일본에 선진문물을 가져다주는 역할과 아울러 많은 이주민들을 통해 직접 그것을 가르치고 실현하기도 하였다.

　따라서 우리는 일본이 근대사에 남긴 잘못을 확대하거나 과장해서는 안 될 것이다. 일본이 침략적인 국가였다고 보는 것은 결코 바람직하지 않다. 침략은 역사적으로 볼 때 오히려 일탈이었고 따라서 일본의 잘못에 대한 비판이 곧 일본 자체에 대한 미움이 되어서는 안 된다고 봐야 할 것이다. 하지만 이러한 이성적 판단보다는 일본에 대한 맹목적 미움이 앞서기 때문에 양국관계는 나아질 기미가 보이지 않는다. 한때 한류열풍과 함께 조성되었던 우호적 분위기가 냉랭해진 것은 참으로 안타까운 일이다. 우리는 역사를 통해 현재의 생각을 다시 한번 점검할 필요가 있다고 생각한다.

'일본이 왜 사무라이의 나라가 되었는가'라는 주제도 마찬가지이다. 사무라이 하면 폭력적인 이미지가 떠오르기 때문에 일본의 침략과 관련이 있을 것이라는 생각이 들 것이다. 물론 전혀 관련이 없다고만 할 수는 없다. 하지만 역사를 보면 침략은 사무라이 국가 일본만의 이야기는 아니다. 19세기 제국주의시대에 서양열강들은 약소국에 대한 침략을 자행하였지만 그들 나라에 사무라이가 있었던 것은 아니다. 심지어 사무라이와 유사하다고 할 기사계급도 거의 사라진 상태이다. 카미카제 특공대 같은 것이 사무라이 정신의 실현이라고 해도 그것은 하나의 에피소드일 뿐 본질적인 문제는 아닌 것이다. 그들은 사무라이의 유산을 자신들의 전쟁에 활용하였을 뿐 그것이 전쟁의 원인이 될 수는 없다.

사무라이가 역사적 산물임을 이해한다면 사무라이의 이미지를 보다 객관화시킬 수 있을 것이다. 일본을 대표하는 존재인 사무라이에 대한 바른 이해는 일본에 대한 이해를 도울 수 있다. 오늘의 일본이 사무라이를 상징으로 내세운다고 해도 그것은 자신들의 역사적 산물을 그리워하는 일종의 회고적인 감정일 뿐임을 우리는 알아야 한다.

우리에게 주어진 질문에 대하여 역사는 이렇게 답을 줄 수 있다. 눈앞의 현재에만 매달리면 불완전한 답만이 나올 수 있다. 한국의 민주주의는 발전할 수 있을까? 탄핵정국은 그것에 희망을 주었다. 하지만 역사는 이미 답을 내렸다. 3.1운동, 4.19혁명, 8.7민주화운동 등은 역경 속에서도 민주주의를 쟁취한 우리의 역사를 증명한다. 그러니 지금의 어려움도 이길 수 있다는 답을 준 것이다. 그것이 탄핵이라는 현재로 나타난 것이다. 이것이야말로 역사가 현재와 과거의 대화임을 보여준 극적인 사례가 아닌가? 만일 암울한 현재만을 본다면 미래에 대한 희망은 가지기 어려울 것이다. 과거를 소환하여 현재의 문제에 대한 길을 찾는 것 그것이 바로 현재와 과거로서의 역사이다.

"왕년에 내가…" 이런 말을 하는 사람을 우리는 비난한다. "왕년에 잘 나가지 않았던 사람 있나?"라고 비아냥대기도 한다. 만일 그가 왕년을 그저 회고하는 것으로 끝난다면 그것은 잠시의 위로에 불과할 것이다. 하지만 자신이 그 정도의 잠재력을 가진 사람이라는 의미로 과거를 소환한다면 이야기는 다르다. 그것을 믿고 새로운 도전을 하려고 한다면 과거에 대한 회고가 큰 의미를 가질 수 있게 되는 것이다.

역사도 마찬가지이다. 오늘에 있어서 그것이 희망을 주고 답을 주는 것이라면 참으로 의미 있는 것이지만 그렇지 않고 퇴행적 사고의 재료가 된다면 곤란하다. 일본의 독특성에 대한 객관적인 답을 역사에서 발견하도록 더 노력해 보자. 애매한 것을 정리하는 데 역사는 큰 도움이 됨을 우리는 역사에 대한 올바른 이해를 통해 경험하게 될 것이다.

# 비교사를 통해 역사는 완성된다
## - 혼자서는 아무것도 할 수 없다

"구슬이 서 말이라도 꿰어야 보배다" 재료가 아무리 좋고 많아도 그것이 사용되어 무언가를 만들어 내지 않으면 소용이 없다는 것이다. 구슬이 가득해도 그냥 놔 두면 그냥 구슬이지만 그것을 잘 꿰어서 멋진 모양을 만들면 보배가 된다는 것은 이를 의미한다 하겠다.

역사라는 구슬은 무수히 많다. 한국역사, 일본역사, 게다가 고대사 중세사, 사상사, 경제사, 문화사 등등 이루 헤아릴 수 없는 역사의 구슬들이 굴러만 다니면 의미가 매우 적다. "사실이 말해 준다"는 식의 이야기는 이제 좀 낡은 것이 되었다. 사실들이 말을 하도록 하는 것이 역사가의 임무인데 그러기 위해서는 구슬들을 꿰어야 한다.

역사의 구슬을 꿰는 방법은 무엇일까? 물론 여러 가지가 있지만 나는 비교사를 추천하고 싶다. 괴테는 "외국어를 모르는 사람은 국어도 모르는 사람이다."라고 하였다. 외국어를 공부하다 보면 국어에 대한 생각도 많이 할 수밖에 없어지며 보다 객관적으로 국어에 대하여 이해하게 된다. 나 역시 영어와 일본어를 배우고 익히면서 또는 가르치면서 국어에 대한 이해를 넓혀갔다. 자연스럽게 비교가 될 수밖에 없다. 이는 언어에 한정된 것은 아니다. 외국문화를 배울 때도 자연스럽게 자신의 문화에 보다 깊은 관심을 가지게 되고 또한 이해를 넓히게 된다. 비교를 통한 객관화라고 해야 한다. 예전엔 우리가 이불을 같이 덮고 자는 것에 전혀 신경을 쓰지 않았는데 외국에서 그런 질문을 받게 되니 다시 한번 생각한 것도 그런 이유에서다.

역사도 마찬가지이다. 외국의 역사를 배우면 우리와 다른 점 닮은 점을 파고들게 되어 자연스럽게 비교사에 이르게 된다. 그럼 우리 역사의 위치와 성격이 자연스럽게 떠오른다. 비교를 통해 얻어진 것인데 우리는 자연스럽게 비교사를 경험하고 있는 것이다. 만일 이러한 과정을 거치지 않는다면 고립 속에서 자신의 독특성이나 보편성에 집착하는 미국과 일본의 과오를 범하게 될 것이다. 그들은 제대로 된 비교 대상을 가지지 못했던 것이다.

일본에서 사무라이가 생긴 이유를 비교사로 분석해 보면 그것이 권력과 전쟁이라는 결과에 도달하게 된다. 중앙권력의 약함과 극도의 혼란이 분권을 가져오고 그것이 사무라이나 기사라는 무장 세력의 출현을 초래함은 유럽과 일본 그리고 중국 한국 등의 역사를 통해 어느 정도 확인되었다. 왜 중앙권력이 약화되는가에 대하여도 답은 비교사를 통해 찾았다. 외부로부터의 압박이 권력의 강화를 가져오고 그렇지 않을 때 약화된 다는 것이 그 답이다.

기업국가 일본의 탄생에 대하여도 비교를 통해 그 이유를 알아 볼 수 있었다. 수평적 연대에 익숙한 유럽은 산업혁명과 함께 노동자계급의 연대를 통해 사회민주주의 시스템을 발달시켜 노동자들의 복지를 해결하였다. 이에 대해 일본은 동족단이라는 수직적 구조에 익숙해져 있었기 때문에 노동자계급의 결성은 잘 이루어지지 않고 결국 기업을 단위로 모이게 되어 기업과 하나가 되어 살아가게 되었고 복지도 기업에 의존하게 되었기 때문에 일본은 기업국가가 되었다는 것이다. 이 것이 전부는 아닐 것이고 또 100% 인정할 수 있는 것도 아니지만 그래도 비교사를 통해 어느 정도 답을 찾은 것이라고 할 수 있다. 이 주장은 나의 개인적 주장은 아니고 일본의 권위 있는 노동학자들의 견해이기도 하다.

일본은 혼합형 경제라는 말이 있다. 이는 유럽의 분배형 사회와 미국의 시장형 경제와 비교되는 말이다. 미국은 시장의 비중이 큰 자유주의경제이고 유럽은 시장보다는 분배를 중시하기 때문에 사회민주주의적 경제이다. 이에 비해 일본은 분배와 시장이 균형 있게 움직이는 경제이기에 혼합형 경제라고 하는 것이다.

이러한 차이를 역사적으로 비교함으로써 그 원인을 알 수 있다. 유럽은 오랜 역사를 통해 민주주의적 전통을 만들어 왔다. 시민혁명과 민주혁명은 그러한 역사를 기반으로 일어났다. 아울러 사회주의혁명도 일어나 한때 동서유럽이 이념을 두고 대립하던 시대도 있다. 그러한 과정을 거쳐 분배를 통한 성장을 추구하는 사회민주주의(자본주의+사회주의)가 탄생하였고 이를 실현하였다. 이에 비해 미국은 자유와 기회를 갈망하여 이민 온 사람들의 나라이기에 자유주의가 발달하였고 자유주의의 상징이라고도 할 시장이 우선이 된 시장자유주의 경제가 발달했다. 이것이 세계를 양분하는 사회경제 시스템이다.

그럼 일본은? 일본은 과거부터 외부의 문물을 통해 발전을 이루어 온 나라이다. 근대 이전에는 주로 중국과 한반도에서 문물을 들여와 자국의 문화로 만들었으나 근대 이후에는 유럽과 미국이 주 수입원이 되었다. 유럽의 사회주의나 공산주의, 무정부주의도 들어왔고 미국의 자유주의도 들어왔다. 거기에 일본 자체의 시스템과 사상이 접목되었다. 이것이 혼합되어 일본 특유의 혼합시스템이 만들어진 것이다. 경제만이 아니라 다른 모든 분야에서도 비슷한 현상이 일어났다. 헌법은 독일, 민법은 프랑스, 상법은 영국 뭐 이런 식으로 혼합이 이루어진 것이다.

이만하면 "현재와 과거의 대화"로서의 역사의 가치가 느껴지는가? 아울러 비교사의 장점도. 비교사에 대하여 우리나라나 일본은 비판적인 경향이 있으나 유럽에서는 비교사가 중요시되고 있다. "비교하면 죽도 밥도 안 된다" 내가 석박사 논문에 비교를 포함시켰더니 이런 말이 들려왔다. 아니 그 이전에도 그런 식의 이야기는 많이 들었다.

하지만 과연 그럴까? 일본역사를 연구하는 사람들은 세계사를 잘 모른다. 세계사를 공부하는 사람들은 일본역사를 잘 모른다. 그래서 서로 엇갈린 방향의 연구를 하는 경우가 많은 것 같다. 어줍지 않은 비교만 이루어진다. 마치 이불을 같이 덮는 게 이상하다고 하는 일본사람들의 이야기같이 잘못된 해석을 내려 버리는 것이다. "외국어를 모르는 사람은 국어도 모르는 사람이다"라고 한 괴테의 이야기가 역사에서도 그대로 나타나는 것이다.

나는 이전에 어느 정당연구소에서 일하던 시절 우리나라 학생들에게 국비로 일 년 정도 해외 체험을 시키자는 정책을 제안하였다. 그것이 주는 효과는 다양할 것이다. 제일 중요한 것은 그들이 전혀 다른 세계를 통해 새로운 인생관과 세계관을 갖게 되는 것이며 아울러 자신의 조국에 대한 이해와 애정을 갖게 된다는 것이다. 해외 생활을 하면 다 애국자가 된다는 말은 허언이 아님을 나는 유학 생활을 통해 절실히 느꼈다. 아울러 이제까지 무관심했던 한국의 문화와 역사에 더 관심을 가지게 된 것도 사실이다.

일본의 학문연구 시스템에는 하나의 문제가 있다. 그것은 너무 일찍 좁고 깊게 판다는 것이다. 그걸로 전문가는 될지 모르지만 시야가 좁아지는 것이 사실이다. "나중에 저절로 넓어진다"고 하지만 그렇게 되지 않는 경우가 더 많은 것 같다. 자기 영역에 파묻혀 사는 전문가 바보가 양산되는 것이다. 역사에서도 마찬가지이다. 일본역사만 알기에 사실은 일본역사도 제대로 모르는 결과가 되는 것이다.

나는 그러한 현실에 도전장을 내밀었다. 비교사에 도전한 것이다. '깊이보다 넓이'로 승부를 보게 되었다. 이유는? 보다 객관적인 역사 이해를 위해서이다. 아울러 일본에 대한 객관적인 이해를 위해서. 우물 안 개구리 식으로 일본이 어찌니 저찌니 하는 한계를 벗어나고 싶었던 것이다. 결과적으로 나는 일본을 누구보다도 객관적으로 볼 수 있게 되었다고 자부한다.

## 무지는 공포와 미움을,
## 이해는 안심과 애정을 낳는다

"재수 없어서 때렸어요" 학교폭력을 휘두른 아이들이 자주 하는 말이다. 특히 여학생들이 주로 드는 이유이다. "재수 없다"는 것은 무슨 말일까? 자신이 생각하는 상식과 다른 행동이나 말을 할 경우는 그녀들은 "재수 없다'고 한다. 건방지거나 너무 잘나게 보이거나 하는 경우가 대부분이다. 그게 뭐 어쩌라고 때리는가? 불안하기 때문이다. 상대의 행동이 나와 다르니까 불안을 느낀다. 아직 성숙하지 않은 아이들에게 다른 행동은 자신이 혹시 잘못 행동하는 것이 아닐까 하는 불안을 느끼게 한다. 그래서 무시하거나 존중하지 못하고 상대를 괴롭혀서라도 자신과 동일하게 만들어야 한다고 생각하는 것이다.

하지만 그녀가 상대와 대화를 통해 이해를 하게 된다면 이야기는 달라질 수 있다. 상대를 이해하게 되니 불안해할 이유가 사라지는 것이다. '아 쟤는 저렇게 할 수밖에 없구나'라고 납득하게 되면 문제는 없다. 그러니 때리거나 괴롭히지 않을 것이다.

미국의 어느 학교에서 끔찍한 일이 있었다. 한 여자아이가 학급에서 왕따를 당하게 되었다. 예쁘고 공부도 잘하는, 게다가 성격도 좋은 그녀가 왜 왕따를 당하게 되었을까? 이는 이해를 하지 못한 것에서 비롯되었다. 그 아이가 어느 남자아이와 이야기를 나누었을 때 그 남자를 좋아하는 다른 여자아이는 공포를 느꼈다. 어쩌면 그 남자를 영원히 가질 수 없을 것이라는 공포이다. 인기 있는 여자아이가 만일 그 남자를 유혹한다면 이길 도리가 없기 때문이다. 그래서 그녀는 왕따를 계획했다. 상대 여자아이의 이름으로 학급의 남자애들에게 이상한 편지를 써 주게 된다. 학급의 남자아이들은 그 편지에 경악했고 결국 왕따 만들기는 성공했다.

나중에 진실이 밝혀지자 왕따를 주도한 여학생은 이렇게 말했다. "그녀가 재수 없게 내 남자에게 손을 대려고 하잖아요." 물론 왕따 당한 여학생은 그럴 생각이 추호도 없었다고 한다. 오해가 불러일으킨—물론 사귄다고 그럴 권리가 합리화 되는 것은 아니지만—비극이었다. 서로 허심탄회하게 이야기라도 나눴다면 좋았을 텐데 그게 안 되니 이런 결과가 나온 것 같다.

우리에게 일본은 오랫동안 "재수 없는" 존재였을지 모른다. 이웃나라인데 뭐가 그렇게 다른지 모르겠다. 이해가 안 간다. 게다가 서양인들이 만든 일본 특수론을 수입해 와서 "역시 일본은 이상해"라고 확신하는 일도 있었다. 무지가 공포를 낳고 그래서 미움을 가지게 된 것은 아닐까? 게다가 경제적으로 너무 잘나가기에 더욱 그랬을지 모른다.

일본에서 유학하던 시절 일본역사전공자들과의 교류에서 나는 그들이 일본에 대한 미움을 키워가는 것을 느꼈다. "일본은 악당이야"라는 식의 선입견으로 무장된 그들은 역사를 통해 그것을 증명하기 위해 혈안이 되어 있는 것처럼 보였다. 쉽게 말해서 범인을 수사를 통해 찾아내는 것이 아니라 범인이라고 여기는 사람을 정해 놓고 거기에 짜맞추기 수사를 하고 있는 것 같았다. 결론은 정해져 있다. "일본은 침략적인 민족이다" 문제는 그것을 증명할 역사를 찾는 것이다. 일본을 이해하려는 노력은 손톱만치도 보이지 않았다. 여기서 이해라는 것은 그들의 입장이 되어 본다는 의미이다.

그들에게 일본사람들은 남이었다. 일본에서 아무리 오래 살아도 일본사람들과의 인간적 교류는 없다. 그저 차나 마시고 술이나 좀 하는 관계일 뿐이다. 대부분의 시간은 한국유학생들끼리 보낸다. 그러기에 일본사람들은 언제까지나 '타자'일 뿐이다. 그러니 일본사람들을 마음으로 이해하고 품을 생각이 들 까닭이 없지 않은가?

하지만 나는 달랐다. 애초부터 유학을 결심할 때 일본사람들의 입장에서 보겠다고 결심했다. 일부러 한인교회 대신 일본교회를 다닌 것도 그 이유에서였고 그것은 성공적인 결과를 가져왔다. 내겐 그들이 친구이며 형제자매였다. 같이 울고 웃고 싸우면서 부대끼면서 지냈다. 상처를 주기도 하고 받기도 하였다. 이해가 되니 안심과 애정이 찾아왔다.

일본에 대하여 열광하던 사람들도 문제이다. 그들의 경제에 감동해서 무조건적인 찬양을 하던 사람들은 오늘날 설 자리를 잃었다. '잃어버린 이십 년' 때문이다. 모든 것을 경제적 성공에 맞춰 이야기하는 그들은 일본을 악의 축으로 보고 그것을 증명하려고 한 역사전공자들과 그리 다르지 않다. 결국 상대의 입장에서 이해하기보다는 자기의 필요에 의해 꿰어 맞추었으니 말이다. 일본은 경제적 성공을 위해 혹은 제국주의적 침략을 위해 존재한 나라는 아니다. 일본은 그냥 일본일 뿐이다. 그들의 역사가 여러 가지 과정을 거쳐 침략과 경제발전을 가져올 수 있는 조건을 만든 것일 뿐이다. 그리고 그 조건이 사라지니까 침략도 경제발전도 사라지거나 약해진 것뿐이다. 그게 일본의 진짜 모습이다.

새로운 대통령의 탄생에 대한 일본의 반응을 보려고 일본 야후의 사이트에 들어갔다가 무척 놀라고 말았다. 그곳의 댓글은 그야말로 혐한 그 자체였다. 너무 기가 막혀 말이 안 나왔다. 순간적으로 분노가 치솟았다. 탄핵이라는 초유의 사태, 그것은 민중의 권력에 대한 저항의 승리인데 축하를 해 주지는 못할망정 어떻게 이럴 수 있느냐고 생각했다. '아베 같은 이상한 정치인을 받드는 주제에 이런 말을 하다니'라고도 생각했다.

하지만 나는 그들의 댓글에서 공포를 발견하였다. 그들은 우리를 이해하지 못한다. 그러니 공포를 느끼고 그래서 그것을 비난으로 표현하고 있다는 생각이 들었다. 마치 우리가 일본을 무조건 비난하듯이 말이다. 서로가 서로에게 그런 마음을 가지게 되었다. 일본은 과거에 우리를 그다지 비난하지 않았다. 왜냐면 관심이 없어서. 상대가 안 된다고 생각한 것이다. 하지만 한국은 일본이 무시할 수 있는 나라가 아니다. 그러니 공포가 생기고 그래서 미움을 느낀 것은 아닐까? 그들도 우리만큼이나 상대를 이해하지 못하고 있는 것이다.

드레퓌스 사건이 다시 떠오른다. 유대인에 대한 무지가 공포와 그로 인한 미움을 낳아 한 유대인 장교를 파멸 직전까지 몰아넣은 사건. 집단적 히스테리이다. 이것은 프랑스에 한한 것은 아니었다. 결국 그것이 히틀러의 유대인학살을 불러일으켰던 것이다.

다시 말하지만 한일 간의 역사에 미움의 시간은 그리 길지 않다. "다 지나가리라"고 한 솔로몬의 말처럼 백 년, 이백 년 지나면 흔적도 없이 사라질지도 모르는 일일수도 있다. 물론 역사가 남아 있는 한 완전히 사라지지는 않겠지만. 양국의 평화가 지속될수록 과거의 기억은 희미해질 것이다. 그렇다고 역사의 자취를 그저 지우려고만은 할 수 없을 것이다. 하지만 회복을 위한 노력은 결코 단순한 망각과는 다른 것이리라 믿는다.

성경에는 이런 말이 있다. "눈에는 눈으로 이에는 이로" 언뜻 보면 잔인한 복수를 조장하는 말 같다. 하지만 실은 그 반대이다. 상대에 대한 과잉보복을 막는 의미를 가졌다고 한다. 법과 질서가 제대로 세워지지 않았던 고대사회에서 복수는 자칫 과도하게 이루어질 수 있었다. 그것을 "받은 범위 내에서 복수하라"는 취지에서 이런 법을 만들었다고 한다.

우리가 일본을 미워하는 것은 좋지만 받은 만큼만 해 주었으면 한다. 상대에 대한 과잉 복수의식을 버리고 침략에 모든 것을 맞춰 일본을 비난하거나 다른 나라에 비하여 과하게 비난하는 것은 공정해 보이지 않는 것 같다. 그러니 제대로 이해하고 평가해서 미워하기 바란다. 그리고 일본이 아니라 일본의 행위에 대하여 미워해 주기 바란다. 일본이 아니라 제국주의를, 침략을. 오늘날에도 제국주의와 침략은 일어난다. 그것에 대한 미움의 일환으로 그렇게 해 주었으면 한다. 그러면 보다 건전한 미움 발전적인 미움이 될 것이다. 이 책의 목적을 밝히면서 마무리를 하겠다. "일본을 더 이상 이상한 나라로 만들지 말자"라고.

# 한일의 민중이 함께할 때
# 세계평화와 복지가 실현된다

"대통령 박근혜를 파면한다."

이정미 헌법재판소권한대행의 한 마디로 대한민국은 민주주의의 새 역사를 열었다. 촛불민심이 만들어낸 무혈혁명이 일어난 것이다. 절대적 권한을 가지고 군림하는 대통령을 국민의 힘으로 몰아낸 이 조용한 쿠데타는 한동안 후퇴했던 대한민국의 민주주의가 일취월장하는 계기를 만들어 주었다. 뒤를 이어 대통령이 된 문재인 대통령은 촛불민심을 등에 업고 개혁의 길을 갈 수 있게 되었다. 비록 과반수의 지지를 얻지는 못했지만 그를 뒤에서 지지하는 촛불민중의 힘이 있기에 구시대의 '적폐청산'의 꿈은 현실이 되어 가고 있다.

왕과 몇몇 지배세력이 국가를 좌우하던 왕조시대에도 민중은 결코 무시할 수 있는 존재가 아니었다. "민심은 천심이다"라는 말은 공허한 메아리로만 울려 퍼지지는 않았다. "백성은 물이고 왕은 배"라고 한 말은 백성이 왕을 세울 수도 침몰시킬 수도 있음을 의미한다. 실제로 민심을 잃어 무너진 왕조는 한둘이 아닌 것이다.

하물며 민주주의가 실현되어 국민이 국가의 주인이며 권력의 원천인 오늘날 민중의 마음은 글자 그대로 천심이라 할 수 있다. 1979년 독재자 박정희의 죽음은 겉보기에는 그의 측근인 김재규의 손에 의해 발생한 것같이 보이지만 사실은 유신독재에 대한 국민의 거부감이 내린 최후의 심판이었다. 야당총재 김영삼의 국회의원 제명, 그에 대한 반발로 일어난 부마사태, 이에 대한 박정희의 강경진압에 반감을 느낀 김재규의 거사, 이 모든 것이 국민의 마음을 대변하는 것이었다 할 수 있기 때문이다.

하지만 민심이 늘 올바른 방향을 바라보는 것은 아님을 우리는 역사를 통해 확인할 수 있다. 세계역사에 일어난 많은 전쟁들 그중에서 특히 민중의 존재가 커진 근대 이후의 전쟁은 민중의 생각을 잘못된 방향으로 이끈 지도자들의 음모에 의해 일어났음을 부인하기 어렵다. 히틀러는 제1차 세계대전의 패배와 세계대공황으로 인해 실의에 빠진 독일 민중에게 '게르만족의 영광'이라는 그럴듯한 슬로건을 걸어 제2차 세계대전이라는 끔찍한 참화를 일으켰다.

20세기 들어와 일어난 두 차례의 세계대전은 민중이 국민으로서 등장하고 민족국가가 세계를 뒤덮게 된 것과 깊은 관계가 있다. 19세기 전 세계는 민족주의의 열풍에 휩싸였다. 유럽에는 독일과 이탈리아가 새롭게 통일국가로 등장하고 산업혁명으로 인해 세계를 압도할 생산력을 갖게 된 유럽각국들은 제국주의적 팽창을 하는 과정에서 민족주의를 강화시켜 나갔다. 제국주의란 민족주의의 가장 타락한 형태라 할 수 있는 것이다. 제국주의 열강의 침략은 잠자던 세계 각 지역의 민족들에게 민족주의적인 각성을 하게 하여 민족의 자주독립을 위한 투쟁이 전개되었다.

이러한 가운데에 시민혁명과 민주혁명으로 민중은 더 이상 피지배자가 아니라 국가의 주체세력으로 등장하기 시작하였다. 그들은 지배계급에 대항하여 권리를 확장시켜 가는 데 힘을 썼지만 대외적인 침략에는 도리어 지배계급과 뜻을 함께하였다. 과거의 침략이 지배계급의 이익을 확대시키는 것이었다면 이제는 전 민중의 지지를 기반으로 한 거국적인 행위가 된 것이다. 제국주의 국가의 민중은 피지배 국가의 민중과 연대하여 제국주의를 물리칠 생각보다는 오히려 이를 용인하여 침략에 따른 과실을 일부 배당받는 길을 택한 것이다.

이러한 제국주의와 민족주의 그리고 민주주의의 발전이 하나가 되어 일어난 세계적인 패권쟁탈전은 두 차례의 세계대전으로 절정에 달하였다. 위로는 왕과 지배계급 아래로는 이름 없는 농민과 노동자까지 전쟁에 열광적 지지를 보내는 가운데 벌어진 세계대전은 인류의 비극이었지만 이는 민중의 선택이 현명하지 못한 방향으로 이루어졌을 때 어떤 일이 생길 것인지를 보여준 사건이기도 하였다. 이는 역설적으로 민중의 힘을 가장 최악의 방법으로 증명하는 것이기도 하였다.

제2차 세계대전 후 찾아온 냉전시대는 민족주의적인 대립이 이념의 대립에 의해 완화된 시대이기도 하였다. 소련과 미국이라는 양대 진영의 리더에 의해 진영 내 국가들의 민족주의적 충돌은 조정되어 갔고 때론 억압되기도 하였다. 적어도 베를린 장벽의 붕괴로 인해 이념의 대립이 사라진 이후에 비하면 민족주의적 대립은 덜 중요한 이슈였다고 할 수 있다.

하지만 냉전이 사라지자 세계는 다시 민족주의간의 충돌이 격화되기 시작하였다. 1990년대의 유고내전은 가장 대표적인 사례였다. 냉전과 티토의 철권통치로 봉합되어 있던 유고는 두 가지 요소가 사라지자 그동안 잠재해 있던 민족 간의 갈등이 폭발하고 만 것이다. 민족과 국가를 통합으로 이끌어 가던 유럽도 최근 영국의 브렉시트에서처럼 분열의 조짐이 나타나고 있는 것도 냉전의 종식으로 인해 통합의 열풍이 사라진 것 때문이라는 생각이 든다.

민족 간의 갈등과 충돌은 필연적이라기보다는 인위적인 성격이 강함을 히틀러의 예를 통해서도 알 수 있다. 유고내전을 인터뷰한 다큐에서 병사들은 "우리는 왜 저들과 싸워야 하는지 모르겠다. 그들은 우리의 이웃이고 친구였다"라고 푸념하는 모습을 보았다. 하지만 지도자들은 민족 간의 갈등을 과대포장하여 전쟁을 부추겼고 그것은 '인종청소'라는 일을 자행하여 히틀러 이래 최악의 지도자로 불린 밀로세비치 같은 괴물을 탄생시키기도 하였다.

"분단 상황에서 정상적인 민주국가를 운영한다는 것이 얼마나 어려운 가를 우리는 경험할 수밖에 없었다."(2017년 5월 13일 중앙일보 이홍구 전 총리 컬럼에서)

필자는 우리의 분단논리를 잘 반영한 이야기를 하고 있지만 한 가지 잊은 것이 있다. '분단국가=민주주의가 곤란한 나라'라는 등식은 왜 성립되는지를 그는 말하지 않았다. 하긴 말할 필요가 없다. 대한민국의 성인이라면 아마 이 논리에 이의를 제기하지 않을 것이다. 분단국가니 당연히 민주주의가 어렵다고 생각하게 교육을 받아 왔기 때문이다.

하지만 우리는 2017년 대통령을 파면시키는 데 성공하였고 가장 민주적인 방법으로 새로운 지도자를 선출하였다. 이만하면 훌륭한 민주주의 국가 아닌가? 그런데 이홍구 전 총리는 왜 어렵다고 한 것일까? 과거의 어려움을 회고하는 것일까? 그렇다면 과거에 왜 어려웠는지 그는 설명할 수 있을까? 분단국가는 모두 민주주의가 어려울까?

우리는 예전에 분단국가였던 어떤 나라를 기억할 필요가 있다. 그 나라는 지금도 예전에도 민주주의에 관해서는 세계 어느 나라 못지않은 수준을 자랑하고 있다. 민주주의는 경제발전을 통해 성장한다는 궤변에 대한 반증도 된다. 그 나라는 민주주의가 발달되어 있음에도 불구하고(?) 경제도 발전하여 지금은 세계 제4위의 경제대국의 지위를 차지하고 있다. 유럽에서 그 나라의 경제력은 그 누구도 넘볼 수 없는 위치이다. 누굴까? 독일이다.

독일의 전신인 서독이 분단국인 관계로 민주주의에 어려움을 느꼈다는 소리를 들어 본 적이 있는가? 내가 알기로는 없다. 서독의 헌법은 분권주의가 철저해 각 주는 외국과 조약도 맺을 수 있다는 소리를 들은 적이 있다. 감히 지방정부가 외국과 조약을 맺다니… 얼마나 민주주의가 철저하면 그렇겠는가? 그런데 서독은 엄연한 분단국가이다. 게다가 상대는 북한과는 비교도 안 될 초강대국 소련과 소련의 비호를 받는 동독—이 역시 동유럽 최강의 나라이다—인 것이다. 그런데 그들은 되고 우리는 안 된다고 믿는가?

문제는 분단이 아니라 분단을 이용하여 대립을 부추기는 세력의 유무가 아니겠는가? 김일성의 북한은 사실 사회주의국가가 아니다. 김일성 자신이 사회주의자도 아니었다. 그냥 소련군의 힘을 입어 정권을 찬탈한, 권력욕에 불타는 야심가. 그것이 김일성의 정체인 것이다. 그는 자신의 권력을 강화시키고 아울러 지배영역을 넓히고자 남침을 시도하였다. 그것이 결국 북한에 대한 공포심을 낳았고 이승만을 비롯한 남한의 지도자들은 그것을 이용하여 권력의 강화에 혈안이 된 것이 사실이다. 김일성 또한 남한과 미국의 존재를 부각시켜 북한 민중을 장악하여 간 것이다. '적대적 의존관계'가 바로 이런 것 아니겠는가?

남과 북의 대립을 이용한 이러한 '안보팔이'는 오랫동안 민중의 적개심을 부추기는 것에 의해 민주주의의 발전에 저해요인이 되었다. 이것은 이홍구 전 총리의 말대로이다. 하지만 그것은 분단에 책임이 있는 것이 아니라 분단을 이용한 안보팔이의 결과임을 우리는 알아야 한다. 북한의 김씨 왕조의 3대 세습 역시 같은 이유로 가능했을 것이다.

　하지만 이제 우리는 더 이상 북한 민중을 저주하지 않게 되었다. 압도적 경제력도 그렇지만 민주정부가 들어서면서 보여 준 대북 화해의 제스처가 남북교류를 촉진시켜 그들이 적대시할 존재가 아니라 함께 공존해야 할 동족임을 느끼기 시작했기 때문이다. 민주정부의 '햇빛정책'의 최대성과는 6.15선언도, 남북정상회담도 아니고 북의 민중에 대한 우리의 마음 속의 적대감을 촉진된 남북교류—스포츠교류, 개성공단, 이산가족상봉—를 통해 소멸시켰다는 것이라고 믿는다. '인간 대 인간'의 만남이 이루어진 것이다. "그곳에도 우리 민족이 살고 있다"를 이토록 극적으로 느끼게 해준 정책이 있는가? 사실 이는 박정희의 74 공동성명으로 시작되었다고 볼 수 있으니 참으로 아이러니하다 할 것이다.

　그렇지만 지난 보수정권 십 년은 다시 남북관계를 적대적으로 만들었다. '햇빛정책' 대신 실시된 대북 강경책은 천안함 사건, 연평도 포격 사건, 개성공단 폐쇄 등을 통한 남북관계의 악화와 북한의 수차례에 걸친 핵실험을 초래하였다. 이러한 결과는 남북관계의 경색을 통한 안보문제의 확대를 통한 보수정권의 연장을 가져왔다 할 수 있다. '안보팔이'와 경제성장을 무기로 집권해 온 보수 세력에게는 경제성장이 어려워진 상황에서 안보팔이가 유일한 생존의 무기가 된 것 아니겠는가?

　탄핵정국이 전개되자 보수의 안보팔이는 트럼프의 코리아 패싱과 맞물려 더욱 드세졌다. 어차피 북한의 핵개발을 저지할 목적으로 쏘아 올린 공갈포임을 모르는 사람이 없을 텐데 그들은 마치 내일이라도 전쟁이 날 것처럼 호들갑을 떨어 댔고 대선이슈에서 단번에 안보가 제1순위의 이슈가 되어 버리는 성과(?)를 보였다. 대통령선거 토론회는 갑자기 사드 배치를 두고 벌이는 공방전이 되어 탄핵의 책임도 세월호 사건과 국정농단도 제대로 도마 위에 오르지 못하고 말았던 것이다. 그런 와중에도 보수가 재집권에 실패한 것은 대한민국의 민중이 더 이상 안보팔이에 휘둘리지 않게 되었음을 보여 주었다 하겠다.

하지만 태극기와 함께 성조기를 들고 나온 태극기 집회에서 여전히 종미세력들이 안보팔이를 하던 모습은 간과하기 어려운 일이었다. 외국인들이 "왜 성조기를?" 하며 의문을 제기한 것처럼 국제적인 문제도 아니고 외교안보를 둘러싼 대립도 아닌 상황에 성조기를 들고 나온 종미우파세력은 이 나라 곳곳에 포진해 있어 언제든지 안보팔이에 응할 준비를 하고 있다. 홍준표가 노골적으로 "보수여 단결하라"고 하여 이 나라를 분열로 몰아넣은 것에서 알 수 있듯이 노무현을 죽음으로 몰아넣은 민중의 타락된 모습은 언제 어떻게 재현될지 알 수 없는 것이다. 이미 적폐청산에 대하여 청산의 대상들의 저항은 시작되었고 그들은 또 다시 국민을 방패막이로 사용하려고 하고 있다.

분단 칠십 년은 한 마디로 권력에 의해 남북의 민중이 서로를 미워하고 적시하였던 역사이기도 하였다. 도대체 왜 우리는 그들을 미워해야 하고 그들은 우리를 미워해야 하는가? 그럴 이유는 절대 없다. 우리는 그들을 해칠 생각이 없고 그들 역시 마찬가지이다. 그런데 서로가 서로에게 그런 의도가 있다고 생각하게 되었다. 왜? 권력자들의 적대심 조장 때문이다. 그럼 답은 간단하다. 권력자들의 선동을 배제하고 우리가 그들을 인간 대 인간으로 만나면 된다. 그것이 남북화해와 평화로 가는 지름길인 것이다. 미국은 문재인 대통령의 대북유화정책을 걱정한다. 대한민국의 보수언론은 미국의 지식인들을 동원하여 그것이 대대적으로 홍보한다. 왜 우리가 이해당사자인 미국의 지식인들의 말에 그토록 귀를 기울여야 하는 것인지 이해하기 어렵다. 미국이 한반도의 평화를 원한다고? 과연 그럴까? 그들은 끊임없는 긴장관계를 원하는 것이 아닐까? 그래야 자신들이 한반도에 영향력을 미치기 훨씬 용이하기 때문이다.

왜 한국의 보수언론을 그것을 미국지식인들의 입으로 대변해 주는가? 간단하다. 그들은 종미우파이기 때문이다. 마치 구한말의 종일매국노들처럼. 그들의 이익을 대변해 주어 한반도의 긴장에 호들갑 떨며 '안보팔이'를 하는 것이다. 그것을 통해 진보세력을 친북좌파로 몰아 고립시켜 영구집권을 노리는 것이 아니겠는가? '문재인이 대통령이 되면 적화통일이 된다'고 호언한 고영주는 망명이라도 떠날 생각을 하고 있을까? 적화되기 전에.

'안보팔이'의 대상은 북한만이 아니다. 일본 역시 그런 대상이었다. 물론 효과는 북한과는 비교가 되지 않지만. 민중을 선동하여 대일혐오감을 극대화시켜 감으로써 과연 무엇을 얻으려고 한 것일까? 국방력의 강화? 조금은 애매하다. 하지만 우리는 일본에 대한 적대심이 상당 부분 근거가 없는 것임을 생각해 볼 때 인위적 적대감을 조장하는 것에 대한 경계심을 가져야 한다고 생각한다.

우리가 미래에 실현시켜야 할 세계평화와 복지에 가장 큰 걸림돌이 되는 것은 바로 국가와 민족 간의 근거 없는 대립과 충돌의 격화이다. 양대 대전으로 절정에 이른 민족주의가 냉전의 종식과 함께 다시 대두

되었다. 하지만 사실 이러한 대립과 충돌은 불가피한 것이라기보다는 인위적으로 조장되어 온 느낌이 든다. 독도와 센가쿠열도, 일본의 북방영토, 그것이 왜 긴장을 고조시켜야 하는 요인이 되는가? 전혀 아니다. 그런데 그것을 이슈화시켜 국민감정을 달구는 자들의 의도는 과연 무엇일까?

우리가 일본에게 역사를 바로 잡자는 것은 지금의 일본을 적으로 여기기 때문이 아니라 제국주의적 침략이라는 역사의 아픈 기억을 다시는 만들지 않기 위한 것이 아닌가? 그런데 영뚱하게 일본과 일본인에 대한 적대심을 부추기는 것에 역사가 이용되고 있다. 군국주의 부활이라는 허무맹랑한 선동질마저 하면서 말이다. 역사를 들먹이지만 실은 역사에 무지하다. 아니면 알면서 그것을 외면하고 그러는 것일까?

수천 년의 인류역사에서 민족이니 국가니 하는 것의 역사는 그리 긴 것이 아니다. 인류가 지구라는 별에 나타나 수십만을 살아오는 동안 국가와 민족이 대립과 충동을 일으킨 시간이란 그야말로 순간이다. 한민족의 역사 오천 년? 고구려, 백제, 신라가 우리 민족이라는 의식을 가졌다면 신라가 당나라군대를 끌어들여 고구려와 백제를 멸망시키도록 했을까? 아니다. 그들에게 고구려와 백제는 그저 이웃 나라인 것이다. 자기들을 위협하는. 기껏해야 천 년 안팎이라고 해야 할 것이다. 우리가 하나의 민족이라는 의식을 가지고 산 것은.

유럽연합은 민족과 국가를 넘어선 인류공동체로의 길을 보여주는 하나의 실험이라 할 수 있다. 그들은 수많은 전쟁을 겪었지만 그것을 넘어설 공동체를 구성하여 하나가 되고자 한다. 이것은 위로부터의 강압적 통합이 아니라 민중의 의견을 반영한 아래로부터의 통합이다. 국경과 민족의 벽을 넘어선 통합이다. 그러한 가운데 전쟁의 가능성도 필요 없는 군사적 경쟁도 사라져 갈 것이다. 이 얼마나 위대한 실험인가?

동아시아는 안 된다고 할 수 있을까? 절대 아니다. 서로에게 적대감을 불러일으키는 행위를 중단한다면 그것은 결코 꿈이 아니다. 권력자들의 선동을 물리칠 수 있는 길을 찾는다면 우리가 더 이상 서로를 미워하고 적대시할 이유는 전혀 없다. 동경 시내에 가서 시민에게 물어보자. "당신은 한국과의 전쟁을 원하십니까? 일본군국주의의 부활을 원하십니까?" 아마도 답은 노(No)이다. 서울에서 물어보자. "일본과의 전쟁을 원하십니까?", "아니요. 절대." 중국의 민중도 북한의 민중도 마찬가지일 것이다. 그런데 우리는 여전히 거대한 군대를 가져야 한다고 생각해야 하는가? 그것이 바로 근대가 낳은 비극적 사건의 원인인 폐쇄적 민족주의 국가주의의 죄악인 것이다.

우리는 일본판 '햇빛정책'이 필요하다는 것을 자각해야 한다. 세계에서 가장 호전적인 나라 북한에게도 햇빛정책은 의미 있는 결과를 만들었다. 일본이라면 그 결과는 더욱 놀라운 것이 되지 않을까? 역사 바로 세우기 문제를 양보하라는 것이 아니다. 하지만 이유 없는 혐오감을 서로 부딪힌다면 상대는 더욱 발뺌을 하고 싶을 것이다. "웃는 얼굴에 침 못 뱉는다"고 하지 않는가? 그들에게 용서하는 마음으로 끊임없이 설득해 간다면 역사 바로 세우기는 훨씬 쉬워질 것이다. 왜 있지 않는가? 형사사건의 조사에 강약을 조절한다는 말. 한 명이 강하게 조사를 하다가 부드러운 사람으로 교체하여 용의자의 마음을 누그러뜨리는 것 말이다. 우리에겐 그런 전략이 필요하지 않을까? 그것을 우리는 '일본판 햇빛정책'이라고 하자.

일본은 전쟁의 패배와 전범국가로 취급당한 것으로 인해 자존감이 엄청나게 상했을 것이다. 그들은 자신들의 과오의 인정을 어쩌면 자기 부정이라고 여길지 모른다. 우리는 그들의 잃어버린 자존감을 회복하도록 도와줘야 한다. "네가 잘못한 것이지 너 자신이 잘못된 존재는 아니야", "사람이 살다 보면 잘못도 저지른 거지. 너라고 예외겠어? 나도 많은 과오를 저질렀어. 그러니 너무 자책하지 말고 새롭게 출발하자." 이런 위로와 격려로 자연스럽게 역사 바로 세우기를 진행한다면 큰 문제 없이 이루어질 수 있을 것이다.

역사 바로 세우기를 위해 한국과 일본은 공동역사연구모임을 만들 필요가 있을 것이다. 한국과 일본의 뜻 있고 훌륭한 역사가들을 중심으로 많은 지식인들 그리고 정치가, 명망가들이 모여 머리를 맞대고 양국 간의 역사문제를 논의하는 작업을 수 년, 아니 수십 년간 계속한다면 언젠가 두 나라의 역사에 대한 일치된 견해를 만들어 낼 수 있을 것이다. 이러한 성과는 당연하겠지만 양국의 역사교과서나 연구에 반영되어 양 국민의 올바른 역사 인식 형성에 도움을 주고 나아가 두 국민의 화합에 큰 힘이 될 것이다.

한국과 일본의 화해는 동아시아의 긴장 완화와 미국의 개입의 배제를 통한 동아시아공동체의 결성을 가능하게 할 것이다. 유럽에서 시작된 인류공동체의 길이 동아시아에서 동아시아연합(EAU)로 실현되지 말라는 법은 없다. 그리하여 국경이 사라지고 서로가 교류하며 민족을 초월한 공동체가 형성된다면 이 지역 사람들의 행복은 확실하게 증진될 것이다. "무기를 녹여 농기구를 만든다"고 한 성경 이사야서의 예언이 실현되어 "사람을 죽이는 것에 쓰던 돈을 사람을 살리는 데 쓰는" 기적이 일어난다면 얼마나 좋을까?

하얼빈에서 이토 히로부미를 살해한 안중근은 '동양평화론'에서 이미 백 년 전에 이러한 꿈을 그렸다. 한중일이 하나가 되어 동양의 평화를 이루고 경제정치적인 통합을 이루도록 권하는 그의 동양 평화론은 오늘날의 유럽연합을 동아시아에서 실현시키려는 것으로 시대를 앞서간 원대하고 아름다운 비전이었다. 한일의 화합은 그의 꿈을 이루는 데 피할 수도 미룰 수도 없는 커다란 과제가 될 것 같다.

화합은 이해를 전제로 이해는 의지를 전제로 이루어진다. 의지가 없으면 이해할 수 없다. 이해하지 않으면 진정한 화합은 불가능하다. 일본은 이해할 의지를 가지고 힘쓴다면 이해를 바탕으로 한 화합은 꿈이 아닐 것이다. 한일의 화합은 동아시아공동체 나아가 인류 공동체로의 길, 그것을 통한 인류 평화와 복지의 길을 여는 첫 걸음이 될 것이라고 믿는다.

이 책은 일본이라는 한 존재를 이해하기 위한 작은 노력이 될 것이다. 부디 나의 학생들처럼 "편견을 버릴 수 있었다"고 하는 고백이 들리기 바란다. 종일주의자가 되라고 하는 것이 아니다. 건전한 친일파가 되면 매우 바람직할 것이다. 일본에 바람직한 친한파가 대량으로 출현해야 하듯이 말이다. 그들도 그런 노력을 게을리하지 않기를 또 우리가 그것을 도와주기를 바라마지 않는다. 그러기 위해 우리 한일의 민중이 하나가 되기를 기대한다! 촛불로 적폐와 싸운 것처럼 잘못된 역사를 극복하는 과업을 위해 한일 민중이 촛불을 들어 주길 꿈꾼다. 더 이상 권력자들에 의해 두 나라가 미워하고 적대시하여 비극을 초래하는 일이 없도록 말이다.

다나카상, 잇쇼니 이키마쇼(같이 갑시다)!

일본은
왜
이상한 나라가
되었는가

ⓒ 양의모, 2019

초판 1쇄 발행 2019년 2월 10일

지은이    양의모
펴낸이    이기봉
편집      좋은땅 편집팀
펴낸곳    도서출판 좋은땅
주소      경기도 고양시 덕양구 통일로 140 B동 442호(동산동, 삼송테크노밸리)
전화      02)374-8616~7
팩스      02)374-8614
이메일    so20s@naver.com
홈페이지   www.g-world.co.kr

ISBN    979-11-6435-026-1 (03910)

이 도서의 국립중앙도서관 출판예정도서목록(CIP)은 서지정보유통지원시스템 홈페이지(http://seoji.nl.go.kr)와 국가
자료공동목록시스템(http://www.nl.go.kr/kolisnet)에서 이용하실 수 있습니다. (CIP제어번호 : CIP2019003797)